快课教学法 E-learning与Hy-Flex课程设计

赵国栋 著

北京大学出版社
PEKING UNIVERSITY PRESS

图书在版编目（CIP）数据

快课教学法：E-learning 与 Hy-Flex 课程设计 / 赵国栋著．—北京：北京大学出版社，2023.7

21 世纪教师教育系列教材．专业养成系列

ISBN 978-7-301-33648-9

Ⅰ．①快… Ⅱ．①赵… Ⅲ．①多媒体课件－制作－师范大学－教材 Ⅳ．① G436

中国版本图书馆 CIP 数据核字（2022）第 244400 号

书　　名	快课教学法——E-learning 与 Hy-Flex 课程设计 KUAIKEJIAOXUEFA——E-learning YU Hy-Flex KECHENG SHEJI
著作责任者	赵国栋　著
策划编辑	李淑方
责任编辑	李淑方
标准书号	ISBN 978-7-301-33648-9
出版发行	北京大学出版社
地　　址	北京市海淀区成府路 205 号　100871
网　　址	http://www.pup.cn　　新浪微博：@ 北京大学出版社
微信公众号	通识书苑（微信号：sartspku）
电子信箱	zyl@pup.pku.edu.cn
电　　话	邮购部 010-62752015　发行部 010-62750672　编辑部 010-62767857
印 刷 者	北京宏伟双华印刷有限公司
经 销 者	新华书店
	787 毫米 ×1092 毫米　16 开本　17 印张　347 千字
	2023 年 7 月第 1 版　2023 年 7 月第 1 次印刷
定　　价	98.00 元

前　言

快课教学法是一种集课堂面授教学、视频直播教学和混合-灵活课程为一体的新型信息化教学设计方法。本书旨在推动青年教师积极参与当前高校信息化教学改革实践，为之提供一个职业发展起步阶段的初始推动力。对于刚走上讲台的年轻教师，从事业的长远发展而言，教学技能训练必不可少。

教师职业技能之嬗变，核心动力源自科技之演化。自工业革命以来新技术就开始在教学法中扮演着举足轻重的角色。在电化教学时代，语音和视频媒体（Audio-Video Media）占据着统治地位，是推动教学变革的重要力量，其与教学的结合产生了“媒体教学”（Media-Enhanced Teaching）。当进入数字时代，计算机逐步成为教学技术的核心设备，产生了“多媒体教学”（Multi-Media Teaching）。这两者都属于基于硬件技术设备的教学方法，昂贵的硬件成本在一定程度上阻碍了新教学方法的推广应用。进入 21 世纪互联网时代之后，“媒体”（Media）已不再局限于硬件技术，而是更多突出“社交媒体”（Social Media）的属性，强调社会个体之间的互动与交流，随之便出现“自媒体”（We Media）概念。它特指基于互联网媒介，向不同群体和个人发布和推送各种类型信息的行为和过程。这一转变反映在教学方法改革领域，进一步促进了“自媒体化教学”（We Media-Enhanced Teaching）的产生与发展，充分体现了互联网背景下自媒体时代对教师职业素养、教学技能和专业发展的深刻影响。“快课教学法”正是在此背景之下出现的一种旨在为广大学科教师自主开展自媒体化教学而提供的整体解决方案。

作为一种基于电子学习（E-learning）的教学设计策略，“快课”源自“快速电子学习开发”（Rapid E-learning Development）。目前，国内外常见的互联网教学模式，如微学习、翻转课堂、慕课、私播课和混合-灵活课程等，皆属于快课教学法的适用范畴。它的核心价值在于，打破了长期以来教育技术墨守成规的“演播室”课件制作模式，开启了 E-learning 大众化“自助设计与开发”时代。它强调在普及化的互联网媒体技术支持之下，让每一位教师都有可能按照自己的计划和设想，实现信息技术与课堂教学的深度融合。

快课教学法具有三个突出特色：简捷化、个性化和低成本。作为一种旨在实现线上线下相结合的混合学习实施方案，在本书中，快课教学法被界定为一种以快速电子学习开发和混合学习为指导思想，依据快速原型制作法构建在线课程，并利用创作工具开发电子课件，最终创建混合-灵活课程信息化教学的整体设计方法。

在结构上，本书由三大模块构成，第一个模块，主要阐述 E-learning 自 20 世纪 90 年代产生之后在教学中的发展历程及使用经验，将之归纳为四个阶段：计算机辅助教学（CAI）、在线学习（Online Learning）、混合学习（Blended Learning）和混合-灵活课程（Hybrid-Flexible Course），显现出不同的技术特点和应用模式。第二个模块，则重点介绍课件的快速原型制作法（Rapid Prototyping）和创作工具（Authoring Tools）对快课教学法所具有的技术价值与提供的教学设计依据。基于课件设计的格式转换，是影响教学技术应用的核心环节，而以快速原型制作法和创作工具为基础的混合-灵活课程模式，则为当前广大教师提供了多种实用性教学设计方案。第三个模块，则是本书实践性教学技术方案之体现，从异步微视频（动画、微课）自助制作到同步在线视频直播（视频会议），展现出快课教学法在混合-灵活课程中的优势。作为本书之核心内容，这一模块分别从研究综述、软件程序和操作方法，多视角表达了快课教学法的广泛适用性和技术接受性。最后归纳出本书的核心论点：任何教学改革方案的实施，都离不开广大一线教师的普遍性参与，那种仅囿于少数明星教师的"表演式"信息化教改方案，只能昙花一现，难以持久。快课教学法尝试寻找一种能唤起广大学科教师的信息化教学参与热情，并且能广泛地融入日常教学活动的易用性解决方案。

本书适用于各级各类院校的青年教师教学能力培训活动，也可作为师范类院校相关专业课程的教材或参考书。探索研究性与实践操作性相结合，强调对当前高校教学改革的适用性，是本书撰写时所遵循的指导思想。过去 10 年间在 220 余所高校对 5 万多名学科教师的培训经验证明，快课教学法是一种当前信息化教学改革的可行性和易用性解决方案；在 2020 年新冠病毒感染疫情流行期间实施的针对 60 余所院校 1500 余名教师的在线培训，进一步表明它同样也是"新常态教学"的一种适用方案。

希望本书的出版，能为高校信息化教学法研究带来一股与众不同的"清风"，唤起更多教育研究者对解决各种教学实践性问题的关注，共同以"接地气"而非"空对空"方式，应对互联网时代汹涌而来的信息化教学改革浪潮，为广大教师提供更多教学改革的应对良策。

目录

绪论　教学技术开拓职业发展空间

在传统大学所信奉的理念之中，高深学问之研究，向来讲究坐下来耐得住寂寞，心无旁骛，静心潜学，方可修得正果。自古以来，文人墨客学者大师，皆有论述。中国元代文人高明便感慨道："十年窗下无人问，一举成名天下知"；著名学者范文澜先生也曾极力推崇，做学问须具备"坐冷板凳，吃冷猪头肉"之精神；还有南京大学韩儒林教授所言之"板凳要坐十年冷；文章不写半句空"，更是被广为流传。这些说法无外乎强调，时间乃是影响学术研究成败的重要因素。换言之，多快好省，向来不是学术研究领域的核心价值观。

然而，随着时代发展，大学的理念也在与时俱进。在教学、科研与社会服务这三项被视为现代大学的职能之中，强调科学研究工作的效率和效果，早已成为当今大学决策层的普遍共识，并已在制度上得到了明确无误的体现。世界各国的学术领域都是如此，"对于刚入职大学教师来说，非常重要的一点是要尽快了解和明确相关任期要求，对有效教学、奖励和职业发展的支持，工作与生活的平衡或融合，以及团体意识和共同发展，这些主题几十年来一直是学术事业的核心。"① 如今放眼国内高校，恐怕没有一所大学会给年轻教职人员十年"坐板凳"时间。这种现实的大学用人制度，进一步加剧了高校中早已存在的科研与教学两大职能之间的矛盾与冲突。"对于教师工作所涉及的教学、研究和服务，以及个人重心在整个学术生涯中的变化，每一代教师都有类似或不同的理解。虽然每个新入职教师的选择会因院校类型、职务种类而有所不同，然而，无论在何种类型的院校里，也不管所在专业领域如何，几乎所有新人都会切身感觉到，现在处境比以往任何时候都更艰难，院校的期望值也更高。"②

---

① TROWER C A. New Generation of Faculty：Similar Core Values in a Different World [J/OL]. Peer Review，2010. 12 (3)：27-30 [2021-06-16]. https://www.aacu.org/publications-research/periodicals/new-generation-faculty-similar-core-values-different-world.

② 同上。

大学内部科研与教学之间的矛盾与冲突问题，看似复杂，究其本质，则为时间分配和术业专攻问题。“对于初入职教师来说，时间是他们最宝贵的资源，时间管理是他们面临的最大挑战。无论是科研还是教学，能否将最多的时间用于任期最重要的事情上取决于所在院校的特点类型，同时又能不忽略其他重要问题，这是最大的挑战。”①

当今中国大学之中，无论哪个学科的博士新入职者，实际上都具有“长短交织”的显著特点：“长”是指都比较擅长科研学术，申报课题、统计分析、实验设计、撰写论文和报告；“短”则主要表现为课堂教学技能上的短板。除个别学科之外，绝大多数学科的博士培养计划中，都不会明确包括教学技能和方法等技能的学习，如课程设计、教学组织、教学方法和技巧，以及师生交流互动等方面的教学技能训练。即使攻读博士学位期间曾有任课程助教的经历，但对于绝大多数博士生来说，一般也不会在这上面倾注过多时间和精力，毕竟科研学术训练是整个博士生培训的“主旋律”。更何况，课堂教学相关技能向来被认为是一种需要经过长期教学实践而获得的熟练性动作技能，多说无益，只需多练，故攻读博士学位期间教学训练很难具备与学术训练类似的培养环境。因为传统上，教学也没有明确的定义。它通常被称为一种“艺术”，鼓励每个人选择自己喜欢的风格。诚如有学者所言：“缺乏对大学教学的关注，实际上与大学教师在职业准备阶段缺乏相应教学训练，两者一脉相承。研究生都在为学术研究的全职工作做准备，很少会学习一门以上的教学课程。”②

因此，“长科研短教学”成为当前高校具有博士学位新入职者的普遍特征。正如有研究者所尖锐指出的那样：“大多数高校教师都没有或几乎没有接受过教学培训，只是因为其科研潜力而不是作为教师而被聘用，并且，他们获得晋升和加薪的主要原因，是他们在研究而非教学中的表现。”③

既然如此，就不难想象，具备“长科研短教学”能力结构的博士们进入高校之后，除个例之外，作为智力超群的群体，都会自然而然地向“雇主”竭力表现出其所擅长的科研技能。相应地，也会不约而同地减少在各自不擅长领域（教

① TROWER C A. New Generation of Faculty：Similar Core Values in a Different World［J/OL］. Peer Review，2010. 12（3）：27-30，［2021-06-16］. https://www.aacu.org/publications-research/periodicals/new-generation-faculty-similar-core-values-different-world.

② SANDY BAUM，MICHAEL MCPHERSON. Improving Teaching：Strengthening the College Learning Experience［J/OL］. The American Academy of Arts & Sciences，2019，8（4）［2021-06-16］. https://www.amacad.org/publication/improving-teaching-strengthening-college-learning-experience.

③ HARRY BRIGHOUSE. Becoming a Better College Teacher（If You're Lucky）［J/OL］. The American Academy of Arts & Sciences，2019，8（4）［2021-06-16］. https://www.amacad.org/publication/becoming-better-college-teacher-if-youre-lucky.

学活动）的时间支出，以期用最小成本来获得尽量高的回报——最终在极其有限而宝贵的试用期内获得终身教职资格。有研究表明，“初入职的教师高度重视的工作依次是：‘研究项目资助、发表论文或科研’‘寻求外部资助的专业协助’和‘对教学或科研成果的同行评议’，而‘提升教学效果’名列最后。”[①]这种情况经常导致的一个后果就是，“当任教之后，他们的教学经常会引起学生的众多抱怨，带来一些负面后果。因为很少有教师愿意花费时间系统地接受相关教学能力训练，不会阅读有关教与学方面的书籍，更不会愿意观摩优秀教师的课程……”[②]

简言之，即使在当前最高教育主管部门明确强调教学工作重要性的背景下，由于博士培养制度和各高校的趋利性政策导向影响，绝大多数教师为确保自身职业的发展，也会选择“重科研轻教学”的道路。最终导致教学与科研两者关系问题，形成了宏观（教育部层面）的各种评价政策导向，中观（院校层面）的职业发展政策和微观（教师个人层面）的自身技能特点，三者之间形成高度一致性和连贯性，纵横交错牢不可破。

然而中国高校里教学与科研的矛盾关系问题，就真的无解吗？

情况或许并非如此。如上所言，此问题源于两个方面：一是时间分配上的冲突：教师的时间和精力总是有限度的，分给科研的时间多了，教学时间自然就少；二是专业技能导向上的冲突：在学校给出的有限考察期限内，聪明者必然选择将时间和精力放在所擅长的科研活动上，同时尽量减少在教学上的付出，以期在最短时间内获得最大回报。

能否尝试找到一种方法来解决这个矛盾？例如，在不增加教学时间和精力支出的前提下，一是通过某些特定教学模式来提高教师的教学效率和效果；二是通过某些方法来快速提升教师自身的教学能力，以便在不加重其负担的前提下增强教学工作效果。换言之，就是在尊重新入职者的现实理性选择的基础之上，不要再试图做无用功，而是致力于找到一种既不需要花费额外时间，又能让教师快速提升教学技能和效果的秘籍，从而实现教学与科研的双赢结局。

实际上寻找这个秘籍并不难，根植于电子学习（E-learning）的“互联网＋课堂”，可能就是目前一个最佳解决方案。当今社会中，恐怕没人能否认互联网技术强大的渗透性和颠覆性特点，在短短数十年内以摧枯拉朽之势横扫社会诸领域，高等教育机构也不例外。“自20世纪初以来，以通信技术领域的创新

① TROWER C A New Generation of Faculty：Similar Core Values in a Different World［J/OL］. Peer Review，2010. 12（3）：27-30［2021-06-16］. https://www.aacu.org/publications-research/periodicals/new-generation-faculty-similar-core-values-different-world.

② 同上。

为基础，高等教育已对教学方式进行了数次革命性的尝试。其中最新和最著名的，就是提供广泛的电子学习，即通过互联网来将多种形式的课程直接提供给学生。”①

在这场史无前例的技术变革中，尽管相对于其他社会机构，高校一直在数字化、信息化和网络化应用上因为步伐缓慢、反应迟钝而备受批评。但令人欣慰的是，近年来高等教育机构在“数字化校园”（E-campus）和“数字化转型”（Digital Transformation）建设和应用方面确实取得了相当大进展，尤其以电子学习快速发展而备受瞩目。以20世纪末在联合国教科文组织推动下席卷全球的高校“开放教育资源”（Open Educational Resources）运动作为起点，各国高校尝试将课程内容搬上互联网，并试验各种在线教学模式。进入21世纪，高校在互联网教学模式方面的试验活动步入多样化发展阶段：从微视频（Micro-video）到微课（Micro-lesson），再到微学习（Micro-learning）；从电子学习（E-learning）到翻转课堂（Flipped Classroom），再到混合学习（Blended Learning）和混合-灵活课程（Hy-Flex Course）；从在线课程（Online Course）到大规模在线开放课程（Massive Open Online Course）和小规模个性化在线课程（Small Private Online Course），各种新教法和课程模式的试验层出不穷。与之同步，国内高校的教学改革实践也基本反映了上述发展趋势，从最初的精品课程到精品在线开放课程，再到“慕课”和当前的各类混合金课建设项目，都表明高校教学信息化改革步伐不断迈进和不可逆转的大趋势。

以前，对于绝大多数倾向于将工作重心放在科研工作上的研究型高校来说，这种表面看似热闹的“互联网＋课堂”教学改革试验，实际上多属于“锦上添花”，很难被当作高校的重点工作来看待。然而世事风云变化莫测，无意之举却报以意想不到的收获。2020年那场席卷全球的新冠肺炎疫情大流行，明白无误地展示出“互联网＋课堂”教学模式所蕴含的巨大价值和无可替代的作用——在新型冠状病毒肺炎疫情迅速扩散和蔓延而导致举国上下各行业俱陷减速运行之际，学校却令人瞩目地成为继续运转的屈指可数的行业之一。对于中国高校来说，之所以能率先在全国范围内提出和实现“停课不停教，停课不停学”，核心就是过去20多年“互联网＋课堂教学”改革所奠定的基础。“养兵千日，用兵一时”，这种以往看似无足轻重的互联网教学模式，在危难之际扮演了维系高校教学工作正常运行的重要角色，在一定程度上显示了这种教学方式的巨大潜力。

再回到主题，对于青年教师，“互联网＋课堂”教学模式，为什么有可能成为

---

① SANDY BAUM，MICHAEL MCPHERSON. Improving Teaching：Strengthening the College Learning Experience［J/OL］. The American Academy of Arts & Sciences，2019，8（4）［2021-06-16］. https://www.amacad.org/publication/improving-teaching-strengthening-college-learning-experience.

实现教学与科研的“双赢”解决方案呢？

究其根本原因，在于这种互联网新教学模式本身具备了传统教学模式所无法比拟的重要特征——时间成本效益。简而言之，它能够帮助教师充分利用智能化程度越来越高的互联网技术，诸如人工智能、大数据分析等，最大限度地降低在教学活动上的时间和精力支出。换言之，借助于新技术的帮助，教学与科研两者的时间精力分配方案中，不再是此长彼消的关系，而转变成为：即使在科研占据大头时间精力的情况下，依靠信息化教学技术的强大支持，教师仍然能够在有限的时间和精力范围内，利用互联网教学模式来保质保量地完成教学工作，并获得令人满意的效果。

有人可能会质疑，互联网教学模式真的有这种神奇功效吗？

当今高校盛行的面对面课堂讲授教学模式历史悠久，大家早已习惯且认为教学理应如此。实则不然，这种基于班级组织而形成的师生面授教学模式，不过是工业革命的产物，如同制造工厂的流水线一样，班级授课制的产生与普及都与那个时代的工业化大生产、义务教育和学生数量剧增有着直接关系。因此，工业化时代所形成的班级授课制，在我们迈入信息化时代之后，实际上一直处于不断改革和完善之中，并且衍生了各种不同的新型教学组织形式。慕课、混合学习、翻转课堂和混合-灵活课程等，都是进入互联网时代之后学校教学模式改革的部分成果。当然，新生事物初期难免有缺陷。这些基于互联网的新模式在21世纪初刚出现时，确实在推广和应用时存在着诸多困难和障碍。例如10年前，学科教师想使用任何一种在线教学模式时，首先就会遇到一个不可避免的技术门槛——“电子学习课件”（E-learning Courseware）制作和开发成本问题。从技术角度看，任何一种基于互联网的教学模式，都离不开电子课件的支持，它的开发方式很多，从演播室拍摄讲授式视频，到2D和3D演示动画，形式繁多且技术复杂，开发成本绝非普通教师所能承担。研究资料显示，在20世纪90年代初期，要想开发出一个单元的电子课程内容，不仅需要技术熟练的工程师，还要花费数月之久。即使进入21世纪之后，美国高校的一项调查数据①显示，2003年，一个时长60分钟的电子学习课件，依据其交互水平的不同，其所需要的开发时长从70小时至800小时不等。2010年，一项调查数据②表明，依据内容、主题和交互复杂程度之不同，开发时长1小时的“教师引导型培训”在线课件，所花费的开发和制作时长通常在22～82小时之间。在当时若折算成美元，每开发1小时的电子学习课程，交互水平较低的开发费

① ROBYN DEFELICE. How Long to Develop One Hour of Training？[EB/OL].（2017-03-12）[2021-06-22]. https://www.td.org/insights/how-long-does-it-take-to-develop-one-hour-of-training-updated-for-2017.

② BRYAN CHAPMAN. How Long Does it Take to Create Learning？[EB/OL].（2010-09-12）[2021-06-22]. https://www.slideshare.net/bchapman utah/how-long-does-it-take-to-create-learning.

用为10054美元；交互水平较高者则高达50371美元。不难看出，如此高成本的电子课件，绝大多数教师都难以承担和接受。实际情况也确实如此，在21世纪初期，在线教学模式的应用范围主要局限于商业性培训活动，或者名家大师的精品课程之中，广大一线教师很难有机会应用。

不过，技术的突飞猛进总能带来惊喜。在过去10年中，智能手持终端设备的不断普及，移动互联网的广泛应用，大数据和云计算的快速发展，人工智能技术的逐步成熟……给互联网教学领域带来了翻天覆地的变化。借助于相关软硬件技术的快速发展，高校互联网教学模式的应用也跨入一个新阶段。近年来，电子课件的开发技术开始从原来的“阳春白雪”逐步变为“下里巴人”，硬件设备要求越来越简便，软件操作方法愈来愈快捷——在此背景之下，“快课”应运而生，为高校教学改革工作带来了新的思路和解决方案。

快课，即“快速电子学习开发”之简称，也被称为“快速学习”（Rapid Learning）[①]或“快速开发”（Rapid Development）。快课可提供一整套短时间内快速设计和制作电子课件或数字化课程的工具、方法与策略。归纳起来，快课具有以下突出特点：学科教师是电子课件的主要开发者；制作工具都采用通用类设备（电脑、摄像头、手机等）和操作简便的模板化软件（基于幻灯片的录屏、录像）；课件开发所需时间通常在2～3星期之内；开发的电子课件时长都保持在10～30分钟左右，并带有反馈、评价和跟踪功能；课件包含多媒体元素（视频、动画等）以提升吸引力；课件可采用同步或异步传播方式，并兼容多种电子终端（计算机、平板电脑和手机等）。

快课最引人注目的特色，就是开发时间短和制作容易。其对教师的突出价值在于，往日高不可攀的互联网教学模式明显降低了技术门槛，实现以最低时间成本让更多教师实现互联网与课堂教学的相互融合。尤为难得的是，快课同时也为解决教学与科研之间长期存在的冲突提供了一条重要途径。

当前高校的现实情况表明，除科研和职称压力之外，年轻教师不愿在教学工作上投入过多时间和精力的另一个重要原因，是本科生基础课教学工作本身所带有的内容重复性和繁重性问题。相比研究生课程而言，基础性学科的教学内容相对稳定，变化小，使得教学形式单一，很容易使年轻授课教师在备课和上课等工作环节中产生单调感和挫折感，影响其教学积极性。要想解决这个问题，互联网教学模式就有可能发挥积极作用。例如，利用快课将课程的部分重点和难点内容制作为各种形式的电子课件，在教学中引入“课堂面授＋在线自学”相结合的混合学习

---

① BILL BRANDON. Exploring the Definition of “Rapid E-learning”［EB/OL］.（2005-07-03）［2021-06-22］. https://www.learningguild.com/pdf/4/rapid_elearning_whitepaper_3-2-05.pdf.

模式，都能明显降低年轻教师在本科生基础课教学上的时间和精力支出，从而有效缓解他们在科研与教学两项工作中的矛盾。

这也验证了一种观点：高校的年轻教师之所以愿意把更多的时间精力放在科研活动上，并非认为教学不重要，而更多是因为传统的课堂教学模式缺乏创意和挑战性，形式简单，内容重复，以至于无法吸引具有博士学历的高智商年轻教师为之付出更多时间、精力和努力。他们以往所受的高水平专业训练，都是为了应对挑战性更强的研究，而不是常规的重复性教学。当互联网教学进入课堂之后，这种情况可能会发生变化：互联网使得专业知识的传递方式和途径更加多样化和更具挑战性，微课、慕课、私播课、翻转课堂、混合学习和混合-灵活课程，使得教学过程也相应产生丰富多彩的变化。教学不再是一种在教室中对着 PPT 的重复性活动，而演变成为一种形式多样和富有挑战性的师生互动过程。这种变化更能有效提升和激发年轻教师的教学热情。

更值得一提的是，当年轻教师掌握快课技术并开始实施个性化的互联网教学模式时，当他们能轻松地在办公室或书房里自录视频课件时，当他们能用手机随时随地备课和向学生推送教学内容时，当他们在教室里利用手机投屏技术实现授课与学生在线互动无缝连接时，教学工作就开始摆脱传统的单调重复刻板印象，呈现出一幅幅富有创新色彩的画面。如此一来，快课将会成为帮助年轻教师告别烦琐、沉闷和单一的传统教学方式，转而拥抱轻松、生动且交互性强的互联网教学模式的重要促进力量。正如在 2020 年新型冠状病毒肺炎疫情期间在线教学所起到的推动作用一样，我们有理由相信，当新技术、新教法所带来的互联网教学模式，激发起年轻教师内心隐藏的激情之后，将有望真正解决教学与科研之间冲突问题。

秉承“技术创新教学”理念，北京大学教育学院“快课创新教学”研究团队长期密切跟踪快课领域的前沿动态，探索以多种形式将快课融入高校教学过程的技术和实践解决方案，锲而不舍地钻研适用于学科教师的各种新型教学技术和工具。先后对国内外上百种教学软件、硬件设备、音视频工具进行跟踪测试，借鉴和吸收国际上各种信息化教学的设计理念，努力研发符合中国高校教学特点和需求的教学技术工具。长期持续不断地努力探索，结出丰硕果实。到 2021 年，研究团队已经发布多项与快课相关的研究成果，紧扣科研与实践相互促进的宗旨，在国内信息化教学研究领域独树一帜。这些成果包括：先后获得国家知识产权局颁发的实用新型技术专利 4 项，研发 4 种型号的自助录课设备，目前已被 40 余所高校院所采用；出版学术专著 4 种，编写教材 5 种，3 种荣获北京大学优秀教材奖。教材数次重印，总印数 5 万余册。以此为基础，研究团队进一步开发出针对高校教师信息化教学技能的培训课程，并先后进入国内 220 余所高校（其中双一流高校 13 所），面授培训 5 万余人次，在线课程选修人数超过 1.2 万人次，在国内高校教师发展领域产生了广泛而深远的影响，树立了鲜明的“研以致用”形象。

快速和便捷，既是当今互联网时代技术发展的核心理念，同时也是推动互联网教学模式普及应用的制胜法宝。本书的核心理念，是强调以最简便的技术设备，最少的时间支出和最简单的操作方法，帮助广大一线任课教师来实现“以技术换时间，用快捷促教改”的目标。实践证明，快课教学法有望解决教学与科研之间的冲突，打破当前教学改革的僵局，推动年轻教师积极投身于互联网教学改革大潮中。

能否实现上述目标，尚需时间来验证。2020 年春季突如其来的新型冠状病毒肺炎疫情恰好提供了一个实施“自然状态下教育实验”的机会。2020 年 2 月，就在国内多数高校还不知如何应对这场教学危机之时，“快课创新教学”研究团队通过在线直播方式，向全国教师推出了多种形式的“快课教学法在线课程”。当年 3 ～ 7 月连续组织了 14 场在线教学技能培训，共有 60 余所院校的 1500 余名学科教师参加。培训结束后，针对参训教师的抽样调查结果显示，92% 的参训者表示“通过这次培训，我已经学会了快课教学法”，90% 的参训者反馈“通过这次培训，我对开展在线教学有了更大信心”。

初试牛刀，锋芒虽现，仍不足为凭。期待着有更多的教师加入快课教学法的实践之中，切身体验其与众不同的应用理念，在教学过程中感受这种教学法的独特之处。利用这种教学法来提升教学工作效率和效果，最终达到教学与科研协调发展的目标。

第一章　电子学习与混合 - 灵活课程变革

作为一个被广泛应用的术语，“电子学习”（E-learning）算得上是目前教育信息化体系中内涵最复杂、包容性最强和使用范围最广泛的概念之一。有研究者曾这样表述：“从教育技术角度看，E-learning 是一种以技术为中介的具有巨大潜力的学习方法，各级教育系统的数字化转型都被纳入这个新教学生态系统之中。在过去几十年中，它一直是教育信息化的主要研究主题之一。”[①] 2020 年，在全球新型冠状病毒肺炎疫情扩散，学校面临重大挑战之际，有研究者强调指出，正是由于教育决策者以往忽视了对 E-learning 的重视和投入，才导致 2020 年许多国家教育系统陷入停顿：

> 当前新型冠状病毒肺炎疫情已证明，教育系统中希望利用互联网进行教育的巨大需求，远未得到充分满足。这不能归因于 E-learning 本身，而是由于此前这种教学方法的潜力被严重低估，并经常被学校的改革项目排除在外。现在 E-learning 的未来必须建立在开放性和平等性的基础上，以使学习者具备普遍的互联网学习能力。[②]

尽管广为人知，但实际上关于 E-learning 概念的最初起源，仍然存在着诸多争议。资料显示，早在 20 世纪 80 年代初就有研究者开始使用这个术语。1983 年，玛莉 · 怀特（Mary White）率先开始使用 E-learning，当时定义为“通过各种电子资源，如电视、计算机、光盘和视频等而进行的学习活动”[③]。不过，也有人认为 E-learning 一词是在国际互联网出现之后才开始使用的，美国学者艾略特 · 马

---

① VALVERDE-BERROCOSO J，GARRIDO-ARROYO MDC，BURGOS-VIDELA C，MORALES-CEVALLOS. Trends in Educational Research about E-learning：A Systematic Literature Review（2009-2018）[J/OL]. Sustainability. 2020，12（12）：5153 [2021-06-22]. https://doi.org/10.3390/su12125153.

② BATES T. Crashing into Online Learning：A Report From Five Continents—And Some Conclusions [EB/OL].（2020-04-26）[2021-06-22]. https://www.tonybates.ca/2020/04/26/crashing-into-online-learning-a-report-from-five-continents-and-some-conclusions/.

③ WHITE M A. Synthesis of Research on Electronic Learning [J]. Educational Leadership，1983，40（8）：13-15.

赛（Elliott Masie）在1999年召开的“学习技术会议”（TechLearn Conference 1999）上的文章，被认为是首次使用E-learning一词。当时这个概念是在开发“基于计算机的培训系统”（Computer Based Training Systems）背景下使用的，专指“一种基于使用新技术的学习方式，允许通过互联网或其他电子媒体（局域网、交互式电视和CD-ROM等）访问在线、互动式或个性化的培训内容，以便在学习过程中不受时间和地点影响”①。还有一种说法是，E-learning的首次使用者是美国培训师杰伊·克罗斯（Jay Cross）。在放弃了电子商务之后，杰伊·克罗斯于1998年成立了一家培训机构。他当时提出：“教育的下一件大事不是E-commerce，而是E-learning，这是一种在互联网上进行的学习方式，即学习与网络的融合。”②

如今再去追究E-learning这个术语的首次提出者已无关紧要。更值得关注的，是这个概念对于教育技术的实际价值和意义。正如有研究者所指出的：

E-learning实际上并没有单一的起源，也没有统一的定义。自20世纪60年代以来，它就不断发展并以不同方式影响企业、教育、培训和军事部门。E-learning对不同机构意义不同。在中小学校，E-learning是指基于软件的技能学习和操作，而在商业、高等教育、军事和培训部门，则指一系列在线课程，师生交流和互动性教学实践的设计方案。③

1.1 电子学习研究综述

作为一个应用范围广泛、含意模糊却渗透力极强的概念，E-learning对当前各领域的影响和冲击是有目共睹的。有研究者指出：“在进入21世纪之后，首先是那些有强大技术实力的大企业率先采用E-learning进行员工培训。随后不久，学术性高校的校长们，也很快意识到E-learning的益处，开始尝试使用。近年来，又进一步见证了E-learning在中小学的渗透。”④

---

① Karla Gutierrez. 10 Great Moments in eLearning History［EB/OL］.（2021-04-24）［2021-06-22］. https://www.shiftelearning.com/blog/bid/343658/10-Great-Moments-in-eLearning-History.

② CROSS J. An Informal History of ELearning［J/OL］. On the Horizon，2004，12（3）：103-110［2021-06-22］. https://doi.org/10.1108/10748120410555340.

③ TERRY T KIDD. A Brief History of eLearning［EB/OL］.（2010-05-21）［2021-06-22］. https://www.igi-global.com/chapter/brief-history-elearning/41327.

④ SARKA HUBACKOVA. History and Perspectives of E-learning［J/OL］. Procedia-Social and Behavioral Sciences 2015（191）：1187-1190［2021-06-23］. https://www.sciencedirect.com/science/article/pii/S1877042815028542. DOI：10.1016/j.sbspro.2015.04.594.

1.1.1 E-learning 概念解析

从教学媒体的演变来看，“E-learning 是一个不断变化的概念，最初根植于计算机辅助教学（Computer Assisted Instruction，CAI），当时被作为一种传授问题解决能力的新方式，第一次出现在 1955 年。”[①]国际上有关 E-learning 研究综述[②]显示，目前在教育技术的术语体系中，共有 30 多个与计算机应用于学习活动的相关概念，出现的时间跨度从 1953 年到 2019 年（见表 1-1-1）。总的来看，一部分强调技术媒介本身，另一部分则着眼于教学信息的传播。

表 1-1-1 E-learning 相关概念汇总（1953—2019）

缩略语	概念全称	概念内涵	首创者
1. DL	远程学习（Distance Learning）	教师与学生在时间和空间上相互分离的一种教学组织形式，初期涉及的教学媒介包括印刷材料、广播、电视等	费恩（Finn J，1953）
2. CAI	计算机辅助教学（Computer Assisted Instruction）	计算机主要被用于编程教学，如应用于数学、工程、心理、物理、商业管理和统计等学科的教学	伯恩哈特（Bernhardt，1955）
3. CBE	基于计算机的教育（Computer Based Education）	计算机在教育领域的各种应用方式的统称	巴森·赖文等（Barson，Levine，Smith，Scholl & Scholl，1963）
4. CAL	计算机辅助学习（Computer Assisted Learning）	利用计算机辅助提高问题解决能力，强调对学习者能力的培养，而非传递内容	兰尼尔（Lanier，1966）
5. CMI	计算机管理教学（Computer Managed Instruction）	强调教师利用计算机协助管理教学任务	摩尔纳和舍曼（Molnar & Sherman，1969）
6. CAE	计算机辅助教育（Computer Assisted Education）	利用计算机进行教学内容制作，并让学生借助计算机来学习	比茨等（Bitzer&Others，1970）
7. E-learning	电子学习（Electronic Learning）	强调不受时间和空间的限制，通过各种电子资源来组织学习活动，如交互式远程学习，利用网络平台来传送学习内容等	怀特（White，1983）

---

① ZINN K L. Computer-assisted Learning and Teaching［J/OL］. Encyclopedia of Computer Science，Chichester，UK：John Wiley and Sons Ltd，2000：328-336，［2021-06-24］. http://dl.acm.org/citation.cfm?id=1074100.1074248.

② APARICIO M，BAÇÃO F，OLIVEIRA T. An E-learning Theoretical Framework［J/OL］. J. Educ. Technol. Soc.，2016（19）：292-307，［2021-06-24］. https://www.semanticscholar.org/paper/An-E-learning-Theoretical-Framework-Aparicio-Ba.

续表

缩略语	概念全称	概念内涵	首创者
8. ALE	人工学习情境（Artificial Learning Environments）	在特定环境下以技术工具为媒介的学习环境	佛罗尔和莱尔斯（Fiol & Lyles，1985）
9. M-learning	移动学习（Mobile Learning）	强调利用不同形式的学习资源实现课堂学习环境的灵活性安排	达拉茨第和梅尔（Darazsdi & May，1989）
10. RP	快速原型制作法（Rapid Prototyping）	强调利用迭代法创建CAI电子课件模型，以减少开发时间和降低技术成本的电子学习资源开发策略	斯第温和芭芭拉(Steven T & Barbara B，1990）
11. SRE	自我管理效能（Self-Regulatory Efficacy）	强调学习者独立评估自定步调的学习活动	班杜拉（Bandura，1994）
12. CSCL	计算机支持的协作学习（Computer Support for Collaborative Learning）	强调利用计算机来促进和支持分组学习活动	考斯克曼（Koschmann，1994）
13. REAL	用于主动学习的富环境（Rich Environments for Active Learning）	利用计算机提供评估和协作支持，在真实学习环境下培养学生的责任感和创新力	哥莱可格和顿莱普（Graginger & Dunlap，1995）
14. Mega-University	巨型大学（Mega-University）	一个强调将远程学习、高等教育机构和通信技术大规模应用相互结合的概念	丹尼尔（Daniel，1996）
15. LMS	学习管理系统（Learning Management Systems）	强调学习内容和师生互动在线系统，支持注册登录、学习跟踪和学习资材传递，并能报告学习者的进度和评估学习效果	莫里·戈德伯格（Murray Goldberg，1996）
16. CFL	计算机协助学习（Computer Facilitated Learning）	强调利用建构主义方式模拟教师的角色，促进学习效果提升	拜恩等（Bain，McNaught，Mills & Lueckenhausen，1998）
17. VLR	虚拟学习环境（Virtual Learning Environments）	是指一系列基于互联网的集成化网络应用系统，它能为教师、学习者、家长和其他参与人员提供信息、工具和资源，以支持和加强学习内容和学习活动管理	桑第·利伯（Sandy. Liber，1999）
18. WBT	基于网络的培训（Web Based Training）	一种利用互联网共享内容和支持交流的培训方式，分为同步和异步方式	威廉·霍顿（William Horton，2000）
19. LCMS	学习内容管理系统（Learning Content Management Systems）	用于支持教师快速创建和使用在线课程的网络平台	伊斯麦尔（Ismail，2001）

续表

缩略语	概念全称	概念内涵	首创者
20. AT	创作工具（Authoring Tools）	帮助教师设计和制作各种形式的电子教学资源的程序、工具或系统	哈里斯（Harris J, 2002）
21. B-learning	混合学习（Blended Learning）	将不同学习方式（面授教学和电子学习）整合为一体的学习环境。在初期通常是面授所占比例要多于电子学习形式	森哥（Singh，2003）
22. Rapid Learning	快速电子学习开发（Rapid E-learning Development）	一系列帮助教师在短时间内开发和制作各种电子教学资源的工具、方法和策略的集合	珍妮弗·德弗里斯（Jennifer De Vries，2004）
23. H-learning	混合学习（Hybrid Learning）	当电子学习所占比例多于面授教学时，则被称为混合学习	哥莱翰姆（Graham，2005）
24. C-MOOC	连接式慕课（Conective MOOC）	基于连接主义理论的在线课程，强调自主性、多样化和发展性	西门斯（Siemens，2005）
25. SDL	自我指导学习（Self Directed Learning）	强调利用计算机来实施个性化的自我学习策略	罗瓦（Rovai，2004）
26. IBL	基于互联网的学习（Internet Based Learning）	利用互联网来支持和促进学生的学习	李（Lee et al.，2005）
27. MOOC	大规模在线开放课程（Massive Open Online Course）	利用互联网向全球受众传播免费课程内容，与社交网络关联，以促进知识传递	费尼（Fini，2009）
28. X-MOOC	X式慕课（MITx & EDX MOOC）	基于行为主义教学法，强调内容扩散、作业练习和同伴评价	罗德瑞格（Rodriguez，2012）
29. LOOC	小规模开放课程（Little Open Online Course）	强调从教师向学生的直接教学形式	考尔威奇（Kolowich，2012）
30. SPOC	小规模专用课程（Small Privated Online Course）	将慕课作为课堂学习的补充形式，而非完全替代传统教学方式	福克斯（Fox，2013）
31. Hy-Flex Course	混合-灵活课程（Hybrid-Flexible Course）	一种由学生自主选择上课方式的独特混合教学模式，在上课时，学生可根据需要选择不同上课方式（课堂面授、同步直播或异步自学）	布莱恩·比蒂（Brian Beatty，2019）

从表1-1-1中可以看出，作为E-learning初始起点，计算机辅助教学（CAI）首先被用于描述利用计算机系统来辅助学习过程。在20世纪60年代，计算机辅助教学开始是聚焦于学习任务的完成，强调利用计算机来传递教学内容，后来又转向学习者本身，重视对学习者解决问题能力的培养。到90年代后伴随着互联网的出现，E-learning被视为

Electronic Learning 的缩略词，转而意味着“一种交互性的远程学习环境”①，这说明远程学习开始尝试与互联网相互结合创造一种具有新功能的教学环境，以实现与面授教学类似的师生互动交流方式。与此同时，另外一些研究者则将 E-learning 与远程学习技术和高等教育结合在一起，计划建设一种被称为“巨型大学”（Mega-University）的新型学习环境，②以成为传统远程教育的替代者。不可忽视的是，在线学习（Online Learning）是另一个被认为与 E-learning 相关的概念，它通常被定义为部分或全部利用互联网而进行的信息或知识的传播活动，能够超越时间和空间的限制而实施教学。从这个角度来说，E-learning 概念在考虑到互联网提供的跨时空功能的同时，还应包括技术的和功能的属性。

由于 E-learning 所涉及行业领域的多样性，再加之使用技术工具的复杂性和不断变化的特点，若想确切提出一个被广泛认同和接受的定义，显然是困难的。因此许多研究者尝试从多个角度来界定 E-learning，使之成为一个立体化、多维度和动态发展的概念。一个包容性更强的定义可以涵盖更广泛的内涵，以便应对 E-learning 概念和特征的复杂性。

基于以上原则，有研究者③曾提出 4 种类型的 E-learning 定义：

第一类，技术驱动的定义（Technology Driven Definitions）：强调电子学习技术层面诸要素，将 E-learning 视为技术媒介在学习过程中的应用方案，并注重技术工具的实际效益和效果。例如：

- E-learning 是将电子媒体用于各种学习的过程，包括从传统教室中的辅助教学工具，到完全在线的替代面授教学。④
- E-learning 是指无线或有线连接到网上课程，实现从计算机、移动电话或手持设备访问课程资料。⑤

---

① MORRI A. A Bright Future for Distance Learning：One Touch/hughes Alliance Promotes Interactive “E-learning” Service［EB/OL］.（1997-04-21）［2021-06-24］. http://connectedplanetonline.com/mag/telecom_bright_future_distance/.

② DANIEL J S. Mega-universities and Knowledge Media：Technology Strategies for Higher Education［M］. Oxon，UK：Routledge，1996.

③ SANGRÀ A，VLACHOPOULOS D，CABRERA N. Building an Inclusive Definition of E-learning：An Approach to the Conceptual Framework［J/OL］. The International Review of Research in Open and Distributed Learning，2012，13（2）：145-159［2021-06-25］. https://doi.org/10.19173/irrodl.v13i2.1161.

④ GURI-ROSENBLIT S. “Distance Education” and “E-learning”：Not the Same Thing［J］. Higher Education，2005，49（4）：467-493.

⑤ GOVERNORS STATE UNIVERSITY，Center for Online Learning and Teaching. E-learning glossary［EB/OL］.（2008-01-21）［2021-06-25］. http://www.govst.edu/elearning/default.aspx.

- E-learning 是通过网络电子资源实施远程教育。[①]
- E-learning 是使用技术传递学习资源和实施培训计划。[②]

第二类，面向传递系统的定义（Delivery System Oriented Definitions）：E-learning 是通过交流、练习或培训获取知识。这种定义强调资源的可访问性，而不是学习行为的结果。例如：

- E-learning 是通过各种电子媒体提供教育的一种活动。[③]
- E-learning 是一种在线教育，它能通过互联网将实时培训和练习按计划传递给学习者。[④]
- E-learning 是通过电子手段提供交流、培训或技能的行动计划。[⑤]

第三类，面向传播的定义（Communication Oriented Definitions）：E-learning 是沟通、互动和协作的过程。此定义主要来自学术和传播领域，例如：

- E-learning 是将计算机通信系统作为信息交换媒介，以促进师生之间互动交流的教育活动。[⑥]
- E-learning 是基于信息通信技术的学习，强调学生与内容之间，学生与教师之间，或学生之间在网络上进行互动。[⑦]
- E-learning 是通过某种形式的互动工具和内容促进学习的过程，其中包括学习者与教师或同伴之间的在线互动。[⑧]

第四类，面向教育范式的定义（Educational Paradigm Oriented Definitions）：将

---

① MARQUÈS P. Definición Del E-learning [EB/OL]. (2006-02-15) [2021-06-25]. http://www.pangea.org/peremarques.

② E-LEARNING PORTAL. E-learning Glossary [EB/OL]. (2009-08-13) [2021-06-25]. http://www.e-learningguru.com/glossary/e.htm.

③ KOOHANG A, HARMAN K. Open source: A Metaphor for E-learning [J]. Informing Science Journal, 2005 (8): 75-86.

④ LEE T, LEE J. Quality Assurance of Web-based E-learning for Statistical Education. COMPSTAT: Proceedings in Computational Statistics [C]. 17th Symposium, Rome, 2006.

⑤ LI F W, LAU R W, DHARMENDRAN P. A Three-tier Profiling Framework for Adaptive E-learning. 2009 [C]. Proceedings of the 8th International Conference on Advances in Web Based Learning, Aachen, 2009.

⑥ BERMEJO S. Cooperative Electronic Learning in Virtual Laboratories Through Forums [J]. IEEE Transactions on Education, 2005, 48 (1): 140-149.

⑦ GARRISON D R, Anderson T. E-learning in the 21st Century. A Framework for Research and Practice [M]. London: Routledge Falmer, 2003.

⑧ MINISTRY OF COMUNICATION AND TECHNOLOGY OF NEW ZEALAND. Digital Strategy of the Ministry of Comunication and Technology [EB/OL]. (2008-10-21) [2021-06-25]. http://www.digitalstrategy.govt.nz/Resources/Glossary-of-Key-Terms/.

E-learning 定义为一种新型学习方式或是对现有教育范式的改进和完善。使用者多数来自学校教育领域。例如：

- E-learning 是一种新的电子资源和教学内容传播方式，通过远程交互和协作，强调利用多媒体技术和互联网提高学习质量。①
- E-learning 是过程、内容和电子设备的广泛组合，利用计算机和网络扩展或改善学习价值链中的各个组成部分，包括管理和传播。②
- E-learning 被定义为用于帮助学生改善学习过程的技术应用方案。③
- E-learning 是指利用信息通信技术协调同步、异步学习与面授教学的教育过程。④

对于 E-learning 概念的应用和发展，也有研究者⑤从关键词入手进行了相关统计分析。以所选文献为基础，利用 VOSViewer 软件⑥，最终总结出 545 个与 E-learning 相关的研究关键词，进行聚类分析之后，最终生成了 5 种类型的 E-learning 关键词。基于这些关键词编码产生了三个类别：教学方法与工具、交互学习环境和电子课程设计与开发。如图 1-1-1 所示，研究者得出以下结论：

在教育技术领域，目前使用频率最高的术语包括：CAL、CAI、CBE、LMS、SDL 和 MOOC 等。这些概念有两方面的共同特征：一是从心理学层面强调学习与计算机技术之间的内在联系，强调学生的问题解决能力；二是从互联网的技术特点层面，凸显跨越时空的师生互动交流对教学活动的深刻影响。⑦

综上所述，在本书中，E-learning 被界定为一种依据主流传播媒体和相关教学

---

① ALONSO F，LÓPEZ G，MANRIQUE D，VIÑES J M. An Instructional Model for Web-based E-learning Education with a Blended Learning Process Approach [J] . British Journal of Educational Technology，2005，36（2）：217-235.

② ALDRICH C. Simulations and the Future of Learning：An Innovative Approach to E-learning [M] . San Francisco：Pfeiffer，2005.

③ ELLIS R A，GINNS P，PIGGOTT，L. E-learning in Higher Education：Some Key Aspects and Their Relationship to Approaches to Study [J/OL] . Higher Education Research & Development，2009，28（3）：303，[2021—6-25] . http://www.informaworld.com/10.1080/07294360902839909.

④ JEREB E，ŠMITEK B. Applying Multimedia Instruction in E-learning [J] . Innovations in Education & Teaching International，2006，43（1）：15-27.

⑤ VALVERDE-BERROCOSO J，GARRIDO-ARROYO MDC，BURGOS-VIDELA C，MORALES-CEVALLOS MB. Trends in Educational Research about E-learning：A Systematic Literature Review（2009—2018）[J/OL] . Sustainability. 2020；12（12）：5153. https://doi.org/10.3390/su12125153.

⑥ VOSViewer 是一种基于网络数据创建各种可视化图表的软件工具。

⑦ APARICIO M，BAÇÃO F，OLIVEIRA T. An E-learning Theoretical Framework [J/OL] . J. Educ. Technol. Soc.，2016（19）：292-307 [2021-06-25] . https://www.semanticscholar.org/paper/An-E-learning-Theoretical-Framework-Aparicio-Ba.

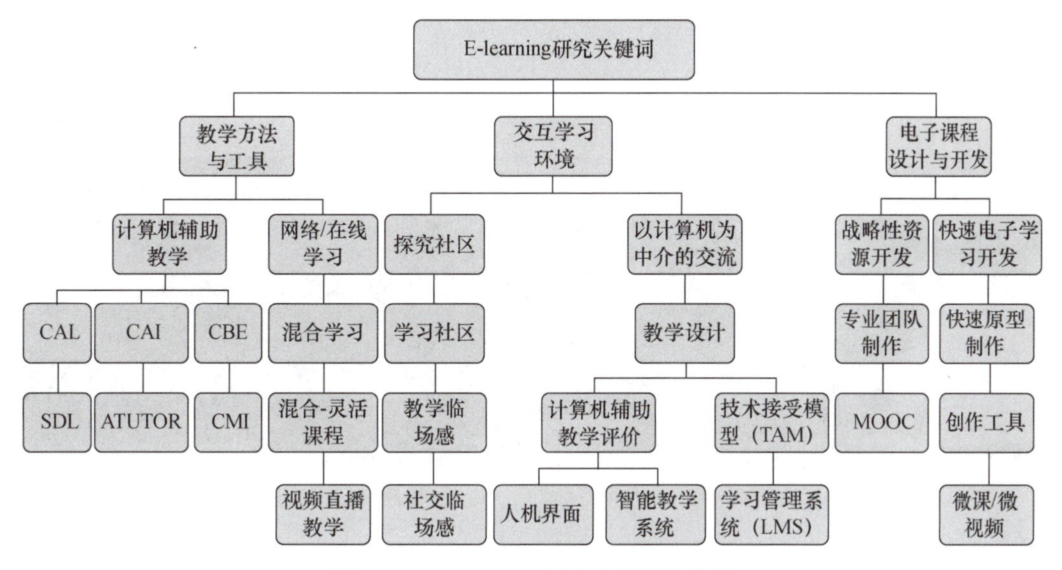

图 1-1-1 E-learning 研究关键词结构图

理论所构建起的，以电子资源为中介的知识传递与能力培养模式。其核心目标在于，突破传统面授教学的局限性，使教师的教学行为与学生的学习行为摆脱时间和空间的限制，根据差异性学习目标，构建适合不同群体学习需求的教学设计和组织形式。

1.1.2 E-learning 关键技术发展

E-learning 的定义和内涵，伴随着技术发展而不断变化和更新。尽管这个术语直到 20 世纪 90 年代后期才被广泛使用，但早在 60 年代，世界各地的高校和相关机构就已使用各种形式的远程学习（Distance Learning），并出现了一些具有代表性的技术方案。有研究者曾指出：

互联网发明之前，E-learning 实际上是通过广播、电话、录像带、录音带、电视和第一代大型计算机实施。20 世纪 60—70 年代伊利诺伊大学开发并持续到 21 世纪初的 PLATO 计算机辅助教学系统（如图 1-1-2 所示）[①],80 年代英国开放大学远

① PLATO 计算机辅助教学系统：以伊利诺伊大学于 1952 年发明的 ILLIAC Ⅰ型计算机为基础，PLATO 是唐纳德·比泽尔教授于 1960 年启用的第一个通用型计算机辅助教学系统，型号分为：PLATO Ⅰ、PLATO Ⅱ、PLATO Ⅲ和 PLATO Ⅳ。到 80 年代初，PLATO 系统在 150 门课程中提供了大约 7000 个小时的教学材料，该系统的教学课件广泛应用于从澳大利亚到加拿大和比利时的世界各地的 7000 个终端。多用户计算中的网络文化概念，最初也源自 PLATO，包括论坛、留言板、在线测验、电子邮件、聊天室、字符语言、即时消息、远程屏幕共享和多人视频游戏。

程电视写作辅导系统（如图 1-1-3 所示）[①]，这些在个人计算机和互联网尚未诞生之前的教学改革尝试，同样也属于 E-learning 范畴。[②]

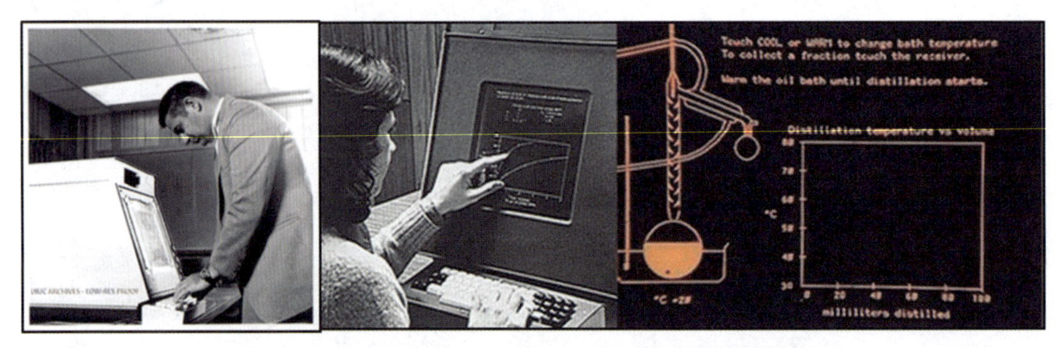

图 1-1-2　美国伊利诺伊大学 PLATO 计算机辅助教学系统

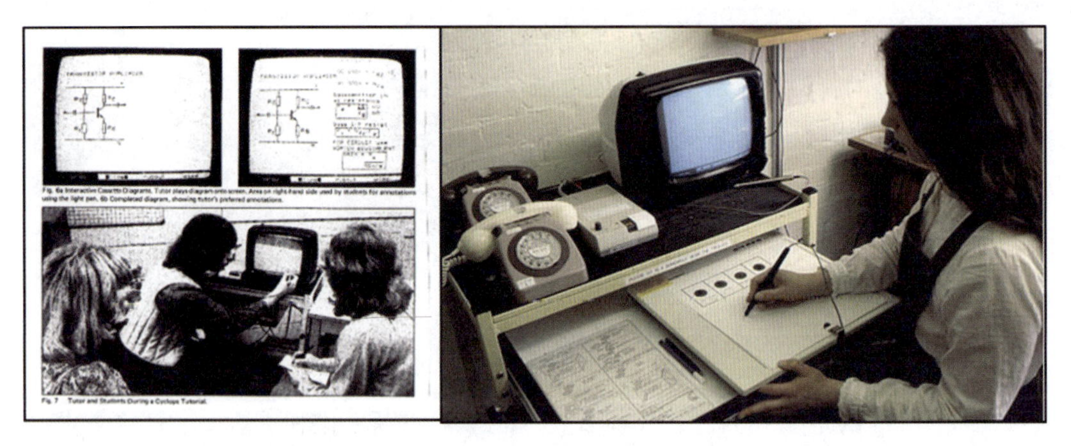

图 1-1-3　英国开放大学的远程电视写作辅导系统

如图 1-1-4 所示，整体上，E-learning 发展历程可划分为两个维度：支持技术和应用模式。前者分为 4 个发展阶段：单机程序、局域网和互联网、无线连接，以及大数据和人工智能。与之相对应，这些技术映射在教学领域则形成了 4 种典型的应用模式：远程学习、在线学习、混合学习，以及混合-灵活课程。以 20 世纪 60

① 远程电视写作辅导系统（Telewriting Tutorials System）：是 1981—1982 年英国开放大学在英国电信专项经费资助下开发的一种计算机教学辅助系统，当时由鲍尔·伯森克（Paul Bacsich）主持开发。利用专门设计的带有手写笔的计算机设备，该系统能在公用电话系统上工作，可以通过其区域学习中心进行教学资料传送。在教学时，学习中心的教师利用手写笔可以与远程学生进行实时沟通，其功能类似目前视频会议系统的屏幕共享功能。当时该系统还被用来教法语和帮助有学习障碍的儿童。当时英国开放大学并未为这套系统申请发明专利或寻找商业合作伙伴，导致该实验项目在运行 2 年后以失败而告终。

② CORBEIL J，MARIA E. E-learning［J］. International Handbook of E-learning，2015（1）.

年代的计算机辅助教学为起点，E-learning 过去 60 年的演化历程，构成数次以技术革新为依据的起伏式发展轨迹：

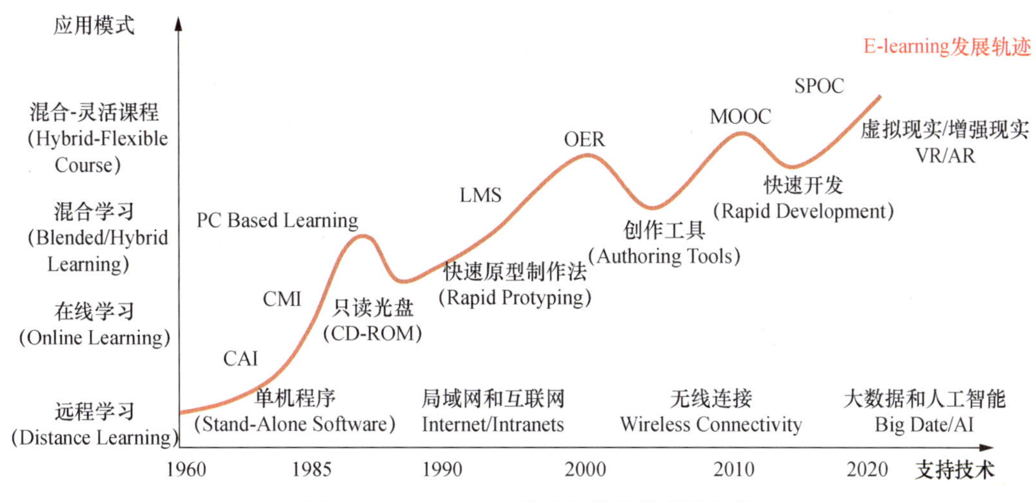

图 1-1-4　E-learning 技术与应用模式的演变

- 在互联网产生之前，E-learning 发展主要基于大型计算机和个人计算机的单独应用为主，此阶段教学内容主要借助于磁盘和光盘存储和传递，课件制作成本高昂，使用方式复杂，发展缓慢。但不可否认的是，大型计算机和个人计算机辅助教学的应用和积累，为 E-learning 的后期发展奠定了基础。这一时期的应用模式主要以面授教学为主，远程学习为辅。
- 20 世纪 90 年代中期互联网的出现，推动 E-learning 快速发展，在课程设计上快速原型制作法（Rapid Protyping）开始逐步替代传统教学设计思想。这种变化的一个典型代表，就是基于互联网的学习管理系统（Learning Management System，LMS）的出现和广泛应用。此外，课件创作工具（Authoring Tools）不断发展和成熟，使电子课件设计和制作成本相应下降，最终在 21 世纪最初 10 年引发了一场全球性的开放教育资源运动（Open Educational Resources，OER）。在线学习成为这一时期 E-learning 发展的主流，互联网开始帮助教学突破教室的时空限制。
- 21 世纪第二个十年无线移动互联网和社交媒体的发展，再一次推动 E-learning 跨上一个新台阶：大规模在线开放课程（MOOC）在高等教育领域得到广泛认可和应用，基于微视频（Micro-video）的快速开发（Rapid Development）逐步成为电子课件设计的新生力量。这一时期的重大转折，是混合学习和移动学习（Mobile Learning）在高等教育机构的快速发展和广泛应用。

- 21世纪20年代，大数据和人工智能技术的快速发展，带动学生学习分析的广泛应用。新型电子资源制作技术（如VR和AR）为探索性自主学习带来了新契机，各种快速课件创作工具的广泛应用，使E-learning设计与开发成本快速下降，激发了广大教师的参与兴趣，SPOC应运而生。与此同时，全球性新型冠状病毒肺炎疫情的扩散，催生了混合-灵活课程（Hybrid-Flexible Course），并在高等教育机构逐渐扩散，E-learning进入一个新发展时期。

1. 学习管理系统

如果说20世纪80年代是个人计算机的十年，那么90年代就会被视为"学习管理系统"（LMS）时代。高校基于互联网的远程学习应用，直接推动了网络学习环境平台的产生和发展。这项对E-learning发展产生重大影响的技术发明，是由不列颠哥伦比亚大学（University of British Columbia, UBC）计算机科学教授莫里·戈德伯格（Murray Goldberg）于1995年完成。

在教学实践中，这位计算机教授发现从头开始构建一门在线课程不仅技术成本昂贵且耗时费力，便开始尝试开发一种能帮助教师快速创建在线课程的工具，以降低E-learning的设计和使用成本。经过一年努力之后，戈德伯格于1996年发布了一个名为"网络课程工具"（Web Course Tools，WebCT，见图1-1-5）的程序，这是一个面向普通教师使用的在线课程快速开发在线平台，随后获得软件发明专利。1997年戈德伯格创建了一家名为WebCT的教育科技公司（WebCT Educational Technologies Corporation）[①]。借助于LMS的强有力技术支持，高等教育领域E-learning进入快速发展阶段。

在技术上，WebCT的主要功能，是帮助教师自主快速设计和创建E-learning在线课程。利用平台所提供的工具模板，任课教师可以添加诸如讨论区、邮件系统和实时聊天之类的工具，同时也能快速创建包括文档和网页在内的教学内容。在线课程网站完成之后，学习者注册之后登录系统就可以浏览教学内容，并参加各种在线学习活动，如提问答疑、提交作业和在线测验等。

在E-learning技术史上，WebCT的重大意义在于，它是世界上第一个获得广泛成功的专用于高校的学习管理系统，有效地降低了E-learning开发成本，使得越来

① 2006年2月WebCT被美国Blackboard公司所收购。

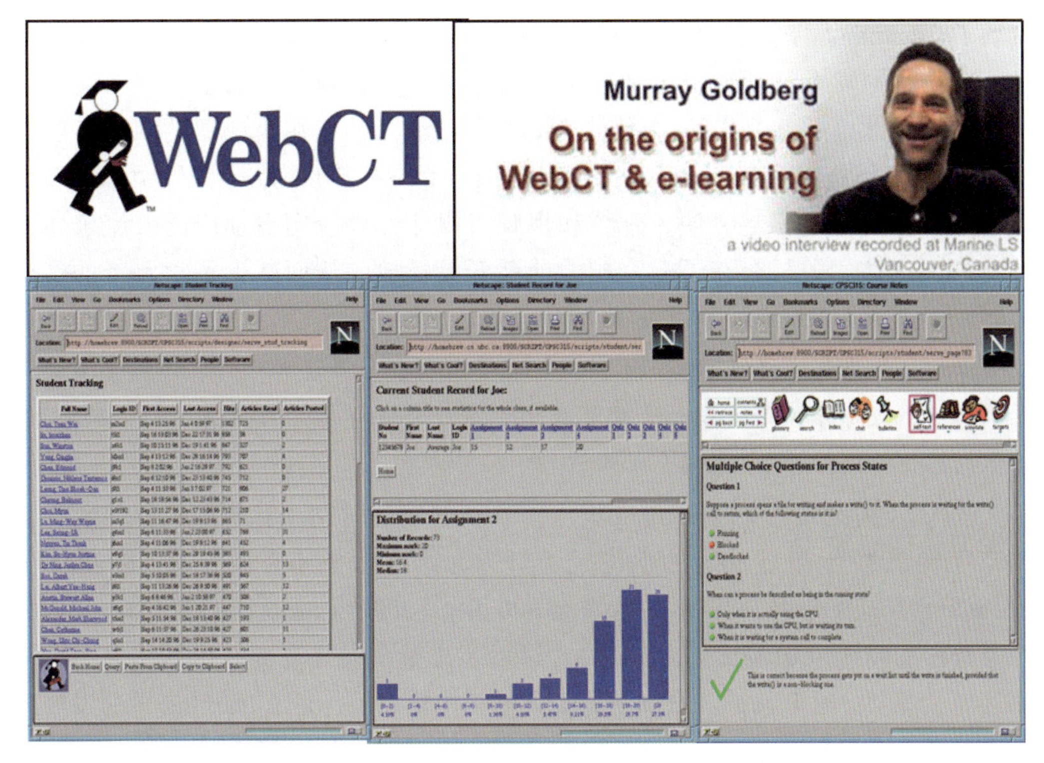

图 1-1-5　WebCT 及其发明者莫里 · 戈德伯格教授

越多的教育机构能有机会尝试这种新教学方式。在 WebCT 发展的鼎盛时期，它被 80 多个国家 2500 多所大学使用。学习管理系统成为高等教育机构 E-learning 基础性框架之一，并由此引发了这个领域的快速发展。

到 1999 年，E-learning 领域又出现了两个新的学习管理系统，即用户界面友好的集成系统 Desire2Learn，以及世界上用户数量增长最快的开源 LMS Moodle。20 世纪 90 年代是新兴学习管理系统的创新发展时期，而 2000 年则是激烈增长和竞争时期。Blackboard 通过收购 WebCT 实现快速增长，并试图利用 LMS 专利权来垄断整个 E-learning 市场，这对全球高等教育信息化产生了至关重要的影响。①

2. 音视频流媒体

20 世纪 90 年代与互联网发展并行的另一方面，是数字音频和视频技术支持的多媒体教学的快速发展。随着 1993 年 MPEG 音频和视频压缩标准的引入，教学视频可以录制到光盘（CD-ROM）上并分发给学生，②这种技术上的创新应用，同样也

① CORBEIL，JOSEPH RENE，MARIA ELENA. E-learning，International Handbook of E-learning［M］. Abingdon：Routledge，2015（1）.

② TUDOR P N. MPEG-2 Video Compression［J］. Electronics & Communication Engineering Journal，1995，7（6）：257-264.

带动了 E-learning 的飞速发展。

在互联网发展早期，由于网络带宽限制，下载音频和视频学习资料需要很长时间。因此，一些高校不得不向学生提供光盘以补充在线课程的内容。随着 1995 年流媒体技术（Streaming Media）①的产生，在 E-learning 课件中添加音频或视频内容变得越来越方便，音频和视频流媒体课件应用更加广泛。流媒体视频允许多媒体学习材料在下载完成之前就开始播放，从而减少了学习者的等待时间，促进了 E-learning 课程的普及和应用。

以往在线课程主要使用文本形式提供指导材料，而多媒体则可以添加更多的交互性功能。流媒体（如视频和音频）有助于学习者理解复杂的概念、文字和图形，新形式 E-learning 受到学生的广泛欢迎。②

进入 21 世纪之后，E-learning 步入一个新的发展时期。有统计数据显示，从 2001 年到 2002 年超过 50% 的学位授予机构为所有水平和类型的学习者提供了 E-learning 方式，导致入学人数猛增至 300 万。③2007 年的调查数据显示："美国高等教育的在线入学增长率为 12.9%，远远超过整个高等教育学生群体的增长率 1.2%"。④显然，互联网的普及和学习工具的多样化发展，是 E-learning 迅猛发展的重要催化剂。

3. 网络视频会议

网络视频会议（Web Video Conferencing，WVC）⑤的广泛应用，也是高等教育领域 E-learning 快速增长的一个技术性因素。在 20 世纪 90 年代之前，网络视频会议主要是为企业用户，或极少数有能力负担高速网络接入和硬件设备的机构所使用。90 年代之后，价格便宜的网络摄像头的发明以及基于 PC 的网络视频会议程序的出现，为 E-learning 提供了前所未有的实时影像和语音互动功能，使之进入在线

---

① 流媒体是针对互联网文件直接下载（Download）的一种替代性技术，利用媒体播放器，用户在完成整个文件传输之前，就可以开始播放数字视频或音频内容，因而有效节省了时间。

② KLASS B. Streaming Media in Higher Education：Possibilities Andpitfalls［J/OL］. Syllabus，2003，16（11），［2021-07-05］. http://www.syllabus.com/article.asp?id=7769.

③ NATIONAL CENTER FOR EDUCATION STATISTICS. Distance Education at Degree-granting Postsecondary Institutions：2001-2002［EB/OL］.［2021-07-05］. http://nces.ed.gov/surveys/peqis/publications/2003017/.

④ ALLEN E，SEAMAN J. Staying the Course：Online Education in the United States［C/OL］. The Sloan Consortium，2008：1-28［2021-07-31］. http://sloanconsortium.org/publications/survey/staying_course.

⑤ 网络视频会议是各种类型的在线会议和协作服务的总称，包括网络研讨会、网络广播和网络会议。它提供了多种形式的基于文本的消息、语音和视频等实时在线交流方式，有助于师生在地理位置分散的情况下实现互动和交流。

影像时代。

作为一种以流媒体通过互联网实时传送视频图像的设备，网络摄像头（WebCam）最初发明于大学校园。1991 年剑桥大学计算机科学系首次开始使用网络摄像头；1994 年，美国旧金山州立大学创建了第一个校园摄像头 FogCam。与之相匹配的第一个网络视频会议软件，同样也是源自大学校园。1991 年，康奈尔大学发布了一个网络视频会议程序（名为 CU-SeeMe 的程序，见图 1-1-6），并开发出第一个基于个人用户的桌面网络视频会议[①]。

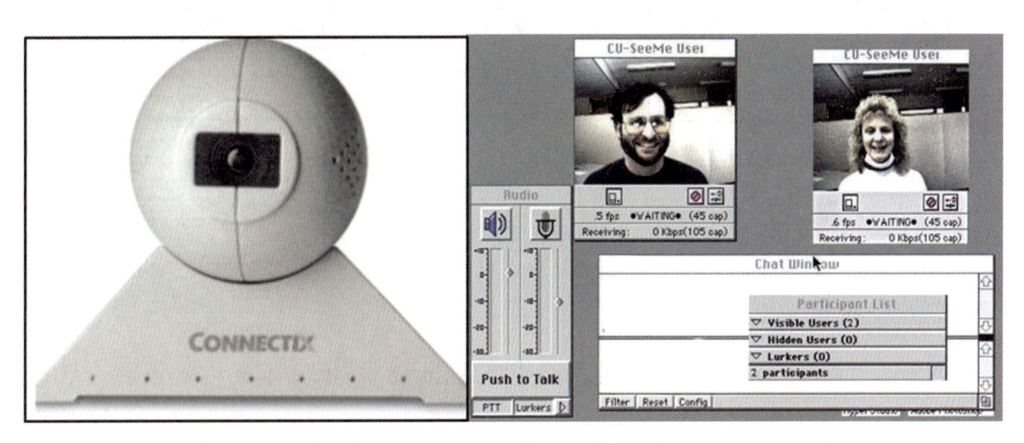

图 1-1-6　第一个网络摄像头和网络视频会议程序（CU-SeeMe）

1993 年，在美国科学基金会资助下，“全球校舍”（Global Schoolhouse）教学项目正式启动（见图 1-1-7）。该项目利用 CU-SeeMe 将美国学校与世界各地的学校连接起来，在互联网上发送视频和音频信号，学生在进行协作学习时可以彼此通过视频进行交流。这个项目使得 E-learning 正式跨入网络视频会议时代。[②]

有研究者指出，“在 E-learning 技术发展史上，视频材料的广泛应用丰富了电子课件的表达形式，增强了电子课件的吸引力，但相对于具有实时互动功能的网络视频会议来说，后者才真正引发了在线学习的革命。”[③]确实如此，网络视频会议技术使得师生可以方便地通过摄像头聊天和交流，交换文档，共享应用程序，访问共享的桌面，展示幻灯片、电子白板和其他资料。无论应用方式还是技术成本，网络

① 根据与康奈尔大学的协议，CU-SeeMe 2.x 于 1995 年作为商业产品正式发布。完整的商业许可权于 1998 年被转让给 White Pine Software 公司。

② JEFFERSON HAN，BRIAN SMITH. CU-SeeMe VR Immersive Desktop Teleconferencing［EB/OL］.（1996-12-05）［2021-07-05］. Department of Computer Science. Cornell University. ACM Multimedia 96. https://www.cs.cornell.edu/zeno/papers/vr/vr.htm.

③ ROBERTS L P. History of Web Conferencing—Multi-function Conferencing Comes of Age. Web Conferencing Zone［EB/OL］（2004-03-12）［2021-07-05］. http://www.web-conferencing-zone.com/history-of-web-conferencing.htm.

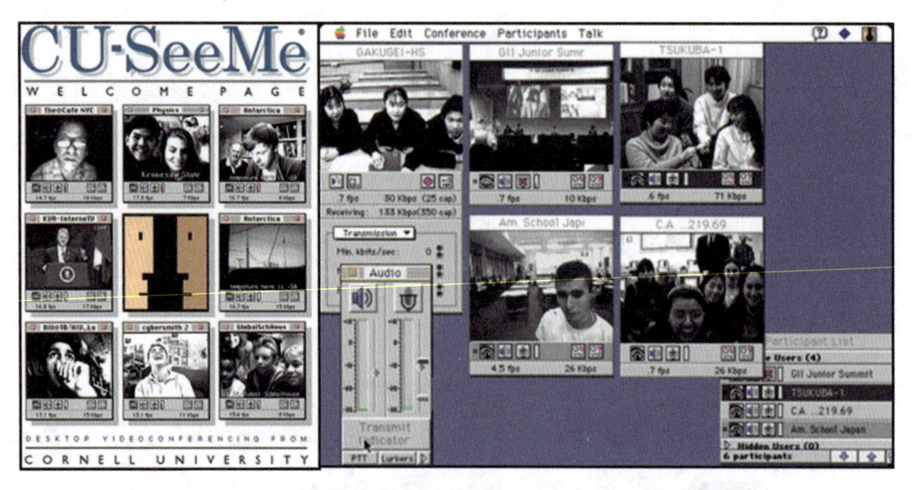

图 1-1-7 首个使用视频会议的“全球校舍”教学项目

视频会议对于 E-learning 应用都是一次革命性的进步。

4. 在线视频共享

2005 年，视频共享网站的出现，对 E-learning 同样也产生了重要影响。基于网络的视频共享催生了许多异步教学视频网站，例如，E-learning 发展史上具有开创性意义的 2001 年麻省理工学院启动的“开放教育资源”（MIT Open Course Ware）、2006 年创立的可汗学院（Khan Academy）和于 2007 年发起的托德演讲视频（TED Talks）等。这类视频共享网站为教育者提供了除 LMS 之外的又一种新选择，在线视频共享逐步发展成为 E-learning 的主流形式。

在线视频共享平台的广泛应用使得教师第一次发现，在备课过程中能够轻松地在互联网上快速检索和引用各个主题的数量庞大的视频资源，然后向学习者快速推送符合教学需求的在线视频课件。从这个角度来说，从 20 世纪初电影进入课堂之后，就一直困扰教师的视频课件资源适用性问题，开始得到一定程度的缓解，视频资源在教学中的应用逐步进入普及化阶段。

5. 开放资源与慕课

21 世纪第一个 10 年间，社交媒体的广泛应用，进一步使 E-learning 从教室内的正式学习阶段进入了校园外的非正式学习（Informal Learning）阶段。对于这种转变的意义，有研究者指出：

多年来，E-learning 实际是在复制传统的“讲台到线上”学习模型，以实现学习既不受地点的限制，也不受人的影响。然而进入社交媒体时代之后，在社交和工作环境中，人们开始依靠各种新途径寻找新信息并发展新技能。社交媒体工具开始将重点从正式学习转移到了非正式学习。社交媒体可以帮助人们在需要时搜索并访

问各种资源：视频、播客、博客等；人们都开始创建自己的资源并存储以方便检索；人们还与志趣相投的人建立联系，以便与他们交流并分享想法、资源和经验等。相应地，正式学习环境也正在利用这些优势，使学习者更加容易参与、交流和协作。①

从技术角度，既然社交媒体已使 E-learning 实现了社交化，那么，下一步将自然而然地发展到大规模在线学习阶段。"大规模开放式在线课程"（MOOC）于 2008 年问世，最初这是一种免费和无学分的在线课程，任何能访问网络的人都可以参加。2012 年被称为"MOOC 年"，在数所世界顶尖大学的支持下，资金雄厚的专业 MOOC 提供机构应运而生，包括 Coursera、Udacity 和 edX 等。随后，美洲、欧洲和亚洲的数十所大学宣布与美国 MOOC 提供商建立合作伙伴关系。高等教育领域的 E-learning 发展进入一个全球化扩散时代。

在技术层面，与传统课程不同，MOOC 需要由摄像师、教学设计师、IT 专家和平台专家等共同设计和建设。由于注册人数众多，该平台具有与媒体内容共享网站相似的可用性要求。MOOC 通常使用云计算技术并使用专用创作工具系统创建，教学课件格式要求支持 SCORM 和 AICC 等 E-learning 标准，以适用全球学习者的兼容性需求。

另外，移动学习同样也是 E-learning 技术发展的一个里程碑式的转变。各种 VR 可携带式移动终端的普及应用，为 E-learning 使用便利性带来了巨大变化。正如有研究者所指出的："过去几十年与今天 E-learning 之间最明显的区别，也许是 E-learning 正变得越来越能够随处移动。移动设备中的触摸屏尤其改变了学习者与内容交互的方式，因为触摸会使学习者对学习内容产生不同的互动体验和感觉。"②

简言之，进入新世纪之后的短短 20 年时间里，基于异步视频的共享平台、基于同步视频的网络视频会议、社交媒体、移动智能设备等相关新技术的广泛应用，使得 E-learning 对高等教育的影响范围进入了一个急剧扩张时期。

6. 技术发展新趋势

近年来，随着互联网领域各种新兴技术的不断涌现，E-learning 领域随之也出现了一些很有发展潜力的新技术和工具，其中有代表性的包括：虚拟现实

① HART J L. Social learning：Part 1—The Future of E-learning is Social Learning［EB/OL］.（2009-04-24）［2021-07-05］. http://www.slideshare.net/janehart/the-future-of-elearning-is-social-learnng.

② PARTRIDGE A. Practical Mobile Elearning Today：Real Solutions for Creating M-learning for Your Organization［EB/OL］.（2012-04-11）［2021-07-24］. http://blogs.adobe.com/captivate/2012/04/practical-mobile-elearning-today-real-solutions-for-creating-mlearning-for-your-organization-right-now-part-1.html.

（Virtual Reality，VR）、增强现实（Augmented Reality，AR）、人工智能（Artifical Intelligence）、大数据（Big Data）和可穿戴设备（Wearable Devices）等。

以备受瞩目的 AR 在教育领域的应用为例，国际上最新的研究表明，AR 已成为高等教育领域 E-learning 研究的热点之一。[①]近年来技术和设备的不断成熟，引发了一场积极探索 AR 在教学场景中应用的新热潮，逐步形成了一个 AR 在教育领域的应用模型（见图 1-1-8）。

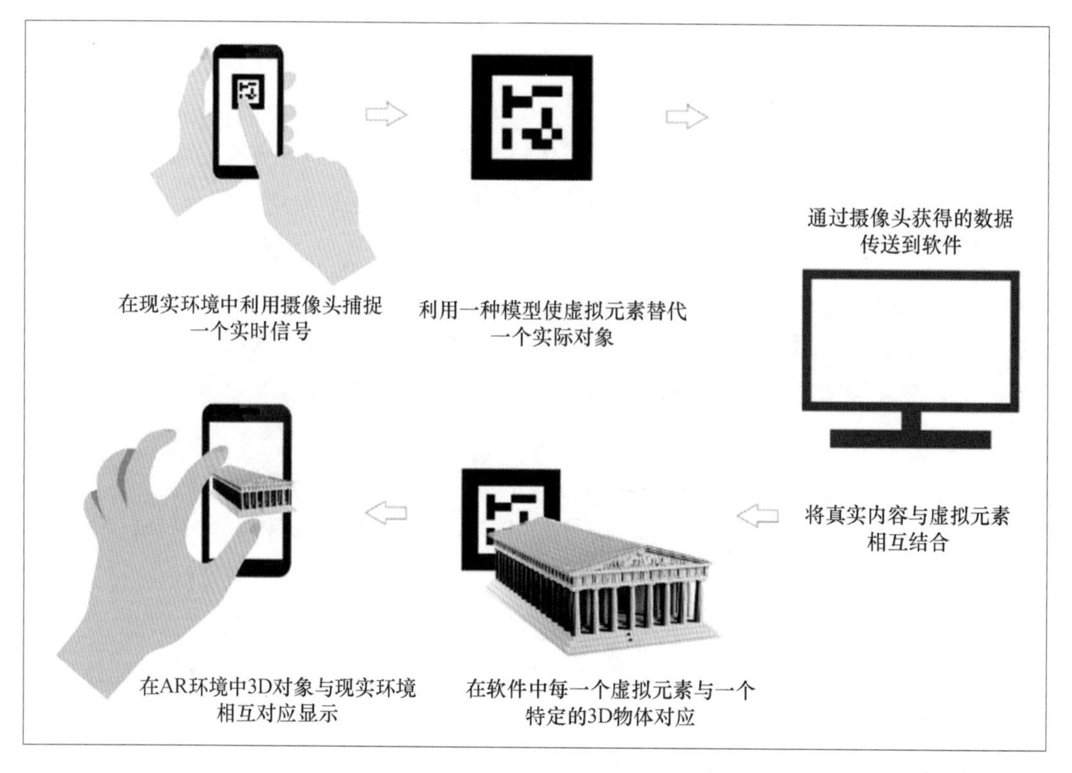

图 1-1-8　增强现实技术在教育领域应用模型

如图 1-1-9 所示，近年来 AR 相关的论文发表数量显著增加。统计数据显示，在 2005 年至 2019 年期间所发表的 AR 相关论文涉及的学科领域中计算机学科领域的文章最多，占总数的比例达到 27%，其次是社会科学和工程学领域（19%）、医药（6%）、数学（4%）、商业管理和会计（3%）以及艺术人文学科（3%）。2005—2019 年期间发表文章中最常出现的 10 个关键词统计结果显示，“增强现实”排在第一位，占研究样本文章总数的 75.4%。“虚拟现实”排在第二名（占 23.3%）。接下来的第 3、第 5 和第 10 都是与高校教学过程有关的术语，依次为：“教学”（7.6%），“电子

① SQUIRES D R. Immersive Learning Experiences：Technology Enhanced Instruction，Adaptive Learning，Augmented Reality，and M-Learning in Informal Learning Environments［J］. Educational. Technology. 2019：15-17.

学习”（4.7%）和“移动学习”（3.9%）。这表明研究者除重视技术与教育之间相互联系的整体分析之外，还开始关注将 AR 纳入高等教育过程所涉及的新教学方法之间的关系研究。①

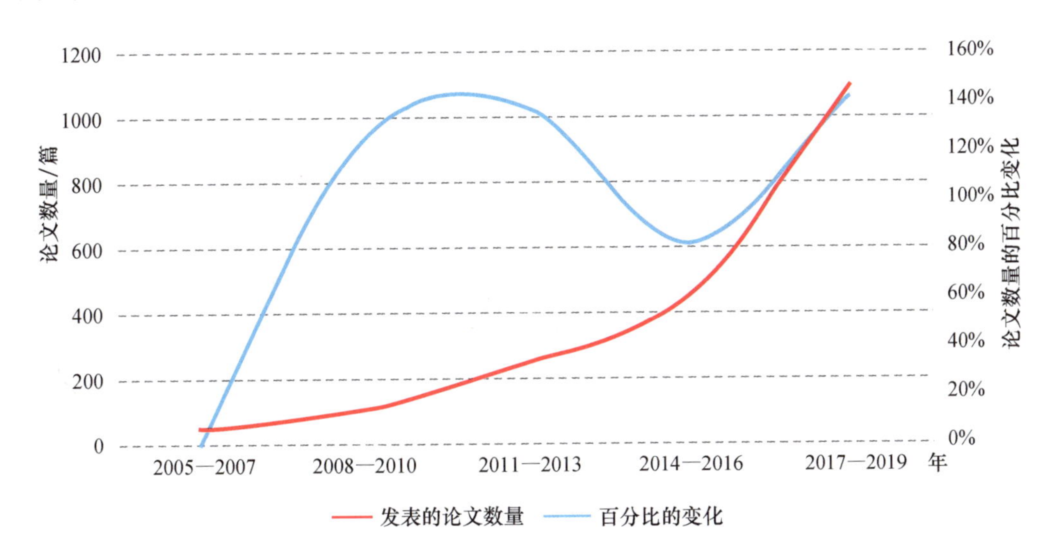

图 1-1-9　高等教育领域 AR 类论文发表数量变化

1.2　全球新型冠状病毒肺炎疫情推动混合学习的应用

进入新世纪之后，E-learning 应用模式不断推陈出新，但是在高等教育内部，对于教学方式改革，部分研究者仍然表现出相当悲观的态度。美国加州大学欧文校区的维杰·古尔巴萨尼（Vijay Gurbaxani）教授曾指出：

几个世纪以来，大学一成不变地重复着教师在教室前面讲课，学生坐在书桌后听课的单调教学组织形式。课程遵循标准的线性结构：每星期上课，课后安排作业。尽管当今已迈入互联网的数字世界中，但在大学教室里，除了 PowerPoint 幻灯片部分地代替了黑板和粉笔之外，基本没有什么改变。虽然有些大学已经使用了像 Blackboard、Canvas 这样的学习管理系统，但这些系统主要用于共享教学大纲和发布成绩，学生的基本学习体验实际上没有改变。②

① LIBERATI N. Augmented Reality and Ubiquitous Computing: The Hidden Potentialities of Augmented Reality [J] . AI Soc. 2014（31）: 17-28.

② VIJAY GURBAXANI. Will COVID-19 Save Higher Education? [EB/OL] .（2020-06-30）[2021-07-05] . https://www.forbes.com/sites/vijaygurbaxani/2020/06/30/covid-19-save-higher-education/#776925a51ac3.

不可否认，在数字化世界里，资源的重复使用不仅是一种边际效应最大化的理性行为，更被视为一种美德。在大学教学中，许多教学内容相对稳定的课程，逐渐开始利用视频录制一次后反复在线播放。这不仅可以有效降低教学成本，还方便学生的学习。在时代潮流的推动之下，E-learning 正以不可阻挡之势进大学课堂。

1.2.1 新型冠状病毒肺炎疫情背景下的新常态教学

2020 年春季学期，全球高校的教学因大规模新型冠状病毒肺炎疫情流行而风云突变，形势急转直下，E-learning 成为唯一的选择。在校园内染病学生数量急剧增加的背景之下（见图 1-2-1），美国各地的高校随后陆续关闭校园或停止面授课程，试图减缓病毒的传播。3 月 6 日，华盛顿大学率先取消了所有面授课程，随之而来的是全美各地高校的关校停课浪潮：包括加州大学伯克利校区、加州大学圣地亚哥校区、斯坦福大学、赖斯大学、哈佛大学、哥伦比亚大学、巴纳德大学、纽约大学、普林斯顿大学和杜克大学等。到 3 月中旬，全美 50 个州的 1100 所高校都取消了面对面授课或转为在线授课，许多春季毕业典礼也被取消或推迟。美国华盛顿的一位学者曾这样描绘新型冠状病毒肺炎对学校教育的冲击：

> 犹如雷鸣闪电，新型冠状病毒猛烈击中了我们的教育体系，轰然之声撼动其核心。就如同第一次工业革命形成了如今的教育体系一样，或许可以期待，新型冠状病毒肺炎疫情过后会出现另一种新教育模式。①

毫无疑问，新型冠状病毒对全球范围高校教学的影响是深刻而长远的。新型冠状病毒肺炎疫情期间发布的一份针对美国高校在线教育状况的研究报告②揭示了不同类型高校在面对新型冠状病毒肺炎疫情时的在线教学准备和实施情况。数据显示（见图 1-2-2），大约 60% 的被访院校表示，所在院校要求教职工实施在线教学之前接受一些技能培训。类似培训在社区学院和 4 年制本科院校中较为常见，在综合类大学和私立大学中则少一些。技能培训内容通常包括：学习管理系统操作、院校在线教学政策、教学课件制作、教学法和教学质量监控等。其中，向教

---

① SALAH-EDDINE KANDRI. How COVID-19 is Driving a Long-overdue Revolution in Education［EB/OL］.（2020-05-12）［2021-07-05］. https://www.weforum.org/agenda/2020/05/how-covid-19-is-sparking-a-revolution-in-higher-education/.

② DOUG LEDERMAN. The State of Online Education, Before Coronavirus［EB/OL］.（2020-03-25）［2021-7-05］. https://insidehighered.com/news/2020/03/25/.

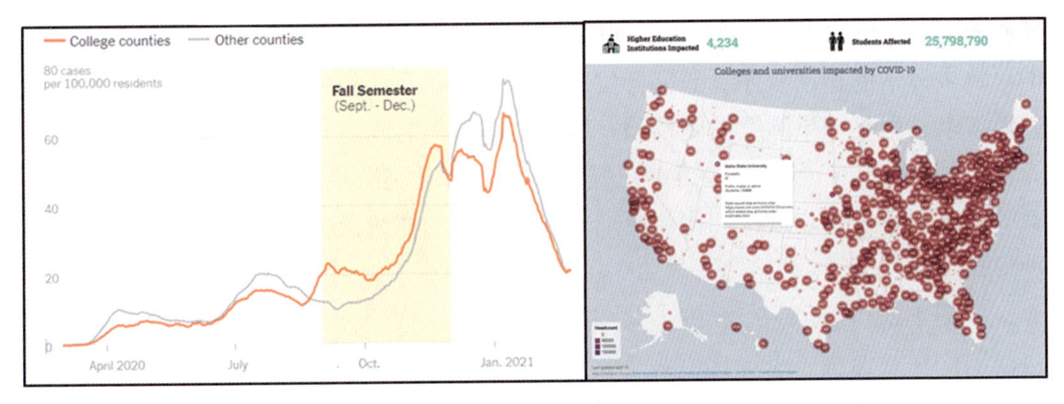

图 1-2-1　2020—2021 年期间美国高校新型冠状病毒肺炎疫情扩散状况

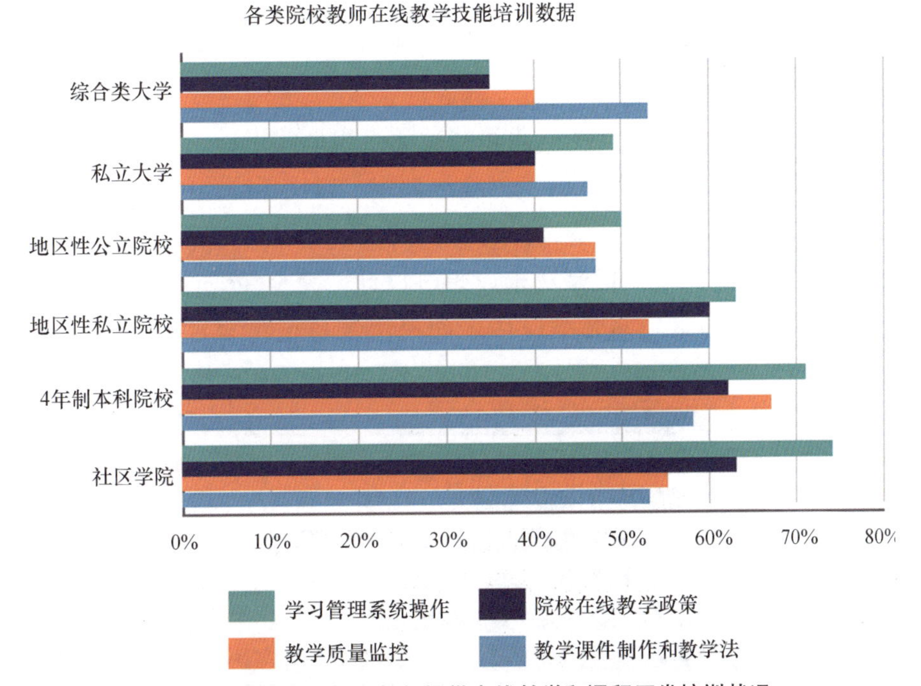

图 1-2-2　美国院校为教师提供在线教学和课程开发培训状况

师提供有关学习管理系统操作的培训比例最高，在社区学院和 4 年制本科院校中都超过了 70%。同时，调查数据也显示，超过四分之三的受访院校目前已设有类似“教学技术创新中心”（Teaching Technology Innovation Center）的机构，用于支持教师在教室里实施技术和创新实践教学活动。实践情况表明，当突如其来的新型冠状病毒肺炎疫情袭击校园时，那些曾经接受过在线教学方法和技能培训的教师普遍表现出了较好的应对能力。

对于 2020 年春季所采用的在线教学工具，绝大多数受访者普遍采用的是比较简便的 E-learning 技术工具，例如用于直播教学的网络视频会议，用于提交作业和学习效果评估的移动程序。研究者发现，虽然这些在线教学工具基本能满足目前的教学需求，但是如果继续关闭校园，师生之间隔离时间变长之后，高校所面临的压力也将越来越大。当前这些简单在线教学方式将无法满足学生长期在线学习需求，教师将不得不进一步设计和构建更加完善和优化的在线课程，以加强师生之间的多种形式互动和交流。

如图 1-2-3 所示，关于在线课程开发方式的调查发现，许多高校的教师开始自己制作在线课程（平均比例为 11%），或者在教学设计师的支持下制作在线课程（平均达到 40%）。在社区学院里，这两种开发模式所占比例合计高达 67%（教师自主开发 17%，学科教师与教学设计师合作开发 50%）；即使在 4 年制公立和私立院校中，两种模式所占的比例合计也分别达到 53% 和 39%。出现这种情况，研究者认为，与当前美国大多数高校缺乏足够的教学设计师有直接关系。以往数据显示，美国社区学院此类职位通常不超过两个。

在美国新型冠状病毒肺炎疫情期间的教学组织形式上，大多数高校都利用网络视频会议将教室面授教学快速转变为在线课程，以确保师生的安全。有研究者[①]指出，在新型冠状病毒肺炎疫情流行之前，大多数美国高校实际上都已开始提供某种形式的在线教育课程，但是从未设想过设计“完全在线课程”（Fully Online Course），这些课程通常更多是被应用于面授课堂与在线学习相互结合的“混合

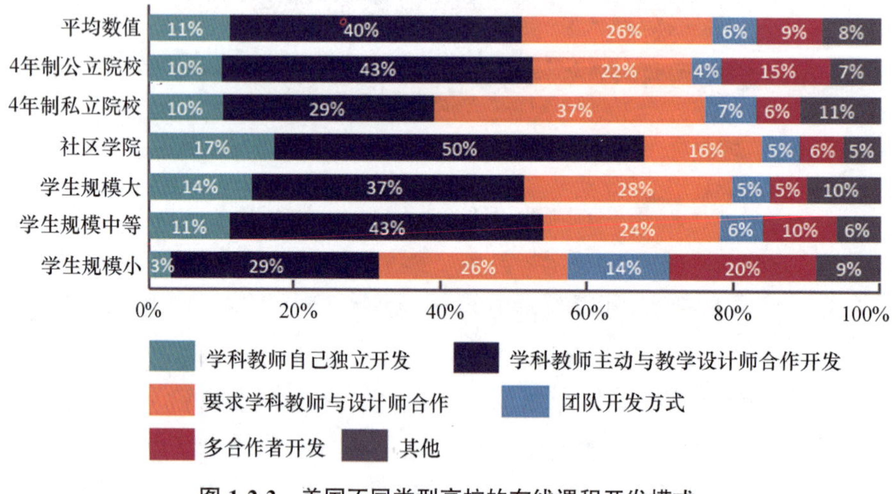

图 1-2-3 美国不同类型高校的在线课程开发模式

① KEVIN GRAUMAN. Higher Education 2.0：Moving Forward During a Pandemic［EB/OL］.（2020-06-06）［202-07-05］. https://er.educause.edu/blogs/sponsored/2020/7/higher-education-2-0-moving-forward-during-a-pandemic.

学习”（Blended Learning）。但是新型冠状病毒肺炎疫情暴发之后，学校对在线课堂的需求迅速增加，不得不转换为完全在线教学。

在将教学快速地从教室转换至互联网的过程中，美国高校中的教学技术人员和教学设计师扮演了至关重要的角色。一项调研①结果表明，在经历了新型冠状病毒肺炎疫情暴发初期帮助教师将课程转移到互联网上的忙乱之后，情况正在逐步改善。调查数据显示，目前美国各高校的教学技术人员和教学设计师已开始转向积极规划应对下一学期即将面临的“新常态教学”（New Normal Teaching，如图 1-2-4 所示）——重新设计和规划在线教学的师生互动形式。

关于新型冠状病毒肺炎疫情对于高校教学方式变革的促进作用，有研究者表达出乐观的态度，认为当前这场大规模新型冠状病毒肺炎疫情，最终将对在线教学以及整个高等教育系统产生积极的影响。

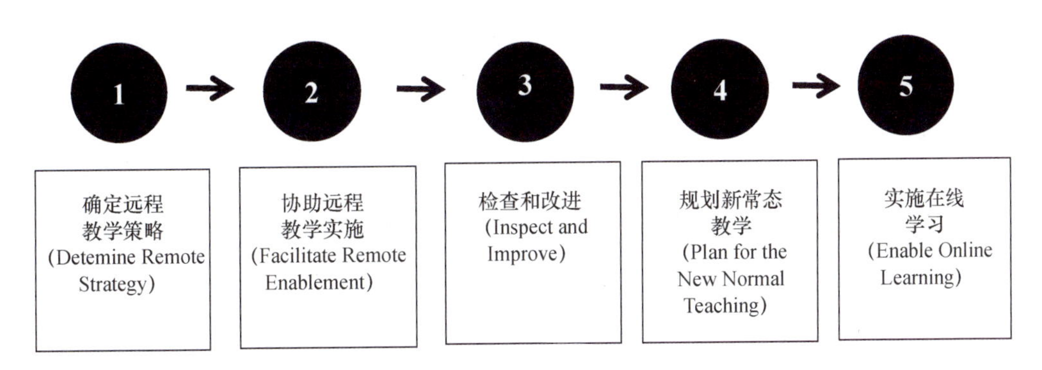

图 1-2-4 美国高校应对新常态教学的策略

这种乐观根植于坚定的信念，即 E-learning 是最能体现以学生为中心的教育方法。新型冠状病毒肺炎疫情发生之后，虽然各院校在线教学的实施情况差异较大，但是一旦经历了这场大规模的疫情之后，教师和学生都可能经历一个思维方式的转变，从而带来更好的教学改革成果。在经历了紧急转移到在线教学状态之后，下一步的重点是通过技术实现教学的连续性，从更有效的教学法角度着手准备在线教学。换句话说，可以迈向真正的在线学习时代。在过去几个月中，虽然教师在使用在线教学方式时都经历了极大考验，但大多数人都已经开始逐渐适应这种教学方式，并对他们无需到教室就能完成教学任务，表现出越来越强的自信心。②

① KATE VALENTI，LINDA FENG. Answering New Questions in the Wake of COVID-19：Insights from an ELI Analytics Roundtable［EB/OL］.（2020-06-16）［2021-07-31］. https://er.educause.edu/blogs/2020/7/answering-new-questions-in-the-wake-of-covid-19-insights-from-an-eli-analytics-roundtable.

② YAKUT GAZI. The Landscape of Higher Education in the Era of COVID-19［EB/OL］.（2020-06-09）［2021-07-05］. https://pe.gatech.edu/blog/education-innovation/higher-education-and-covid-19.

佐治亚理工学院的雅库特·加齐（Yakut Gazi）博士认为，以往情况下，在线教学一直徘徊在高等教育机构的边缘，仅能满足某些特定情境的教学需求，直到近年来MOOC的兴起才开始显示出其对高等教育领域的重要影响。2020年的新型冠状病毒肺炎疫情，进一步提高了在线教学在高校中的地位，高校应该大力支持这一项变革。

凯特·维恩提（Kate Valenti）也认为，在当前变化莫测的新型冠状病毒肺炎疫情下，在今后相当长的一段时间里，美国高校的教学都可能不得不因疫情的反复变化而处于长期动态变化和调整过程中，这也正是“新常态教学”的重要表现形式。此状态下的一个重要特征，就是以常规面授教学为基础，在线教学也将成为所有高校必不可少的重要组成部分。简言之，“混合”（面对面授课和在线课程并存）已成为高等教育中的一个新流行语。

1.2.2 混合学习成为高校的普遍对策

据美国戴维森学院（Davidson College）于2020年实施的“高校危机倡议”（The College Crisis Initiative，C2i）[①]调查项目发现，在全美近3000所高等教育机构中，约有2000所2年和4年制高校已明确宣布秋季开学计划。研究者将这些高校的秋季重新开学计划分为18种不同的方式，

- 完全面授课程（Fully in Person）：课程将全部由教师面对面来讲授。
- 以面授课程为主，在线课程为辅（Primarily in Person，Some Courses Just Online）：课程将主要由教师来授课，但同时也提供部分在线课程。
- 课程完全在线且学生不返校（Fully Online No Students on Campus）：采取完全在线上课方式，宿舍关闭，校园内无学生。
- 完全在线上课但部分学生返校（Fully Online With at Least Some Students on Campus）：部分学生可以返校住在宿舍里，但只能在线上课。
- 以在线教学为主，同时部分课程面授（Primarily Online，Some Courses Just in Person）：除某些课程外，课程将主要在线学习。例如：允许有实验部分的课程面授进行。

① 有关该项目详细信息，请浏览官方网站 https://collegecrisis.org/about/。

- 混合-灵活教学（Hy-Flex Teaching）：允许学生自主决定选择上课方式，如在线授课和面授教学两种讲课方式交替轮流进行。
- 同步授课（Simultaneous Teaching）：要求教授同时以在线和面授方式来讲课。
- 由教授选择（Professors Choice）：高校允许教授自主选择他们认为合适的教学方式。

调查数据显示，2900余所高校的2020年秋季开学计划如表1-2-1所示，超过三分之一（39.6%）的院校采用面授和在线教学相结合的方式授课。

表1-2-1　美国高校2020年秋季开学计划方式统计

秋季开学计划	院校数量	百分比（%）
完全在线（Fully Online）	121	4.08
主要在线（Primarily Online）	694	23.42
混合-灵活（Hy-Flex）	480	16.20
主要面授（Primarily in Person）	631	21.30
完全面授（Fully in Person）	74	2.50
待定（TBD）	807	27.24
其他（Other）	156	5.26
院校数总计	2963	

其中，采用混合-灵活模式的高校代表包括著名的哈佛大学，宣布只允许40%的本科生在秋季回到校园。一年级学生将在秋季学期住在校园里，春季学期在高年级学生返校之前，一年级新生将离校回家学习。普林斯顿大学表示将错开学生的返校时间，允许新生和三年级学生入学，到春季二年级和毕业年级学生将返回校园。而另一种做法是采用完全在线教学方式，例如南加州大学和整个加利福尼亚州立大学系统则宣布，在2020年秋季继续完全在线上课，全体学生将不会返回校园上课。

另外一项追踪美国50个州中320余所大学的调查数据①也显示了类似情况，超

① JONAH CHARLTON，PIA SINGH. Mapping U.S. Colleges' Fall 2020 Plans［EB/OL］.（2020-06-22）［2021-07-05］. The Daily Pennsylvanian. https://www.thedp.com/article/2020/05/live-updates-map-latest-news-colleges-opening-coronavirus-national.

过一半（58.2%）的受访院校计划将同时采用面授与在线教学的混合-灵活教学方式。也有一部分受访院校（7.8%）致力于恢复面授教学，另外一些院校（8.7%）则计划将其秋季的全部课程内容都转移到网上。

上述数据表明，即使在新型冠状病毒肺炎疫情形势严峻的背景下，将课程教学全部都转移到互联网上的教学模式，即所谓“完全在线教学”，仍然不是多数美国高校的首选方案。之所以如此，除了考虑因学生无法到校学习而导致的注册率下降或学费降低这类财务因素之外，还有一个重要原因是，虽然在过去10多年时间里全球范围内的在线高等教育发展速度很快，但迄今依然未能令人信服地全方位解决完全在线教学的效果问题。

关于在线教学与课堂教学两者之间学习效果比较的研究结果，经常是相互矛盾和难以令人信服。例如，有些研究结果显示两者具有相似的测试成绩。有研究者从在线教学相关的描述性和定性研究结果的综述中发现，对于那些在计算机方面接受过事先培训的学生来说，尽管在线学习的结果似乎与传统课程相同，但学生对在线课程的满意度更高。①另一方面，针对课程完成率而不是考试成绩的研究结果通常会显示，当课程完全在线时，课程的完成率会明显偏低。②此外，最近一项为期半学期的大学课程随机对照试验结果发现，参加完全在线课程学生的考试成绩，要低于传统教室环境中的同类学生。但引人注意的是，在实验中把在线教学与课堂教学相互结合在一起时，参加混合学习的学生的考试成绩，与那些接受课堂教学的学生的成绩则基本相同。

除教育研究者之外，部分经济学研究者也曾就完全在线课程与课堂面授课程的教学效果进行过比较研究，如大卫·菲格里奥（David Figlio）③、威廉·鲍文（William Bowen）④、泰德·乔伊斯（Ted Joyce）⑤和威廉·阿尔伯

---

① MARY K. TALLENT-RUNNELS，JULIE A. Thomas，William Y. Lan. Teaching Courses Online：A Review of the Research［J］. Review of Educational Research，2006，76（1）：93-135.

② SPIROS PROTOPSALTIS，SANDY BAUM. Does Online Education Live Up to Its Promise？A Look at the Evidence and Implications for Federal Policy［EB/OL］.［2021-07-05］. http://mason.gmu.edu/~sprotops/OnlineEd.pdf.

③ DAVID FIGLIO，MARK RUSH，LU YIN. Is It Live or Is It Internet？ Experimental Estimates of the Effects of Online Instruction on Student Learning［J］. Journal of Labor Economics，2013，31（4）：763-784.

④ WILLIAM G BOWEN，MATTHEW M CHINGOS，KELLY A LACK，THOMAS I NYGREN. Interactive Learning Online at Public Universities：Evidence from a Six-Campus Randomized Trial［J］. Journal of Policy Analysis and Management，2014，33（1）：94-111.

⑤ TED JOYCE，SEAN CROCKETT，DAVID A JAEGER. Does Classroom Time Matter？［J］. Economics of Education Review，2015（46）：44-67.

特（William Alert）[①]等。这些研究的结果基本是一致的，那就是在混合学习模式之中，在线教学确实可以减少课堂教学时间，同时也不会对学生的学习产生负面影响。但是需要注意的是，即使在遵循有关最佳实践原则之下，完全取消课堂教学似乎也会导致课程完成率降低。例如，那些完全在线听课的学生，他们的学习成绩通常会较差。这表明可能不仅是由于在线学习状态下学生的注意力容易涣散，学生学习时的社交环境也会对其学习效果产生重要影响。

乔施瓦·凯姆（Joshua Kim）明确提出了有关新型冠状病毒肺炎疫情之后高等教育生态系统中关于教学方式变化的三个预测，其中之一就是混合学习将会不可避免地急剧增加[②]。他认为，尽管当前大学都在进行远程教学，但这与通常意义上的在线教育仍然是不一样的。高质量的完全在线学习是一项高投入的活动，需要大量资本支持才能正常运行，长期来说并非全日制高校的合理选择。实际上，在高校中利用在线教学的最佳方式，是在师生正常返校回到教室之后，基于学习管理系统的异步工具与同步工具相互结合在一起进行混合学习，综合运用这些方法将会带来更大益处。换言之，各种基于互联网的在线教学是课堂面授教学的补充，而不是替代。教师在去教室上课之前，就利用各种在线工具将教学内容提前发送给学生在线自学或观看，节省下来的课堂时间将更有效地用于讨论、辩论和指导实践。

1.2.3 混合学习的产生与发展

实际上，从 21 世纪初期开始，越来越多的教育者就开始意识到，“需要将在线学习和课堂教学结合起来。经过对以往各种教学实践的评估之后，混合课程和混合学习已被确立为高等教育中广泛接受的，或者被认为一种值得认真对待和研究的教学形式。”[③]在此背景下，如图 1-2-5 所示，国际上在高等教育领域内有关混合学习的应用研究开始受到重视，并逐渐演变为 E-learning 的一个焦

① WILLIAM T ALPERT，KENNETH A COUCH，OSKAR R HARMON. A Randomized Assessment of Online Learning［J］. American Economic Review，2016，106（5）：378-382.

② JOSHUA KIM. Teaching and Learning After COVID-19：Three Post-pandemic Predictions［EB/OL］.（2020-04-01）［2021-07-05］. https://www.insidehighered.com/digital-learning/blogs/learning-innovation/teaching-and-learning-after-covid-19.

③ OREY M. One Year of Online Blended Learning：Lessons Learned［R］. In Annual Meeting of the Eastern Educational Research Association，Sarasota，FL. 2002.

点问题。①

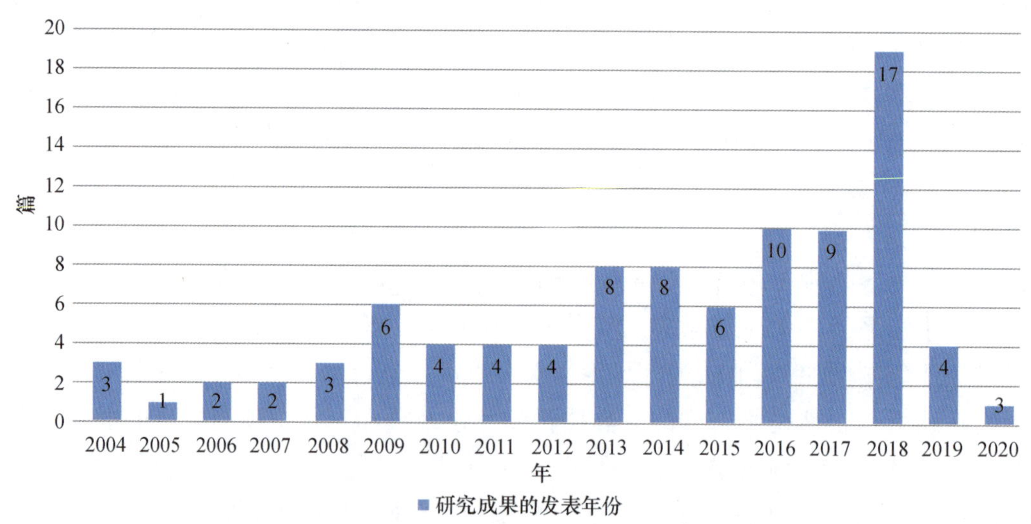

图 1-2-5　国际混合学习研究成果统计图（2004—2020）

1. 混合学习概念分析

2003 年，玛特恩（Martyn）②率先在研究中提出了一种混合在线学习模式，这是一种可在传统教室中实施的在线学习活动，主要表现为教师指导下的学生参与在线讨论。混合学习的实施，通常涉及面授教学和其他相应的在线学习方法。例如，学生会使用基于计算机的工具来参加课堂面授教学，从而营造一种混合学习环境，以促进学习者的参与度。格雷厄姆（Charles R. Graham）曾预计：

> 混合学习将可能成为利用不同媒体资源，加强学生之间互动的新课程传递模式。它通过各种异步和同步教学策略（例如论坛、社交网络、实时聊天、网络研讨会和博客等）提供具有激励效果和有意义的学习活动，从而为学生提供更多的反思和反馈的机会。③

① ANTHONY B，KAMALUDIN A，ROMLI A ET AL. Blended Learning Adoption and Implementation in Higher Education：A Theoretical and Systematic Review［J/OL］. Tech Know Learn，2020.［2021-07-06］. https://doi.org/10.1007/s10758-020-09477-z.

② MARTYN M. The Hybrid Online Model：Good Practice［J/OL］. Educause Quarterly，2003，26（1）：18-23［2021-07-06］. https://www.learntechlib.org/p/95304/.

③ GRAHAM C R，WOODFIELD W，HARRISON J B. A Framework for Institutional Adoption and Implementation of Blended Learning in Higher Education［J］. The Internet and Higher Education，2013（18）：4-14.

在最近发表的一项关于高等教育领域混合学习模式的研究综述①中，研究者总结出一个混合学习的通用性结构模型（见图 1-2-6）。

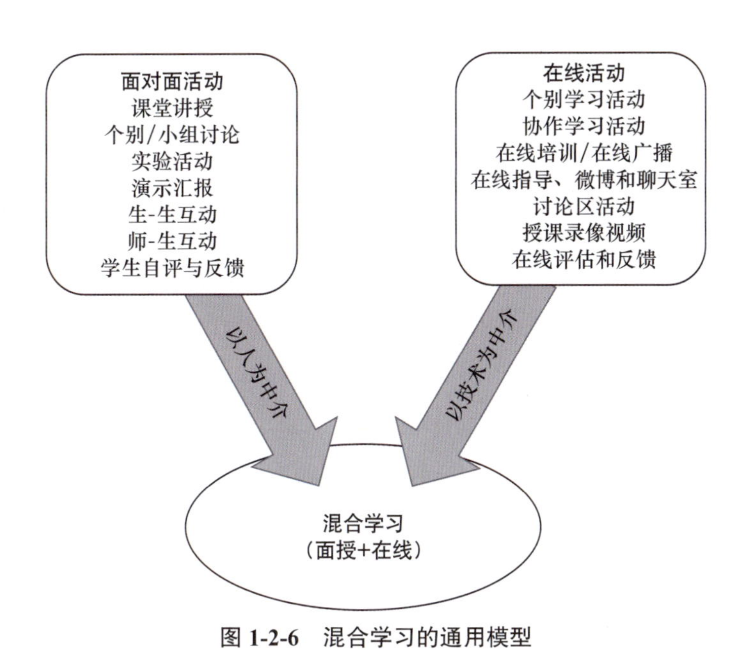

图 1-2-6　混合学习的通用模型

也有研究②指出，在技术实施层面，借助 Blackboard、WebCT、Moodle 等学习管理系统能有力地促进混合学习的发展。调查发现，80% 的教育机构正在积极采用混合学习法支持教学，其中 97% 的机构表示正在部署一种或多种形式的学习平台。用于混合学习的设计类型包括各种在线活动，例如单词本、阅读材料、在线写作工具、留言板、Web 链接、教程、论坛、参考资料、模拟和测验等。另一方面，面授教学涉及讲座、实验室活动、评估技能实践、演示、小组以及由教师主导的讨论，以检查学生的学习表现。

图 1-2-7 描绘了针对高校学生的混合学习实践的相关研究综述。研究者③得出的结论是，与在线教学内容保持一致的前提下，成功开展混合学习比较理想的分配比例是：80% 的在线学习（活动、消息、资源、评估和反馈）和 20% 的课堂教学

① ANTHONY B，KAMALUDIN A，ROMLI A ET AL. Blended Learning Adoption and Implementation in Higher Education：A Theoretical and Systematic Review［J/OL］. Tech Know Learn，2020（8）：24-29，［2021-07-06］. https://doi.org/10.1007/s10758-020-09477-z.

② AZIZAN F Z. Blended Learning in Higher Education Institution in Malaysia［C］. In Proceedings of Regional Conference on Knowledge Integration in ICT，2010：454-466.

③ KAUR M. Blended Learning-its Challenges and Future. Procedia-Social and Behavioral Sciences［J］，2013（93）：612-617.

（面对面）。其他研究者[1]也证实了这种分配比例的合理性：如果想有效实施混合学习计划，建议将30%的面对面授课和70%的在线教学方式相互结合。近年来的相关研究[2]也表明，高校的改革政策正在推动两种教学模式的比例发生变化，面授教学的课时呈现出减少趋势，而在线学习课时正在逐步提高。

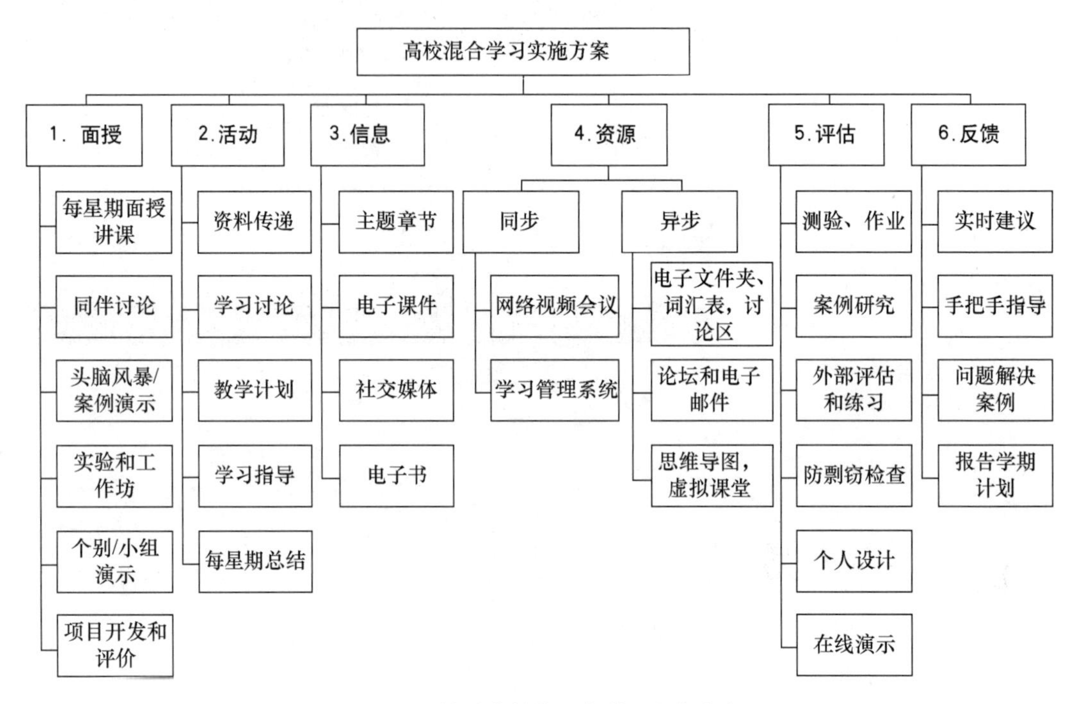

图1-2-7 针对高校的混合学习实施方案

2. 混合学习的分类

实际上，混合学习并非专指某一种特定的具体方法，而是多种相互关联的，并且在指导思想、设计方式、技术工具和应用模式上密切相关的多种课程设计模式的集合体，如图1-2-8所示。正如“计算机辅助教学”“技术辅助学习”“网络辅助教学”等概念一样，混合学习在某种程度上体现了教育领域新与旧、传统与创新、技术与人文诸因素之间的合作与妥协。

若细究起来，高等教育领域常提及的“混合学习”实际上是一个复合性概念，至少涉及以下5种相互关联的学习方式：

① GINNS P，ELLIS R. Quality in Blended Learning：Exploring the Relationships Between On-line and Face-to-face Teaching and Learning［J］. The Internet and Higher Education，2007，10（1）：53-64.

② PARK Y，YU J H，JO I H. Clustering Blended Learning Courses by Online Behavior Data：A Case Study in a Korean Higher Education Institute［J］. The Internet and Higher Education，2016（29）：1-11.

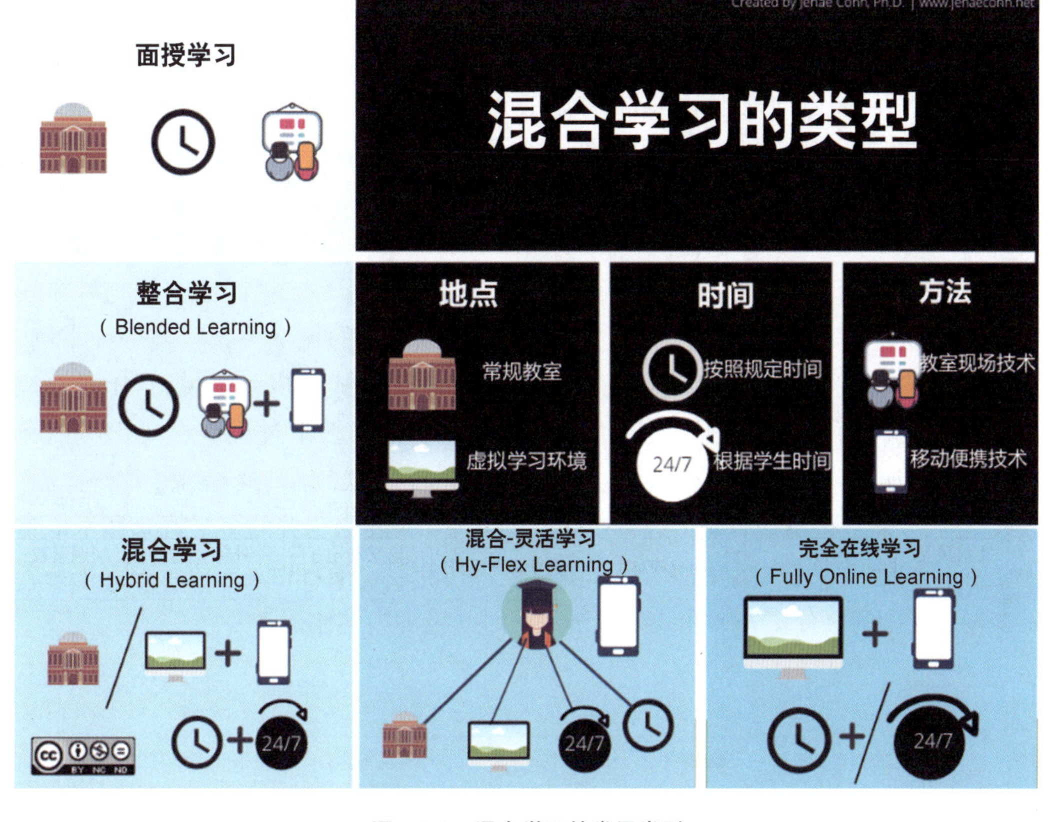

图 1-2-8 混合学习的常见类型

- 完全面授学习（Fully in Person）
- 整合学习（Blended Learning）
- 混合学习（Hybrid Learning）
- 混合-灵活学习（Hybrid-Flexible Learning）
- 完全在线学习（Fully Online Learning）

第一个“完全面授学习”和第五个“完全在线学习”，这两个概念不用多解释，都比较容易理解。但中间的三个概念，无论从名称还是内涵来说，它们相互之间都极易混淆，值得仔细推敲。

首先看“Blended Learning”与“Hybrid Learning”这两个概念。目前许多研究者经常交替使用“Blended”和“Hybrid”这两个词，认为两者含义相同，但从教学设计角度看，两者之间的含义有显著差异。有研究者①指出，这种差异主要体现

① COLLEGE OF DUPAGE. An Introduction to Hybrid Teaching Learning Technologies［EB/OL］.（2019-05-13）［2021-07-06］. https://www.shawnee.edu/sites/default/files/documents/hybridteachingworkbook.pdf.

在，课程的面授学习（Face-to-Face）与在线学习（Online Learning）这两种不同方式，在整个教学过程中所占的比例不同。

具体而言，当面授所占时间明显高于在线时间所占比例，如面授与在线学习比例为 70：30 时，或者两者所占时间各占一半时，这种模式通常被称为“Blended Learning”。在此模式下，在线学习更多的是被当作传统面授教学的一种辅助工具，处于从属地位。而“Hybrid Learning”则不同，它指在线部分的时间明显多于面授教学时间的一种模式（如 80：20）。与前者相反，此时在线学习已成为占据主导地位的一种方式。当然这里所说的比例关系只是一种举例，目前尚无一种明确的科学量化指标区别这两种教学模式。也就是说，“Blended”和“Hybrid”两种模式之间的差异，主要表现在整个教学过程中在线学习所覆盖的范围或时间比例的不同。

另一方面，也有研究者[①]进一步将其他与 E-learning 相关的多个概念和术语整合起来，构建出一个内容更加广泛和更具包容性的混合学习相关术语示意图（见图 1-2-9），图中的百分比表示在线学习所占的时间或者内容比例。

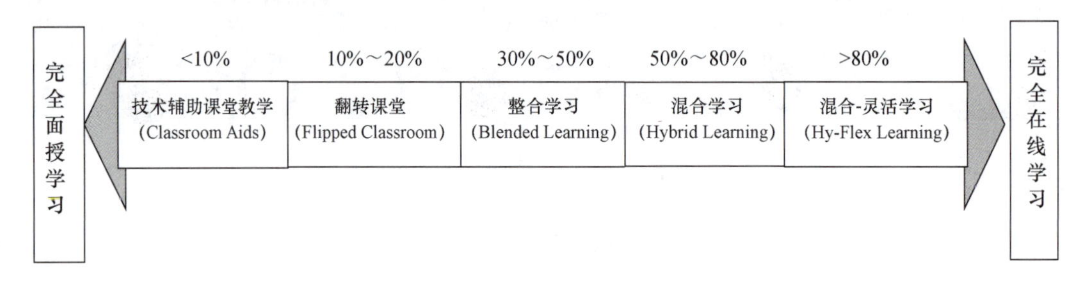

图 1-2-9 E-learning 相关概念图示

1.3 混合–灵活课程概述

与混合–灵活学习相对应，“混合–灵活课程”（Hybrid-Flexible Course）[②]是由美国旧金山州立大学（San Francisco State University）布莱恩·比蒂（Brian Beatty）教授率先提出的一个概念。表面上，Hy-Flex 课程仍然属于面授教学和在线教学相结合的一种混合学习的课程设计方案，但在设计理念、操作方法和具体应用方式上差异很大，Hy-Flex 课程被认为是当前混合学习研究领域中的最新发展形式。

---

① TONY BATES. Are You Ready for Blended Learning？［EB/OL］.（2016-12-12）［2021-07-06］. https://www.tonybates.ca/2016/12/12/are-we-ready-for-blended-learning/.

② Hybrid-Flexible Course：通常被简称为 Hy-Flex Course，目前国内也有将之译为“混合 - 弹性课程”。为便于理解，本书将之统一译为“混合–灵活课程”，简称 Hy-Flex 课程。

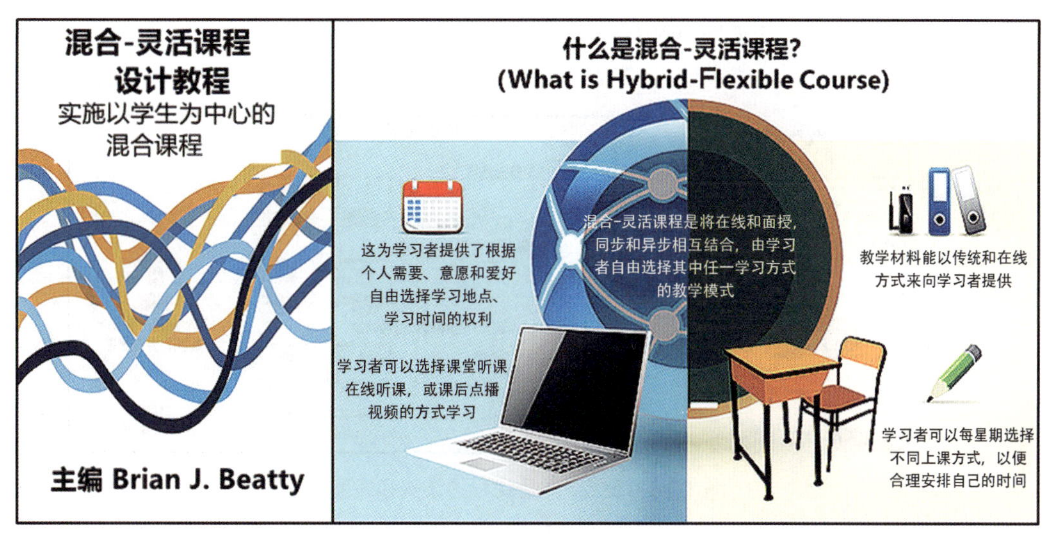

图 1-3-1　布莱恩 · 比蒂首次提出混合–灵活课程

1.3.1　什么是 Hy-Flex 课程

Hy-Flex 课程是指在教学设计上将在线和面授，以及同步、异步同时融合至一门课程结构之中的新型教学模式。它的显著特征是，“每一名学生都能任意选择面授或在线、同步或异步的方式来参加学习。”①具体而言，在 Hy-Flex 课程中，每一名学生在上课前都能根据自身情况自主选择以下三种听课方式：

- 面对面的学习：在教室里参加面授学习。
- 同步在线学习：通过实时和同步在线音视频工具听课。
- 异步在线学习：课后通过浏览课程网站、点播录制的授课音视频和在线讨论等方式参与学习。

如图 1-3-2 所示，这是一种“以学生为导向的多形态学习体验。它强调以学生为中心，而不是以往混合学习中只能由教师决定采取哪一种教学方式，学生只能被动接受。”②简言之，Hy-Flex 课程使学生无论在何处、何时或以何种方式参与课程，都可以自主参加学习，方式既灵活又相互无缝连接。需要强调的是，无论选择哪一

① BEATTY B J. Beginnings：Where Does Hybrid-Flexible Come From ？［M/OL］. Hybrid-Flexible Course Design. EdTech Books，2019：13［2021-07-07］. https://edtechbooks.org/hyflex/book_intro.

② NATALIE MILMAN，VALERIE IRVINE，KEVIN KELLY，JACK MILLER，KEM SAICHAIE. 7 Things You Should Know About the HyFlex Course Model［EB/OL］.（2020-06-07）［2021-07-07］. https://library.educause.edu/resources/2020/7/7-things-you-should-know-about-the-hyflex-course-model.

种学习方式，学习都应该具有相同效果。

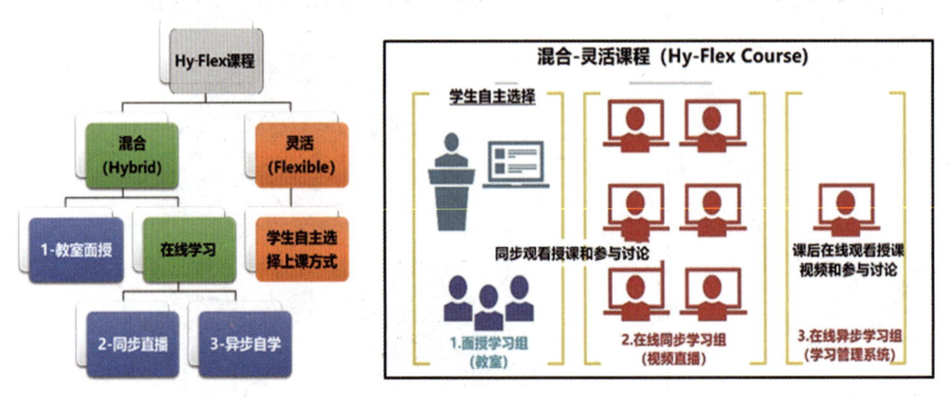

图 1-3-2　混合–灵活课程的结构和方案

我们可以这样理解：在常规混合课程中，只有教师拥有主导权做出大多数选择，例如上课方式是面授还是在线，以及每种形式在整个学期中所占的百分比（例如 50/50，2/3 在线、1/3 面授等）。而在 Hy-Flex 课程中，是学生决定何时以及如何参加每一次课，他们可以选择坐在教室里，或通过网络视频会议系统参加，或者观看录像并随后完成在线活动。①

总之，Hy-Flex 课程的一个独特优势在于，能在突发性事件暴发时保持教学的稳定性和连续性，如气候变化、自然灾害（包括飓风，山火和地震）、健康危机和其他破坏性影响可能威胁到高校校园的正常运行之际，即使在师生分离情况下，教学仍可继续进行。在突发事件过后当校园重新开放时，可能仍然会面临一系列不确定性因素，包括健康与安全、财务问题和旅行问题等。此时，Hy-Flex 课程的灵活性可使高校保持教学和研究活动的连贯性。此外，它也有助于支持在职学习者灵活参与终身学习，“Hy-Flex 课程也可以支持多元化的学生群体，学习者可以根据健康状况、与校园的距离远近、工作和家庭情况以及其他因素来选择最合适的学习方式。”②

① KEVIN KELLY. COVID-19 Planning for Fall 2020：A Closer Look at Hybrid-Flexible Course Design［EB/OL］.（2020-05-07）［2021-07-24］. https://philonedtech.com/covid-19-planning-for-fall-2020-a-closer-look-at-hybrid-flexible-course-design/.

② BEATTY B J. Designing a Hybrid-Flexible Course：Creating an Effective Learning Environment for All Students［M/OL］. Hybrid-Flexible Course Design. EdTech Books，2019：13［2021-07-07］. https://edtechbooks.org/hyflex/hyflex_design.

1.3.2 课程设计原则

正如布莱恩·比蒂在书[①]中所强调的，Hy-Flex 课程应遵循四项基本设计原则：学习者选择、学习等效、内容可重用和无障碍获取。只有当一门课程的设计同时符合这四项原则，才能被称之为 Hy-Flex 课程，否则就属于常规混合课程。

- **学习者选择原则**：向每一名学生提供有意义的可替代性上课方式，并使学生在每天、每星期或任何课时都有自主选择上课方式的权利。如果没有供学生选择的灵活性上课方式，那只能是标准混合课程而非 Hy-Flex 课程。因此，实施此原则的基本要求，就是教师要树立以学生为中心的价值观，而不是强迫所有学生都根据教师的要求选择上课方式。
- **学习等效原则**：这要求当学生以任何一种上课方式参与学习活动时，都能够获得相同的学习效果，但这并不意味着学习成绩的相同。与基于课堂的讨论活动相比，在线学习体验（如异步讨论）可能在社交上的互动要少得多。但在每一种情况下都应强调激发学生的反思性学习能力，让每一个学生都能在讨论中贡献自己的想法并与同学互动。在 Hy-Flex 课程中，以各种方式提供学习体验并带来等同的学习效果，可能是设计过程中最大的挑战之一。
- **内容可重用原则**：要求能以多种方式记录教学过程中所发生的各种教与学活动，并以在线方式提供给选择任何一种参与模式的学生，使之方便浏览或复习。例如，无论是在线学生，还是希望在课程结束后进行复习的面授学生，都应能获取并重复使用播客、视频记录、讨论笔记、演示文件和讲义等形式的课堂活动记录。其他那些由在线学生完成的活动，例如聊天、异步讨论、文件发布和同伴评价等，也可以成为课堂面授学生的有意义学习支持材料。来自某些学习活动的产物，如词汇表条目、参考书资源集合和主题研究论文，也可能成为以后课程中全体学生的永久学习资源。
- **无障碍获取原则**：这要求学生具备相应的技术设备和技能，以便对上课方式做出合理的选择。学校应事先为师生提供相应的技术资源

① BRIAN J B. Implementing Student-directed Hybrid Classes［M/OL］. Hybrid-Flexible Course Design. EdTech Books，2019：23［2021-07-07］. https://edtechbooks.org/hyflex.

（硬件、软件和网络条件）和额外培训。

这里要指出的是，新型冠状病毒肺炎疫情期间高校经常采用的那种仅向学生提供在线授课视频的方式，实际并不属于真正意义的 Hy-Flex 课程，甚至也不是混合课程。当前在许多高校中，为应对新型冠状病毒肺炎疫情修改课程大纲，提供视频直播讲课，或者向学生提供教学讲义等，虽然部分反映了 Hy-Flex 课程的某些特征，但在整体上仍属于“紧急远程教学”①范畴。因为它无法向学生提供选择性和灵活性兼备的多种学习方式，学习者也缺乏根据个人情况灵活自主选择学习方式的自由。

1.3.3 成本收益分析

在高校教学实践中，混合课程设计面临的一个常见挑战，是学生缺少选择参加指定课程活动的自由，只能被动地接受教师事先确定的面授或在线方式的教学日程安排。即使教师事先可能针对每种教学模式精心设计了适合的学习活动，但如果与学生的时间冲突，学生往往别无选择，只能错过学习机会。显然，这大大降低了混合学习环境的适用范围和灵活性。而在 Hy-Flex 课程中，教学活动设计的基本出发点都是以学生为中心，这无疑是一个教学设计理念上的重大变革。

Hy-Flex 课程的主要优势是什么？布莱恩·比蒂列出这种课程给学生、教师和学校管理者带来的多种益处。

首先，对学生，尤其是对那些在职工作或不住在校园内的学生来说，他们经常面临着学业、工作、社交、家庭和通勤等方面的时间冲突问题。Hy-Flex 课程给这类学生带来的主要好处，就是可以灵活地安排上课时间和方式，最大限度地满足他们的个性化需求。简言之，Hy-Flex 课程对学生带来的益处包括：

- 实现选择更多课程学习的可能性。
- 实现更灵活的时间安排和管理。
- 获取更多的学习资源。

① 紧急远程教学（Emergency Remote Teaching，ERT）：这是美国佐治亚南方大学（Georgia Southern University）查尔斯·霍奇斯（Charles Hodges）教授在 2020 年新型冠状病毒肺炎疫情暴发时提出的一个概念。他认为，与那种从一开始就事先详细计划并精心设计的在线教学课程不同的是，紧急远程教学是由于某种危机情况而暂时将教学活动转变为各种替代模式的一种教学方式。它是以完全远程的教学解决方案替代面授或混合课程。一旦危机或紧急情况解除，它将会恢复为原来的教学形式。因此，在 ERT 状况下，主要目的不是要建设一种全新的教学生态系统，而是要以快速方式临时获得教学资源和教学支持，并在紧急情况或危机期间可靠地使用它们。所以说，紧急远程教学与真正意义上的在线教学差异很大。

其次，Hy-Flex 课程在对教师提出更多要求的同时，实际上也为他们带来了相应的收益。例如，在使用 Hy-Flex 课程过程中，教师经常会发现，与其他教学方式相比，他们能够更好地支持不同学生的个性化学习需求，进而获得学生的好评。此外，一些教师还在开展 Hy-Flex 课程的过程中获得实施教学研究的机会，这有利于提升他们的学术发表能力。概括而言，Hy-Flex 课程对教师的益处主要表现在：

- 能够实现以相同的资源（时间、教学材料）为更多的学生提供教学。
- 能在不放弃面授教学的情况下，进一步发展在线教学的技能和积累经验。

最后，在高校中，如果缺少决策层的有力支持，任何教学改革都寸步难行。通常情况下，新教学方式若想获得院校管理层的支持，一个基本要求就是，至少能通过为学生提供更多或更方便的课程资料访问途径来提高学生学业成功率，进而提升课程的结业率。如果从这个角度看，Hy-Flex 课程对高校管理部门带来的主要益处包括：

- 通过为学生提供更灵活的学习时间表和更多样的参与方式，可以增加学校的课程注册率。如果大规模应用 Hy-Flex 课程，可能会增加单门课程的学生注册数，并且相应缩短毕业时间。
- 可更有效地利用教室的座位数，增加班级的注册学生数。如果大规模应用，Hy-Flex 课程可减少扩大招生所需的物理空间，并提升部分热门课程的可用性。
- 支持创新的教学方法有助于提高学生的学业成功率，提高学生学习的效率，为教师的教学研究和学术发表提供数据，有利于扩大高校的机构影响力。

当然，实施 Hy-Flex 课程必然会涉及教学成本增加问题，通常包括人员成本、管理成本和技术成本三个方面。相关研究[①]表明，实施 Hy-Flex 课程的人员成本主要在教师、学生、高校管理部门三个方面。

首先，在教师成本方面，设计和开发一门同时支持多种上课模式的 Hy-Flex 课程，要求从根本上改造和重新设计面授和在线形式的课程。课程管理的多模式应用

① BEATTY B J. Costs and Benefits for Hybrid-Flexible Courses and Programs：Is the Value Worth the Effort Associated with Hybrid-Flexible Course Implementation ？［M/OL］. Hybrid-Flexible Course Design. EdTech Books，2019：28［2021-07-07］. https://edtechbooks.org/hyflex/power_SDL.

会涉及多种复杂的技术因素，尤其是支持学生在不同地点同步参与课程的情况下。例如，以各种形式管理学生的上课情况，需要考虑到同时记录和跟踪学生的出勤和参与、练习和评估活动情况，并提供多种形式的师生互动和反馈。这些都对课程设计提出了新的挑战。

尤其显著的是，初期使用 Hy-Flex 课程的教师所面临的最大挑战，就是授课时间的增加。不难想象，创建两条完整的不同形式的学习路径以支持学生的在线和面授课堂参与，必然要求教师增加额外的授课时间，这是不可避免的成本。

其次，对于学生，Hy-Flex 课程所带来最大的成本或挑战，就是当选择在线学习而不是课堂面授时，他们将面临在线学习时间安排上的自我管理能力的考验。众所周知，许多大学生缺乏有效管理时间的能力，特别是当他们缺乏内在动力去学习课程时，时间管理能力就显得尤其重要。在线自学时，学生注意力分散会严重影响他们的认知能力和学习效果。以往的研究表明，在 Hy-Flex 课程中，学生个人时间管理能力是影响在线学习是否成功的一个关键因素。简言之，Hy-Flex 课程要求学生做好以下准备：

- 与所选择学习方式相匹配的个人时间管理能力：决定选择何种上课方式，以及何时选择在线学习。
- 参加在线学习需具备相应的技能和技术资源：最常见的硬件、网络条件、使用在线学习平台的能力以及参与课程网站体验学习的能力。

最后，Hy-Flex 课程的运用，同样还会涉及高校管理部门。最重要的支出就是，决策层所面对的解决与此项工作相关的一系列成本。此项教学改革的已知成本可能是巨大的，Hy-Flex 需要决策者提供各种支持资源。从 Hy-Flex 课程开始启动，到伴随着创新计划的发展和不断深入，管理部门将可能不断面临着各种需要解决的问题。尽管每个院校都有自己独特的学术管理方法鼓励更多的教师参与其中并获得相应回报，但无论如何，Hy-Flex 课程是一项复杂且艰巨的改革任务，高校管理层确实需要使用各种支持性政策和措施，才能实现预期的收益。具体而言，高校管理部门面临的主要成本包括：

- 需要实施额外的正式或非正式的教师发展和培训工作，这通常会需要额外的经费资源投入。
- 可能需要建设配备直播或录播设备的教室，并且为选择在线上课的学生提供相应技术支持，包括讲课和讨论资料的录制，并及时更新和同步学习管理系统的内容。

- 为了使学生实现与 Hy-Flex 课程的衔接而需要做的相关管理政策或规则调整，如修改课程管理系统、注册系统，并与学生之间保持有效的沟通。

总之，在开始实施 Hy-Flex 课程之前，考虑到改革工作所涉及范围和因素的多样性和复杂性，无论是针对单个课程，还是针对院系的课程，都应该进行一次初步成本效益分析，这对于后期 Hy-Flex 课程的正式实施大有裨益。

1.3.4　教学设计步骤

在 Hy-Flex 课程中，教师首先需要提供一个包括教学计划、内容和活动的课程网站，以满足参加课堂和在线学习（同步和异步）学生的需求。每一种模式下的教学活动经常会相互重叠，所有学生的学习资源、活动和评估结果都应可以重复使用。每种模式下的学习活动要求学生达到等同的学习目标。因此，无论学生选择哪种参与形式，理想状态的教与学活动都应达到以下目标：

- 专业而有效地向学生呈现教学内容；
- 让学习者参与有创意的学习活动；
- 使用适当的评估来评价学生的学习效果。

布莱恩·比蒂指出，在设计和开发 Hy-Flex 课程之前应完成 5 个步骤，为实施有效的 Hy-Flex 学习奠定基础。这些步骤包括：

- 多角度评估收益和成本；
- 分析学生的预期学习成果；
- 规划学生的学习内容和互动交流活动；
- 评估实际的教学效果；
- 评估项目是否达到预期目标。

1. 评估机会与挑战

布莱恩·比蒂强调，“深刻理解 Hy-Flex 课程实施的原因至关重要，它涉及这项工作的多个方面——向教师解释它的益处，获得管理层的支持，并就实施前后的绩效进行比较。”①

① BEATTY B J. Designing a Hybrid-Flexible Course：Creating an Effective Learning Environment for All Students［M/OL］. Hybrid-Flexible Course Design. EdTech Books，2019：34［2021-07-07］. https://edtechbooks.org/hyflex/hyflex_design.

- 学生或许会问："我为什么要选择不同的上课方式？这样对我有什么好处？"
- 教师可能会问："为什么我在校园教室里讲课时还要让在线的学生参加？"或"为什么要让学生自由选择是否面授或在线上课？"
- 管理者可能会问："我们为什么要花费这么多时间为现有课程开发在线版本？"或"为什么我们要更改课程安排方式，允许学生选修Hy-Flex课程？"

2. 分析和修订学习目标

在教学设计中，学习目标是关于学生或其他参与者在经过学习活动之后，最终将达到目标的具体性陈述或说明，也就是常说的学习结果。特定的学习目标不仅决定着课程内容的选择，同时也相应影响和指导教学方法的选择。教师需要考虑的是，当实施Hy-Flex课程之后，原有的适用于课堂面授的学习目标将会产生哪些变化？如何将之转化为在线学习模式下的学习目标？在转化过程中，需要做哪些修订或说明，以便使不同学习模式下的学生都能达到相同的学习目标。

通常情况下，如表1-3-1所示，教师可以从原有课堂面授的教学目标出发做这项工作。然后确定当学生选择在线学习模式下原有学习目标能否达到，或达到的程度，并进一步判断是否需要修改。在某些情况下，教师也可能需要修改原有的课堂教学目标，以便使之对于在线上课（异步或同步）的学生同样有效。举例来说，为加深对某个概念的理解，可考虑在原有教学目标中添加一个在线学生与面授学生共同参加的讨论活动。

表1-3-1　分析和修订学生预期学习成果表

<table>
<tr><th>参加面授学生的学习目标</th><th colspan="3">参加在线学生的学习目标确认/修订/说明</th></tr>
<tr><td>为参加课堂面授学生列出（或新建）学习目标</td><td colspan="3">思考当学生以在线模式学习时，这些学习目标能否达到？</td></tr>
<tr><td rowspan="2"></td><td>是</td><td>否</td><td>需要修订/说明：</td></tr>
<tr><td colspan="3"></td></tr>
<tr><td rowspan="2"></td><td>是</td><td>否</td><td>需要修订/说明：</td></tr>
<tr><td colspan="3"></td></tr>
<tr><td rowspan="2"></td><td>是</td><td>否</td><td>需要修订/说明：</td></tr>
<tr><td colspan="3"></td></tr>
</table>

根据以往的实践经验，布莱恩·比蒂提出：

总的来说，在 Hy-Flex 课程设计中，基于活动陈述的学习目标不如那种更注重学生具体学习产出的做法……所以，建议在设计 Hy-Flex 课程的学习目标时，相较于活动描述性目标来说，强调学生的实践性学习结果可能会更加有效。[①]

3. 规划学习内容和互动活动

教学目标将帮助教师准确地评估学生达到预定学习目标的程度，同时也可作为制定有效评估策略的依据。在教学过程中，当教师清晰地表达出这些教学目标后，学生可能会更好地衡量自己在实现学习目标方面的进度。所以，表达清晰的教学目标，会使学习者清楚学习的预期成果、技能水平，以及在特定情况下将要进行的行为表现。

在 Hy-Flex 课程中，无论选择哪一种学习模式，全体学生的整体学习目标都是一致的；但为适应不同的上课模式，具体的教学目标表达方式可能会有所不同。在课程设计时，每一个主要的教学目标都应做如下相应说明，

- 内容层面：关于该教学目标，学生应了解的具体细节信息是什么？
- 任务和技能：学习之后，学生应该具体地能做什么？

以此为基础，教师需要进一步计划学习活动，为每一个主题和每一组学生准备相应的内容资源。通常，同样的学习资源可能适用于两组学生（课堂和在线）。但在某些情况下，在线学生可能需要使用其他内容或替代方法。

教学目标是选择教学活动的重要基础。每一个重要教学目标都需要设计出相应的教学活动。换言之，要想实现特定的教学目标，就需要设计或创建相应的教学活动。无论在教室还是在网络环境下，多数教学活动可能都依赖于师生或学生之间的相互交流和互动。任何一种教学方法的核心目标，都体现在教师如何做或做什么来促进学生的学习。例如：

- 为完成一个任务来组织学生进行分组学习，要求小组成员之间互动交流和共享资料；
- 准备好文献资源和讨论问题，以便学生下载和课后阅读；
- 安排来自其他学生参与有关课程内容的对话和讨论。

---

① BEATTY B J. Designing a Hybrid-Flexible Course：Creating an Effective Learning Environment for All Students［M/OL］. Hybrid-Flexible Course Design. EdTech Books，2019：49［2021-07-07］. https://edtechbooks.org/hyflex/hyflex_design.

对于每一个教学单元的主题，教师应事先设计好相应的资源、活动或技术工具等，以便组织教学活动。需要注意的是，在 Hy-Flex 课程中，某些教学活动可能包括两种上课模式的学生参与其中。这些“相互重叠”活动应明确标识出来，因为它们可能为学生提供额外的学习机会。总之，如表 1-3-2 所示，在设计 Hy-Flex 课程时，教师需要为每一个教学目标完成以下准备工作：

表 1-3-2　规划学生的学习内容和互动

教学目标之一	面授活动	面授资源	在线活动	在线资源
目标内容描述	活动说明	要求的资源列表	活动说明	要求的资源列表
教学目标之二	**面授活动**	**面授资源**	**在线活动**	**在线资源**
	活动说明	要求的资源列表	活动说明	要求的资源列表
备注				

- 每一种上课模式需要规划哪些学习活动？
- 每一种上课模式需要准备哪些教学资源？
- 在每一种上课模式下，教师如何向学生提供活动和资源？

4. 评估实际的学习效果

毫无疑问，评估学生的学习效果是完整教学设计的关键组成部分。目前无论在面授还是在线教学模式下，都已拥有各种较成熟的评估技术和工具。Hy-Flex 课程中学习效果评估工作面临的主要挑战包括：

- 针对在线模式（最常见的是同步在线和异步在线）下所使用的不同技术和工具，如何实施有效的学习效果评估；
- 协调不同学习模式的评估时间、地点和方法，以方便学生选择参与。

通常情况下，习惯于评估学生的课堂学习能力的教师，都会继续对面授学生使用与原来常规课堂教学相同的评估方法。那么，如何评估在线学生的学习成果呢？是对常规评估方式稍作修改，如改变时间或呈现格式，还是需要开发一种新的评估方法？

布莱恩·比蒂的建议是：“许多常用的传统评估方式，例如，以知识为重点的

测试和测验，仍然可以用于所有教学模式。不过，由于上课模式而导致的时间差可能需要对评估方法进行一些修订，以降低学生作弊的可能性。”①例如，采用随机抽取题库中的考题来组卷是一种常见的应对方式。或者，也可以要求学生提供个性化答案的测试、个人反思、与个人经历相关联的作文等。项目报告、个人或小组演示汇报（现场、录制和在线），以及其他形式的评估方式通常适用于所有教学模式，包括在 Hy-Flex 课程之中（见表 1-3-3）。

表 1-3-3　评估学习效果工作表

学习效果之一	面授教学评估	在线教学评估
陈述将要评估的学习效果，并非所有的学习效果都可直接评估	描述针对面授学生的评估计划	描述针对在线学生的评估计划
学习效果之二	**面授教学评估**	**在线教学评估**
	描述针对面授学生的评估计划	描述针对在线学生的评估计划
备注		

1.4　混合-灵活课程案例分析

Hy-Flex 课程强调以学生需求为中心。学生可以在传统教室和在线环境两种上课模式之间进行灵活选择，当学生选择在线模式上课时，还可进一步选择同步或异步方式参加学习，两者兼有，或选择其一。

整体来看，这种课程模式强调让学生而非教师获得更多的选择权，这也是 Hy-Flex 课程与众不同之处。从这个理念出发来设计课程时，背后所需要的资源、技术、工具和教学流程等要素都会产生显著性变化。

1.4.1　教学案例分析

图 1-4-1 展示了典型 Hy-Flex 课程教案的基本结构。下面分析这份教案在设计

① BEATTY B J. Designing a Hybrid-Flexible Course：Creating an Effective Learning Environment for All Students［M/OL］. Hybrid-Flexible Course Design. EdTech Books，2019：53［2021-07-07］. https://edtechbooks.org/hyflex/hyflex_design.

结构、方法和实施等方面的诸多独特之处。

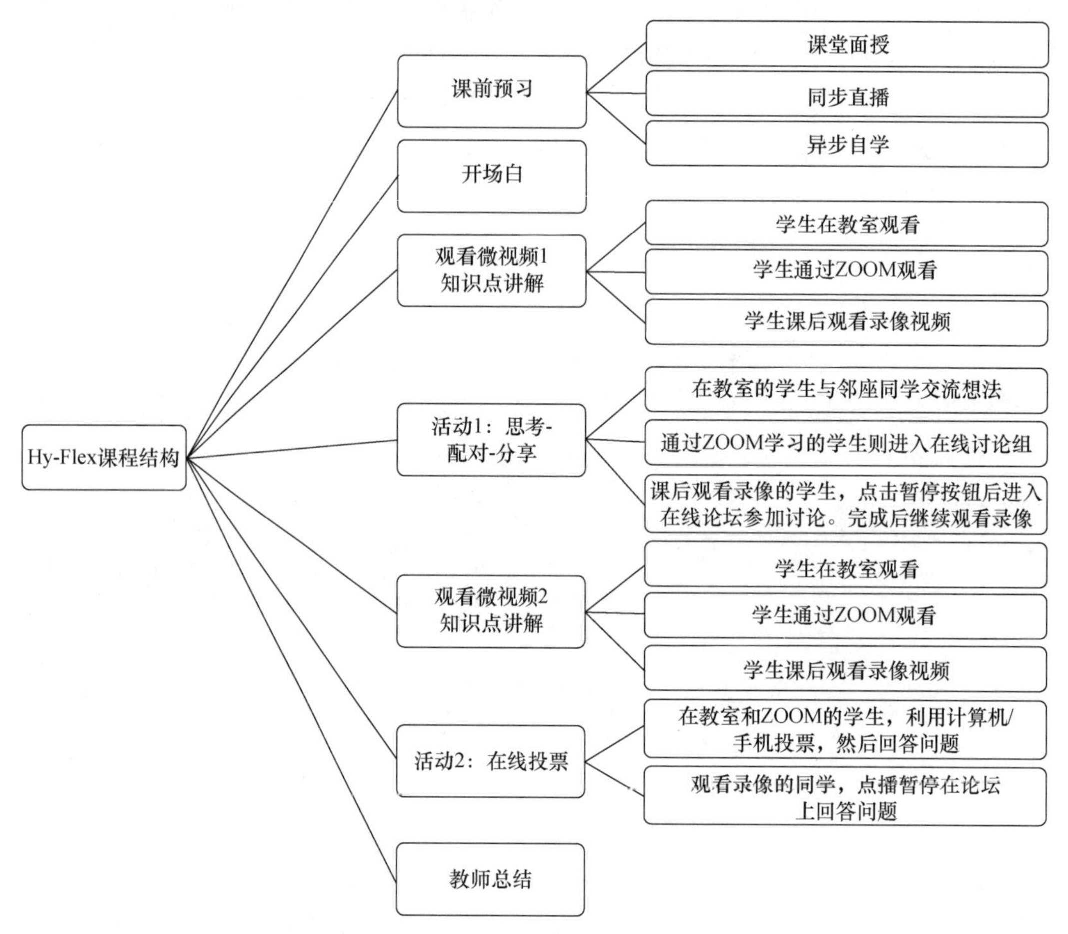

图 1-4-1　Hy-Flex 课程设计的结构模型①

从教案的整体结构可以看出，基于 Hy-Flex 课程的三种上课模式（课堂面授、同步直播和异步自学），教学活动被划分为 7 个环节，分别是，

- **课前预习**：这是授课教师上课之前通过学习管理系统等在线方式提前布置给全体学生的一项活动，通常要求学生进行背景性材料预习、文献材料的阅读理解等。在某些情况下，教师也可课前向学生在线发布微视频，要求全体学生课前观看。这样可节省更多时间来组织课堂活动。

① NAUREEN MADHANI，COLLEEN DAVY. HyFlex：Sample Lesson［EB/OL］.（2020-07-13）［2021-07-07］. https：//academicaffairs.sps.columbia.edu/sites/default/files/content/Sample%20Class%20Session.pdf.

- **开场白：**教师问候大家并对课前预习活动进行小结。通常教师在总结时会引用 LMS 所记录的学生在线预习活动的相关记录数据，如登录次数、在线时间和答题正确率等。
- **观看微视频 1　知识点讲解：**这是一项同时面向三种学生上课模式的授课活动。在教室里，除现场参与的学生观看之外，教师的授课视频将利用教室内的直播 / 录播系统（如 ZOOM 等）同步发送给那些观看直播的学生。而那些选择异步在线模式上课的学生，则可在课后特定时间段内登录 LMS 点播录制的授课视频。

主讲教师讲完之后，向全体学生强调："同学们，无论你现在以哪一种方式上课，我要求大家都认真思考某个问题（或回答某个问题），每个同学在 1 分钟之内写下自己的答案。

- **活动 1：**小组讨论和分享，如果你是在教室听课，那么请找一个旁边的同学，相互交换和分享你刚才写的答案；如果你是利用 ZOOM 在线同步听课，那么我会将你拉入一个在线"讨论分组"，与组内 2～3 个同学进行分享活动；如果你在课后观看授课录像，那么此刻请点击视频的"暂停"按钮，然后登录到课程网站的"活动 1：小组讨论和分享"在线论坛里发布自己对这个问题的回答。然后返回点击"播放"继续观看录像。课后我将先总结那些发表在 ZOOM 和 LMS 上的答案和想法。

活动 1 结束之后，教师随后开始第二个知识点的讲解。

- **观看微视频 2　知识点讲解：**与此前类似，三种模式上课的学生以各自方式听课。

知识点讲解完毕之后，教师启动教学活动 2。

- **活动 2：**在线投票，同学们，我们将进行一个快速在线投票活动。如果你是在教室或 ZOOM 听课，那么请利用你的电脑或手机参加此次投票，根据你们刚看完的微视频 2 来回答以下问题：* 是什么？ * 为什么？ * 怎么办？
  如果你正在观看教学录像，那么此刻请点击暂停后登录课程网站论坛回答上述的问题。你的回答将会与今天实时上课学生的回答整合起来，我将在下一节课把投票结果全部展示给大家。

- **教师总结**：教师先对参加教室和ZOOM同步学习学生的投票结果进行小结，并重点评价其中的若干回答，这节课结束。

上述这一节 Hy-Flex 课程的实施过程，从不同角度展示出这种课程模式的与众不同之处：教师视角、三种上课方式的学生视角，以及隐藏于教学背后的技术视角等。课程设计许多新的规则、方法和要求，需要教师在设计 Hy-Flex 课程时给予充分的考虑。

在课前，教师可以事先录制微视频或阅读材料预先发送给学生在线自学。在上课时只需要做一个简短小结或复习，这样可节省课堂讲授时间。在授课过程中让助教密切监控学生的在线对话内容，以保证教师在上课过程中随时了解学生的听课情况，并及时回答在线学生的提问。充分利用 LMS 的“在线论坛”支持学生之间的对话。为营造融洽的在线学习氛围，也可利用社交工具让学生随时进行非正式交流。

在创建教学活动或作业时需要注意，由于要兼顾三种模式上课的学生，所以 Hy-Flex 课程中的活动通常要比在常规课堂教学情境下花费更长的时间。为保证足够的活动时间，常用对策就是教师要尽量减少课堂授课的时间，利用课前录制的微视频替代课堂现场讲解。同时，在组织一项教学活动时，教师应确保向全体学生发出清晰而明确的说明，并着重强调如何分别以三种方式完成该活动。这样可确保所有学生都能参与和完成课程活动，并清楚了解需要完成的任务。

此外，还应考虑调整教学评估方式以适应新模式，尽量采用低风险评估方式。例如，在整个学期中经常组织常规性测验或阶段性项目汇报和报告等，用以代替高风险的评估方式，如期中考试、期末考试和期末项目论文等。这有助于减少学生的考试焦虑感，也有利于教师在教学过程中随时掌握学生的学习状态并采取相应补救措施。

最后，在修订评估方式时应注意，无论采用哪种方式，都应公平对待所有学生，不能仅适用于某种模式的上课学生，如果举办闭卷考试，那么异步上课的学生可能就无法参加。

1.4.2 技术实施方案

“从技术设施角度看，Hy-Flex 课程能否顺利实施，在很大程度上取决于各种技术资源的有力支持。”①一位美国高校 IT 人员认为，为使 Hy-Flex 课程正常实施，

---

① MERCHANT Z. A Faculty Transitional Journey from Single Mode to HyFlex Teaching：San Francisco State University［M/OL］. Hybrid-Flexible Course Design. EdTech Books，2019：65［2021-07-25］. https://edtechbooks.org/hyflex/sfsu.

教室至少应设置有摄像头、具有网络视频会议功能以及与学生进行远距离互动的相应工具。实时课程通过视频传输，录制后供那些选择在线异步上课的学生进行课后播放。在教室上课时，教授通过 Zoom 或 Teams 等平台与在线学习者进行互动。课堂的相关学习材料，可以通过异步讨论板和校园学习管理系统中的其他协作工具进行补充。常见的 Hy-Flex 教室设备，包括诸如教室周围边缘的大屏监视器之类的设备，使教师可以看到参加在线同步上课的学生并与之实时视频互动。目前，Hy-Flex 课程的高级技术解决方案，是实时临场体验（Real Presence Experience，RPX）智能教室（见图 1-4-2）。

图 1-4-2　实时临场体验智能教室

概括而言，支持 Hy-Flex 课程正常运行的技术环境，通常应配备以下软硬件系统：

- 配备直播和录播设备的教室（如混合虚拟教室）；
- 同步的网络视频会议系统；
- 异步的学习管理系统；
- 支持同步和异步在线互动的移动工具。

根据高校实施 Hy-Flex 课程的经验，尽管技术难度不大，但是将各种录像和语音采集工具集成到教室里，仍然是一项烦琐而细致的工作，主要是涉及不同部门的设备采购流程问题。此外，在使用过程中还会涉及 IT 支持部门的及时支持和配合问题。因此，对于学科教师来说，一旦在使用过程中出现技术故障，若不能及时得到解决，就可能出现严重的教学事故，打击师生的使用积极性。例如，美国旧金山州立大学的一名采用 Hy-Flex 课程的教师在谈到使用经验时指出：

作为一名教师，我尝试至少在上课之前30分钟到达教室，以确保技术设备能正常运行。尽管这样，我有时仍然会遇到某些意想不到的技术问题，例如，另一名教师可能更改了系统设置，或者教室IT部门可能以某种方式更新了技术配置，这些都可能影响以前常规程序的使用。总而言之，更新技术确实很费时间。①

实施过程中，教室内各种音视频技术工具与Hy-Flex课程模式相互结合之后，直接推动了高校“混合虚拟教室”（Hybrid Virtual Classroom）的出现。在谈及虚拟教室技术时，有研究者指出：

混合虚拟教室正在改变传统的教学格局，它是在同步教学过程中将现场学生与远程学生联系起来的一整套技术解决方案。这种教室使教学更自由灵活，可以从任何地方连接师生，增加各个群体受教育的机会，超越课堂的界限。②

从技术方案和结构上看，这里所说的“混合虚拟教室”与国内高校的“智能教室”基本相同（见图1-4-3）。

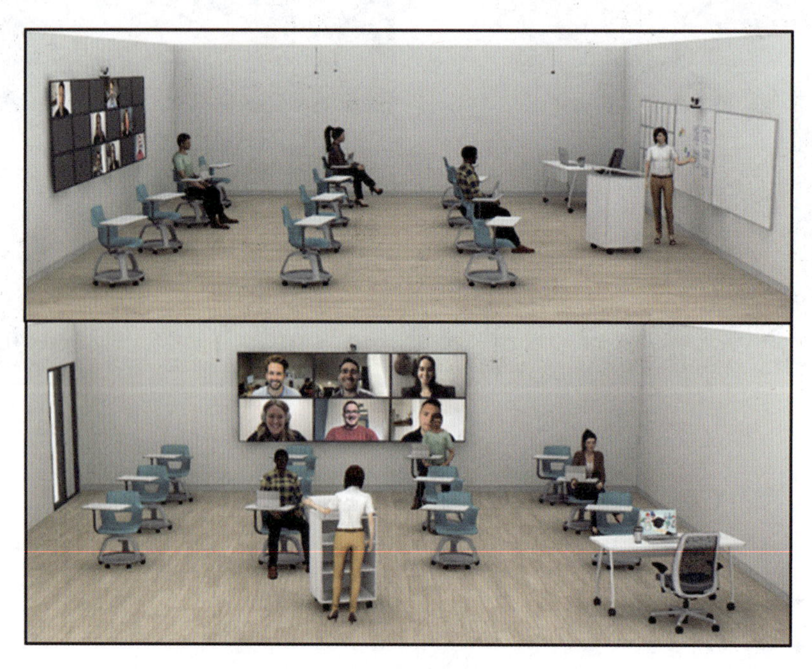

图1-4-3　混合虚拟教室的设计方案

① MERCHANT Z. A Faculty Transitional Journey from Single Mode to HyFlex Teaching：San Francisco State Niversity[M/OL]. Hybrid-Flexible Course Design. EdTech Books，2019：48[2021-07-07]. https://edtechbooks.org/hyflex/sfsu.

② RAES A PIETERS M BONTE P. Hyflex Learning within the Master of Teaching Program@KU Leuven：KU LEUVEN，Belgium[M/OL]. Hybrid-Flexible Course Design. EdTech Books，2019：83[2021-07-07]. https://edtechbooks.org/hyflex/hyflex_MTP_KULeuven.

图 1-4-4 展示了在比利时鲁文大学（University Leuven）一间混合虚拟教室中实施 Hy-Flex 课程的情景。在同一时间，教室现场的学生和远程学生可以从不同的位置参与课程学习。在此过程中，参加同步在线的学生视频以实名登录方式分别显示在教室后部墙壁的屏幕上，如同这些学生坐在教室最后一排上课。这使得现场授课教师与这些远程学生的交流变得更加方便和流畅，教师可以随时根据学生视频下显示的姓名与之对话。同样，现场学生回头时就能看到那些在线上课同学的形象，此情景犹如大家都在一起上课，呈现出较强的临场感。

图 1-4-4　比利时鲁文大学的混合虚拟教室

在教学过程中，借助网络视频系统随时提问、测验或投票，主讲教师可以实现与现场和在线学生之间的互动。同时，这套系统还支持主讲教师利用移动设备（平板电脑或智能手机等）与学生进行各种形式的在线交互活动，如教师向学生推送各种学习材料，在白板上书写公式，或在线主题讨论等。

刚开始使用混合虚拟教室的教师，也可请技术助教协助来操作整套系统。通常助教具备与教师相同的操作权限，随时在需要时提供各种操作上的帮助，包括使部分或全部学生静音，推送某些内容、发起投票或测验、展示结果以及与学生聊天等。

图 1-4-5 显示了远程学生参加混合虚拟教室的情景。在左下侧，远程学生可以选择所关注的屏幕。虚拟教室中的摄像机从 5 个不同角度进行记录。在学习过程中，通过“共享按钮”，每个远程学生都可以向全班共享自己的屏幕。共享屏幕后，它将成为教师平台中资源的一部分，教师或操作员也可以与所有参与者共享屏幕。在界面的右下侧，学生可以使用聊天窗口，与老师及其同学互动，将问题发送给教

学的主持人（主讲老师或技术助教）。

图 1-4-5　比利时鲁文大学 Hy-Flex 课程应用情景

除必要的教室直播和录像设备之外，学习管理系统同样也在 Hy-Flex 课程应用过程中扮演着重要角色。无论是课前发布预习资料，还是课上参与同步和异步的在线讨论，或课后提交作业等，教师如果想要了解学生在线自学的相关数据记录，都会涉及学习管理系统的使用。一个功能完善的学习管理系统，能让主讲教师快速创建自己的课程专用主页，将各种学习资料（讲义、阅读文献、讲课视频、微课、讨论问题、作业等）分门别类安排好，供学生在线浏览和学习。学习管理系统能详尽地记录学习者的登录和学习过程数据，并通过不同功能的统计模板以图表等形式向授课教师呈现，作为教师了解和掌握在线听课学生的重要教学信息来源，帮助教师及时了解和发现问题，有针对性地解决问题。一位教师曾指出，

在使用 Hy-Flex 课程的六年教学中，我逐渐意识到，尽管大多数学习管理系统主要都是为了支持完全在线学习而设计，但如果将之与这种旨在支持多种学习模式的课程集成在一起，仍然会给我的教学带来极大方便，提高三类不同听课模式学生在学习过程中的互动性和参与性。例如，学习管理系统内置的许多功能，都可以帮助教师将教室面对面的活动快速转换为异步在线活动。还可以跟踪学生的上课模式的变化和学习表现。①

① MERCHANT Z. A Faculty Transitional Journey from Single Mode to HyFlex Teaching：San Francisco State University.［M/OL］. Hybrid-Flexible Course Design. EdTech Books，2019：51［2021-07-07］. https://edtechbooks.org/hyflex/sfsu.

1.4.3 教师面临的挑战

在 Hy-Flex 课程从设计到实施的整个过程中，技术对教师的课程设计和教学能力都提出了相当大的挑战。在具体实施之前，主讲教师需要做好各方面准备：掌握教室中各种硬件设备的操作方法，各种系统和演示软件以及媒体内容制作（如微视频等）的知识和技能。教师还要应对面授课堂和在线教学方面的挑战。

Hy-Flex 课程可以提高学生的自主权和获得更多受教育机会。但是，它的成功通常取决于高校的预算投入，教师发展和实施的时间。希望通过采用 Hy-Flex 课程来增加学生参与度的高校，应首先评估这两个方面的准备情况：技术预算和教职员工投入。①

Hy-Flex 课程将会给教师带来哪些新的体验和挑战？不同院校，或不同学科的教师可能感受差异性很大。布莱恩·比蒂认为，实际上，Hy-Flex 课程的每次实施都可能遇到一系列挑战，需要制订各种有针对性的解决方案。整体来看，主讲教师将可能面临至少四个方面的重要变化：

- 管理多模式学习环境；
- 教学工作量增加；
- 师生之间多维度的互动；
- 学习评估方式多样化。

1. 管理多模式学习环境

大多数情况下，教师都有责任为不同学习模式下的学生提供各种学习指导，同时满足在课堂和在线两种模式下所面临的多样化学习需求。

多数教师在课堂环境中的教学经验要多于在线教学经验，因此，在 Hy-Flex 课程的面授模式下，教师并不需要做出太多的改变。但是，绝大多教师的在线教学经验都比较少，需要花费更多的时间和精力来设计和操作 Hy-Flex 课程中的在线教学模式。当然，也会有部分教师面临更进一步的挑战，要创建具有三种参与模式的教学环境：教室、在线异步和在线同步，同时为三种上课模式的学生提供服务。

首先，课堂面授模式尽管变化不大，但它在 Hy-Flex 课程环境中仍然会发生一些细微改变。例如，由于学生可自由选择上课方式，在上课初期教师可能无法预料

① EDWARD J MALONEY，JOSHUA KIM. A Hy-Flex Model，The Challenge of Flexibility［EB/OL］.（2020-05-10）［2021-07-07］. https：//www.insidehighered.com/blogs/learning-innovation/fall-scenario-13-hyflex-model.

哪些或多少学生会出现在教室中，这种不确定性会使教师的教学计划活动变得比以往要复杂。实践经验表明，尽管在初期会有一定变化，但整体来看，随着时间的推移，对于一门课程，班内学生选择不同上课模式的比例会逐步变得相对稳定。因此，教师也将随之能预测学生的上课模式变化情况。通常的建议是：在开课初期观察学生参与模式过程中，教师在设计课堂教学活动时保持一定程度的灵活性和弹性，随时根据学生的数量变化而调整。

Hy-Flex课程的四项基本指导原则之一，是教学内容的可重用性，即每一种上课模式都要为学生提供同样的学习资料。在课堂面授上课时，教师应事先做好计划，实现与在线学生共享面授课堂上使用的所有资源。在学习管理系统的支持下，实现这个目标并不困难，只需在课前将全部教学材料上传课程主页并推送给学生即可。此外，教师可能还希望记录和保存教室内的各种教学活动内容，以供异步在线学生课后学习，这就需要使用教室内配备的音视频录制设备，在上课时同时自动拍摄课堂互动视频，并发布在课程主页上供课后学生复习。

在Hy-Flex课程中，无论学生的上课模式是什么，教师面临的持续挑战是，如何确保全体学生都能参与到同一个学习社区中来。不要出现因上课模式不同而导致学生在学习过程的相互隔离，学习进度的拖延。这一点在学生选择在线异步上课模式时表现尤其明显，因为在这种模式下，教师可能无法随时提供及时有效的学习支持。为此，教师在设计教学活动时，应注意要向学生提供相关更容易理解的教学内容；鼓励学生积极参与在线交流活动；经常评估学生的学习状态，并调整进度以满足不同学生的需求；在适当的时候支持学生进行自我评估。

其次，在线异步教学模式下的变化。这种教学模式在高校的应用已有较长历史，涉及的技术和方法比较成熟，同时也积累了丰富的实践经验，对于许多教师来说并非难事。目前在使用学习管理系统的高校之中，都会有专门的部门定期或不定期向教师提供相关设计技能培训活动。培训内容主要涉及以下两方面的相关技术：

内容传递：利用学习管理系统所提供的各种功能，教师可为所有学习模式下的学生提供多种形式的在线教学资源，例如文本、动画、视频和音频等格式的内容。此外，还有一些教学内容可在教学过程中通过师生互动或学生在线讨论生成，如在线论坛上发布的各种讨论帖子。学生无论选择哪一种模式上课，都应能在学习管理系统上获得相同的学习资料。

互动交流：异步教学的显著特点就是，教师与学生在时间上的非同步性。在某些情况下还会出现师生在地点上的变化，这些因素都可能影响教学活动的实施。当前高校中最常见的在线学习活动就是异步在线论坛。有许多方法可用于设计和促进学生积极参与在线讨论，如发放电子红包和在线投票等。在此过程中，教师面临的

主要挑战是：

- 选择学生感兴趣的讨论形式和主题；
- 管理时间以促进在线讨论；
- 鼓励课堂现场学生也积极参与异步在线讨论。

再次，在线同步教学模式的相关变化。选择课堂面授模式的学生与在线同步模式的学生的显著差异，在于后者是完全借助于技术实现的“虚拟面对面交流”。尽管如此，这两种模式的教学所涉及的任务和技能大致类似，差异正在日趋减少。伴随着网络视频会议系统功能的不断发展和完善，在线同步教学模式越来越受到高校师生的欢迎和认可。在 Hy-Flex 课程中，无论事先是否有过类似经验，只要所选择的视频会议系统功能恰当而可靠，多数教师通常都会发现，使用同步在线教学并非难事。以下是在线同步教学的注意事宜。

强调内容传递：实时同步的教学内容通过摄像头和麦克风从教室直播出去，确保远程学生收到清晰的影像。同时，学习管理系统上的课程主页，则用于在所有学习模式下为学生提供信息资源。

注重参与程度：学生通常会以在线视频课堂形式，与教师和其他学生在面授课堂中同步共享视频和音频。在这种状态下，教师可以组织各种能让所有学生都参与的交流活动，通常包括在线投票、主题讨论和小组讨论等活动。教师面临的主要挑战是，如何鼓励在线同步上课学生积极参与到每个课堂学习活动中，激发两种模式下学生参与的积极性。

2. 教学工作量增加

由于 Hy-Flex 课程的独特设计方案和针对面授与在线学生的多模式教学，教学工作量在以下方面会不同程度地有所增加。

首先，制订 Hy-Flex 课程计划和准备教学材料，显然要比常规模式课程花费更长的时间。教师必须认真做好课程设计工作，想方设法为选择不同上课模式的学生建立一个共同的学习社区。尤其要充分考虑到那些选择异步在线模式学生的需求，与其他经常出现在教室里的学生相比，在线学生可能会在学习过程中遭遇到某种程度的“冷遇”——缺乏互动、交流和归属感。因此，Hy-Flex 课程应在设计中明确采取多种措施，支持和促进全部学生都能积极参与到共享学习社区中。显然，完成这样的计划需要花费更多的时间和精力。

当 Hy-Flex 课程设计完成并启用之后，从第一节课开始，主讲教师就必须以多种模式来管理全部教学内容。面对在线学生进行教学时，教师可能会面临相当大的工作量挑战，因为无论针对哪一种在线模式的教学，都可能需要额外的时间来学习新技能、新工具和新教法。例如，在使用同步在线模式教学时，教师将同时管理课堂学生和在线学生两个群体，所使用的方法和策略都有所不同，这将是一个挑战。

基于以上原因，Hy-Flex 课程必然会给主讲教师带来工作量的重大变化，这种变化主要源于，为在线学生提供额外的教学资料和互动交流方面的时间支出，或者为掌握新的在线教学技能所需要花费的时间。这对于那些本身技术能力较好的教师可能并非难事，但对于另外一些教师，就可能会增加工作量。总体而言，当采用 Hy-Flex 课程模式之后，教师确实需要重新分配自己的整个教学工作时间，以适应新的工作节奏。

如何应对 Hy-Flex 课程给教师带来的压力和挑战？可能需要从以下多方面着手解决。

首先是关于时间的问题。就目前高校的实践经验来看，通过多种方式为教师提供更多的课时工作量以开发和教授 Hy-Flex 课程，是一种比较常见的做法。具体的措施包括：一是为那些愿意付出更多时间和精力开发 Hy-Flex 课程的教师提供更多的教学工作时间；二是为那些讲授 Hy-Flex 课程的教师增加额外的课时工作量（学分）。例如，如果教师因主讲 Hy-Flex 课而获得“额外学分”，则有可能将这些学分“保存待用”。若主讲一门 Hy-Flex 课程被额外添加了四分之一的学分，那么，他在讲授了 4 门 Hy-Flex 课程之后，就相当于获得一门课程的额外课时量。

其次是课酬问题。一些高校会为 Hy-Flex 课程主讲教师提供额外的教学津贴、教改资助经费和专业发展资金等，以鼓励尝试新的教学改革措施。在某些院校里，如果 Hy-Flex 课程模式带来学生注册数的显著增长，那么校方通常会很乐意为在 Hy-Flex 课程上吸引更多学生的教授提供更多的课酬。

再次是专业奖励的问题。向教师提供多种形式的专业奖励，如提供职业发展和认可的机会，提名创新教学奖、最佳教师奖等，都是高校常用的专业奖励方式。

3. 多维度的师生互动

Hy-Flex 课程中，教师必须同时管理所有教学模式下与学生的互动和交流活动，这就要求教师必须努力做到无论在面授课堂、在线异步或在线同步环境中，都应具备有效地与学生交流和互动的技能。表 1-4-2 展示了在 Hy-Flex 课程三种常见模式中师生互动方式案例。

表 1-4-1 多种教学模式下师生互动方式

	面授课堂	在线同步	在线异步
教学内容	生动有趣地呈现	教师针对在线学生的方式与面授学生类似	教师应在课堂录像录音材料中专门向异步在线学生发出相应教学信息和活动安排
师生互动	有意义的讨论，师生交流	教师在面授课堂组织讨论和小组活动时要吸引在线学生积极参与	在线讨论过程中，教师应注意向异步在线学生频繁发出明确的说明和解释，吸引其注意力
教学评估	在内容讲授和互动过程中实施非正式的学习评估	教师应专门为之提供互动机会，让同步在线学生在演示和活动过程中进行非正式评估	在教学活动中对异步在线学生提供多种形式的及时反馈，重点突出，反复强调

针对上述这些教学情景，高校可能需要为教师提供有针对性的专业技能培训活动。同时，一些院校也可能会要求教师具备相关互动技能的培训或参与相关职业发展的证明。目前，美国有一些专门机构为异步和同步在线课程的认证提供服务。例如，加州州立大学（CSU）的质量学习与教学（Quality Assurance for blended & online courses）和质量监控（Quality Matters）等。在部分院校中，另一种有效方法是将 Hy-Flex 课程纳入专业发展和课程认证计划中。

4. 学习评估方式多样化

在 Hy-Flex 课程模式下，评估学生学习效果的方法基本相同。具有丰富课堂教学经验的教师可以像过去一样评估学习效果和学习进度。在面授课堂上，学习进度评估通常属于非正式的评估，随着内容和课堂活动而进行，学生和教师都会发送和传递有关阅读活动和交流方面的信息。在此过程中，教师可能会中断内容讲授以快速提问或测验的方式，向部分学生提出问题，并指定学生回答。

另外，当给在线学生上课时，教师面临的挑战是如何将面授课堂上各种形成性评估方法转化应用到在线教学环境之中——在许多情况下包括同步和异步在线模式。以往实践经验表明，在线同步教学模式下，教师通常会采取与面授中相同的评估方式。例如，随堂测验、阅读内容提示、快速提问、鼓励问答和“一分钟论文”等方式，面授课堂上都能与在线同步学生很好地配合使用。显然，由于这些互动方式现在都是借助于技术工具实施，教师可能会面临一些操作层面的问题，如需要频繁切换视频窗口，在线语音模糊，或其他技术障碍。但总的来说，多数教师通常都能找到合理的方法，完成在线同步学生的学习进度评估。

对于多数教师来说，最大的困难可能是实施异步在线学习的形成性评估。在这种情境下，由于师生之间在时间和空间上的相互隔离性，直接导致教师无法再采取常规方式对学生进行评估。显然，仅依靠查看学生发布于在线讨论区的帖子或在线测验的分数，无法获得异步在线学生的学习进展的详细信息。此时，学习管理系统所记录和保存的各种学生数据，就成为教师多方面评估学生进展状况的可靠线索和依据。通常，这些学习数据包括：

- 学生登录课程主页的时间和时长数据；
- 学生阅读教学材料、观看录像视频的时间和时长数据；
- 学生参与在线论坛的次数与时长的相关数据；
- 学生参加在线测验的成绩记录；
- 学生完成课程作业的记录。

在 Hy-Flex 课程中，教师通过查看上述数据，可以了解异步在线学生在脱离教师视线背景下的在线学习状况。在某些情况下，如果学习管理系统同时还支持师生使用移动终端（如智能手机和平板电脑等）进行面授课堂、同步在线和异步在线学习活动，那么，在教学评估时，教师将会获得更加广泛而多样化的学习数据，这将有利于对学生实施更加全面的教学评估。

第二章　电子课件原型制作法与快速开发

20 世纪所发生的新技术发明进入课堂的历史，实际就是教学媒体格式转化与传播方式的变革过程：从传统纸质印刷技术，到玻璃幻灯片和光学胶片技术，再到电磁音像和数字媒体，每一种新技术的出现，都会带来教学传递模式的重大变化。从 19 世纪末的灯笼投影机、摄影术和无声电影所引发的“视觉教学运动”（Visual Instruction），到后来 20 世纪 30 年代广播和电视技术所带来的“视听教学运动”（Audio-visual Instruction），再到 60 年代的“计算机辅助教学”和计算机管理教学，最后到 90 年代之后兴起的“电子学习”（E-learning）和“在线学习”（Online Learning）。教学媒体应用的核心，都是围绕着媒体的呈现格式而进行。无论何种技术进入课堂，首先便会遇到媒体格式转换必须解决的三个问题：硬件设备，软件资源和设计方法。

从教育技术过去一个世纪的发展历程来看，硬件问题相对比较容易解决，无论在初期价格多么昂贵的设备，都会伴随着时间的推移和技术的普及应用而逐步变得大众化。而教学媒体的软件资源开发问题——即电子课件设计与制作问题，则远非如此。在教学实践中，这才是真正影响和决定任何一种技术发明进入课堂教学的长期制约因素。以 20 世纪 80 年代最著名的计算机辅助教学项目 PLATO 为例，就能看出电子课件制作的重要性。作为教育技术史上开创性的教学改革项目，PLATO 无论在技术发明创新方面，还是在商业模式转化方面，都属于比较成功的案例，但最终却因为价格高昂的电子课件制作成本①而以失败告终。实际上，在整个 20 世纪的教学媒体应用与发展历史中，类似情况屡见不鲜：从广播教学到电视教学，再到当前的在线学习和混合学习，课件

① 根据 PLATO 项目的负责人比泽尔教授晚年的访谈内容，他在谈到该项目失败的原因时曾提出，在与 CDC 公司签订商业销售合作协议之后，该公司随后成立了专门设计和制作教学课件的部门，但是由于课件的制作成本有时竟高达 30 万美元 / 时，直接导致 PLATO 终端产品的价格居高不下，产品无法被学校所接受。比泽尔教授认为这是该项目最终失败的重要原因之一。

的设计和制作成本，无一例外扮演着影响技术在课堂应用中的关键性因素。

2.1 教学设计与电子课件开发

在 E-learning 短暂的发展历程中，围绕着不同教学媒体而出现的电子课件设计与开发，是推动教学改革的重要力量之一。实际上，作为技术应用于课堂的教学资源开发方法与策略，“教学设计”（Instructional Design）就是用来解决课件开发问题的一种方案，其本质上就是教学材料的设计与创造。早在 E-learning 萌芽时期，即 20 世纪 30—50 年代的“程序化教学”①和“教学机器”②时代，斯金纳（B.F.Skinner）就提出，有效的教学材料（指教学机器所使用的程序化课件），应该是一种经过程序化设计的学习资源，并且允许学生自定步调地学习。这些思想后来成为计算机辅助教学运动中重要的课件设计原则，推动了 PLATO 等教学系统的产生与发展。

进入 20 世纪 60 年代，著名的教育技术学家罗伯特·加涅（Robert Gagné）率先使用“教学设计”这个术语，并提出了一些最早的教学设计模型和思想：激活先前的经验、技能演示、技能应用，以及将这些技能整合到现实世界的活动中。这些设想成为后续诸多教学设计模型的思想基础。加涅进一步综合了行为主义和认知主义的思想，提出认知领域、情感和运动领域的学习结果分类和教学活动分类。因此，他提供了一个教学活动设计模板，不仅使设计教学活动变得步骤清晰，同时也使得不同技术条件下教学材料的设计与开发，变得更具可操作性。

20 世纪 70 年代，佛罗里达州立大学提出的 ADDIE（分析、设计、开发、实施和评估）模型，被认为是用于创建教学活动和教学资源的最常见方法。它最初被广泛应用于军事部门训练的“教学系统开发”（ISD）工作，后来也被推广并应用于教育机构的课程开发活动。

80 年代以来，许多研究者和设计者不断对 ADDIE 的步骤进行修改，使之更

---

① 程序化教学（Programmed Instruction）：这是一种教学方法，其显著特点是将要学习的材料分解为小块信息的形式呈现给学生，是一种自定进度、自我管理的教学。在继续学习新材料之前，学生需要逐步学习信息并给出相应答案，从而获得即时强化。这种方法可以由教师指导，也可以由学生自学，它还适合计算机辅助学习。该方法最初由斯金纳（Skinner）提出，后来发展成为一种行为主义的教学方法。

② 教学机器（Teaching Machine）：作为斯金纳的重要教学技术发明之一，教学机器被认为是计算机辅助教学的雏形。它是一个结合教学内容和测试项目的机械控制系统，可以逐个呈现要学习的材料，学生需要逐个做出回答，并获得相应的实时反馈。如果学生的答案是正确的，学习内容或行为就会得到强化并进入下一个问题。如果答案错误，学生就必须重新思考和选择答案，直到回答正确之后，才能进入下一阶段的学习。

具动态性和交互性。伴随着基于互联网的 E-learning 快速发展，教学设计领域也发生了一些重要变革。其中之一就是，以 ADDIE 模型为基础，源于软件开发和设计等领域的“快速原型制作法”（Rapid Prototyping）异军突起，成为教学设计中的一支新生力量。本质上，快速原型制作法是传统教学模型的某种形式的简化，试图通过不断的迭代过程对设计内容进行修订，从而节省时间和经费。

不难看出，技术媒体应用于课堂的历史，同时也是教学设计的发展史：技术发明、媒体格式、呈现形式和电子课件设计相互交织，构成了教育技术发展的基本脉络和走向，随之产生了一个教学设计新术语——电子课件。

2.1.1 电子课件的设计与开发

词源上，课件（Courseware）是一个将“课程”（Course）与“软件”（Software）结合在一起的术语，其含义最初是利用计算机来呈现和传递的教育材料，以供教师或培训师使用的工具包或供学生使用的教程。课件格式处于不断变化之中，随着计算机环境的发展而不同。在回顾课件格式的演变过程时，有研究者曾指出：

PLATO 是伊利诺伊大学基于大型计算机开发的第一个课件，在大型计算机上一直运行到 1970 年。然后，它又出现在 1975 年的 Altair8000 等个人计算机上，随后逐步从大型机转移到了个人计算机。随着计算机在家庭和学校中越来越多地得到使用，课件逐渐在教育领域得到广泛应用。①

广义的课件，是指“各种形式的基于技术支持的教学材料”②，例如，从最初的投影胶片、透明幻灯片、电影胶卷、音像材料，到 CBI 程序、动画、模拟仿真实验、授课视频，以及在线课程等。换言之，凡是能够记录和传播教学信息的非印刷类媒介载体，都可以被称为“课件”。从狭义上看，课件则是“指专门为教育目的而设计的计算机专用程序，它是一种在计算机上运行的电子格式教学资源包，通常储存在硬盘、光盘或在线数据库中供学习者访问。”③

课件首次得到使用是在 1972 年，④它是伴随着“程序化教学”和“计算机辅助教学”而出现的，这表明该术语与计算机技术是密不可分的。2000 年，当美国麻

① LEE J M. Courseware Learning［M/OL］. Encyclopedia of the Sciences of Learning. Springer, Boston, MA：2012［2021-07-09］. https://doi.org/10.1007/978-1-4419-1428-6_535.

② DANIEL K. Schneider. Courseware［EB/OL］.（2018-03-21）［2021-07-09］. http：//edutechwiki.unige.ch/en/Courseware. 2018.

③ TECHOPEDIA. What Does Courseware Mean ？［EB/OL］.（2019-04-21）［2021-07-09］. https://www.techopedia.com/definition/4256/courseware.

④ MERRIAM-WEBSTER. Courseware. Merriam-Webster.com Dictionary, Merriam-Webster.［EB/OL］.（2020-11-08）［2021-07-09］. https://www.merriam-webster.com/dictionary/courseware.

省理工学院第一次将在线课程和电子学习材料向全世界开放时，就将该项目命名为“开放课件”（OpenCoruseWare，OCW），称之为“免费的、可公开访问的高质量教学和学习材料的数字集合”。从这个角度说，课件实际等同于目前广泛使用的“电子课件”“教学资源包”和“在线课程”等术语。作为E-learning发展的基础，课件开发的重要性早在20世纪80年代就备受关注。

计算机辅助教学面临的困境之一，是教育软件或计算机程序的可用性和开发问题。目前课件的来源主要有三种：第一是直接从软件公司购买开发好的软件包，但是以这种方式提供的程序可能不适合各个班级或课程的特殊需求。第二是购买课件的模板包，它们能为测试和演练课件提供多种通用型格式，购买后由教学设计人员或教师再插入课程的具体信息。这种开发方式的缺点是，所开发出的课件往往形式单调，缺乏互动性和吸引力，每门课程的测验和问题都是千篇一律。第三是在内部开发软件，学校里的任课教师自主设计和开发能够适合其自身教学需求的课件，但这种方式可能需要教师掌握比现有更多的技术知识。①

到20世纪90年代之后，课件开发的成本问题变得愈加突出。因为随着信息技术发展步伐的不断加速，电子课件的开发技术日益复杂，所涉及的设计和开发成本成为摆在各种教育机构面前的一个不得不面对的难题。越来越多的学校发现，要想开发出适用的电子课件，不仅需要专业熟练的教学设计师和技术人员，还要花费数月之久的时间。更重要的是，伴随着计算机和互联网技术的迅速发展，越来越多的新技术被应用于E-learning，如虚拟仿真等，进一步加重了教育机构的制作和使用成本：高昂的IT技术人员工资、漫长的内容开发时间和后期应用维护成本，都使得学校和培训部门不堪重负。显然，这与E-learning出现之初所宣扬的高效、低成本和方便应用等说法是背道而驰的。因此，当E-learning发展进入21世纪之后，与之相伴的电子课件开发，已成为摆在教育技术研究者面前的一个亟待解决的难题。正如有研究者在谈到E-learning发展前景时所指出的：

当前E-learning发展的最大限制因素之一是课件的开发成本。通常每1小时课件需要大约200个小时的开发时间，另外，模拟、游戏和智能引导类的电子课件开发，每1小时的课件则需要200～800小时的开发时间。即使是互动性较差的演示类型课件，通常每小时也需要多达100个小时的设计和制作时间。虽然在某些情况下，课件开发时间比例也有可能会降至40：1，即1小时电子课件只需要40小时的开发时间。但实际上这类课件仅限于文本和图片，除简单的在线聊天功能之外，

① GLEASON G. Microcomputer in Education：The State of the Art［J］. Educational Technology，1981，21（3）：7-18.

几乎没有任何互动性，缺少吸引力。①

2.1.2 设计模型与开发成本

经过数十年的发展，目前电子课件已经形成相对固定和比较成熟的开发模式。“在线课程的设计和开发成本，在很大程度上取决于教学设计模型的选择。”②教学设计模型“就是以一致且可靠的方式进行系统设计、开发和应用电子教学资源的实践，它追求高效、有效、吸引人和启发性的知识获取。”③它通常包括确定学习者的状态和需求，定义教学的最终目标以及创建一些“干预性教学资源”以协助学习者，使得教学的结果可以观察或进行科学测量。教学设计模型很多，其中以ADDIE 模型④最为著名（见图 2-1-1）。

1. 课件设计模型与成本核算

基于 ADDIE 模型的课件开发环节如下所示，

- 分析（Analyse）：包括需求分析和内容分析，一是了解某个特定内容的课件是否具有真实的教学需求，二是了解该内容当前是否有可供使用的现成课件。若没有，则进一步估计设计成本。
- 设计（Design）：按照教学设计最佳实践来设计各种在线学习材料。
- 开发（Develop）：编写讲义、练习和测验，创建图形、动画和视频资料等。
- 实施（Implement）：将所开发的电子格式内容上传到特定学习管理系统，将其转化成在线课程，测试后向学习者发布。
- 评估（Evaluate）：监控学习者的行为表现、反馈和学习成绩；根据需求调整内容以达到最佳教学效果。

当以上述模型为基础开发课件时，通常需要以下五种专业人员的参与，

- 课程内容专家（Subject Matter Experts，SME）：即学科专家，主要

---

① WELLESLEY R. FOSHAY，FRANK PREESE. Do We Need Authoring Systems? Acommercial Perspective［M］//Tech.，inst.，cognition and learning，old city publishing，inc. 2005（2）：249-260.

② SERGIY MOVCHAN. How Much does It Cost to Develop an Online Course？［EB/OL］.（2020-06-20）［2021-07-09］. https://raccoongang.com/blog/how-much-does-it-cost-create-online-course/.

③ MERRILL M D，DRAKE L，LACY M J，PRATT J. Reclaiming Instructional Design［J］. Educational Technology. 2012，36（5）：5-7.

④ ADDIE 是一个教学系统设计框架，许多教学设计人员和培训开发人员都使用该框架来开发课程和课件。该名称源自于五个阶段英文首字母：分析、设计、开发、应用和评价。

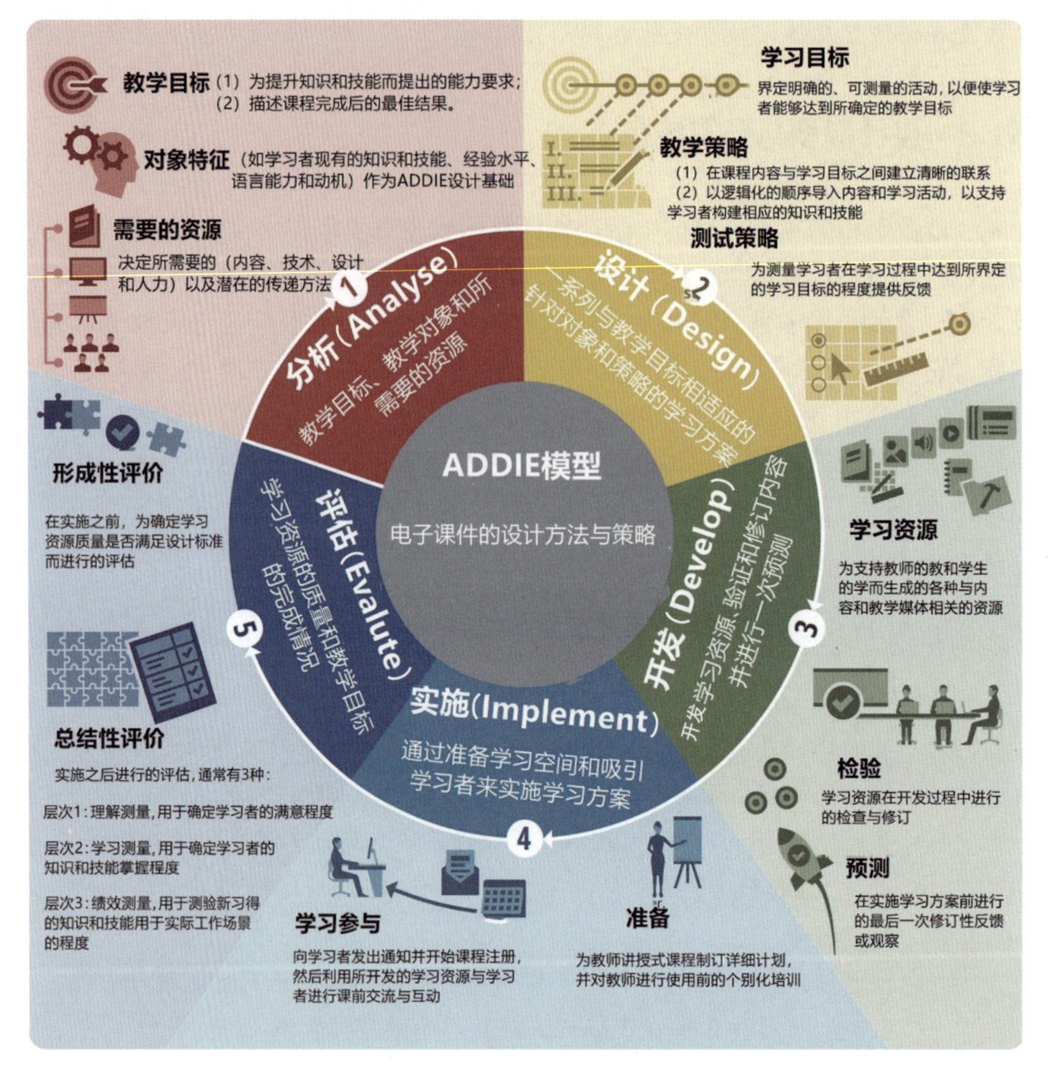

图 2-1-1　ADDIE 教学设计模型

任务是提供内容素材并审核资料的质量。通常包括课程内容作者和授课讲师。

- 教学设计人员（Instructional Designer，ID）：主要任务是分析需求及设计学程、课程、教材，并监督整个开发和制作流程。通常包括教学设计师、教学心理学专家。
- 项目管理团队（Project Management Team，PMT）：主要有课程主管和项目经理。
- 技术制作专家（Technical Staff Specialists，TSS）：负责编辑工具和整合数字媒体素材并制作为电子资源的人员。通常包括图形设计师、摄像师、导演和视频编辑师等。

● 质量评估专家（Quality Evaluator，QE）：负责评估所设计的课程应用效果的人员。

基于以上开发环节和参与人员，大致可划分出四类开发成本：

● 前期研究和分析的时间和费用；
● 在线课件设计的时间和费用；
● 内容开发和实施的时间和费用；
● 后期评估与修订的时间和费用。

基于上述 ADDIE 的教学设计活动，形成如图 2-1-2 电子课件的设计流程和开发费用明细。从 2020 年国外研究数据①可以看出，每 1 小时的外包类电子课件开发需要 100 ～ 160 小时的制作时间，如果根据目前的工资水平进行换算，大致相当于每 1 小时的电子课件制作成本为 8150 ～ 36205 美元。当然，这只是一个仅供参考的开发成本核算方式，与实际情况有一定差异，且受许多因素的制约和影响。

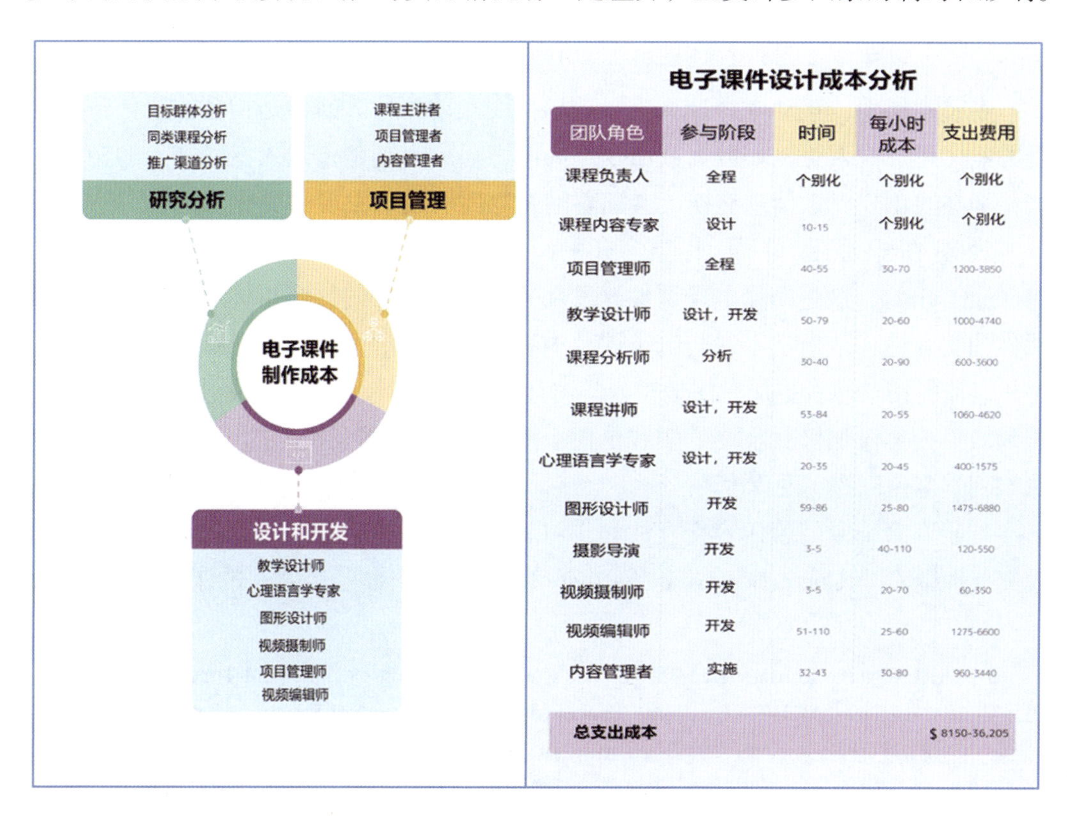

电子课件设计成本分析

团队角色	参与阶段	时间	每小时成本	支出费用
课程负责人	全程	个别化	个别化	个别化
课程内容专家	设计	10-15	个别化	个别化
项目管理师	全程	40-55	30-70	1200-3850
教学设计师	设计，开发	50-79	20-60	1000-4740
课程分析师	分析	30-40	20-90	600-3600
课程讲师	设计，开发	53-84	20-55	1060-4620
心理语言学专家	设计，开发	20-35	20-45	400-1575
图形设计师	开发	59-86	25-80	1475-6880
摄影导演	开发	3-5	40-110	120-550
视频摄制师	开发	3-5	20-70	60-350
视频编辑师	开发	51-110	25-60	1275-6600
内容管理者	实施	32-43	30-80	960-3440
总支出成本				$ 8150-36,205

图 2-1-2　基于 ADDIE 的电子课件开发成本分析

① SERGIY MOVCHAN. How Much does It Cost to Develop an Online Course？［EB/OL］.（2020-06-20）［2021-07-09］. https://raccoongang.com/blog/how-much-does-it-cost-create-online-course/.

在实践中，教学活动经常被认为是一种艺术性活动，电子课件的开发同样也被认为是一种技术与艺术相结合的设计过程，而非单纯技术工作。有研究者曾指出：

电子学习课件的开发与其说是技术性工作，不如说是艺术设计。因此犹如艺术品的价值很难用制作时间来衡量一样，仅就所花时间或支出的经费数量这样的指标，很难全面评估一个成功 E-learning 课件。①

确实如此，根据学习对象、学习类型、学科内容以及媒体技术（动画、视频、交互和反馈等）等因素的不同，并且受开发者的专业水平影响，E-learning 课件开发的成本核算是一个极其复杂的问题。但无论如何有一点是明确的：随着技术的发展和电子学习需求的不断增长，课件开发的成本问题正逐渐成为一个影响 E-learning 应用的关键因素。

2. 电子课件交互性及开发时间

迈入计算机时代之后，与传统印刷类教材不同的是，电子课件为教学过程添加了一种全新的技术特征——"互动"。越来越多的电子课件开始具备响应学习者的某些需求并做出相应反馈的功能，这成为 E-learning 令人瞩目的显著特点。互动性与开发成本呈正比关系：互动性越强，开发成本就会越高。

在技术层面，互动分为计算机互动和在线互动两种。前者是指软件所具备的接受并响应用户输入（例如数据或命令）的能力。后者则是指嵌入在网站上的交互功能，为在线用户提供信息交换，会随着网站界面的技术发展而变化。

表现在电子课件设计上，有一个与之相对应的专门术语"交互性"（Interactivity），这是衡量电子课件开发水平和设计质量的核心指标之一。E-learning 课件的交互性，是指学习者与电子课件内容之间的"对话"和"交流"的程度或频率，它能促使学习者更加专注地投入学习过程之中。②电子课件开发过程中，交互性能为教学内容添加极其重要的实践价值，涉及学习者的各种动作、行为反应，直接影响到学习目标的实现程度。

有研究者曾专门就内容交互性和学习者体验问题进行过研究，提出一个"格尔拉交互性量表"（Guerra Scale of Interactivity）③，以表达不同交互水平的课件对于学习者

① KARL KAPP，ROBYN DEFELICE. The Cost of E-learning Development-Time & Money［EB/OL］.（2017-10-18）［2021-07-10］. http：//icdtranslation.com/the-cost-of-e-learning-development/.

② CHRISTOPHER PAPPAS. ELearning Interactivity：The Ultimate Guide For eLearning Professionals［EB/OL］.（2015-06-21）［2021-07-09］. https://elearningindustry.com/elearning-interactivity-the-ultimate-guide-for-elearning-professionals.

③ TIM GUERRA，DAN HEFFERNAN. The Guerra Scale Of Interactivity in the Guerra Scale：Learning Circuits［EB/OL］.（2014-11-06）［2021-07-10］. https://ivanteh-runningman.blogspot.com/2014/11/guerra-scale-of-interactivity.html.

参与度的影响。如图 2-1-3 所示，在该量表之中，交互性被定义为电子课件在接受和响应用户输入活动的反馈数量或程度，参与度（Engagement）是指学习者对电子课件内容的体验质量或效果，它是吸引用户继续使用的重要指标之一。

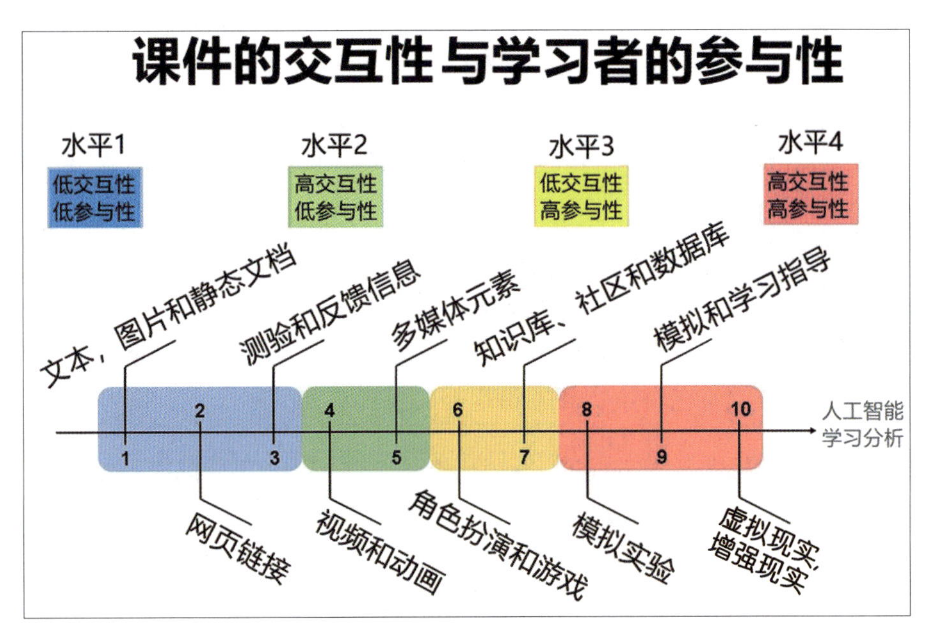

图 2-1-3　格尔拉交互性量表（Guerra Scale of Interactivity）

格尔拉交互性量表用于 E-learning 课件的开发，可以衡量学生的学习参与度。“它将课件的交互水平划分为四级，每增加一级则代表着课件开发的复杂性、功能性要求和开发时间的相应提升，并且要求课程内容专家付出更多的耐心和关注。”[①]在为电子课件开发选择合适的技术时，这是一个重要参考指标，更高的交互性或参与度，通常意味着学习者更高的学习动机。

在实际课件开发中，交互性的表现形式包括：具有自动计分与反馈功能的测验、学习场景、模拟、互动性动画和演示视频等。这些交互形式涉及各种预先设计的学习情景和活动，能帮助学习者加深对学习材料的认识理解，并且使之获得更佳的学习体验。依据学习者在使用课件时的参与性水平，电子课件的交互通常被分为以下四级，

1. 无交互（No Interaction）：在学习过程中，当学习者与学习材料之间没有交互时，被称为“线性设计”，即教学内容将按照事先设计

① TIM GUERRA，DAN HEFFERNAN. The Guerra Scale of Interactivity in the Guerra Scale：Learning Circuits［EB/OL］.（2014-11-08）［2021-07-28］. https://ivanteh-runningman.blogspot.com/2014/11/guerra-scale-of-interactivity.html.

好的先后顺序呈现，形式主要包括文本、图表、视频和声音等。

2. **有限参与（Limited Participation）**：学习者可以对学习过程有某种程度的控制能力，能够与学习材料之间产生简单的互动。交互形式主要包括：动画、点击式菜单和拖拉式选择。

3. **中等交互（Moderate Interaction）**：学习者能够更多地控制自己的学习过程，并且定制更加复杂。交互形式主要包括：动画式视频（Animated video）、个性化语音、拖拉式选择、模拟、故事讲述和分支路径。

4. **全面交互（Full Immersion）**：学习者具备对学习过程的各个方面控制力，能够与学习内容进行全方位交互并获得相应反馈。这个水平的交互形式通常包括：交互式游戏、模拟式行为练习、个性化语音或视频、角色扮演、故事讲述和沉浸式场景。

基于以上交互性水平划分标准，一个研究机构在2017年的调查数据①显示，在开发电子学习课件时，分别有49%的受访者回答他们正在进行水平1的电子课件开发；29%正在进行水平3的开发；12%正在进行水平4的开发。这表明，前两种交互水平的课件开发形式，在目前教育和培训领域中应用比例最高。

E-learning课件的交互水平无疑会影响开发成本和时间。如图2-1-4所示，国外一项三个年度（2003年、2009年和2017年）的跟踪调查研究②表明，2003年开发一个时长60分钟的E-learning课件，依据交互水平之不同，所需要的开发时间分别为70、175、185和800小时。6年之后，不同交互水平课件的开发时间出现了引人注目的变化：有些课件的开发时间明显降低。例如在2009年调查数据之中，除了最简单的无交互课件和最复杂的全面交互课件，其开发时间持续增长之外，其他两种"有限参与"和"中等交互"的开发时间都呈现下降趋势：有限参与课件的开发时间从原来175小时下降至125.5小时，中等交互课件从180小时降至173小时。随后数年里这种发展趋势愈来愈显著，到2017年则出现重大逆转：几乎无一例外，60分钟4种交互课件所需要的开发时间都呈现出急剧下降趋势。其中下降比例最高者，是全面交互水平课件的开发时间，从2009年的935.8个小时下降到2017年的143个小时。即使降幅最低的中等交互课件的开发时间，也从

① ROBYN DEFELICE. How Long to Develop One Hour of Training ? Updated for 2017［EB/OL］.（2017-01-09）［2021-07-10］. https://www.td.org/insights/how-long-does-it-take-to-develop-one-hour-of-training-updated-for-2017.

② ROBYN DEFELICE. How Long to Develop One Hour of Training ? Updated for 2017［EB/OL］.（2017-01-09）［2021-07-10］. https://www.td.org/insights/how-long-does-it-take-to-develop-one-hour-of-training-updated-for-2017.

173 小时下降至 130 小时。

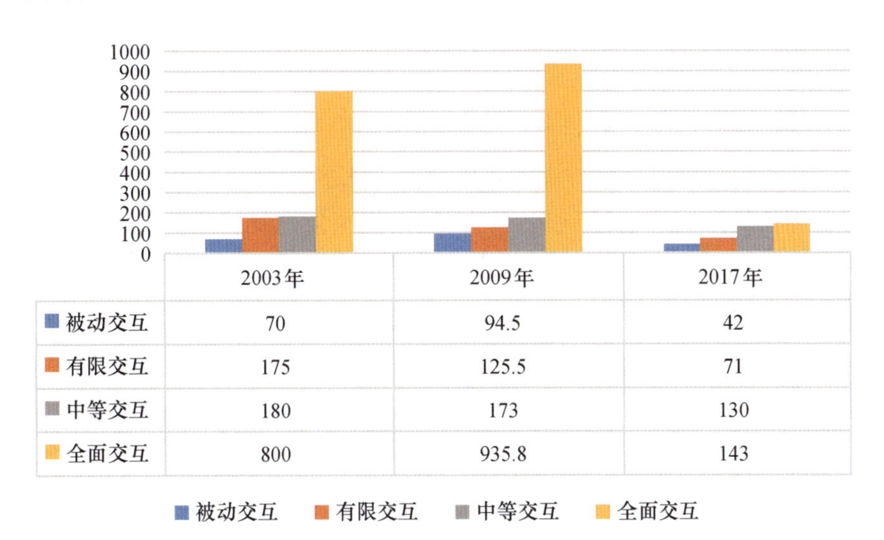

	2003年	2009年	2017年
被动交互	70	94.5	42
有限交互	175	125.5	71
中等交互	180	173	130
全面交互	800	935.8	143

图 2-1-4　不同交互水平的电子课件开发时间变化

究竟是什么导致这种引人瞩目的变化？研究者发现，E-learning 课件开发群体的扩大和教学设计模型的变化，以及制作技术的更新换代，是导致上述变化的重要影响因素。

课件开发人员的变化是一种显著影响因素，教育机构内部的教学人员正在越来越多地参与 E-learning 课件开发工作……另外，课件开发技术变化也是原因之一，选择和使用哪种类型的创作工具，对课件开发效率影响显著。①

另一个值得注意的变化是，研究者在调查中发现了两种不同形式的电子课件开发模式："快速开发"（Rapid Development）模式和"高级复杂开发"（Advanced Complex Development）模式，前者所需的开发时间明显少于后者。实际上，这是一种被称为"快速原型制作法"的一种新型课件开发模式，它的主要目标在于解决 E-learning 课件开发和制作所面临的成本高、所需时间长和操作流程复杂等问题。上述调查数据表明，自从该模式被应用于电子课件开发之后，各种形式的课件开发时间发生了显著变化，每小时课件的开发所需时间明显减少。

这种变化对于课件的开发具有重大意义，表明随着开发技术的不断进步和新开发模式的应用，电子课件的技术门槛开始大幅度降低。这有利于更多的教育者参与课件开发过程，从而实现 E-learning 普及性应用。

① ROBYN DEFELICE. How Long to Develop One Hour of Training ? Updated for 2017［EB/OL］.（2017-01-09）［2021-07-10］. https://www.td.org/insights/how-long-does-it-take-to-develop-one-hour-of-training-updated-for-2017.

2.2 电子课件快速原型制作法

从教学设计角度看，直到目前，课件开发仍然是一个相当复杂的过程。以常用的 ADDIE 教学设计模型为例，通常它要求开发之前委托方认可各种设计方案和规范，并提供各种各样的详细信息和资料。然而现实情况是，委托方自身可能对于教学需求和目标并不清晰，所能提供的信息和资料很有限。如此情况之下，这种设计模式就经常会出现各种问题，影响课件开发的顺利实施。

影响 E-learning 课件开发的主要因素是程序员、教学设计师和课程专家所花费的沟通和交流时间。课程专家在任何教学设计项目中都扮演至关重要的角色。理想状态下，课程专家可以通过提供带注释的结构化文档以节省开发人员的工作时间，这些文档可以展示概念和技能在特定课程中的组合方式。然而在实际课件开发过程中，学科领域的专业知识获取一直被认为是一个难点，主要利用非结构化的访谈和焦点小组进行，但是这种方式往往仅能获得模糊的信息。①

自 20 世纪 90 年代以来，面对传统课件设计模型所存在的缺陷和问题，教育技术人员不得不想方设法寻找更为实用、方便且能降低开发成本的新方案。“快速原型制作法”（见图 2-2-1）应运而生，其主要目标是尽可能减少程序员、教学设计师和课程专家的前期投入时间，更加集中在课件设计和开发过程中，从而减少课件开发时间和降低开发成本。

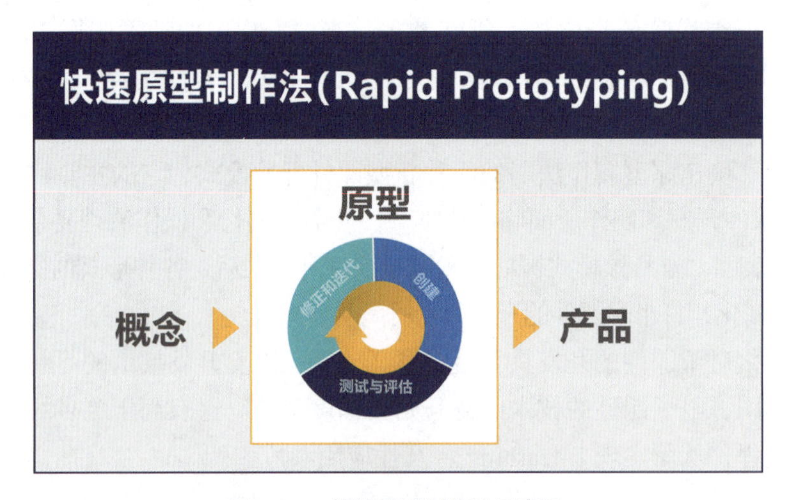

图 2-2-1　快速原型制作法示意图

---

① LEE JACK E. Rapid Prototyping of Courseware. Knowledge Management Solutions，Inc［EB/OL］.（2003-07-03）［2021-07-10］. http：//www.kmsi.us/white_paper05.htm.

快速原型制作法看似是一个新概念，实际上在工程设计等领域由来已久。例如，在航空设计领域中用于风洞实验的飞机模型，就是一种典型的工程类原型设计案例。此外，在大型建筑设计和软件工程等行业也会经常使用快速原型制作法，事先制作各种形式的设计模型。近年来，随着 3D 打印技术日益发展成熟，利用计算机辅助设计程序快速打印物理模型、零件正在成为工程设计领域的重要方法。另外，在软件工程领域也同样重视快速原型制法的应用（如图 2-2-2 所示）。一位研究者将之界定为：

快速原型制作法是指依据简洁陈述需求和目标，快速构建和开发出初级简约原型，然后经过测试和修订，逐步演变成最终产品。可以用于设计、实施、测试和安装软件系统。①

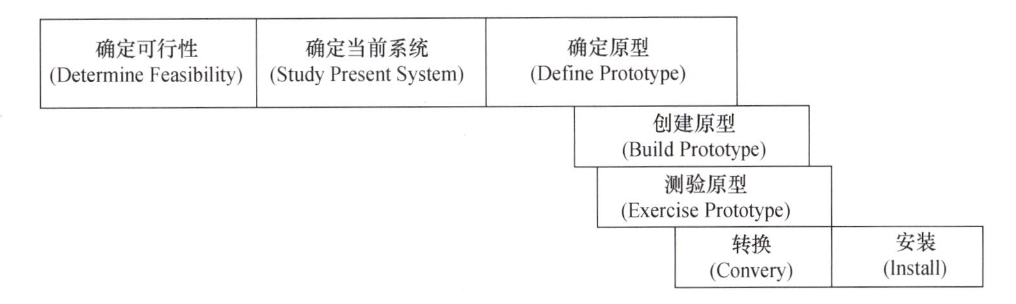

图 2-2-2 软件设计的快速原型制作法

2.2.1 快速原型制作法概述

在教学设计领域，1990 年就有研究者开始尝试将快速原型制作法应用于课件开发，以替代传统的 ADDIE 模型。作为先行者，特瑞珀和比彻梅耶（Tripp & Bichelmeyer）最早提出了这样一种设想：

快速原型制作法是一种被成功运用于软件工程的设计方法。对于教学设计来说，我们认为它同样是一种可行的教学设计模型，尤其是针对计算机辅助教学。另外，我们认为最近的设计理论也提供了显而易见的合理解释，能够支持快速原型制作法成为一种适用于教学设计的新概念和方法。②

马赫和英格拉姆（Maher & Ingram）也认为，快速原型制作法的优势在于，它允许用户尽可能早地试用系统，及时发现问题并尽早解决。实践表明这种设计方式

---

① LANTZ K E. The Prototyping Methodology［M］. Englewood Cliffs，NJ：Prentice Hall，1996.

② TRIPP，STEVEN，BICHELMEYER，BARBARA. Rapid Prototyping：An Alternative Instructional Design Strategy［J］. Educational Technology Research and Development，1990，38（1）：31-44.

能够提高用户满意度，减少开发成本，提高沟通效率，大幅削减设计时间。因此，他们提出：

鉴于软件开发和教学设计之间的工程相似性，特别是在计算机辅助教学课件开发中，快速原型制作法可能具有类似的优势。换言之，快速原型制作法同样适用于教学设计，因为它能灵活处理教学设计时所涉及的各种复杂性的人为因素。①

另一位研究者克鲁斯（Kruse）②也指出，这种新方法主要包括三个步骤：原型设计、审查和完善，它克服了传统ADDIE模型的局限性，因为它在项目早期就为客户和学习者提供了各种反馈机会，相应减少了程序员、教学设计师、技术人员和课程专家的时间支出，可将更多的时间花在课件设计和开发环节上。“在项目早期阶段，该模型通过利用简约的工作模型来降低成本和时间支出，并减少后期的修改次数。使用此模型的设计人员根据需求收集信息、分析和设定目标，然后构造和使用原型，最后完善和维护设计。”③具体而言，借助快速原型制作法，可以将ADDIE模型的某些步骤省略或合并在一起，以减少开发课件所需的时间——即设计和开发阶段是同时完成的，评估则贯穿整个实施过程。

以特瑞珀所提出的“快速原型制作法模型”（The Rapid Prototyping Model）为例（见图2-2-3），研究者将之划分为相互重叠的五个环节：评估需求和分析内容、设定目标、构建原型（设计）、测试原型（研究），以及安装和维护系统。

图2-2-3 快速原型制作法的教学系统设计模型

与传统ADDIE模型不同的是，其中重叠的环节用于表示以下情况：各个环节

---

① MAHER J H，INGRAM A L. Software Engineering and ISD：Similarities，Complementarities，and Lessons to Share［C］. Paper Presented at the Annual Meeting of Association for Educational Communications and Technology，Dallas，TX. 1989.

② KRUSE KEVIN. Creating Rapid Prototypes for E-learning［EB/OL］.（2017-04-06）［2021-07-10］. http：//www.e-learningguru.com/articles/art2_4.htm.

③ CAMM B. Instructional Design and Rapid Prototyping：Rising from the Ashes of ADDIE. Social Learning Blog［EB/OL］.（2012-06-21）［2021-07-10］. http：//www.dashe.com/blog/elearning/instructional-design-and-rapid-prototyping-risingfrom-the-ashes-of-addie.

不再按照常规先后顺序的线性方式开展，而是转变成为相互迭代的方式。换句话说，需求和内容的分析不仅会影响实际构建和使用原型，后续的试用反馈意见同样也会进一步作为修改原型的依据。整个设计流程可以在不同环节之间进行反复循环，进一步提升整个课件的质量、效果和适用性。

实践证明，这种基于原型的早期评估和检查，对于电子学习课件的开发至关重要，有利于尽早发现问题并确定客户的要求和偏好。在实际教学情境中，许多教师由于没有计算机编程的知识背景，所以不会意识到多媒体课件开发所涉及的复杂性。有时看似简单的更改，例如移动导航按钮的位置，添加新的学生跟踪功能或修改字体大小，在整个课件中就可能会产生一系列连锁反应。即使是没有明显关联的内容，当客户要求更改时，也可能与另一个功能之间存在源代码层面的关联，导致牵一发而动全身。

综上所述，在 E-learning 课件开发时，快速原型制作法的独特之处，在于它的非线性工作流程具有更大的设计灵活性。创建原型之后，在项目初期就能获得相关参与者所提供的反馈信息，因此在开发的早期阶段就能发现问题并及时调整。一言以蔽之，快速原型制作法通过以下方式减少了开发时间和成本：

- 在课件开发项目的早期，就利用创建简约工作模型的方式，让相关成员（如课程专家或最终用户）尽早参与设计过程之中并提供各种反馈，这有利于及时进行持续的审查和修订，以便减少后期反复修改环节的工作量。
- 在整个课件开发过程中同步进行多项工作，随时进行评估而非按照传统的线性顺序来进行。当一个周期证明该原型有效且可用时，根据前一个周期的最佳实践很快启动下一个周期，以此类推。

可以这样理解：快速原型制作法就是创建了一个早期迭代循环（见图 2-2-4），该循环可提供有关技术问题、结构设计和教学效果的各种重要反馈信息。借此来进一步更改课件的设计方案。在某些情况下，也可能会开发新的原型模块用于后续的改进性测试。

与传统 ADDIE 教学设计模型相比，波特瑞（Botturi）[①]认为，快速原型制作法对项目团队的沟通有着积极影响，能为有效管理设计提供良好的基础。通过此过程，可以集中精力促进项目组中的沟通和交流，专注于事实和结果，防止出现因理

① BOTTURI LUCA，CANTONI LORENZO，LEPORI BENEDETTO，TARDINI STEFANO. Fast Prototyping as a Communication Catalyst for E-learning Design［C/OL］. Making the Transition to E-learning：Strategies and Issues. Hershey，PA：dea Group，2007：266-283［2021-07-28］. http：//www.elearninglab.org/docs/articoli/Fast_Prototyping.pdf.

论偏见而反对技术方案的情况。

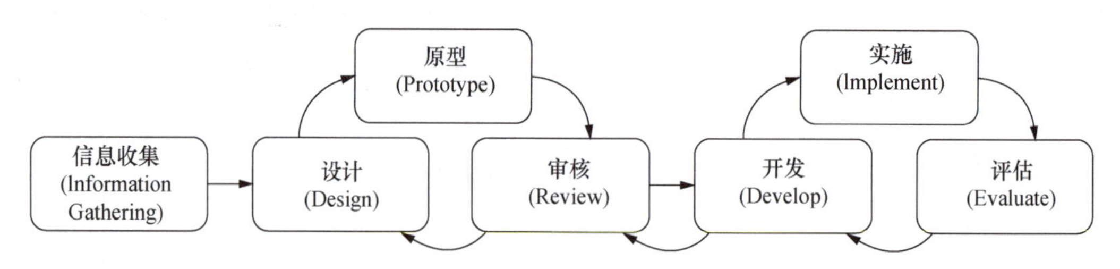

图 2-2-4　快速原型制作法的迭代循环模型

关于原型的评估问题，克鲁斯（Kruse）提出，当原型制作完成之后，通常可采用两种测试评估方法：一是从学生群体中选出 4 ～ 8 个人来试用原型。二是让培训项目负责者或课程内容专家审查和评估原型。在后一种情况下，要求评估者对学习者群体有清晰的了解，如对象的文化程度和专业技术水平等，这样才有可能提供准确和有用的评估。克鲁斯强调：

原型评估的主要目的不是评估教学内容，而是评估课件的结构设计，例如学习导航的难易程度、屏幕设计布局、内容表达的适当性以及技术性能等。根据原型评估结果，设计者可以在设计文件中进行调整并纳入脚本。如果出现较多负面评估结果，那么就需要重新设计原型并再次进行评估，直到获得满意的结果。①

斯坦恩 · 贾德（Stein Jared）②提出，即使在电子课件投入教学之后，教师仍然需要在每节课从学习者中收集形成性反馈信息，继续了解学生学习的相关信息，如学习效率、学习工具的适用性，以及学生对整个学习过程的满意程度。否则，当学习者被电子课件的某个设计环节或步骤所困扰时，如遇到操作方法之类障碍时，就可能对学习效果产生消极影响。

2.2.2　快速原型制作法实施方案

快速原型制作法将设计、开发和评估阶段结合在一起，可以快速创建一个案例式工作模型，作为整个课件按比例缩小的简化版本，或者说，是一个按比例缩小且具有基本交互功能的 E-learning 课件。这种原型能够提供一种对课程外观、结构和工作方式的概略样式，旨在测试教学内容或过程（如交互式活动和导航框架）的可

① KRUSE KEVIN. Creating Rapid Prototypes for E-learning [EB/OL].（2015-09-03）[2021-07-10]. http：//www.e-learningguru.com/articles/art2_4.htm.

② STEIN JARED. Rapid Prototyping and Instructional Design for Technology-Enhanced Learning [EB/OL]（2007-11-08）[2021-07-10]. http：//flexknowlogy.learningfield.org/2007/11/08/rapid-prototyping-and-instructionaldesign-for-technology-enhanced-learning/.

用性或教学效果。准确地说，构建或评估原型并不是要呈现和展示电子课件的详细内容，而是要概括地体现设计思路、学习体验和应用效果等方面的基本要素。

以往的教学实践表明，当电子课件的结构内容比较复杂或涉及多种形式的媒体要素时，相对于传统教学设计模型，快速原型制作法创建的模型能在一定程度上体现出明显优势。例如，对于普通用户或任课教师来说，基于文本的“故事板”或“情节提要”，有时很难充分而准确地表达出各种媒体元素之间的复杂关系和互动特点。这时，向任课教师展示一个课件的快速结构原型，能有效地传递和交流信息，提高工作效率。尤其是课件中有复杂的互动内容时，可以借助多种创作工具对课程的某个特定部分进行快速原型制作，进而使用户或学习者能直接体验到某些功能，使之达到“可视化”程度，有助于更加清晰和真实地模拟出电子课件的相关技术特征。

另外，当注重电子课件的外观和体验时，除了用文字、图形描绘材料之外，通常还需要一些引人注目的形式传达设计思路和理念，常用的方式包括动画演示、仿真模拟等。在这种情况下，快速原型制作法也是一种理想的解决方案。如图 2-2-5 所示，与传统课件设计方案相比，快速原型制作法制作 E-learning 课件的三个基本步骤分别如下：

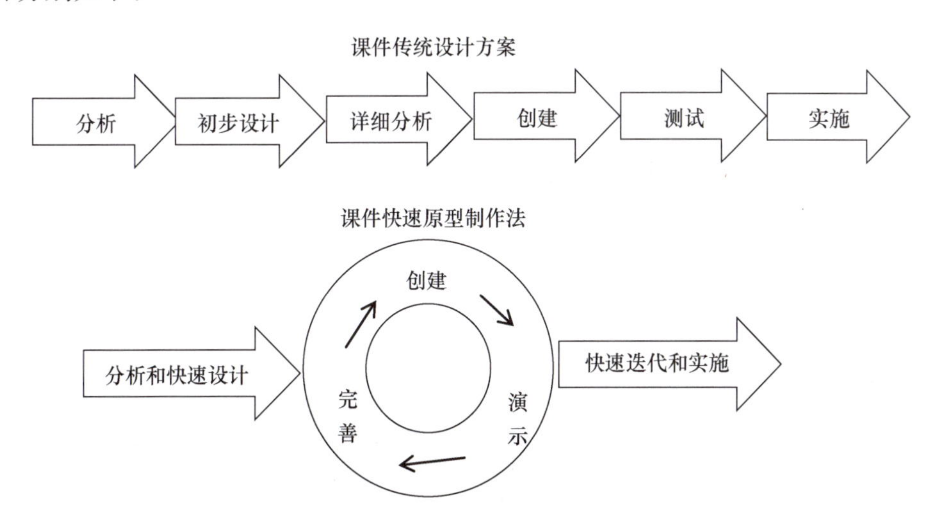

图 2-2-5　课件快速原型制作法的操作流程

第一，分析并快速生成设计方案，即“故事板”，也被称为“分镜头脚本，这是一个分步说明的演示文稿，描述设计者如何使用某个技术概念来表达目标活动”①。课件快速原型制作的第一步，就是将课件的主要结构绘制出来，以便从结构上设计和创建界面，而不是花费大量时间开发初始版本。本质上，故事板是设

① KAREN HOLTZBLATT，HUGH BEYER. Contextual Design：Design for Life［EB/OL］.（2016-10-14）［2021-07-24］. https://www.sciencedirect.com/topics/computer-science/storyboards.

计思想的图形化展示方式，它使其他人更容易看到课件的结构和主题，以尽可能简约的分镜头脚本表达电子课件的预期。换言之，故事板就是一种正在开发的课件蓝图，列出了课程中每一部分的视觉效果，包括多媒体、文本、音频元素、交互性和导航细节（如学习路径）。通过查看故事板，应该能清楚展示学习者在课程中将看到什么、听到什么和做什么。它提供了对课程内容的预期，并在整个开发阶段用作构建课程的指南。

第二，快速创建和组装课件原型。“E-learning 原型就是电子学习课程的早期模型，旨在测试某些概念或过程，例如课程中的导航和交互功能。”①这是根据电子课件的学习需求，事先确定的教学策略以及项目的技术范围创建模型的阶段。从这个角度看，所谓创建原型，就是利用多种技术工具“组装”电子课件的各种数字媒体元素，并使之达到结构化协同工作的过程，以便呈现整个电子课件的初步结构和形态，如课程布局、导航以及外观设计。在此过程中，要特别关注学习者经常使用的路径，通过多种方式对其进行测试并获得反馈信息。

可以这样说，原型使设计师可以了解产品的基本外观和功能，而无需模拟所有的功能或视觉设计。因此，相关人员可以确定在故事板中建立的链接是否可用，查看学习者的学习路径，或者检查是否需要改变分支路线。当 E-learning 课件原型制作出来之后，它通常具有以下基本特点：

- **外观简略**：原型省略了诸如颜色、文本和图像之类无关紧要的内容，形式简约，仅具备部分基本功能，专注于传达设计思想而不是课件的外观细节。
- **快速完成**：原型应在短时间内易于制作，不需要寻找完美图片或进行字斟句酌的文本编写，主要专注于表达课件的核心功能和可用性，快速组装。
- **允许修改**：有效的原型将会引发疑问和挑战性的反馈。诸如“我不能这样做吗？”之类的问题，这样的反馈表明，该原型已成功吸引了用户。类似的反馈、讨论和建议有助于设计出有价值的电子课件。

第三，快速评估迭代之后的测试。这是用户查看和介入课件设计的阶段，他们将审查原型的功能和可用性。根据用户或学习者的反馈进行细节更改，检查电子课件的应用流程并收集反馈，然后继续进行更改以完善产品。此过程将反复实施，并

① NICOLE LEGAULT. E-learning：Storyboard vs. Prototype. E-learning Heroes［EB/OL］.（2019-04-21）［2021-07-24］. https://community.articulate.com/articles/e-learning-storyboard-vs-prototype.

随着业务需求的变化而发展。

总之，伴随技术的发展和电子学习应用方式的扩展，快速原型制作法将会使教学设计者具备更加灵活和多样化的应对方法和策略，这对于适应当前快速变革时代技术所提出的需求，具有重要的意义和价值。

2.3　创作工具推动电子课件开发

完成快速原型制作之后，下一步就面临如何将原型转变为真正可用的电子课件问题。此时，就需要借助于创作工具（Authoring Tools）将原型进一步细化为电子课件或在线课程。

教学课件开发已有很长的历史，但只有在创作工具出现之后，教学设计者才能像程序员一样设计和开发教育类应用程序，不需要精通编程语言，只需要简单的预设功能模块就能实现，这为课件开发带来了革命性变化。[①]

2.3.1　创作工具的产生与发展

教育技术进入计算机时代之后，面对电子课件开发的巨大市场需求，一系列专用的课件开发程序——“创作工具”应运而生。作为一种无需编程语言基础即可使用的专门应用类程序，创作工具是一种能够帮助教学设计人员或任课教师自主进行电子课件交互设计和资源制作的专用软件。“这种创作工具的基本目标就是，使得那些缺乏程序设计知识或没有编程经验的教学人员具备开发和设计教学课件的能力”[②]。

例如，早期多媒体创作工具可以通过简化、屏蔽编程等技术步骤直接开发出计算机辅助教学课件；基于 Web 的创作工具则有助于通过简化 HTML 脚本编写工作环节开发基于 Web 的教学课件。在技术上，由于包含了预先编程的元素，创作工具实际上是一种快捷模板化的应用程序，它能够以简化的编程形式，快速开发出交互式多媒体资源，并根据教学需求来部署用户界面。[③]

① JOHN G HEDBERG，BARRY M HARPER. Constructivist Approaches to Authoring［J/OL］. Australian Journal of Educational Technology. 2002，18（1）：89-109［2021-07-12］. https://pdfs.semanticscholar.org/bdf8/f0328de0f9b35a1a5dd003e75bce38c9ba40.pdf.

② HEDBERG J，HARPER B. Visual Metaphors and Authoring［EB/OL］.（1998-12-20）［2021-07-13］. http：//www.immll.uow.edu.au/-JHedberg/ITFORUM.html.

③ CRANEY L. Web Page Authoring Tools：Comparison and Trends［C/OL］. Online Information 96 Proceedings，1996：447-451［2021-07-12］. https://files.eric.ed.gov/fulltext/ED411867.pdf.

在过去数十年发展过程中，创作工具一直伴随着计算机技术的发展而不断变化。经过演变，从最初以复杂的编程语言为主，到目前已发展成为以图形界面为特点和面向用户的各类多样、功能齐全的创作工具体系，为E-learning推广和普及应用奠定了技术基础。关于创作工具的功能及其发展过程，有研究者曾这样描绘：

作为计算机辅助教学的开端，20世纪60年代PLATO时期就出现了课件创作工具的雏形。当时出现的TUTOR，代表着试图将教学人员纳入课件开发队伍的最初尝试，尽管这个尝试并未取得完全成功。实际上这种努力直到80年代伴随着Authorware的出现才开始逐步成为现实，后来PowerPoint进一步扩展了创作工具的功能和使用范围，让越来越多的学科教师加入了E-learning行列。而学习管理系统的出现，则使E-learning开始进入被称为快速电子学习的开发时代。①

在不同发展阶段，由于主流技术及教学设计思想的变化，课件创作工具形成了“计算机辅助教学”“网络学习”和“快速开发”三个具有代表性的发展阶段。在此期间，创作工具呈现出不同的指导思想和技术特色，从最初晦涩复杂的编程语言为开端，逐步发展到简单易懂的图形化操作界面，从昂贵的大型计算机到PC计算机，再到各种智能移动终端设备。电子课件的创作工具，在E-learning推广和普及应用中扮演了不可替代的重要角色。

2.3.2 CAI时代的代表性创作工具

作为教育史上第一个通用性计算机辅助教学系统，PLATO扮演着不可或缺的重要角色。在20世纪70年代后期，利用远程通信线路，PLATO能够支持分布在全球范围的数千个远程终端联网运行，向各种机构传输从小学到大学及职业培训等方面的电子课程，形成了E-learning应用的雏形。在长达半个世纪的运行过程中，在互联网出现之前，PLATO做出了诸多开创性的技术发明和应用②：论坛（Forums）、留言板（Message boards）、在线测试（Online Testing）、电子邮件（E-mail）、聊天室（Chat Rooms）、图形语言（Picture Languages）、即时消息（Instant Messaging）、远程屏幕共享（Remote Screen Sharing）和多人视频游戏（Multiplayer Video Games）。这些构成了当今网络文化的基本结构。

① DABBAGH N. The Evolution of Authoring Tools and Hypermedia Learning Systems：Current and Future Implications［J/OL］. Educational Technology，2002，42（4）：24-31［2021-07-12］. http：//www.jstor.org/stable/44428764.

② DAVID R，WOOLLEY. PLATO：The Emergence of Online Community［EB/OL］.（1994-01-10）［2021-07-12］. https://just.thinkofit.com/plato-the-emergence-of-online-community/.

1. 大型机时代的创作工具 TUTOR

令人瞩目的是，PLATO 同时还开创了 E-learning 另一项意义深远的重要技术：率先开发出具有跨时代意义的第一代电子课件创作工具——TUTOR（见图 2-3-1）。

第一个交互式课件的创作工具，是专门针对大型计算机而开发的。例如，PLATO 系统所使用的课件采用了简单的图表和动画以及所需的专门编程工具 TUTOR，它允许不同地点的人合作编写教学课件。在当时编程语言背景下，尽管 TUTOR 的操作方法已比较简单，但对于新手或普通教师来说，编写一个交互式课件所花费的时间和工作量仍然令人生畏，尤其是想要开发一种更丰富、更方便，可重复使用的互动学习课件。与其他大型计算机的创作工具一样，当时所使用的创作工具语言都是与平台绑定的，不具有通用性。[①]

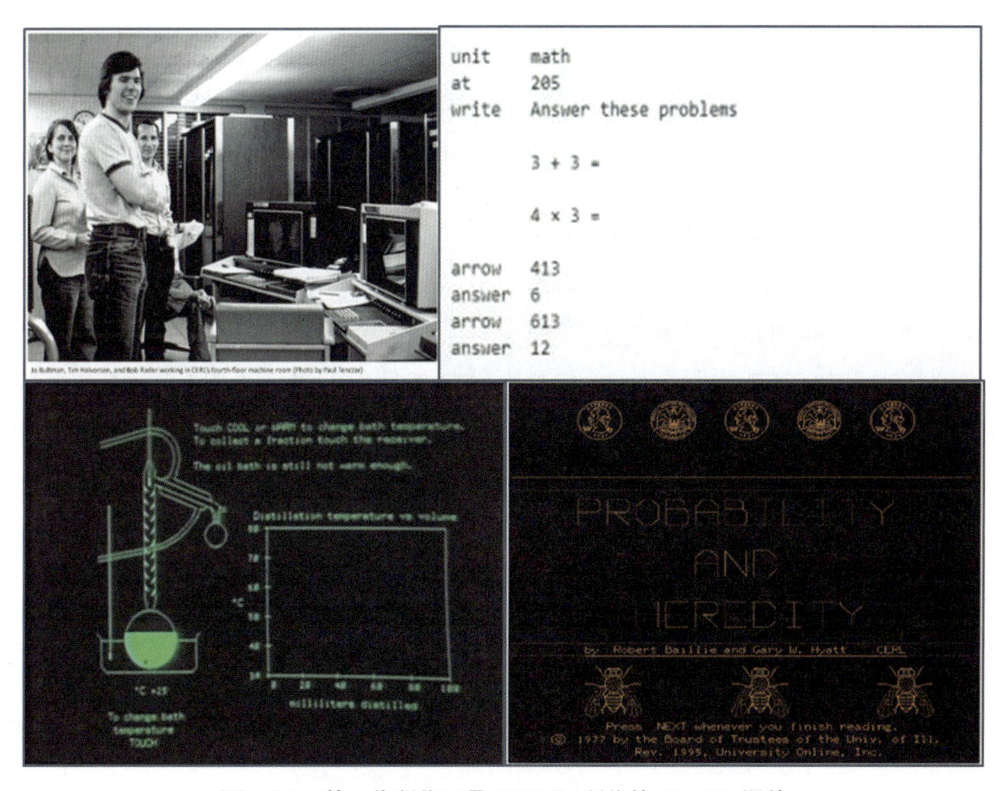

图 2-3-1　第一代创作工具 TUTOR 制作的 PLATO 课件

1965 年，PLATO 项目团队成员保罗·坦沙（Paul Tenczar）开发了一个名为 TUTOR 的编程语言，当时专门用于为伊利诺伊大学的 PLATO 系统设计和制作电子课件。开发者曾强调指出，“TUTOR 旨在帮助那些缺乏计算机使用

① LOCATIS C，AL-NUAIM H. Interactive technology and Authoring Tools：A Historical Review and Analysis［J/OL］. ETR&D，1999（47）：63-75［2021-07-12］. https://doi.org/10.1007/BF02299634.

经验的教师，无须程序员的支持就可以自己动手编写复杂的教学材料”[①]。它的主要功能包括：“答案解析和答案判断命令、图形设计，可以帮助教师处理学生的记录和统计信息。也适用于创建许多特殊形式的电子课程，如不同形式的游戏，包括飞行模拟器、战争游角色扮演、纸牌游戏、文字游戏和医学课程游戏等。”[②]这种工具的出现在一定程度上推动了当时PLATO电子课件制作的发展：

程序员、教师和研究生以及一些本科生，都在使用诸如FORTRAN和后来的TUTOR之类的编程语言来编写教学课件。从技术上来说，TUTOR较好地利用了当时PLATO系统所使用的大型计算机的高速计算能力。通过引入COMMAND和TAG结构，TUTOR使得计算机编程与电子课件设计与开发相互联系在一起，在20世纪60—70年代吸引了许多师生参与其中，开发出大量教学和培训类电子课件，有力地推动了CAI的快速发展。[③]

TUTOR课件编辑器可以向用户提供一个带有说明信息的帮助按钮，介绍常用命令的含义和使用方法。例如，NOTES是一个在线帮助论坛，PLATO课程制作者可以用来收集和保存学习者发出的课程反馈信息。正是由于TUTOR的广泛应用，使得开发电子课程逐步从原来的抽象编程活动转化为一种直观的过程，从而产生了众多积极参与的课件制作者和相关程序。[④]实际上，许多课件并不属于教育类课程，而是PLATO终端用户之间相互联系的工具，如留言板和多人游戏等（见图2-3-2）。这意味着TUTOR实际上使PLATO系统初步具备了建立“基于计算机的交流”（Computer Based Communication）的技术能力，成为后来互联网在线社区的前身。有研究者指出：

在互联网出现之前的20年，PLATO系统就开创了在线论坛和留言板、电子邮件、聊天室、即时消息传递、远程屏幕共享和多人游戏，从而催生了世界上第一个在线社区。[⑤]

---

① TENCZAR P，ANDERSEN D，BLOMME R ET. AL. PLATO IV Authoring. International Journal of Man-Machine Studies［J/OL］，1974，6（4）：445-463［2021-07-12］. https://doi.org/10.1016/S0020-7373（74）80013-1.

② The TUTOR Programming Language for Education and Games 1965-1969［EB/OL］.（2010-04-08）［2021-07-28］. https://www.historyofinformation.com/detail.php?id=1386.

③ STEVE JONES. PLATO Computer-based Education System［EB/OL］.（2015-11-23）［2021-07-28］. https://www.britannica.com/topic/PLATO-education-system.

④ DONTE WINSLOW. TUTOR Programming Language［EB/OL］.（2017-11-21）［2021-07-12］. https://distributedmuseum.illinois.edu/exhibit/tutor-programming-language/.

⑤ DAVID R WOOLLEY. PLATO：The Emergence of Online Community［EB/OL］.（1994-01-10）［2021-07-12］. https://just.thinkofit.com/plato-the-emergence-of-online-community/.

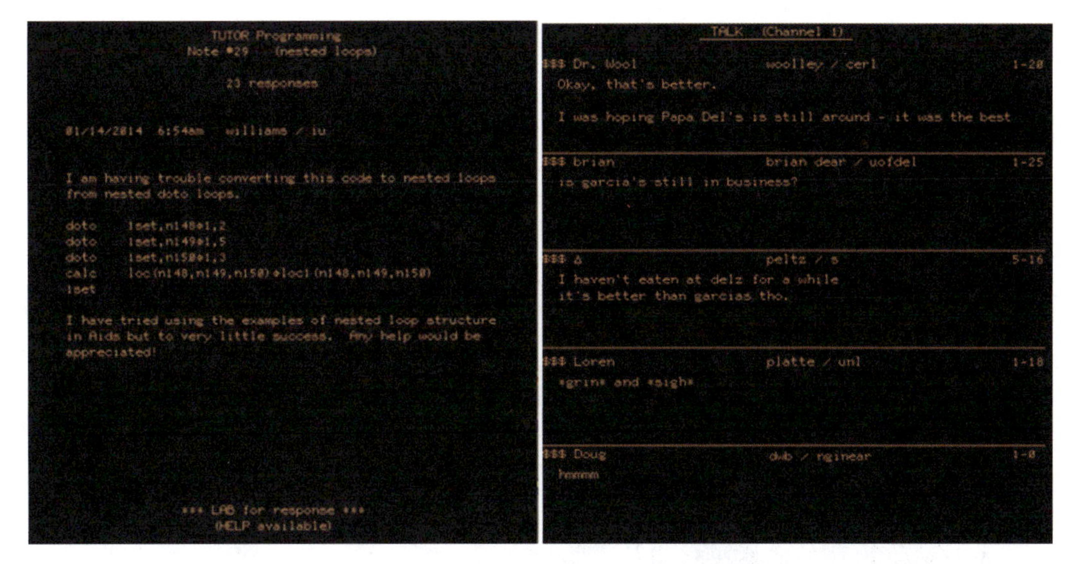

图 2-3-2　TUTOR 制作的留言板（Note）和聊天室（Chatroom）

1981 年，随着 PLATO 商业合作计划的实施，控制数据公司（Control Data Corporation，CDC）从校方获得了 PLATO 系统销售权，并建立了一个专门开发和制作电子课程的部门，TUTOR 也被改名为“PLATO 创作语言”（PLATO Author Language），并在后续课件开发中进行了更新换代。例如，当 20 世纪 80 年代后期微型计算机出现之后，它随之衍生出另外一种名为 MicroTutor 的编程语言，①目的是允许 PLATO 的电子课件能够在包含微型计算机中运行，如 Windows、Mac 和 Unix/Linux 系统上，并与运行在大型机上的 TUTOR 代码建立连接。

与许多技术创新一样，随着更先进的编程语言的出现和技术发展，TUTOR 的应用不断减少。20 世纪 80 年代之后，计算机技术已经开始转向微型计算机，互联网的出现也改变了计算机辅助教学技术的发展趋势。“到 90 年代之后，TUTOR 逐步退出了 E-learning 领域，尽管如此，它仍然被认为是 PLATO 系统最成功的早期创作工具之一，为后续计算机微型和互联网时代创作工具的繁荣发展奠定了基础。”②

2. PC 时代的创作工具 Authorware

20 世纪 80 年代微型个人计算机技术成熟之后，课件创作工具也随之进入一个新发展阶段——从“编程语言”过渡到了“图形化界面”。在此期间最有代表性的发展成果，是源自 TUTOR 的新一代创作工具 Authorware。

---

① TENCZAR GOLDEN. Spelling，Word and Concept Recognition［J］. Computer-Based Education Research Laboratory Rep. X-35，University of Illinois at Urbana，1972.

② DONTE WINSLOW. TUTOR Programming Language［EB/OL］.（2017-08-21）［2021-07-12］. https://distributedmuseum.illinois.edu/exhibit/tutor-programming-language/.

Authorware与PLATO存在直接技术渊源。开发者迈克尔·艾伦（Michael Allen，见图2-3-3）在1971年至1984年期间，曾长期参与伊利诺伊大学和控制数据公司共同运营的PLATO计算机辅助教学系统开发工作，并担任高级教学系统研发总监。最初Authorware源自一个名为“Course of Action”应用程序，旨在解决第一代创作工具TUTOR中存在的一些问题。20世纪80年代以后，伴随着微型计算机的出现，这个最初运行于大型计算机的程序分别开发出Mac版、DOS版，后来又增加了Windows版。

图2-3-3　迈克尔·艾伦和新一代创作工具Authorware

迈克尔·艾伦于1987年成立一家名为Authorware的教育软件公司，将原来的Course of Action发展为一个适用于微型计算机的全新创作工具。Authorware是一种基于“流程图”的图形化创作工具，可用于创建集成多种多媒体内容的交互式程序，尤其是E-learning课件。

与TUTOR不同的是，Authorware首次使用带有图标的可视化操作界面，这些图标分别代表交互式学习课件的基本组成要素。这种设计方案进一步降低了创作工具的使用门槛，使得更多的教育者开始实现自己动手制作课件的梦想。

这个课件创作工具证明，使用者不必拥有计算机学位就能编写电子课件，它是针对教学设计师和普通教育者而设计的一种开发工具。Authorware使用“流程图”方法是相当独特的，反映了语言编程从事件驱动到面向对象编程的重大转变。①

① MATT KURTIN. Memories Reflecting on the History of E-learning Authoring Tools［EB/OL］.（2013-11-01）［2021-07-12］. https://www.innovativelg.com/blog/2013/11/memories-reflecting-on-the-history-of-e-learning-authoring-tools/.

在创建课件时，设计者沿着“流程”放置图标就可以创建一系列学习活动，以此来构建起课件的逻辑结构和学习路径（见图 2-3-4）。常用设计图标包括：

- 显示——在屏幕上展示教学信息；
- 问题——向学习者提出问题；
- 计算——执行计算操作；
- 动画——在屏幕上四处移动；
- 操作——读取和存储数据。

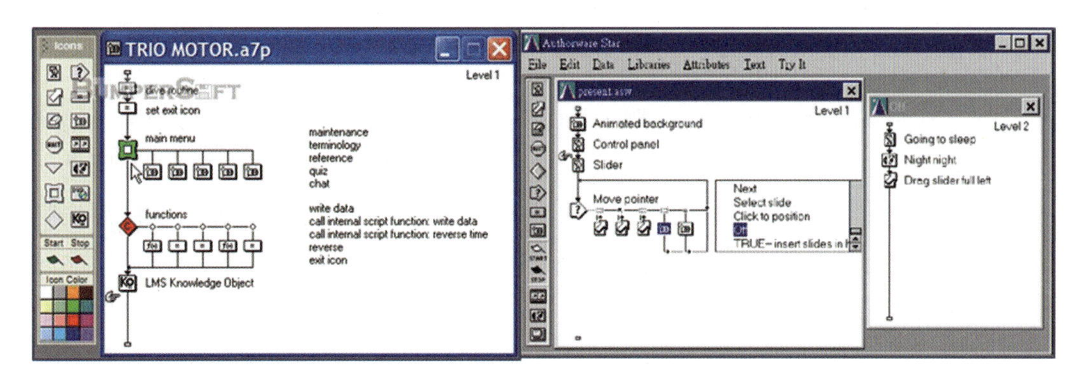

图 2-3-4　Authorware 图形化设计界面

简单地按顺序放置图标并调整其位置和属性，设计者可以清晰地看到正在创建的课件结构，初步实现了设计过程的图形化界面显示。更重要的是，设计者还可以模拟运行以便查看学习者将看到的内容，并进行相应修改。这进一步降低了电子课件的设计难度。

在当时技术条件下，Authorware 适合于创建多种形式的 E-learning 课件，因为它包括相当数量的可定制化模板，能快速生成基于计算机和基于 Web 的培训课件，包括学生评估工具。利用这些模板，教学设计人员或具有一定计算机基础的学科教师可以迅速汇编多媒体培训材料而无需借助于程序员。同时，由于与 AICC 和 SCORM 兼容，Authorware 生成的电子课件可与任何一个通用性学习管理系统配合使用，这进一步增强了它的兼容性。

Authorware 独特的设计思想和功能，使之在电子课件市场上迅速获得了广泛成功。1987 年正式发布之后，Authorware 在三年时间里占领了全球 80% 以上的创作工具市场。在 1992 年，Authorware Inc. 与 MacroMind/Paracomp 合并后成立了 Macromedia 公司，随后连续发布了多个版本，到 2003 年又发布了 Authorware 7.0。2005 年 12 月 Macromedia 被 Adobe 公司收购并改名为 Adobe Systems，当时 Authorware 8.0 版本已经投入测试。不过，Authorware 在技术上并非完美无缺，也存在一些功能层面的短板。例如，它的模板数量有限，一旦超出模板范围则需要导入交互式 Flash 或 Director 视频或脚本，这需要调用 Authorware 的脚本语言或 JavaScript。这种操作对于学科教师来说技术上难度较大。此外，Authorware 本质上仍属于 PC 时代的创作工具，缺乏对互联网的全方位支持。虽然在 1996 年版本中加入基本 Web 发布功能，但实际上这项功能主要用于局域网，而不是在互联网上。因此，在各种因素的综合影响下，尤其是“由于专利技术保护等原因，Authorware 播放器与 Internet Explorer 存在诸多不兼容问题，导致所发布的课件在网络运行时常出错。”①这一点严重限制了 Authorware 的长远发展，导致 Adobe 于 2007 年最终决定放弃它。②

3. 幻灯片课件创作工具 PowerPiont

幻灯片是一种历史悠久的教学课件，其最早起源可追溯到 19 世纪的魔灯幻灯片（Magic Lantern Slides）。与传统手工书写式黑板相比，这种在教室里利用光学投影设备向全体学生快速展示教学内容的教学工具，其突出优势在于，利用事先制作好的各种幻灯片，教师在课堂上快速和清晰地呈现教学信息的同时，仍然能面向学生并保持与之目光交流和语言交流等教学行为。这对于提高教学效率、保持整个课堂教学的连贯性和维持课堂纪律具有重要意义。尽管如此，作为第一种非传统印刷格式的光学媒体，幻灯片投影在进入课堂之后，同样面临着此后其他技术媒体皆无法避免的一个共同难题——幻灯片的“格式转换”问题。在一个多世纪里，格式转换的技术及其成本支出，一直是影响幻灯片课件在课堂应用的关键因素。

在教育技术史上，幻灯片投影大致经历了三个发展阶段：“镜头前置投影”（Pre-lens projection）、“光学模拟投影”（Analog projection）和“计算机数字投影”（Digital projection）。③与之相对应，在不同历史阶段，形成了多种不同格式的幻灯片形态及其格式转换方案：手绘玻璃幻灯片、玻璃底版幻灯片、胶片幻灯片和电子幻灯片等。在此期间，与幻灯片制作相关的创作工具变化，直接影响其使用范围和效率。

---

① CULLEN KEVIN F. Using Macromedia Authorware for Web-Based Instruction［EB/OL］.（2001-09-21）［2021-07-12］. https://www.questia.com/read/1G1-79167179/using-macromedia-authorware-for-web-based-instruction.

② 2007 年 8 月 Adobe 宣布放弃 Authorware，取而代之的是另一个课件创作工具 Captivate。尽管如此，直到目前国内外仍有许多教育者还在使用 Authorware 制作教学课件，可见该工具在教育领域影响力之大。

③ DAVID ALEKSANDERSEN. A Short History of Projection. 27［EB/OL］.（2019-06-14）［2021-07-12］. https://newsandviews.dataton.com/a-short-history-of-projection.

（1）手工制作时代的胶片幻灯片

19 世纪照相术的发明，为幻灯片投影在课堂教学中的应用带来了广阔的发展空间。尤其是“玻璃版摄影术”（Hyalotype）的发明，更进一步使得幻灯片首次与照片相互结合，利用投影机可以向学习者投射出更加逼真的现实影像。后来逐步发展成为除传统手工绘制玻璃幻灯片之外的另一种重要课件，扩大了在那些对图像有特殊要求的学科教学中的应用，如艺术学、天文学和物理学等。而 20 世纪 30 年代发明的透明“胶片幻灯片”（Film Slide）[①]，以及基于电力照明的各种新型光学投影设备的出现，则进一步提高了幻灯片图像的成像清晰度、投射距离和操作便利性。

尽管如此，在教育领域，20 世纪 80 年代之前，幻灯片应用于课堂的局限性仍然是明显的。幻灯片制作和使用的成本居高不下，这是制约它在教室中使用的重大障碍。实际上，在今天所熟悉的电子幻灯片创作工具 PowerPoint 出现之前，对于多数教师来说，若想在课堂中使用幻灯片投影，非轻而易举。

幻灯片被视为一种很有价值的交流工具，但其设计和制作成本依然很高，幻灯片制作曾经被视为一门艺术设计工作，通常由专业艺术家制作。在 20 世纪 50 年代，制作幻灯片是一种需要经过训练的专业技能，要求具备多种技能的设计师和技术人员承担。幻灯片上的每个元素都是手工制作，使用一系列纸张、透明胶版以及相关设计元素。换言之，在那个年代要使用幻灯片教学，必须为幻灯片上的每个单词和图表付费……[②]

显然，在那个时代所用的“幻灯片”，与今天的电子幻灯片完全不是一个概念。以前的幻灯片，准确地说，应该称为“胶片幻灯片”，它是一种由赛璐珞（Celluloid）[③]制作的透明胶片，其来源主要有两种：

- 由专业公司所设计和生产的成品幻灯片；
- 教师根据自身教学需要所设计的幻灯片。

---

① 也被称为“反转底片”（Reversal Film）或幻灯片胶片，是一种在透明基底上产生正像的照相胶片，反转片进行处理之后可产成透明胶片，然后以纸板或塑料底座装裱后制作为各种尺寸的幻灯片，最常见的是 35 毫米幻灯片。

② PAULA TESCH. Back to the Future：Slides Before PowerPoint［EB/OL］.（2012-07-24）［2021-07-12］. https://www.duarte.com/presentation-skills-resources/back-to-the-future-slides-before-powerpoint/.

③ 赛璐珞：即硝酸纤维素（Nitrocellulose），这是发明于 1856 年的第一种热塑性塑料，通常添加染料和其他试剂混合而成。与以前照相机所使用的玻璃或金属板相比，这种柔性材料使得相机生成图像的能力大大提升，是后续电影技术发明的关键一步。在 50 年代之前，大多数电影和摄影胶片都是赛璐珞制成。由于其具有易燃性，50 年代之后被更加安全的醋酸盐胶片所替代。

20世纪中期之后，虽然幻灯片课件的格式转换技术——利用工具将传统印刷教学信息转换为能在胶片幻灯片上呈现的内容，一直处于不断改进和发展之中，但总体来看，制作技术和方法仍然复杂，对于绝大多数教师来说都是一个相当大的挑战。正如吉恩·盖博所指出的，在那个时代，幻灯片设计更多的是表现为一种艺术能力，而非单纯技术设计问题：

制作胶片幻灯片之前，需要先设计一个类似剧本的文字稿——就像拍摄电影的脚本那样。它通常会列出在幻灯片中需要提供的文字信息和内容结构。一旦文字确定之后，再添加相应的图片或照片。这样图片就为幻灯片添加了一种吸引人的视觉情节……这些胶片幻灯片，其实是一个技术虽不先进但视觉效果却很出色的实例。如图2-3-5所示，以前这种基于感光材料设计出来的教学幻灯片，更像是一种绘画艺术形式。①

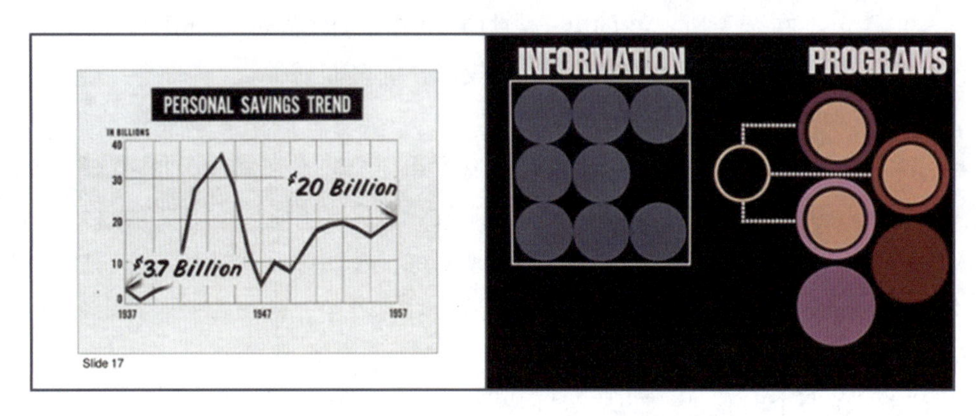

图2-3-5　20世纪50年代专业人员制作的胶片幻灯片

在这一时期，当教师要自制幻灯片时，一种方法是自己动手直接在透明胶片上利用特殊颜料笔书写或绘制，主要用于制作文字或图表等内容；另一种方法是用照相机拍摄后再冲洗为胶片，主要用于表现各种图像内容。等胶片冲印之后，还需要将胶片一张张剪切后装入特定规格的纸质硬框中，以便装入各种类型的投影机中备用。当时的幻灯片演示方法通常分为两种（见图2-3-6）：一种是手动播放，由演讲者手动更换每一张幻灯片；二是电动控制播放，将全部幻灯片装入一个带导轨的幻灯片输送盒中，通过电动机械装置推入和推出，进而完成幻灯片换片操作。

（2）电子幻灯片时代的PowerPoint

了解上述胶片幻灯片制作技术发展史之后，我们就会理解，PowerPoint电子版幻

① GENE GABLE. Heavy Metal Madness：Propaganda and Insight One Frame at a Time［EB/OL］.（2005-03-03）［2021-07-12］. http：//creativepro.com/heavy-metal-madness-propaganda-and-insight-one-frame-at-a-time/#.

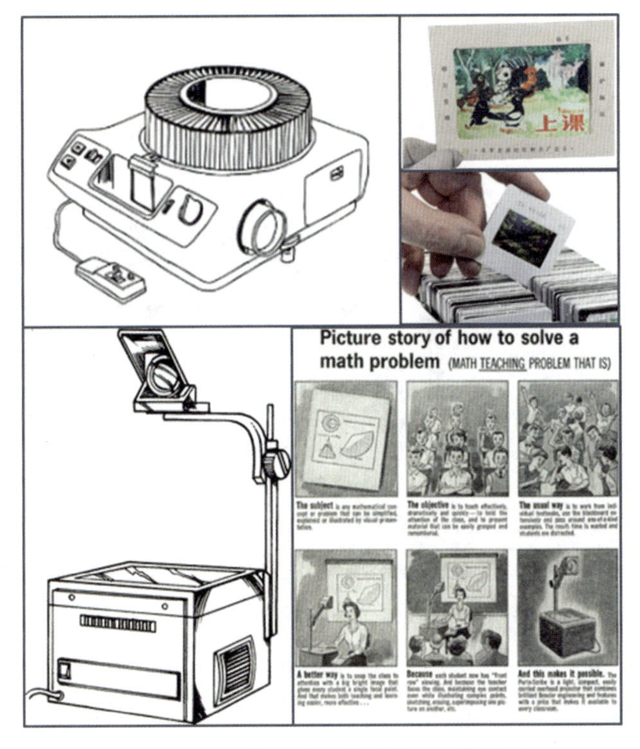

图 2-3-6 课堂中常用的胶片幻灯片类型

灯片创作程序在当时所引起的轰动效应——至少在教育领域内，它不仅降低了制作幻灯片课件的技能要求和技术成本，还减少了演示教学的准备工作量，为幻灯片演示教学法的普及性应用奠定了基础。

PowerPoint 提供了一种令人惊叹的新式电子课件创作工具——将多数人对于公开演讲的恐惧转化成为对幻灯片制作和播放的无穷乐趣。反映在教育领域，随着个人计算机技术的进步，越来越多的教师和培训师开始从手动创建幻灯片转变为利用专用设计程序在计算机上创建幻灯片。①

计算机技术的快速发展开始改变幻灯片课件的制作方式，这种变化使得课件创作技术进入了一个新阶段。功能强大的设计程序，使任何拥有计算机的用户都能创建具有专业外观的图形和电子幻灯片。

20 世纪 80 年代，在数字投影机（Digital Projector）尚未普及之前，PowerPoint 实际上是作为幻灯片的设计工具，而不是演示设备。由于当时计算机屏幕尺寸、色彩和分辨率的限制，虽然可以在屏幕上查看完成的演示文稿，但要想获得最佳的投影效果，仍然必须打印为胶片幻灯片，再配合高架投影机或幻灯机使用。在这种背

① IAN PARKER. Absolute Powerpoint：Can a Software Package Edit our Thoughts ？［EB/OL］.（2001-05-28）［2021-07-12］. https://www.newyorker.com/magazine/2001/05/28/absolute-powerpoint.

景下，1984 年苹果公司将第一笔风险投资注入了一家名为 Forethought 的公司，用于支持它开发当时被称为“Presenter”的幻灯片制作程序。如图 2-3-7 所示，1987 年该公司正式推出了 PowerPoint 1.0 版，作为新推出的苹果版 II 型电脑的一个专用程序。

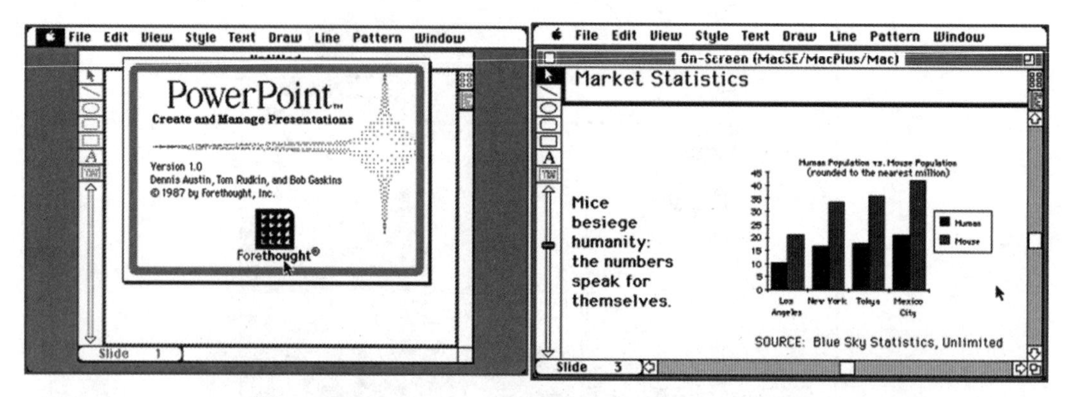

图 2-3-7　1987 年发布的 PowerPoint 1.0

PowerPoint 1.0 实际上是专用于设计和输出幻灯片的电子课件创作程序，并不具备幻灯片演示功能。尽管如此，它的出现仍然给幻灯片演示领域带来了巨大冲击。发布之后，PowerPoint 的市场反应极佳，后来曾有研究者这样评价这个创作工具的出现：

*若想做一次成功的工作汇报或产品演示，PowerPoint 是一个绝佳工具，用户可能仅仅为了使用这个程序而去购买一台 Mac Ⅱ 计算机……就像 Uber 对当今出租车行业的巨大冲击一样，PowerPoint 试图冲破固有的设计模式，它为大家所熟悉的功能提供了一种与众不同的替代方案。*①

1990 年伴随着操作系统 Window 3.0 的发布，PowerPoint 2.0 正式推出。这个版本不仅增加了一个针对专业 35 毫米彩色幻灯片的输出功能，同时还包括将演示文档在线发送到一个名为 Genigraphics 的专门工作站（见图 2-3-8），进行幻灯片成像处理的功能。这项在当时独一无二的幻灯片发送和输出功能，对 PowerPoint 发展起到了决定性作用，奠定了它在课件创作工具领域中的领导地位。

Genigraphics 是一种最初由通用电气（General Electric）公司在 20 世纪 60 年代后期开发的计算机图形制作系统。它的图形生成器能够输出 2000 像素的清晰图片，并在胶片上生成高分辨率的数字图像和幻灯片。1988 年，通用电气

① GASKINS ROBERT. Sweating Bullets：Notes about Inventing PowerPoint［EB/OL］.（2012-11-02）［2021-07-12］. https://www.robertgaskins.com/.

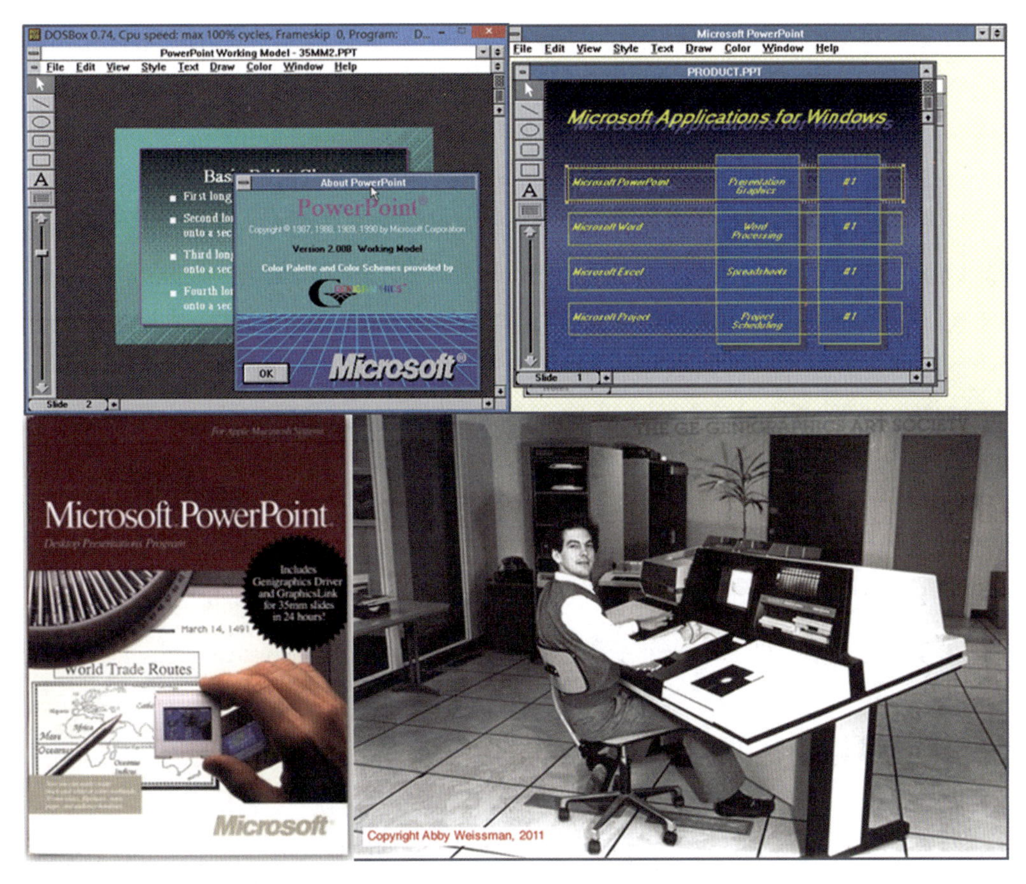

图 2-3-8　PowerPoint 与 Genigraphics 合作发布 2.0 版

公司开始与微软建立合作关系，开发 PowerPoint 图形制作功能。作为交换，在 PowerPoint 菜单上专门添加了一个“发送到 Genigraphics”的功能选项，可以让用户直接联网将演示文件发送到 Genigraphics 服务器上，生成 35mm 胶片幻灯片之后再邮寄给作者做演示使用。当时 Genigraphics 所提供的这项胶片幻灯片制作服务快捷，用户只要在每天晚上 10 点之前在线发出 PowerPoint 幻灯片订单，在全美国范围内第二天上午就会收到制作好的胶片幻灯片成品。

在 20 世纪 80 年代中期鼎盛时期，Genigraphics 所制作的 35 mm 胶片幻灯片充分利用多重曝光技术，经过专门艺术设计师润色修饰，使得它所制作的胶片幻灯片的视觉效果，远超当时个人计算机所支持的常规 256 像素的显示效果。此外，Genigraphics 所属公司还会为重要客户制作的幻灯片演示提供与之配套的柯达幻灯片放映机及相关设备，特别适用于音乐会、电影和现场表演。就幻灯片显示效果而言，已达到早期多媒体的最佳显示效果。这样 Genigraphics 在胶片幻灯片制作领域的技术优势与 PowerPoint 电子幻灯片创作工具联合之后，暴发出强大技术优势，数年内就击败了当时市场上其他的演示文档制作软件。

进入21世纪，PowerPoint已发展成为演示类活动中必不可少的首选程序，在包括学校在内的各个行业和领域中都得到了广泛应用，成为最具代表性的课件创作工具之一。

它既可被用来筹集资金，也会被教师用于课堂教学，向学生演示教学内容；科学、艺术和人文学科的研究人员利用它阐明学术观点，甚至在宗教布道场合也在使用幻灯片。可以说，很少有工具在公众演讲形式上发挥如此重要的主导作用。从这个角度讲，PowerPoint确实提供了一种通用的组织语音和论证逻辑的模板化结构，它塑造并创造了一个幻灯片演示的新世界。①

确实，PowerPoint革命性地改变了演示教学法的应用模式，为学科教师提供了自主设计、制作和使用电子课件的一体化流程方案。这种变化不仅表现在幻灯片课件的创作和应用模式上，甚至也在一定程度上改变了学校教室的设备布局。在进入21世纪之后，E-learning课件制作的技术框架基本上都是围绕着PowerPoint而展开的，形成所谓“PPT插件创作工具”（PowerPoint Add-in Authoring Tools），其中最有代表性的，就是后面将要介绍的iSpring、Captivate和Presenter。

2.3.3 互联网时代的创作工具

当进入互联网时代之后，与之相关的在线版创作工具随之浮现。除社交媒体（Social Media）之外，在教育领域内最具有代表性的就是学习管理系统（Learning Management System，LMS）和网络视频会议系统（Web Video Conferencing，WVC），两者的广泛应用为E-learning进入互联网奠定了基础，电子课件的创作工具跨入全新阶段。

1. LMS使课件创作进入网络化时代

自20世纪90年代以来，高等教育领域E-learning的快速发展与学习管理系统密不可分。学习管理系统也被称为“课程管理系统”（Course Management System）或“学习内容管理系统”（Learning Content Management System，LCMS），②它是一个基于互联网的教育课件创作工具，用于课程内容创建、教学过程管理、学习行为记录和学习效果评估等。从应用模式上看，学习管理系统能快速创建异步和同步E-learning课程，帮助教师实施多种形式的混合学习活动，如翻转课堂和混合-灵活

---

① ERICA ROBLES ANDERSON，PATRIK SVENSSON. One Damn Slide After Another：PowerPoint at Every Occasion for Speech［EB/OL］.（2016-02-15）［2021-07-12］. http://computationalculture.net/one-damn-slide-after-another-powerpoint-at-every-occasion-for-speech/.

② 在欧洲教育领域，学习管理系统也被称为“虚拟学习环境”（Virtual Learning Environment）或电子学习系统（E-learning System）。

课程等。近年来，随着大数据和人工智能的发展，LMS 开始运用各种智能算法工具，能根据学习者的活动数据为课程提供改进建议，从学习资料中提取元数据，以便为教师和学习者提供更加及时精确的智能化建议。有研究者在谈及 E-learning 发展历史时曾指出：

LMS 已演变成在线学习生态系统的一个核心组成部分，是 E-learning 发展过程中为数不多的一直持续到今天的技术工具。在发展的第一个十年中，LMS 实际上就专注于在线学习（Online Learning）。当进入互联网时代之后，LMS 同样也代表着一种新的课件创作模式，让每一位教师都具备了开设在线课程的能力。①

（1）高校数字化转型催生 LMS 发展

在全球范围的高等教育机构，LMS 之所以在 E-learning 发展中扮演着如此重要的角色，与其内生型技术特征有着密切联系。如图 2-3-9 所示，作为一种最初源于高校内部的 E-learning 技术发明，与外生型发明相比，LMS 具备多种在组织内部应用和发展所需要的文化一致性、渗透性、功能熟悉性和操作快速性等特征，这使得它比外生型技术更容易被高校所接纳和使用。

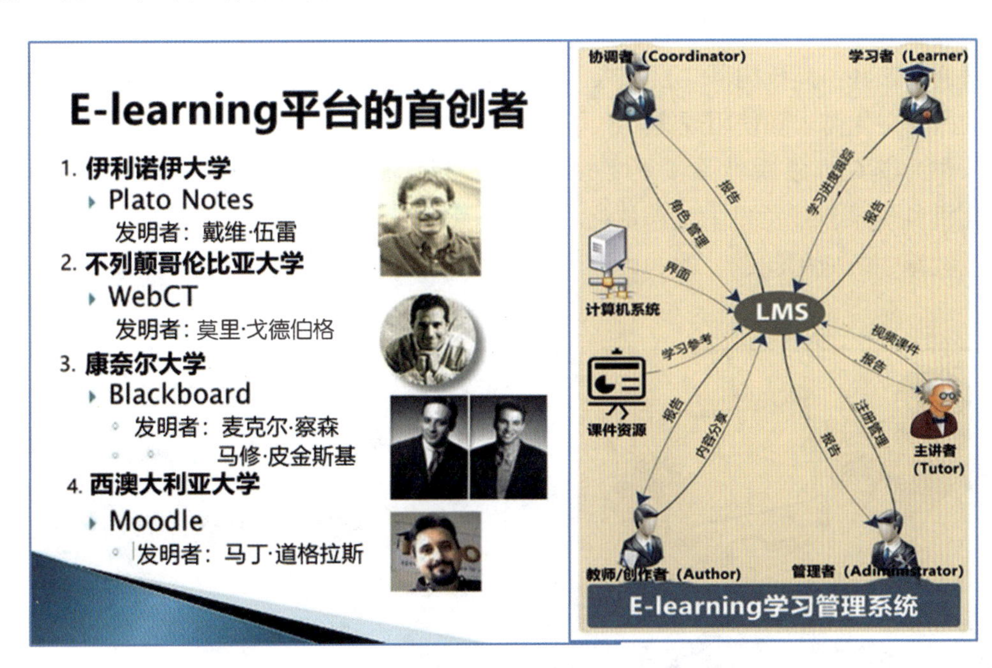

图 2-3-9　学习管理系统源自高校 E-learning 需求

① BETH DAVIS，COLLEEN CARMEAN，ELLEN D. WAGNER. The Evolution of the LMS：From Management to Learning Deep Analysis of Trends Shaping the Future of E-learning［J/OL］. International Journal of Information Technology，2018，2（1）：25-33［2021-07-12］. https://www.researchgate.net/publication/323808682_Learning_Management_System_and_the_Underlying_Learning_Theories_Towards_a_new_Modeling_of_an_LMS.

在技术起源上，LMS 与 E-learning 都源于 20 世纪末期日益高涨的高校教学改革需求，两者的相互结合成为推动高校数字化转型的重要动力。一位研究者在谈及 LMS 对高校 E-learning 作用时写道：

作为 E-learning 的核心基础，LMS 提供了一个整体解决方案。在 LMS 出现之前，虽然通过多种工具也可以实现各种功能：公告板、在线论坛、创建网页，但这些解决方案的效果是不稳定的，通常取决于一个特定奉献者的热情和技术能力。在不同高等教育机构中，E-learning 创作工具的组合也各不相同，可能医学院采用一套工具，工程学院却采用另一套工具，人文学院又使用其他一套工具。然而随着 E-learning 在混合学习和在线课程中变得越来越不可缺少，这种多样性和可靠性之间如何协调，就成为一个关键问题。在这种背景下，LMS 提供了一些最常用的 E-learning 创作工具的集合。尽管从整体功能上，每一个工具的功能并非都达到最佳效果，但它可以使用统一解决方案，其益处在于，能够在整个高校范围内更快更有效地实施 E-learning 建设。①

诚然，源自高校内部的教学改革需求，同步催生了内生型 E-learning 发明和应用，反过来又进一步推动了教学技术在课堂中的应用。相对以往那些单纯外生型技术来说，这些由高校内部“自己人”发明的创作工具，似乎更能适应内部学术性生态的内在文化需求和使用规则。

作为继 CAI 之后另一项重要 E-learning 技术开创者，不列颠哥伦比亚大学的计算机科学系教授莫里·戈德伯格（Murray Goldberg）于 1995 年开始涉足网络系统在教育中的应用问题。他的研究表明，使用基于 Web 的教育资源或基于 Web 的

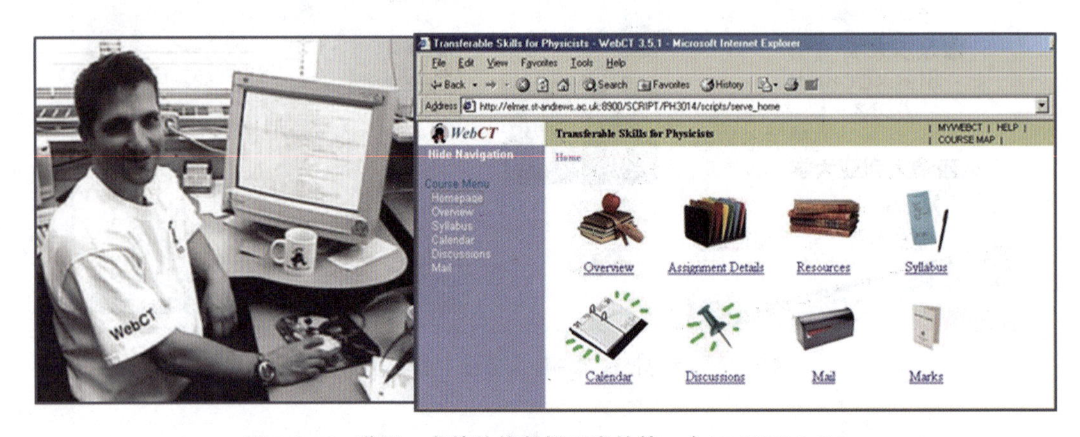

图 2-3-10　莫里·戈德伯格教授开发的第一个 LMS WebCT

① WELLER M. 20 Years of EdTech [J/OL]. EDUCAUSE Review，2018，53（4）：125-142 [2021-07-12]. https://er.educause.edu/articles/2018/7/twenty-years-of-edtech.

课程工具，可以有效提高学生的满意度和学习成绩。[1]如图 2-3-11 所示，到 2006 年[2]约 70% 的加拿大高校都在使用网络课程创作工具（Web-Based Course Authoring Tool，WebCT）。当时统计数据显示，后起之秀美国 Blackboard 所占有的 LMS 市场份额不到 20%，而 Moodle 仅为 5%。

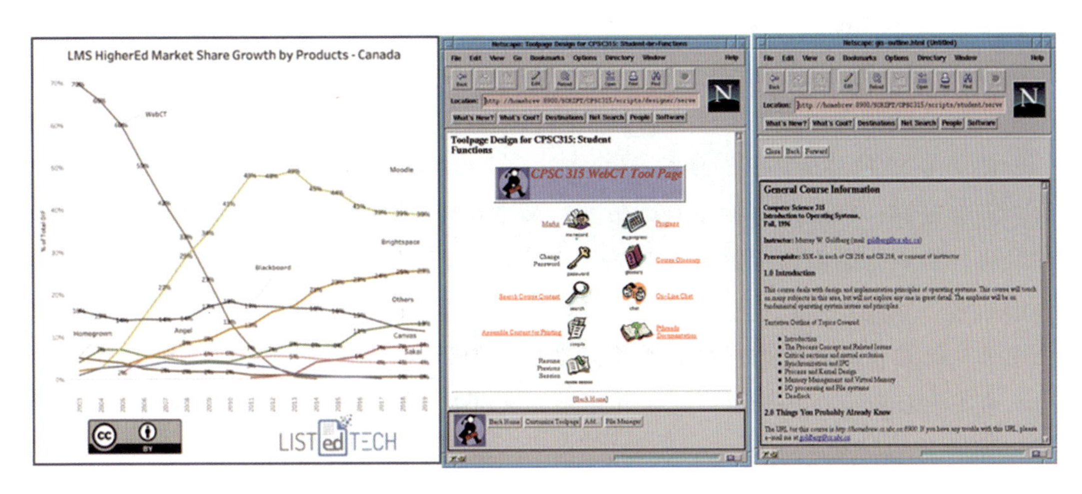

图 2-3-11　LMS 在高校的应用数据（2003—2019）和 WebCT 使用界面

WebCT 是一种能使教师快速创建基于互联网教育环境的多功能创作工具，并第一个成功投入教学。它能设计课程页面的外观，提供多种形式的教学和课程管理工具。它不仅用于创建整个在线课程，还能用于补充发布现有课程的资料。在操作上，WebCT 的所有交互活动都是通过网络浏览器进行的，因此可自动记录各种课程访问数据作为教学记录和用于成绩分析。具体而言，WebCT 的主要功能包括三个方面：

- 一种在线课程创建工具：课程设计者可以定制课程页面的布局、颜色、文本、计数器等；
- 一套可集成的学习工具：包括交流（网络会议系统、聊天和电子邮件），学生评估和自我评估（在线自动测验），图像库、课程日历、词汇表、演示文稿、内容注释的工具，课程导航，账户管理工具等；
- 一组课程教学的管理工具：包括学生进度跟踪、课程访问跟踪、分类问题数据库建立和在线测验创建工具，问卷发送和报告工具，学生访问控制、成绩报告工具等。

① MURRAY W GOLDBERG. Student Participation and Progress Tracking for Web-Based Courses Using WebCT［C］. Fredericton，NB，Canada：Proceedings of the Second International N.A. WEB Conference，1996：5-8.

② 2006 年 2 月，由于商业运行策略方面的原因，WebCT 被竞争对手 Blackboard Inc 收购。

WebCT 是第一个在高等教育领域获得普遍认可的 LMS，虽然发展历史并不长，但它在 E-learning 领域的影响力和贡献不可忽视。它是由高校教师主导开发的内生型技术发明，项目主持者比较精准地了解高校教师的内在教学需求、信息技术能力和应用方式，这为产品的市场定位、技术架构和核心功能的开发打下了良好基础。换言之，WebCT 奠定了学习管理系统的基本结构和功能，直到今天，虽然 E-learning 技术发生了很大变化，新技术和工具不断涌现，但整体来看，LMS 的基本结构和功能并未产生根本性变化。

（2）基于 LMS 的课程原型设计方案

原型就是一种利用创作工具“组装”数字化媒体资源并使之达到结构化协同工作的设计。它能够模拟出电子课程的初步结构和外部表现形态，如外观布局、交互导航以及基本结构等。因此，当一个 E-learning 课件原型创建之后，它通常具有三个基本特征：可快速组合成型、结构外观简约和易于调整修改。

在 E-learning 发展初期，原型创建是一项涉及多项技术和团队的复杂性技术设计工作，非学科教师一己之力所能胜任。通常需要教学设计师、视频编辑师、网页设计者，甚至软件工程师等组成的庞大团队的共同协作，方可完成原型的设计和开发工作，所花费的时间和技术成本相当高昂。不过，这种情况目前已发生变化：LMS 在高等教育领域的广泛应用，为原型设计提供了一个简捷易用的开发工具，降低了课程原型开发的技术门槛和设计成本，为广大一线教师自主创建原型创造了条件。正如有研究者所指出的，“LMS 的六个主要优点：互动性、可访问性、可重用性、耐用性、维护性和适应性，构成了 LMS 的基本框架，这些特点为课程原型的快速开发提供了最为可靠和便捷的路径。”①

如图 2-3-12 所示，以快速原型制作法为基础，利用学习管理系统所提供的上述功能模块，无论是教学设计人员还是任课教师，都可以快速创建由不同模块搭建而成的 E-learning 课程原型，作为混合学习的基础。

2. WVC 开启在线视频互动的新时代

虽然早在 20 世纪 80 年代基于电视的远程教育时代，国际上就曾经出现过一些尝试利用远程影像传递师生语音和视频的实验，但都因技术成本过高而失败。只有到了 21 世纪互联网技术时代，基于互联网的视频会议技术才真正实现了让远隔千里的师生之间进行实时影音对话的梦想。继 LMS 之后，网络视频会议（Web Video Conferencing，WVC）是另外一个在高校教育领域得到广泛应用的 E-learning 平台，对于推动快速原型制作法在课件开发中的应用起到了重要作用。随着网络带宽的不

---

① LONG PHILLIP D. Learning Management Systems（LMS）[M]. Encyclopedia of Distributed Learning. Thousand Oaks：SAGE Publications. 2004：291-293.

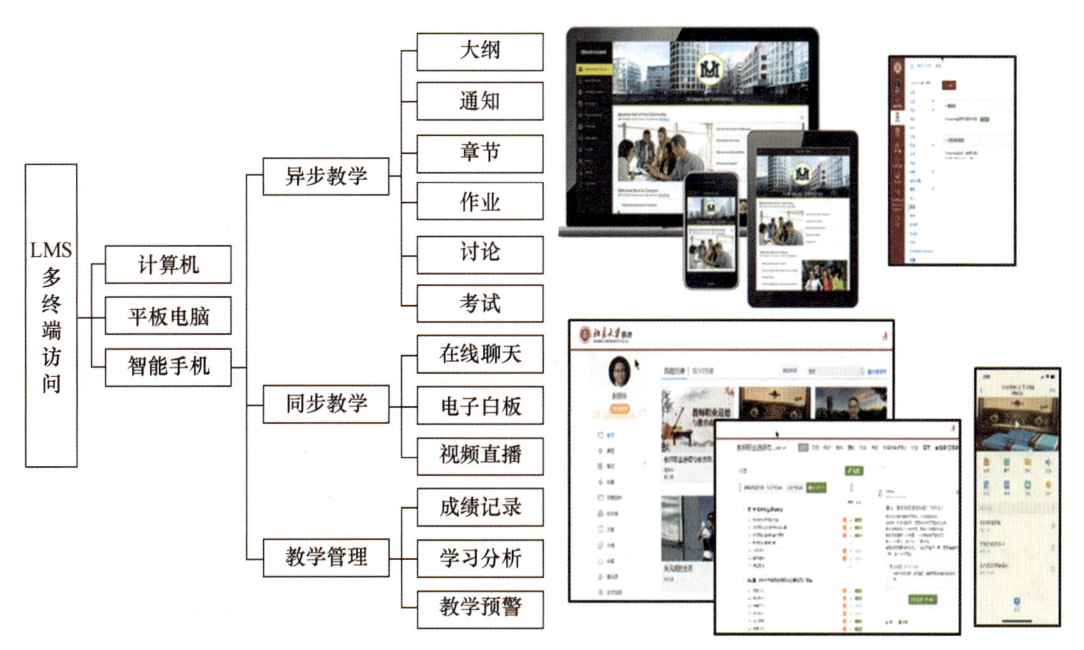

图 2-3-12　LMS 常用功能及所创建的课程原型

断拓展和网络摄像头硬件技术的快速发展，成本越来越低廉且操作越来越简便，声像同步、文件传输和屏幕共享等功能被广泛应用于快速原型制作上。

视频通信技术已成为在虚拟环境中实现师生之间互动的重要工具。在高等教育领域中，在同步模式下使用网络视频会议，被认为是促进学习者自我学习的最常用工具之一。①

2020 年突如其来的全球范围大规模新型冠状病毒肺炎疫情，又进一步推动了教育机构广泛采用在线视频直播，以替代面对面的课堂教学。统计数据②显示，自 2020 年 3 月以来，世界各地的大学经历了从传统基于课堂的教学，到在线教学前所未有的大规模迁移。在很短时间内，数千万名教师开始在计算机屏幕前进行教学，网络视频会议得到广泛使用，成为新型冠状病毒肺炎疫情期间师生在线交流和互动的重要工具之一。

作为一种影音同步传输的通信技术，视频会议能让师生实时共享同步视频和进行语音交流，还允许师生传输文件、幻灯片、静态图片，以及进行同步和异

① FISCHER A J，COLLIER-MEEK M A，BLOOMFIELD B，ERCHUL W P，GRESHAM F M. A Comparison of Problem Identification Interviews Conducted Face-to-face and Viavideoconferencing Using the Consultation Analysis Record［J/OL］. Journal of School Psychology，2017（63）：63-76［2021-07-13］. https://doi.org/10.1016/j.jsp.2017.03.009.

② MOLLY MCLAUGHLIN，DANIEL BRAME. The Best Video Conferencing Software for 2021［EB/OL］.（2020-05-28）［2021-07-13］. https://www.pcmag.com/picks/the-best-video-conferencing-software.

步文字通信，为教学活动提供了一种全方位的互动性虚拟环境。在技术上，如图 2-3-13 所示，目前在高等教育机构中常用的视频会议系统包括三种：桌面视频会议（Desktop Videoconferencing，DVC）、交互式视频会议（Interactive Videoconferencing，IVC）和网络视频会议（Web Videoconferencing，WVC）。其中，DVC 和 WVC 属于基于软件的视频会议类别，操作简便，成本较低，因此在教学中应用较多。

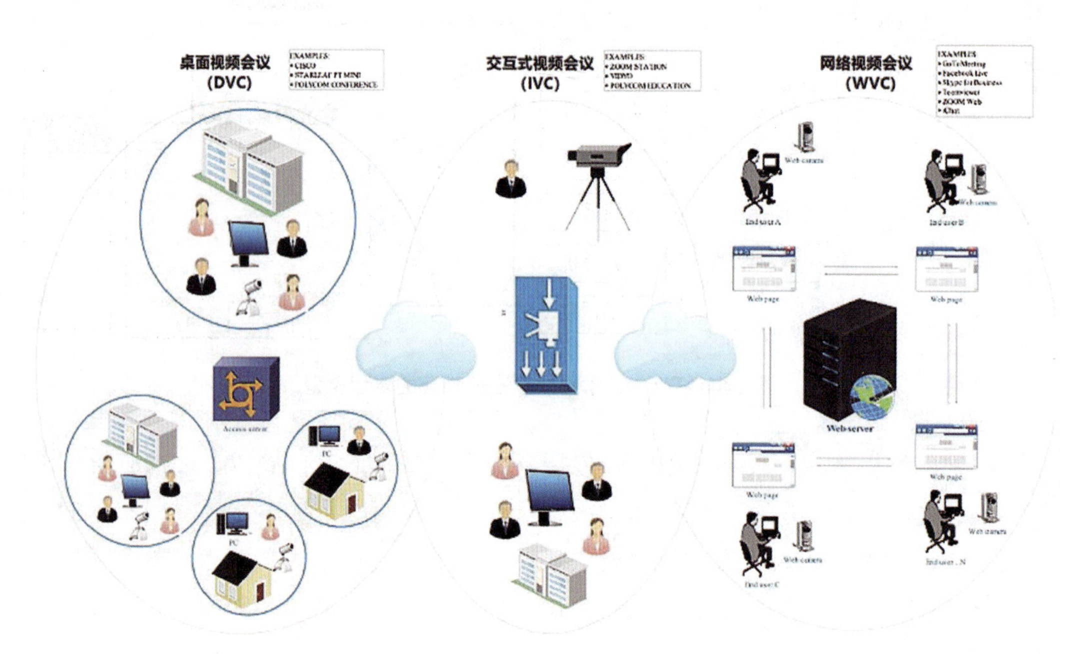

图 2-3-13　三种类型的视频会议技术

在高校 E-learning 应用中，网络视频会议被认为是一种能够加强混合学习的重要技术手段。有研究者指出："在有效控制技术成本的前提下，适当地将视频会议与课堂教学结合，有助于学习者更加灵活地安排学习时间，也有利于高校扩大招生数量和规模。"①

需要指出的是，作为一种新型 E-learning 创作工具，网络视频会议无论从硬件设备还是操作方法上看，都属于比较特殊的工具。以往关于视频会议应用于教学的研究结果表明：

与其他技术所构成的情境相比，当基于实时传输的视频和音频会议被应用于教学目的时，这种技术的效果可能比师生面对面交流方式更加复杂，预期学习效果与

① MALINOVSKI T，VASILEVA-STOJANOVSKA T，TRAJKOVIK V，CAPORALI E. The Educational Use of Videoconferencing for Extending Learning Opportunities. In Video Conference as a Tool for Higher Education：The TEMPUS ViCES Experience 2010，37-51. Frenzie University Press.

其他技术工具有所不同。①

整体来看，目前高校视频会议系统的常用教学模式②主要分为两大类：建构主义模式（Constructivism）和认知主义模式（Cognitivism）。如图 2-3-14 所示，建构主义模式强调知识建构和通过各种协作任务来进行学习的观点，通常会利用视频会议来组织各种教学互动和反思，在师生分离情况下，强调尝试使用各种以学习者为中心的教学方式，更多是为学习者提供基于问题的教学情景，而不是通过视频会议以演讲方式进行在线授课。在这种模式下，教师更倾向于利用视频会议系统组织和评估学习者在学习过程中的各种互动和协作行为，并通过与学习者互动来反思学习任务和学习环境中可能出现的问题。由于视频会议具备多种形式的在线互动和交流功能，例如，资料共享、演示和文件传输，学习者可以多种形式展示理论概念和个人的思考，因而具有较好的教学价值。

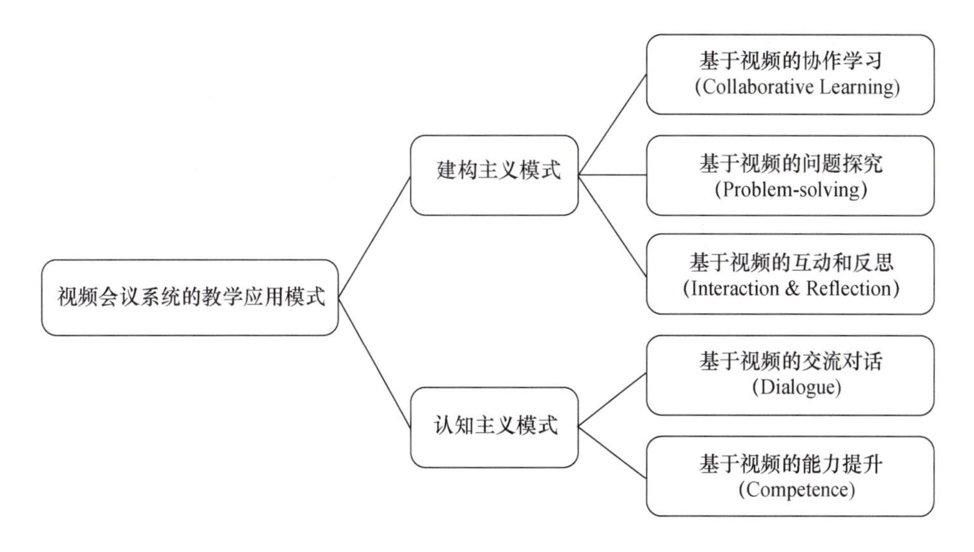

图 2-3-14　视频会议系统的教学应用模式

从认知主义模式来看，视频会议系统更多被视为一种旨在利用与其他人的对话而获得相关信息和知识的工具和手段，例如，用于演示和讨论教学中各种学习材料的理解和认识。同时，由于视频会议系统具备视频同步录制、课后视频点播

① ALLEN M，BOURHIS J，BURRELL N，MABRY E. Comparing Student Satisfaction with Distance Education to Traditional Classrooms in Higher Education：A Meta-analysis［J/OL］. The American Journal of Distance Education，2002，16（2）：83-97［2021-07-13］. https://doi.org/10.1207/S15389286AJDE1602_3.

② AL-SAMARRAIE H. A Scoping Review of Videoconferencing Systems in Higher Education：Learning Paradigms，Opportunities，and Challenges［J/OL］. The International Review of Research in Open and Distributed Learning，2019（20）：121-140［2021-07-13］. https://doi.org/10.19173/irrodl.v20i4.4037.

和回放功能，也有利于以最有效的方式来传播知识，并让学习者及时获得各种形式的反馈，帮助他们深入理解教学内容。这是传统课堂面授教学通常无法提供的功能。

一项研究①对网络视频会议系统的教学适用性进行了评估，以便确定哪一种产品更适合 E-learning 应用。在研究中，分析因素有成本、用户容量、可访问性、安全性和最短会议持续时间等，研究者评估了在教育领域常用的 50 个网络视频会议系统，在评估过程中，研究者将视频会议系统划分为两类：适合于小型研讨会式教学的平台（如 Cisco WebEx Meetings 和 Zoom Web）和适合于大型讲座式教学的平台（如 Amazon Chime 和 GoToMeeting）。

这项研究结果显示，在评价网络视频会议系统是否适用于教学需要时，如图 2-3-15 所示，以下要素扮演着重要角色：语音和视频质量、连接方便性、会议时长、屏幕共享、同步录制、容纳人数、文件共享、实时问答、网络安全、远程设备控制、无障碍应用和使用成本。

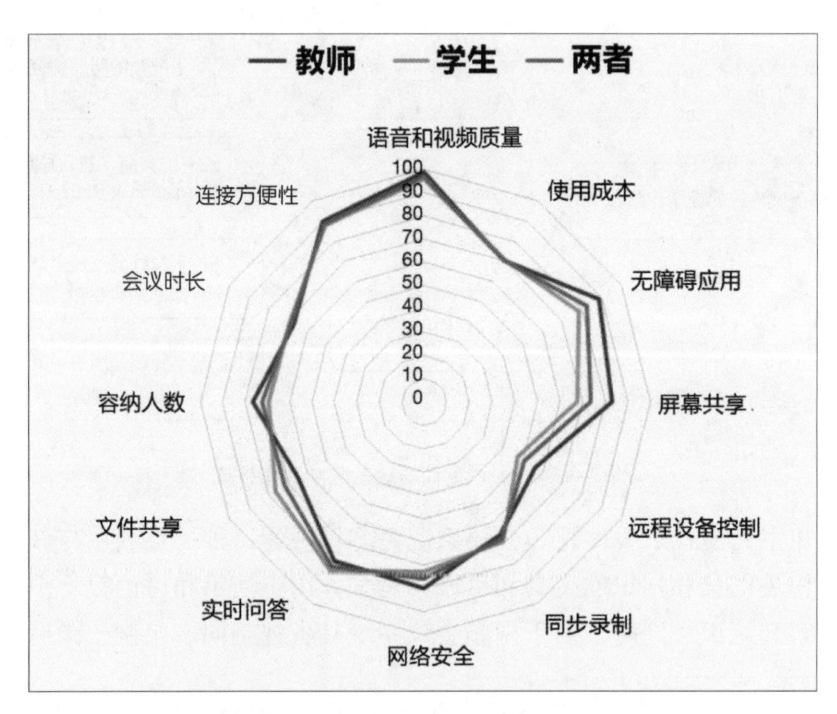

图 2-3-15 网络视频会议教学适用性的评价要素

① SIDPRA J，GAIER C，REDDY N，KUMAR N，MIRSKY D，MANKAD K. Sustaining Education in the Age of COVID-19：a Survey of Synchronous Web-based Platforms［J/OL］. Quantitative imaging in medicine and surgery，2020，10（7）：1422-1427［2021-07-13］. https://doi.org/10.21037/qims-20-714.

2.3.4 快速开发时代的创作工具

进入 21 世纪之后，技术发展和快速原型制作法的应用，推动了电子课件设计方法和策略的改进，有效降低了课件开发的成本，对于 E-learning 的普及起到了重要作用。与这种潮流相适应，在课件创作工具中，也随之演变出独树一帜的新领域——“快速电子学习开发”（Rapid E-learning Development）。

自 20 世纪 90 年代以来，开发人员面临着创作过程的复杂性挑战。从头开始构建在线课程所面临的困难和费用，催生了利用 PowerPoint 演示文稿等现有资源来创建 E-learning 课程的技术构想。传统电子学习开发项目可能需要几个月，而快速电子学习开发则能在数星期内构建和推出课件内容模块。①

1. 快速电子学习开发简介

以快速原型制作法为指导思想，“快速电子学习开发”是一个伴随着 E-learning 发展而出现的教学设计专用术语，也被称为“快速电子学习”（Rapid E-learning）或“快速开发”（Rapid Development）。从技术角度看，快速电子学习开发是帮助教育者快速构建电子课件或在线课程时所使用的一系列工具、方法与策略的集合，②适用对象主要包括教学设计师、学科专家或任课教师等。有研究者认为，“快速电子学习开发试图改变课件开发模式，它的最大作用在于全方位地利用新的创作工具，改变电子课程内容开发的经济性和时效性。”③

2004 年，当珍妮弗·德弗里斯（Jennifer De Vries）在一份研究报告中首次提出快速电子学习概念时④，将 E-learning 划分为三种类型，由此引出了快速电子学习开发的新理念。

- **战略电子学习项目：**是指与组织发展或改革策略相关的长期性课程项目，开发时间通常超过 12 个星期，经费预算充足，开发过程需要分阶段部署，由大型项目团队负责，通常采用混合课程模式；

① BRANDON B. Exploring the Definition of “Rapid ELearning”［EB/OL］.（2005-03-02）［2021-07-13］. http：//www.elearningguild.com/pdf/4/rapid_elearning_whitepaper_3-2-05.pdf.

② KARRER T. What is Rapid ELearning ？［EB/OL］.（2006-06-17）［2021-07-13］. http：//elearningtech.blogspot.com/2006/06/what-is-rapid-elearning_13.html.

③ BERSIN JOSH. Making Rapid E-learning Work［EB/OL］.（2005-07-03）［2021-07-13］. http：//www.clomedia.com/content/templates/clo_article.asp?articleid=1008&zoneid=62.

④ DE VRIES JENNIFER，BERSIN JOSH. Rapid E-learning：What Works［EB/OL］.（2004-11-22）［2021-07-13］. http：//www.macromedia.com/software/breeze/whitepapers/bersin_elearning_study.pdf.

- **传统电子学习项目**：是基于需求分析的技能性课程类型，开发周期为3～11个星期，通常是教育机构年度教学计划的组成部分，开发成本通常在每小时5000～30000美元，开发者由机构内部和外部人员共同组成，包括教学设计师、授课教师和技术开发人员等；
- **快速电子学习项目**：指经费预算数额较少、开发时间短的应急性项目类型，要求在不到3个星期的时间内完成开发，主要利用快速创作工具，由1～3名主题专家或授课教师利用模板工具开发。

在教学设计实践中，快速电子学习开发与快速原型制作法之间存在着直接关联性，前者是后者的具体表现形式。

作为快速原型制作法的延伸，快速电子学习开发是指在完成内容分析之后启动原型构建时，开发者利用多种创作工具初步完成原型的设计和开发，然后进入后续评估和修订环节，最终形成原型的循环迭代过程。这种方法将更多时间放在原型评估上以获得较好教学效果。①

如图2-3-16所示，快速电子学习开发，实际上是一种以快速原型制作法为基本策略，以课件创作工具为开发方法和手段的快速化E-learning课件开发模式。它具有以下基本特征②：

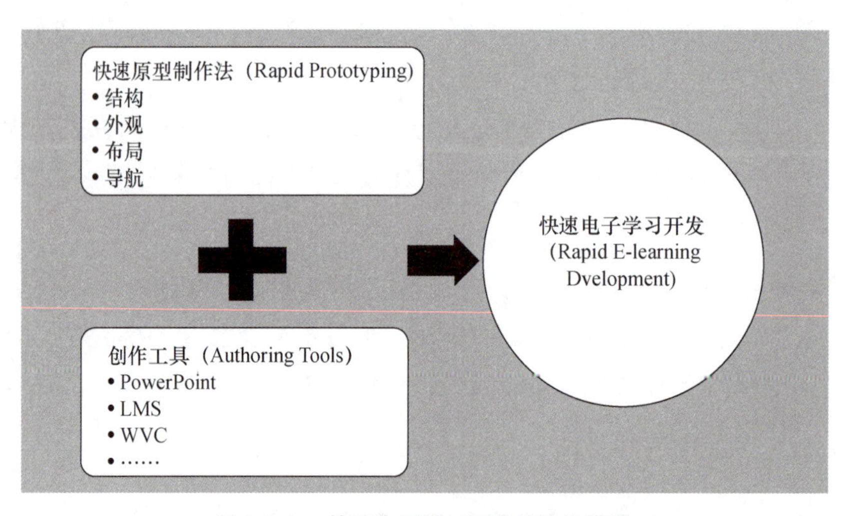

图2-3-16 快速电子学习开发的结构模型

① HOFFMAN J，MARGERUM-LEYS J. Rapid Prototyping as an Instructional Design［EB/OL］.（1996-03-20）［2021-07-14］. http：//www-personal.umich.edu/~jmargeru/prototyping/.

② 张淑萍. Rapid E-learning的发展与趋势［EB/OL］.（2006-01-09）［2021-07-14］. http：//www.elearn.org.tw/NR/exeres/F10B7499-F659-4346-88AA-0EB481A5163F.htm.

- 授课教师是承担课程开发的主要人员；
- 开发时间较短，通常在三个星期之内；
- 创作工具包括硬件和软件，软件主要是模板化简捷易用的程序，硬件以个人计算机及相关移动终端为主；
- 教学单元以微视频为主，通常采用自助摄制法；
- 开发出的课件或在线课程可提供测验、反馈与学习追踪功能；
- 可采用同步或异步的混合学习模式；
- 移动类终端设备应用于教学，如手机和平板电脑。

2. 基于 PowerPoint 的快速开发工具

随着课件开发技术的不断发展，电子幻灯片经常被认为是一种形式单调乏味且缺乏互动性的陈旧形式而备受批评。许多功能强大的新兴电子课件制作程序跃跃欲试地取而代之。然而现实情况却是，产生于 CAI 时代的 PowerPoint 并没有被淘汰出局，反而历久弥坚，至今仍然在电子课件创作工具领域扮演着重要角色。

国外调查数据显示[①]，PowerPoint 目前仍然是许多行业的核心“办公生产力”[②]工具之一。例如，Microsoft Office 365（41.23%）和 Microsoft PowerPoint（4.91%）目前占据着相当大的市场份额（见图 2-3-17），在教育管理、非营利性机构和高等教育机构都占有相当高的比例。有研究者曾指出：

尽管很少有教学设计师认为 PowerPoint 是一种适用于构建在线课程的工具，但在快速电子学习开发实践中，它依然是排名第二的用于创建 E-learning 课件和

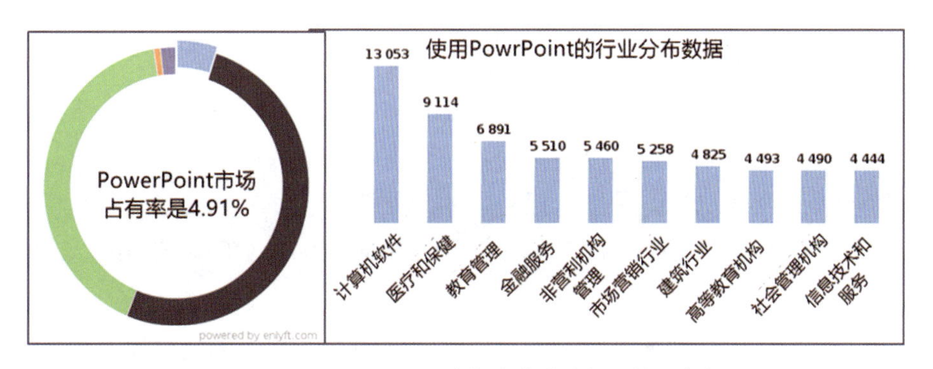

图 2-3-17　PowerPoint 市场占有率和行业使用数据

---

① ENLYFT. Companies Using Microsoft PowerPoint［EB/OL］.（2020-03-09）［2021-07-14］. Office Productivity. https://enlyft.com/tech/products/microsoft-powerpoint.

② 办公生产力（Office Productivity）：也称“个人生产软件”或“办公室生产软件”，是用于产生信息（如文档、演示文稿、工作表、数据库、图表、图形、数字绘画、电子音乐和数字视频）的应用软件。

在线课程的入门工具。许多课件创作工具都与之形成了密切的技术关联。①

实践证明，目前在课件设计领域已形成一种独特的"PowerPoint 快速开发生态圈"（见图 2-3-18），其表现形式是：授课教师或课程专家利用 PowerPoint 快速开发教学讲义，然后利用各种"插件"式创作工具和模板将之转化为各种不同格式的电子课件：添加语音旁白、测验、学习交互、导航路径或微视频，最后生成 HTML 5 格式的教学资源包，上传并发布到学习管理系统，实现快速创建在线课程原型的目标。

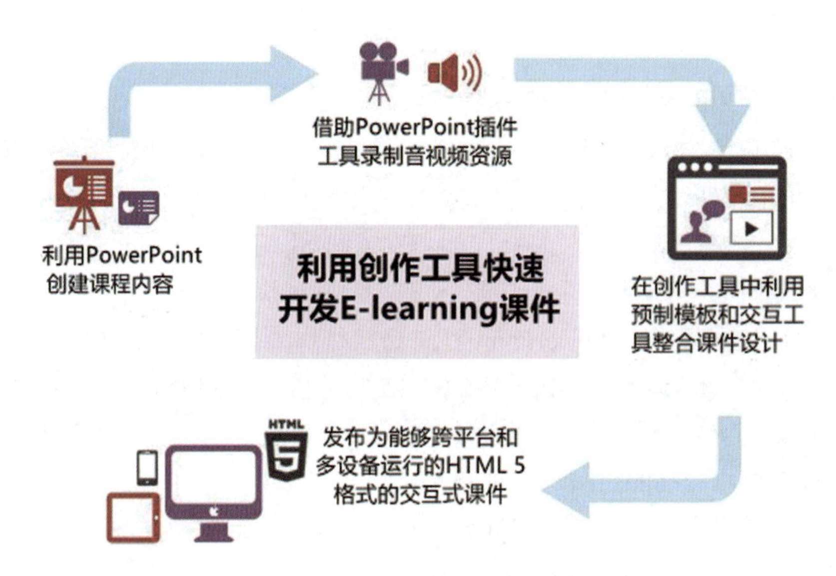

图 2-3-18　PowerPoint 快速开发生态圈示意图

从功能上看，PowerPoint 插件快速创作工具通常具备以下基本功能：

第一，所生成的 E-learning 课件符合 SCORM 规范。任何创作工具所生成的电子课件都要符合基本技术规范，以便与学习管理系统进行数据互通，用于跟踪学习行为、保存学习进程和执行各种例行任务，如分配课程、评分或创建报告。目前国际上流行的电子学习标准包括：SCORM 1.2、SCORM 2004、AICC、CMI5、xAPI（Tin Can）等。

第二，能够支持基于多种设备的移动学习活动。智能手机和平板电脑已成为混合学习必不可少的工具。为此，交互式电子课程和测验必须采用 HTML 5 格式，内容也必须具有响应性，这意味着它应该自动适应屏幕尺寸以提供灵活学习体验。

第三，课件应支持学习路径分支。与标准线性课件不同，分支能为学习者提供

① BERMAN PAMELA. E-learning Concepts and Techniques［R/OL］.（2006-12-03）［2021-07-14］. Institute for Interactive Technologies，Bloomsburg University of Pennsylvania，USA. http：//iit.bloomu.edu/Spring2006_eBook_files/chapter2.htm.

个性化学习体验，提供一种更好的评估知识掌握情况的方法。例如，如果在测试中犯了错误，则可以引导学习者浏览带有其他补救性信息的幻灯片。

第四，具备在线测验功能。可以快速创建知识测验并获得反馈，通常包括创建各种题型和成绩统计功能，创建的题型有传统的选择题、填空题、简答题等，或者具有互动功能的题型，如排序题、拖拽题和热区点击题等。此外，也会提供一些额外功能，如实时提示信息和检测答案等。

第五，便于摄制讲课微视频和录屏演示案例。讲课视频是电子课件中最显著的代表形式，便于学习者在课堂之外也能随时观看教师的讲课。它应该具备一些基本视频编辑功能，如定义标题、剪辑和编辑字幕等。通常有三种常见视频类型：

- 屏幕录制视频：将教师在电脑上的操作（如程序演示或幻灯片播放）和授课语音录制下来合成的入门级视频；
- 画中画视频：这是一种微视频的流行格式，自动将网络摄像头和计算机屏幕所录制的视频内容合并为一体播放；
- 软件仿真视频：可以自动检测学习者的操作活动，允许鼠标单击并输入内容，并为视频自动添加这些操作的相关视觉提示信息。

在 PowerPoint 插件式快速创作工具之中，国际上比较有代表性的软件包括：iSpring Suit，Articulate Studio 360 和 Adobe Presenter（见图 2-3-19）。技术上，

图 2-3-19　三个典型的 PPT 插件快速创作工具界面

这三个插件式快速创作工具都能快速将 PowerPint 演示文档转换为多种形式的交互式电子课件。这类创作工具的突出特点是易学易用，在成本上这类创作工具的价格也相对便宜。当然，这些插件创作工具主要用于开发入门级 E-learning 课件。

除此之外，还有一个在国际上颇具影响力的快速课件工具包——Adobe E-learning Suite，这是 Adobe 专门为教育领域研发的电子课件创作工具。与其在全球音视频和平面设计领域的技术领先地位相匹配，“就 E-learning 创作工具而言，Adobe 目前同样处于领先地位，在可预见的未来，仍将是如此。”[①]此言不虚，在国际 E-learning 领域，这个创作工具包是专门为教学设计师、培训师和教师研发的一整套应用程序集合，能够快速创作、管理、发布各种形式的电子课件，包括截屏演示、模拟和展示其他交互式教学信息。目前该工具包主要包括，

- 学习管理系统：Adobe Captivate Prime
- 视频教学系统：Adobe Connect
- 交互课件设计：Adobe Captivate
- 插件式开发工具：Adobe Presenter 和 Video Express

调查数据[②]显示，按照行业划分，Adobe E-learning Suite 客户量位于前列的领域是计算机软件（18%），医疗和保健（8%）和高等教育机构（6%）（见图 2-3-22）。在“学习管理”类别中，Adobe E-learning Suite 的市场份额达到 16.39%。其中 66% 的客户在美国，7% 在英国。

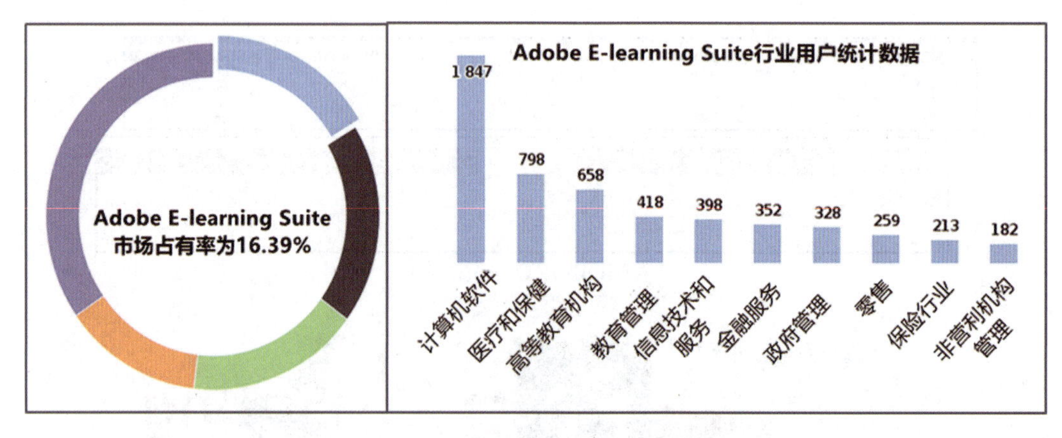

图 2-3-20 **Adobe E-learning Suite 行业用户数据**

① CLIVE SHEPHERD. Adobe eLearning Suite：Is It Worth It ？［EB/OL］.（2009-05-29）［2021-07-14］. http：//www.cliveonlearning.com/2009/05/adobe-elearning-suite-is-it-worth-it.html.

② ENLYFT. Companies Using Adobe E-learning Suite［EB/OL］.（2020-04-11）［2021-07-14］. Office Productivity. https：//enlyft.com/tech/products/adobe-elearning-suite.

上述这四个快速开发工具之中，有三个与 PowerPoint 有直接关联：Presenter 和 Video Express，可以支持基于 PowerPoint 转换 HTML 5 格式电子课件，或录制多种形式的微视频。在 Captivate 所支持的 6 种 E-learning 课件模板之中，有 3 种支持 PowerPoint 文档导入。而 Connect 这个被称为“在线电子白板”的视频会议系统，同样也支持 PowerPoint 幻灯片在线同步播放。同时，这四个快速电子学习开发工具也支持 Adobe 其他常用媒体设计工具的多种格式，如在 Photoshop 中创建多层图像，或者将其作为动画导入 Captivate。总之，这套快速电子学习开发套件形成了一个比较完整的电子课件开发体系，能为教学设计者提供一整套设计环境。

3. 典型 PowerPoint 插件式创作工具：iSpring

为方便使用，许多创作工具都为 PowerPoint 专门开发或预留了技术层面的数据接口，当用户在计算机上安装创作工具后，就会自动在 PowerPoint 菜单栏中生成相应的快捷按钮，随时快速启动，以便教学设计人员或教师快速将演示文档转换为不同格式的电子学习课件。这种被称为“插件”（Plug-in）的连接模式，提供了一种更为便捷的课件开发方式。

基于 PowerPoint 解决方案的一大优势，是人皆熟悉的操作界面。由于大多数用户通晓 PowerPoint 操作，用其创建课件会比较容易上手。外接程序通过特殊的 E-learning 功能增强了 PowerPoint 功能：交互式测验、视频讲座和对话模拟等。这种方式可以完成大多数课件创作任务，同时又没有学习负担，成为快速创作工具的理想选择。①

下面，将以 iSpring Suite 10 为例来展示这类快速开发工具的操作方法。从教学设计上看，iSpring Suite 核心功能包括：直接将 PowerPoint 文档转换为交互式电子学习课程，同时保留幻灯片中的动画、触发器、嵌入式视频和音频等，并且输出符合 LMS 标准：SCORM、AICC 和 xAPI。发布之后，还可以通过 iSpring Play 在移动设备上访问。

如图 2-3-21 所示，它主要由五项具体功能构成：幻灯片转换（Slide Transfer）、交互演示（Interaction）、对话模拟（Dialog Simulation）、计分测验（Quiz）、视频录制（Record Video）。

（1）幻灯片转换

“一键式转换”功能，就是把 PowerPoint 演示文档快速转换为适于互联网传播和学习者在线浏览的电子格式课件（如 HTML 5、MP4 等），是插件式快速创作工

① OLGA KOKOULINA. What is an Authoring Tool? ［EB/OL］.（2019-12-30）［2021-07-14］. https://www.ispringsolutions.com/blog/what-is-an-elearning-authoring-tool.

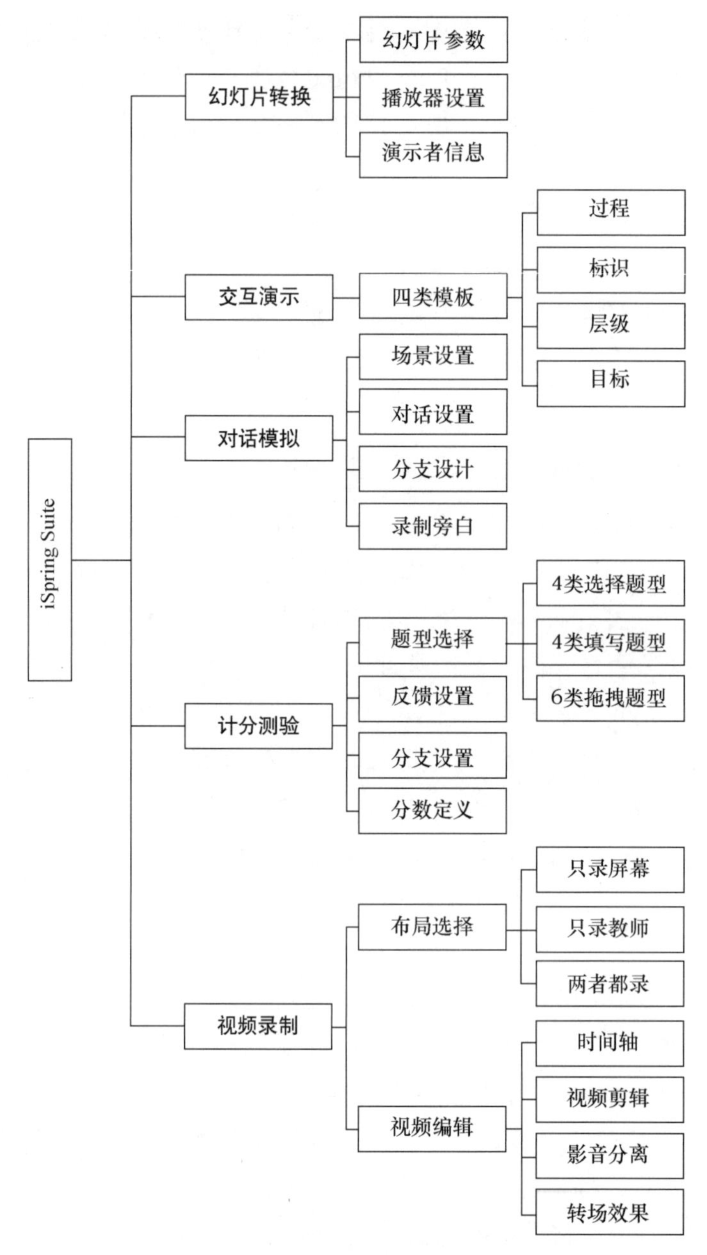

图 2-3-21　插件创作工具 iSpring 功能示意图

具的入门功能。iSpring 也不例外，这种转换功能为教师提供一种简单易用的解决方案。

对于教师来说，只需要打开所熟悉的 PowerPoint 文档，再点击菜单栏上的“iSpring Suite”按钮，将幻灯片转换为网络课件的设计工作就启动了。如图 2-3-22 所示，在“演示”(Presentation)栏中，完成幻灯片参数、演示来源和播放器设置之后，点击“预览”(Preview)按钮就可以看到由演示文档转换而成的网络版课件。

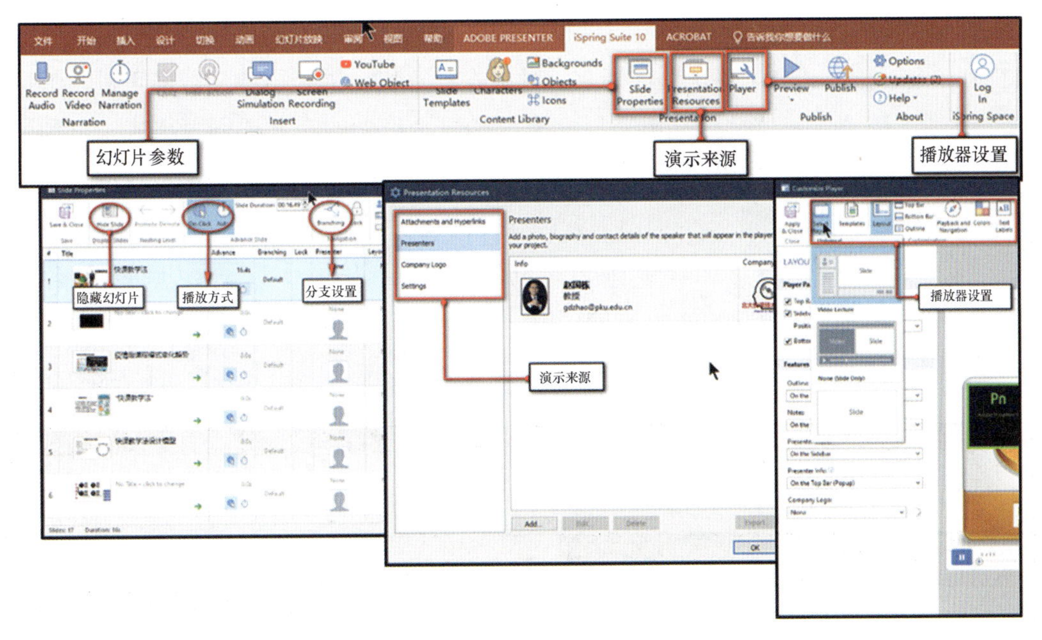

图 2-3-22　幻灯片格式转换相关设置参数

在预览状态下，如图 2-3-23 所示，iSpring 能展示在计算机、平板电脑和智能手机三种设备屏幕上的播放效果，其中幻灯片的动画、视频和音频文件等内容均可正常显示和播放。在计算机屏幕播放状态下，还可以显示出一个内容大纲导航栏和幻灯片注释内容。这是一个很实用的功能。

预览之后，点击“发布”（Publish）按钮进入如图 2-3-24 所示界面。目前 iSpring 提供了五种发布方式，对于国内教师来说，最常用的主要是“我的计算机”（My

图 2-3-23　三种课件播放的预览效果

Computer）和“学习管理系统”（LMS）两种，分别提供了两种格式的电子课件：HTML 5 格式的和 MP4 视频。前者是一种能在计算机、平板电脑和智能手机等常见电子终端上播放，并自动根据屏幕尺寸来调整显示尺寸的交互式网页格式，可利用电子邮件发送给学习者，也可上传至学习管理系统；后者则是一种能够在任何视频播放器上观看的常用视频格式，可以通过互联网传播或点播，但不具备交互功能。

在某些特殊情况下，如果教师想要将在线学习者限定于特定范围内，那么就可以启动“保护”（Protection）功能，其中包括“水印图片设置”“访问密码”和“访问期限”三种保护方式，可根据教学需要选择使用。

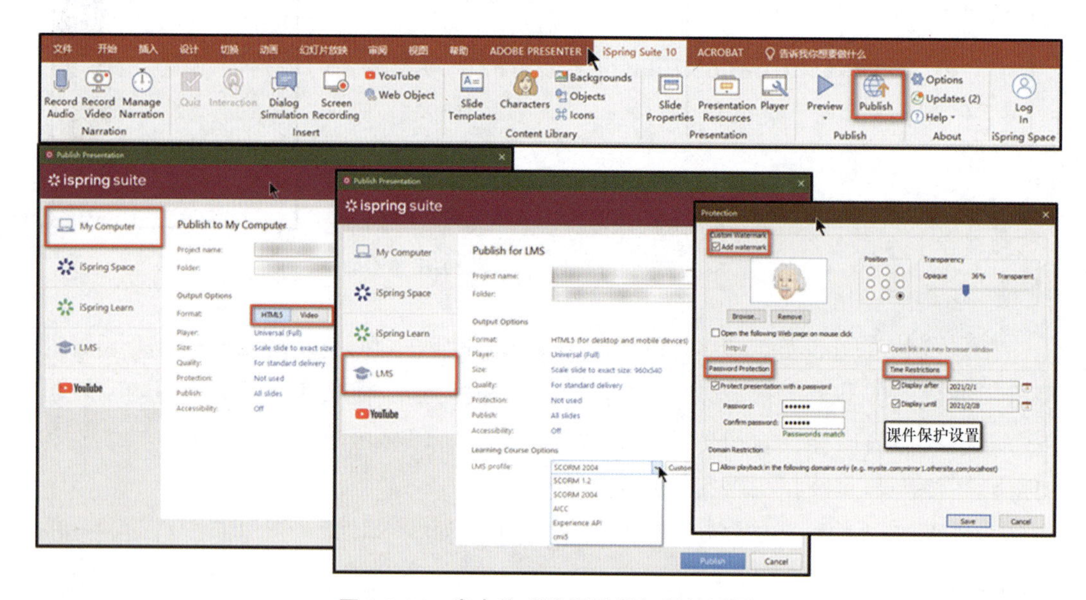

图 2-3-24　发布格式选择及版权保护设置

（2）计分测验

可自动计分的电子测验是 E-learning 课件的重要组成部分。iSpring 同样也为教师提供了在幻灯片中快速创建测验的功能。具备测验功能之后，可使课件突破单一演示格式，增加了学习的互动性。

若想添加电子测验，首先需要在演示文档中新建一张空白幻灯片，然后再点击“测验”（Quiz）按钮，在弹出窗口中选择“计分测验”（Graded Quiz），随之将进入 iSpring 的测验内容编辑状态。

目前，iSpring 能够提供 14 种计分测验的题型模板，分别如下。

- 选择题型（5 种）：单选题、多选题、判断题、等级量表题和下拉列表单选题；
- 填写题型（4 种）：单个文字填空题、数字填空题、多个文字填空

题和论述题；

- 拖拽题型（5种）：排序题、配对题、拖动填空题、热区点击题和拖放题。

进入测验编辑器之后，如图2-3-25所示，设计者首先要注意，它区分为两种不同功能的编辑视图，

- 表格视图（Form View）：主要用于插入各种题型的内容、添加说明幻灯片和试题分组等。在此视图下，菜单栏中仅有“主页”（Home）可用，功能较少。
- 幻灯片视图（Slide View）：主要用于测验格式的编辑和浏览。在此视图下，菜单栏中则包括“主页”“插入”“设计”和“动画”等按钮，功能较多。

图2-3-25 计分测验编辑器的两种不同视图

另外，在第一次使用iSpring测验编辑器时，应首先设置常用属性参数（Properties），如“测验计分”“问题属性”“选项列表”和“成绩报告”等属性参数（见图2-3-26）。建议将问题属性中的英文反馈信息翻译为中文，并点击“应用”按钮，这样以后测验的提示信息就会自动变为中文。同时，也应设计测验成绩报告的相关信息，以便接收测验成绩数据，此项功能要求学习者必须联网后方可进行测验。

在应用iSpring编制测验试题时，首先要在表格视图下组建一份试卷的基本结构（见图2-3-27）。它是由不同的模块（Group）构成，例如，

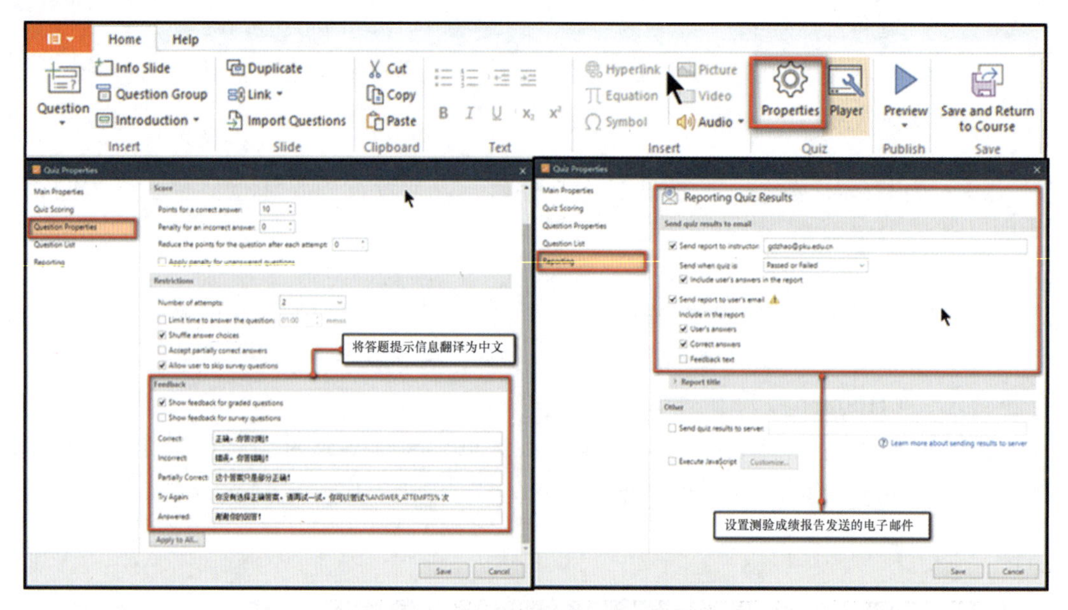

图 2-3-26 设置计分测验的属性参数

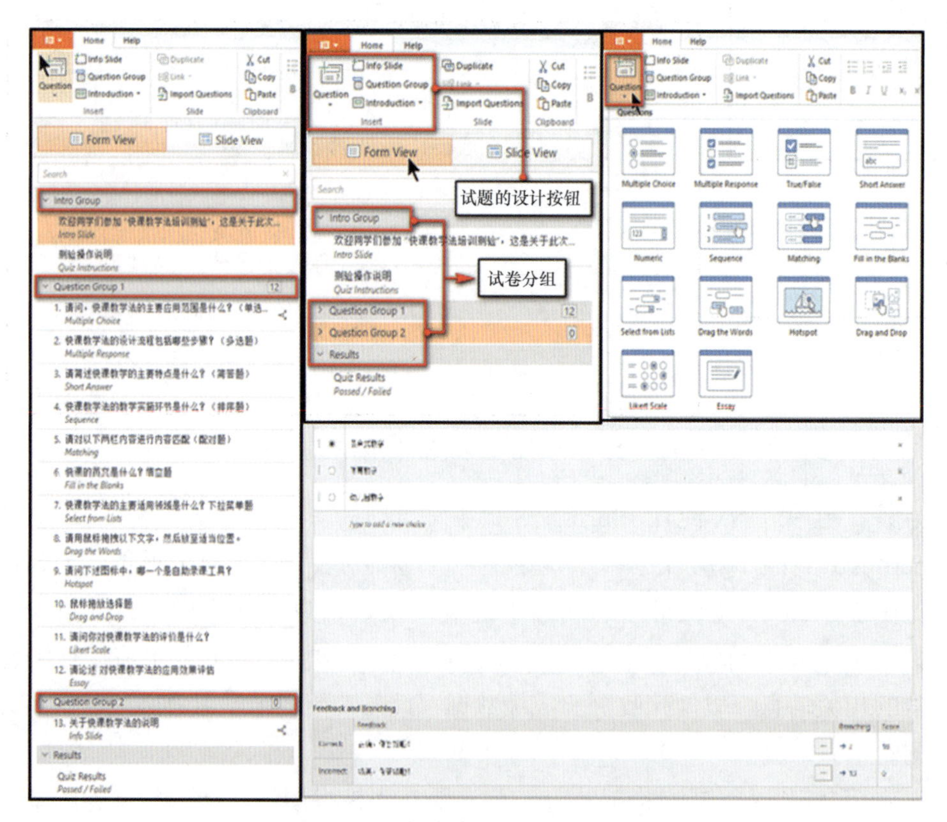

图 2-3-27 创建试卷的结构分组窗口

- **介绍模块（Intro Group）：**点击“介绍”（Introduction）按钮可创建介绍分组，其中可包括介绍幻灯片（Intro Slide）、测验指导（Quiz Instruction）和用户信息（User Info）三张幻灯片。
- **问题模块 1（Qestion Group1）：**点击“问题分组”（Question Group）按钮可创建一个分组。再点击“问题”按钮，会自动弹出 14 种题型，选择其中之一插入相应测验问题。
- **问题模块 2（Qestion Group2）：**同上，除了插入测验题之外，还可插入“说明幻灯片”（Info Slide），用于向学生补充说明某些内容，例如，答错题后向学习者呈现纠正教学信息。
- ……
- **测验成绩模块（Results）：**每一份试卷通常都包含的分组，用于向学习者发布测验的成绩等信息。

完成试卷模块设计之后，就可以添加测验试题。在 iSpring 提供的 14 种测验题型之中，如图 2-3-28 所示，每一题型都可进行如下内容设计和功能设置，

- 题干：测验问题的文本，同时可插入图片和语音旁白；
- 选项：问题的回答，可预先定义正确答案，也可插入图片；

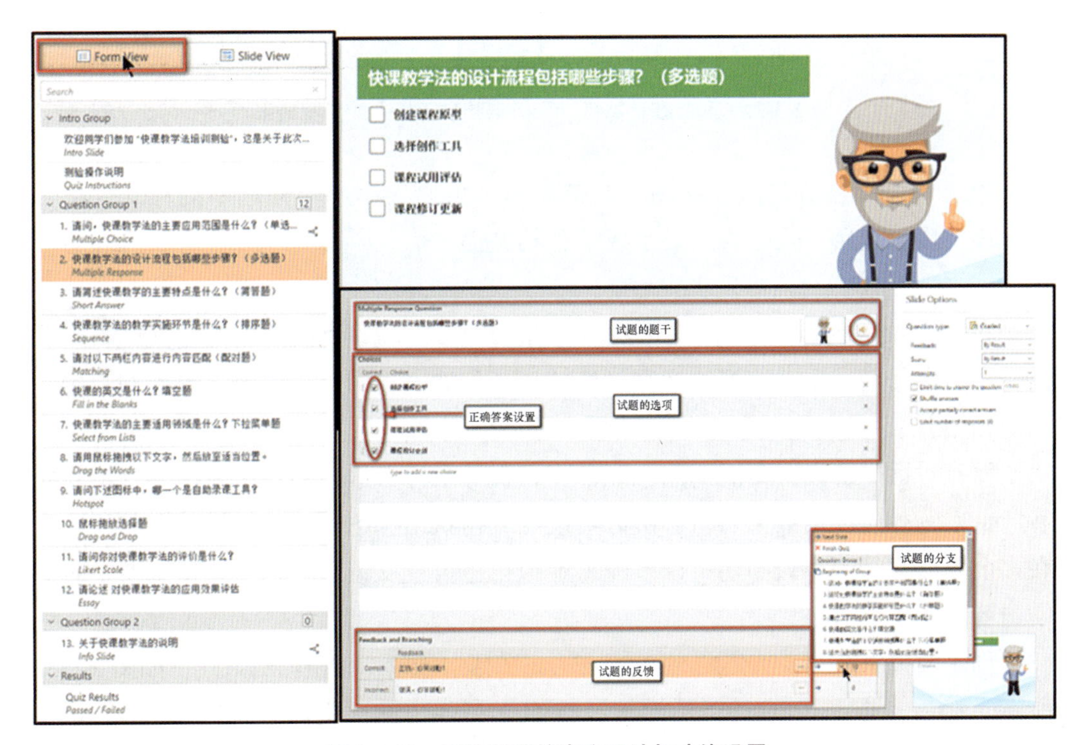

图 2-3-28　测验题型的内容设计与功能设置

- 反馈：针对正确和错误回答的文本和语音反馈；
- 得分：为试题的选项设置分数；
- 分支：针对正确和错误回答的下一步引导，如答对后进入下一题，答错则进入补习信息幻灯片。

在试题设计中，可随时点击“预览”按钮查看某一题、某一模块或全部试题的显示效果，包括在计算机屏幕、平板电脑和智能手机上的模拟样式（见图 2-3-29）。

图 2-3-29　测验在计算机、平板电脑和手机上的预览效果

当试卷设计完成之后，如图 2-3-30 所示，可以展示出不同题型的样式。学习者完成之后，最后一页会自动显示成绩和相关提示信息。

（3）对话模拟

在 iSpring 之中，对话模拟（Dialog Simulation）是一种独特的互动游戏型课件，可用来帮助学习者练习沟通和对话技巧。例如，教师可以设置一系列相关主题的对话情景：一个人物角色提出问题，另一个回答问题，如图 2-3-31 所示。在每一次问答对话中都设置不同的路径和分支，引导学习者进行角色扮演，感受不同回答所带来的相应反馈效果。将解决方案设计成树状结构图，可帮助设计者避免迷失在多个分支路径中。教师还可以事先为虚拟角色设置反馈，根据情绪指示器来表达学习者反应。

创建模拟对话时，首先要在 PowerPoint 文档中创建一张空白幻灯片。如图 2-3-32 所示，然后点击 iSpring“对话模拟”按钮，在弹出的“交流大师”（TalkMaster）窗口中，再点击“新建模拟”（New Simulation），随之进入对话模块的编辑器。

图 2-3-30　测试不同题型预览效果

图 2-3-31　基于场景的对话模拟课件

在对话模块编辑状态下，点击“新建场景”（New Simulation）按钮启动设计过程。然后，逐步为对话模拟场景添加内容、人物图片和相关属性设置（见图 2-3-33）。最后点击“关闭”按钮。

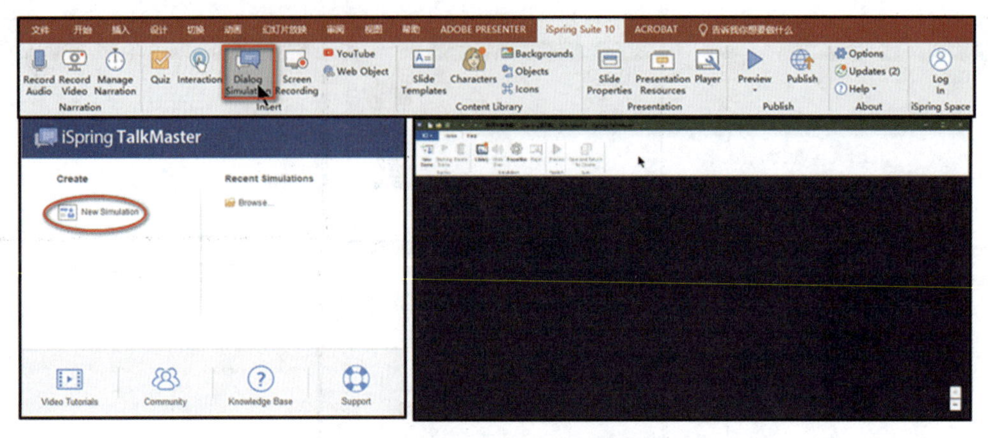

图 2-3-32　创建对话模拟式课件

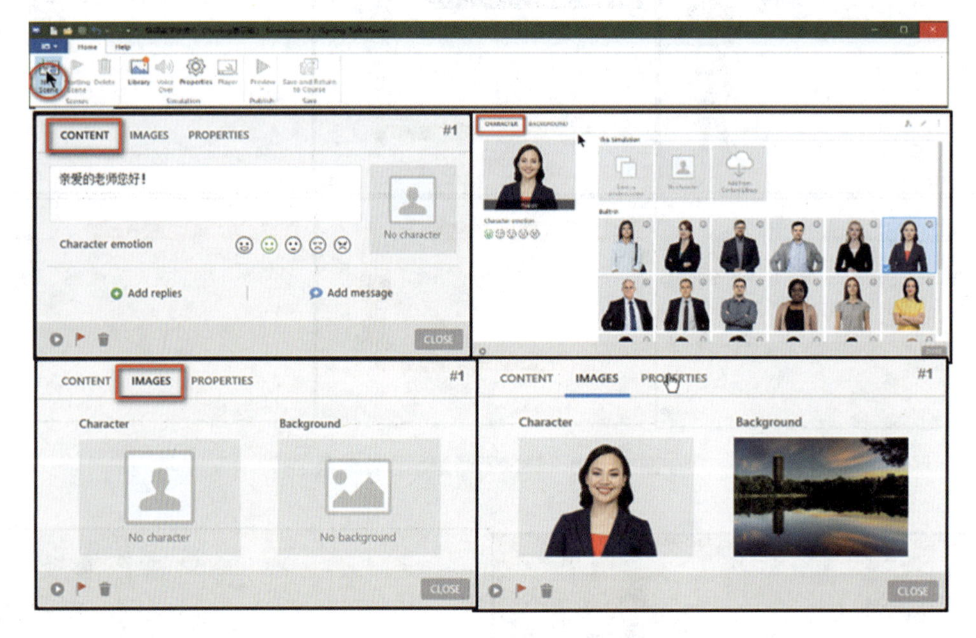

图 2-3-33　新建场景的操作步骤

随后，在“回答选项”栏内，根据教学内容输入当前场景的两个角色对话文本，通常是接待方和询问方两个人物之间的交流。在设计中，可根据接待方的提问设置不同的人物情绪，如快乐、微笑、平淡、生气和愤怒等情绪，点击相应图标即可设置（见图 2-3-34）。

下一步，根据询问方所提出的不同问题，进一步设置后续场景。操作方法是，用鼠标拖动问题栏右侧的“分支链接”按钮，生成问题的相应分支路径。依次类推，让所有问题都生成相应的分支链接。最终形成对话模拟的分支路径图（见图 2-3-35）。

图 2-3-34　场景对话内容设计与预览

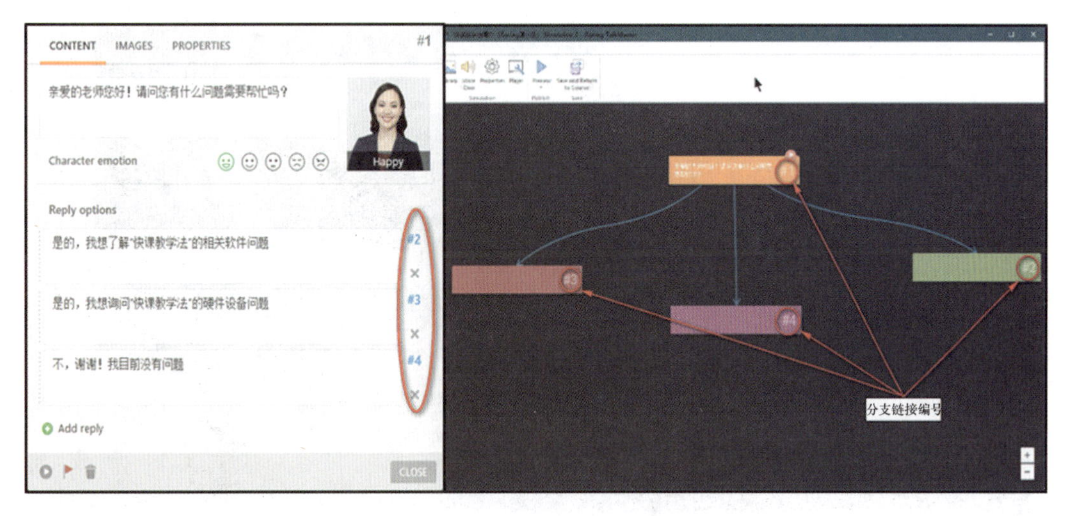

图 2-3-35　对话场景的分支路径链接图示

如果想要设计带有测验性质的对话模拟，也可以为每一个场景和对话设置相应测验分值，以便检查学习者对相关教学内容的掌握和理解情况。在这种情况下，则需要首先设置对话模拟的相关参数。如图 2-3-36 所示，操作方法是：点击“参数”（Properties）按钮，根据提示设置相关参数。

在设计中，为增强互动效果，也可添加人物角色的对话语音。点击“添加录音”（Voice Over）按钮，可选择两种方式为对话人物配音：直接录音或插入语音文件。当配音完成后，预览画面的文本对话框会显示语音图标（见图 2-3-37）。

设计工作全部完成之后，可点击“预览”按钮查看在不同设备上的显示模拟效果，并检查场景内容和链接。完整无误后点击保存返回 PowerPoint（见图 2-3-38）。

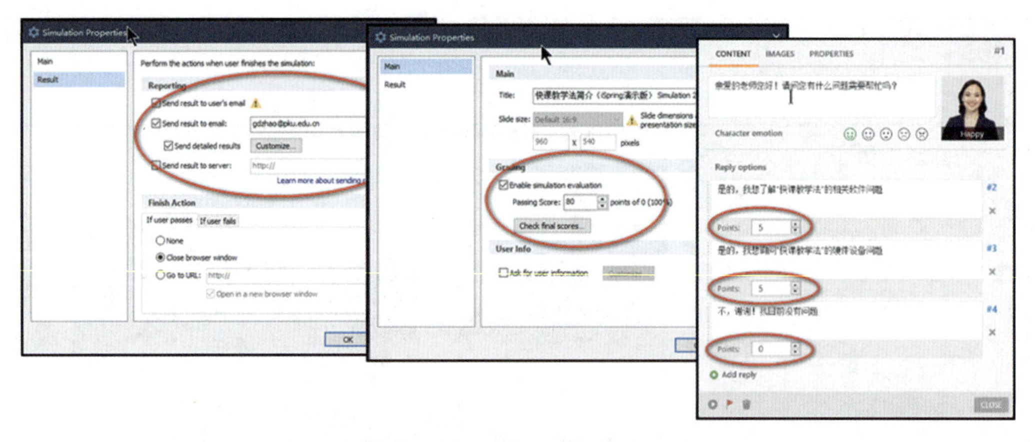

图 2-3-36　设置带测验分数的对话模拟

图 2-3-37　为对话人物添加配音

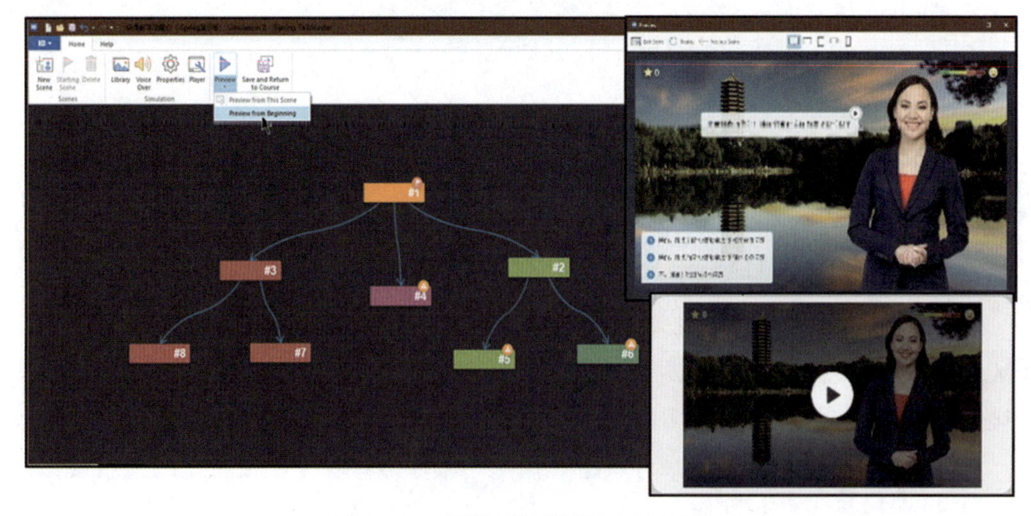

图 2-3-38　预览对话模拟的应用效果

（4）交互演示

交互演示是 iSpring 另一项引人注目的功能，它能为缺乏交互功能的 PowerPoint 幻灯片添加一些互动元素，提升学习者的兴趣。技术上，这个功能是利用各种事先设计好的动态模板而实现，易学易用。目前 iSpring 提供了四类共计 14 个视频交互模板，分别用于演示“过程”（Process）、“标记”（Annotation）、“分类”（Hierarchy）和“目录”（Catalog）。在形式上，视觉交互课件具有一定交互功能，能让学习者利用鼠标点击获得相应信息反馈。

在 PowerPoint 中新建一张空白幻灯片后，点击“交互”（Interaction）按钮，选择“新建交互”（New Interaction）后，即可弹出全部视频交互模板库内容（见图 2-3-39），选择其一后进入交互编辑界面（见图 2-3-40）。

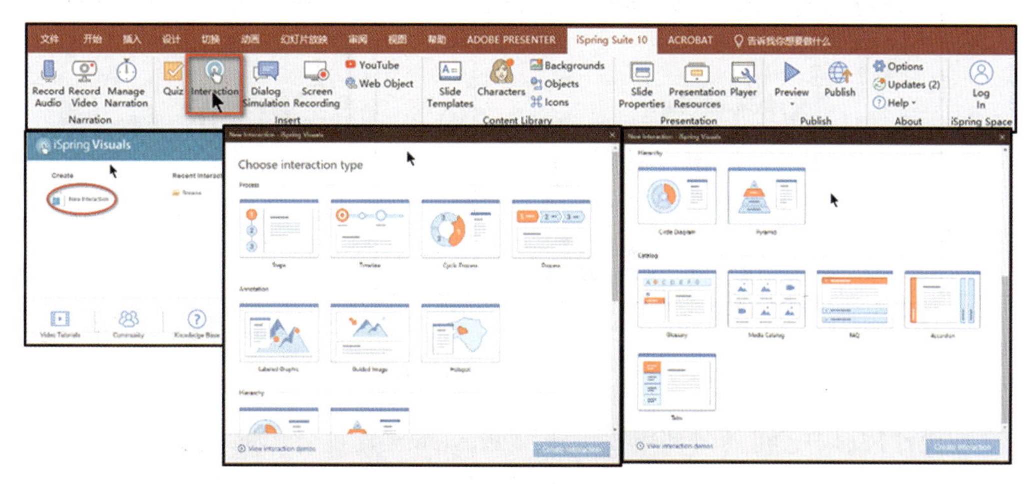

图 2-3-39　为幻灯片添加演示界面

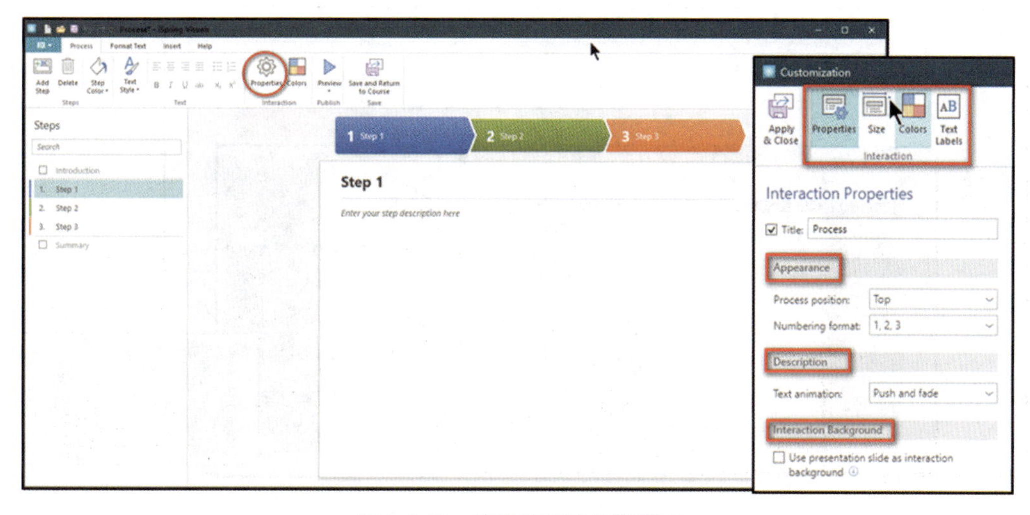

图 2-3-40　交互演示的编辑界面

在编辑界面中，点击“属性”（Properties）可对交互模板样式进行个性化定制，如设计外观、尺寸和颜色等。随后就可进入内容编辑环节（如图 2-3-41 所示）。

整体上，交互演示的操作方法与 Word 编辑类似，可直接输入标题、文本，也可插入图片。如果需要也可插入语音旁白和视频等素材，使呈现形式更加丰富多样。

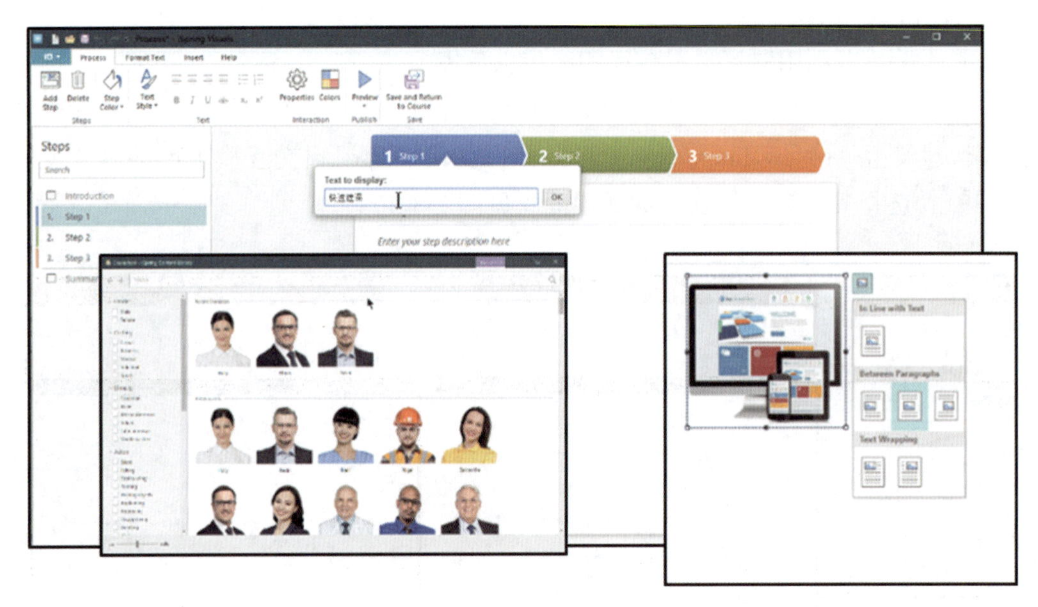

图 2-3-41　为交互演示模板添加各种素材

在设计过程中，可随时利用“预览”（Preview）查看交互演示在不同设备上的预览效果，如在计算机、平板电脑和智能手机屏幕上的预览效果（见图 2-3-42）。

图 2-3-42　交互演示在不同设备上的预览效果

设计完成之后，点击“保存和返回课件”（Save and Return to Course），将所完成的交互演示保存在PowerPoint文档之中，最终与其他教学内容一起发布为HTML 5格式的在线课件。

（5）视频录制

借助计算机的摄像头和屏幕录制功能，利用PowerPoint幻灯片可录制讲课过程的语音和视频，并自动生成各种形式的视频课件，是目前具有代表性的课件快速创作方案。如图2-3-43所示iSpring Suite提供了两种模式的视频录制功能：

- “幻灯片＋视频讲解”：主要用于录制教师讲课视频与PowerPoint幻灯片同步播放的“两分屏”或“三分屏”式HTML 5格式课件；
- “屏幕录制＋视频讲解”：主要用于制作软件模拟类课件，用于演示计算机屏幕上的鼠标和键盘等操作过程，可生成“画中画”式HTML 5格式课件。

图 2-3-43　两种视频课件制作功能

①幻灯片＋视频讲解

如图2-3-44所示，点击“录制视频”按钮，可启动“幻灯片＋视频讲解”的录制功能。在弹出的视频录制窗口中，左侧显示摄像头所采集的教师视频影像，右侧可显示幻灯片的文字注释作为讲课的参考。点击“开始录像”按钮后，利用左右翻页按钮控制幻灯片播放顺序。

录制完成之后，点击“管理授课”（Manage Narration）按钮可进入后期编辑环节（如图2-3-45所示）。此时，教师可根据需要为视频添加相关素材，如音频和视频内容；也可对讲课视频进行剪辑。

完成之后，点击“保存和关闭”（Save & close）按钮，返回PowerPoint窗口，然后点击“预览”按钮后就可以查看视频课件的预览效果（见图2-3-46）。

图 2-3-44　幻灯片＋视频讲解制作方法

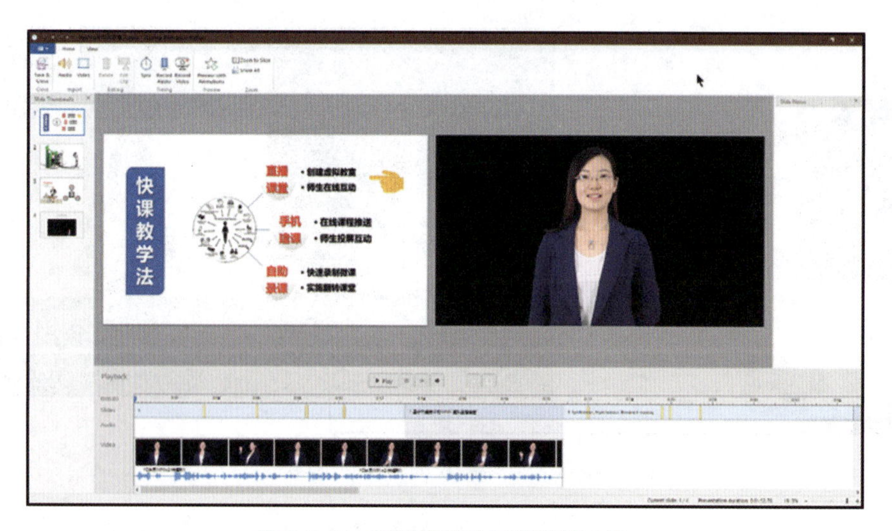

图 2-3-45　授课视频的后期编辑功能

图 2-3-46　幻灯片＋视频两分屏课件预览效果

② 屏幕录制＋视频讲解

iSpring 还提供了另一种视频课件制作方式：屏幕录制和讲课视频相结合的“画中画”视频课件。制作方式是：首先在 PowerPoint 文档中新建一张空白幻灯片，然后点击“屏幕录制”（Screen Recoring）按钮启动录制。

如图 2-3-47 所示，在“录像设置”窗口中，可选择三种录制模式：屏幕录制、摄像头拍摄或屏幕和摄像头同步录制。当选择第三种模式时，在屏幕虚线框的右下角会自动显示摄像头拍摄当前的视频。也可根据需要选择屏幕录制的范围（虚线框），或在“录制范围”下拉菜单中选择“全屏录制”或“程序录制”。随后点击红色录像按钮，启动录制过程。

图 2-3-47　“画中画”录屏课件的操作方法

录制完成后，进入视频后期编辑环节（见图 2-3-48）。iSpring 提供了一个简单的视频编辑器，可在时间轴上插入各种素材，如图片、图形、语音和文本等。同时也可进行视频剪辑和视频分割，在视频中间添加各种转场效果。此外，还可在音频轨道单独对音频进行降噪处理。

视频编辑完成之后，单击“保存并返回课件”（Save & Return to Course）按钮，则返回 PowerPoint 界面。随后点击“预览”按钮，就可以看到不同设备的播放预览效果（见图 2-3-49）。预览无误后可将课件发布为 HTML 5 或 MP4 格式。

综上所述，利用 iSpring Suite 所提供的课件制作功能，教学设计师或任课教师可以快捷地将 PowerPoint 演示文档设计为具有多种表现形式并具备一定交互功能的电子课件（见图 2-3-50），能在计算机、平板电脑和智能手机等多种设备上浏览和学习。这显示出插件式快速创作工具的独特功能与用途，为教师自主设计和开发入门级电子课件提供了有实用价值的路径。

图 2-3-48 “画中画”录屏课件后期编辑界面

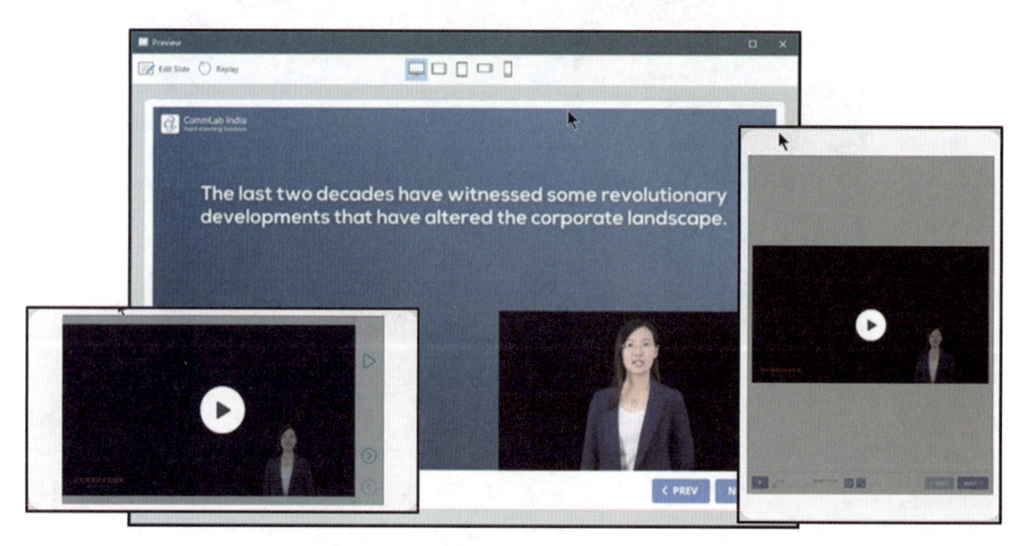

图 2-3-49 “画中画”视频课件预览效果

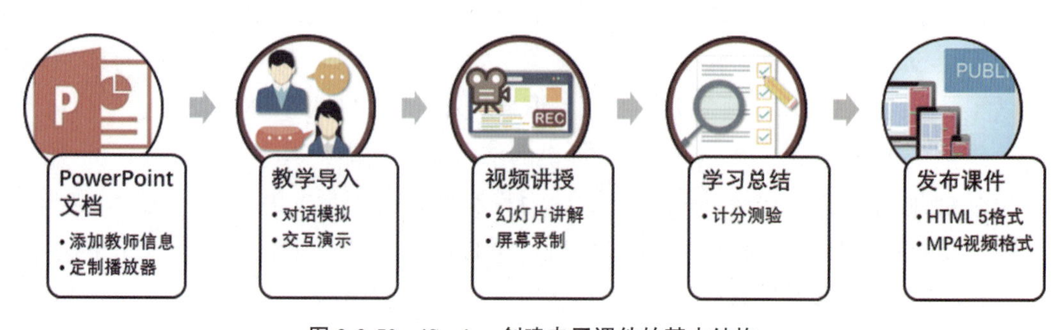

图 2-3-50 iSpring 创建电子课件的基本结构

4. 多功能创作工具：Captivate

与 PowerPoint 插件式工具相比，多功能创作工具有更加强大和多样化的课件开发能力，强调交互性的设计与制作。这类工具通常适用于有一定技术基础的教学设计者和学科教师使用，目前在快速开发领域，比较有代表性的通用创作工具是 Adobe Captivate。

实际上，Captivate（简称 Cp）就是第一代图形界面课件创作工具 Authorware 的升级替代产品，而 Authorware 又源于世界上第一代 PLATO 计算机辅助教学系统的创作工具 TUTOR。因此 Cp 在国际 E-learning 课件开发领域具有特殊的地位和影响力，欧美高等教育机构经常将 Cp 视为教学设计人员的必备开发工具之一，与 Photoshop（Ps）在平面设计行业的地位如出一辙。

（1）Captivate 概述

国外市场调查数据①显示，目前 Cp 的市场占有率约为 16.81%（见图 2-3-51）。按行业划分看，计算机软件（18%），医疗和保健（8%）及高等教育机构（6%）是最大的用户市场。66% 的 Cp 客户在美国，7% 在英国。

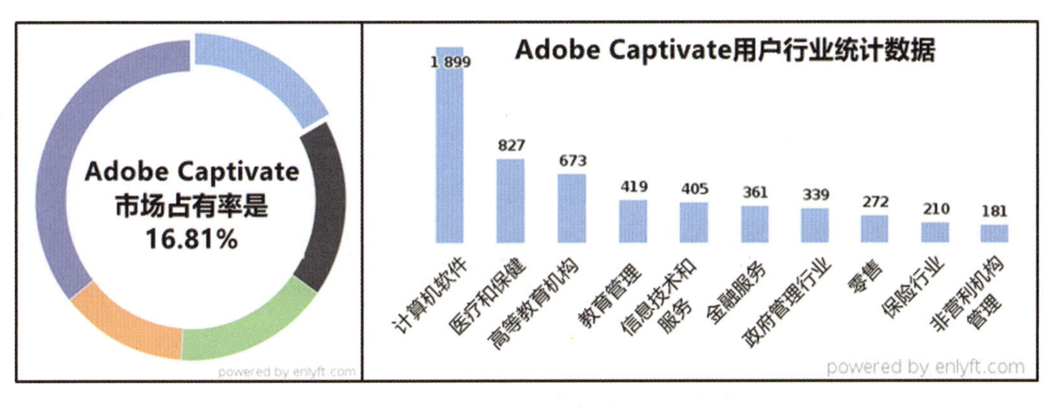

图 2-3-51　Captivate 在各行业的使用数据

在 Adobe E-learning Suite 之中，Presenter 和 Video Express 的功能定位主要是提供入门级电子课件开发工具，所针对的群体是普通教师和初级教学设计人员，利用 PowerPoint 演示文档快速制作在线课件或授课视频。而 Cp 则定位于高级层次的快速开发工具，主要服务于技术能力较好的学科教师或高级教学设计人员。

Cp 以快速开发多种交互性较强的电子课件为主（图 2-3-52），如“响应式课件”（Responsive Project）、“交互视频课件”（Interactive Video）和“虚拟现实课件”（Virtual Reality Project）。同时也兼顾开发多种形式的常用视频课件，如“软件仿

① ENLYFT. Companies Using Adobe Captivate［EB/OL］.（2020-04-11）［2021-07-14］. Office Productivity. https://enlyft.com/tech/products/adobe-captivate.

真课件”（Software Simulation）、“视频演示课件”（Video Demo）和“幻灯片式课件”（From PowerPoint）。

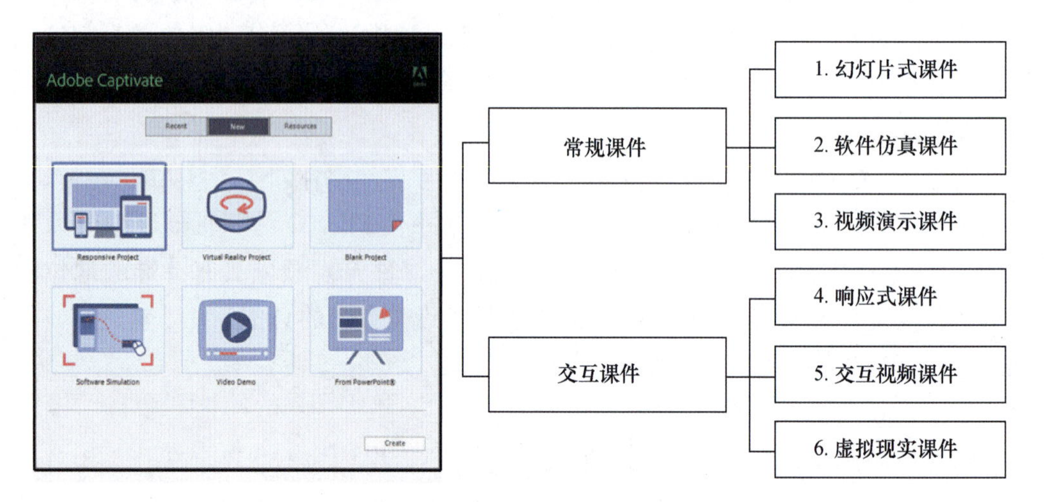

图 2-3-52　Cp 具备 6 类课件开发能力

（2）常规课件开发功能

Cp 基本囊括了目前 E-learning 课件常见的样式，从简单的 PowerPoint 幻灯片式课件到复杂的虚拟现实课件，能够满足多数教师或教学设计者的开发需求。

① 幻灯片式课件

在快速开发指导原则之下，Cp 同样强调课件设计中 PowerPoint 幻灯片的重要性，将之作为入门功能。因此，每一个版本都提供“从 PowerPoint 导入”功能，可以快速将演示文档转换为多种形式的电子课件。目前 Cp 对 PowerPoint 文档具备相当高的技术兼容性和内容整合性，能实现以下多种功能：

- 在 Cp 中导入和编辑 PowerPoint 演示文档；
- 将 Cp 项目插入 PowerPoint 幻灯片中；
- 在响应式课件中快速导入 PowcrPoint 演示文档。

对于初级设计者，最常用的功能，就是将已有 PowerPoint 演示文档的全部内容或所选定幻灯片直接导入，作为进一步开发电子课件的基础框架（见图 2-3-53）。Cp 目前支持扩展名为 .ppt、.pps、.pptx 和 .ppsx 的 PowerPoint 演示文档。幻灯片导入后，在 Cp 中仍可编辑和修改。

导入前，设计者可以选择链接到源 PowerPoint 演示文稿，使其与 Cp 课件保持同步，这不会影响 Cp 课件的文件大小。另一方面，也可选择将源演示文稿嵌入课件中，编辑嵌入式演示文稿不会影响其源文件，但会增加 Cp 课件的文件大小。导入前如果选择“高保真”选项，则可以导入 .pptx 格式文件。如果设置了

图 2-3-53　导入 PowerPoint 文档是入门功能

幻灯片排练计时，可选择“幻灯片持续时间”，这样所导入的幻灯片会自动根据排练计时来播放。

在导入幻灯片时，Cp 能确保幻灯片中智能艺术（Smart Art）动画效果仍然按部就班地播放，包括分层动画（一对一、逐级等）、文本的段落层面动画、文本效果（发光、阴影、3D 效果、反射等）、触发动画、音频、书签和注释等。PowerPoint 幻灯片中的旁白也能被导入为声音对象，并在 Cp 时间轴上显示为单独编辑对象。

PowerPoint 文档被导入之后，将作为课件设计的初始基础内容。设计者以此为基础给课件添加各种要素，如文本、对象、交互功能、媒体和测验等，最终生成一个以 PowerPoint 为基础的电子课件。

② 软件仿真课件

在 Cp 中，“软件仿真课件”（Software Simulation）是快速向学习者介绍和展示软件操作方法的视频课件，能精确而逼真地利用录屏方式演示软件的关键功能和操作方法。Cp 允许在三种模式下同时创建软件仿真课件（见图 2-3-54）：

- **演示类仿真：**演示某个软件的操作过程。这类课件是 MP4 视频格式的，不需要学习者执行任何操作。随着模拟的进行，鼠标指针在屏幕上移动，在屏幕上单击部分周围区域，则此区域会自动突出显示。当鼠标单击时，文本标题会自动显示相应的提示信息。
- **评估类仿真：**用来测试学习者对程序操作的掌握程度，要求学习者做出相应操作动作。在演示过程中会提示学习者按照要求做出相应的操作行为。当学习者按照要求单击正确位置时，演示将自动前进到下一步。如果操作不正确，则会自动弹出提示信息。这是一种需要执行每个屏幕任务的交互式课件。

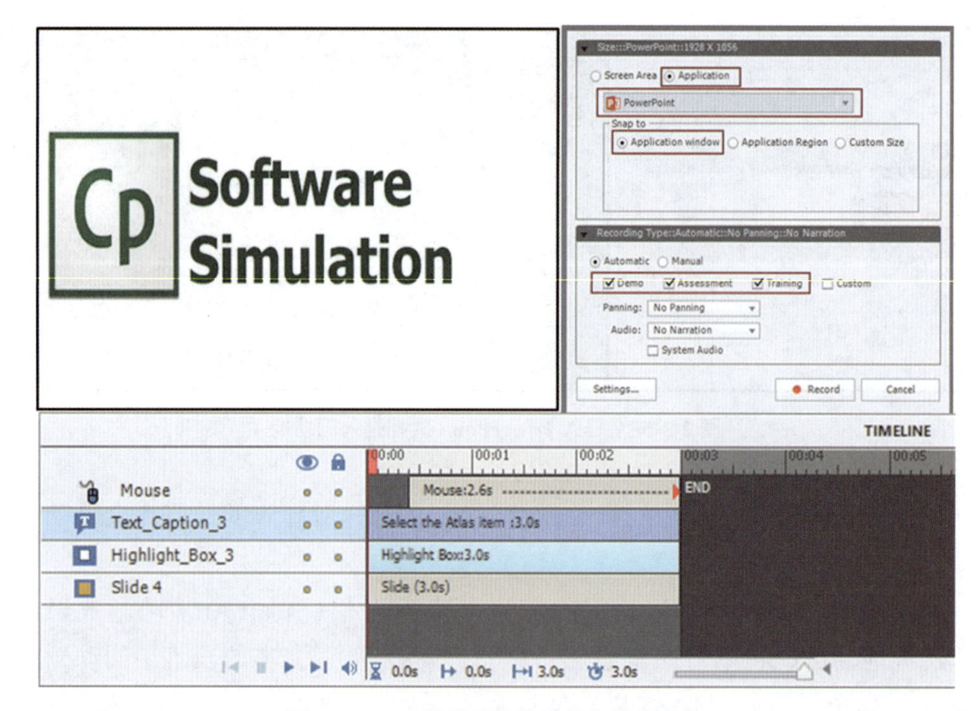

图 2-3-54　三种类型的软件仿真课件制作

- **培训类仿真**：它能逐步指导学习者完成软件的操作过程，在每个步骤的指导下，学习者需要执行每个屏幕任务。例如，第一个屏幕任务是单击“文件”，此时仿真将一直等到学习者执行此任务。如果将指针悬停在“文件”菜单上，将会显示相应的文字提示。如果学习者在屏幕上的其他位置单击，则出错信息会显示在需要单击的位置。单击正确位置后，仿真将继续下一步，直到全部结束。

在使用软件仿真功能时，Cp 还提供了录音功能，这样学习者在观看操作模拟时，还可以听到语音解说。

③ 视频演示课件

“视频演示课件”（Video Demo），通常用于教师自主拍摄或录制小段的教学内容演示视频，即“微课”或“微视频”。这项功能与本书第四章将要介绍的 Video Epxress（Vx）自助录课类似，能帮助教师快速自助录制微视频。

利用视频演示功能拍摄微视频时，通常要求准备相应的硬件设备，如绿背幕布、高清摄像头和适当的照明灯光。教师可以考虑在办公室或书房里搭建一个简易型录课室（见图 2-3-55）。

完成绿背抠像（Keying）操作之后，Cp 能快速生成一种被称为“画中画”样式的微视频——以屏幕录像（如 PowerPoint 幻灯片演示、程序操作演示或绘图板

图 2-3-55　摄制视频演示课件的常用设备

书写等）为后景，伴之以教师讲课视频为前景，两者自动叠加并同步播放（见图 2-3-56）。这也被称为“镜头重叠式微视频”。录制完成之后，Cp 自动进入后期编辑界面，设计者可对微视频进行剪辑和制作（见图 2-3-57）。主要功能包括，

图 2-3-56　录制和编辑画中画微视频

- 添加非交互式对象：可添加文本标题、高亮显示框、智能形状、图像、动画和字符等，这样可突出显示或强调视频中的某个部位或内容。
- 添加平移缩放特效：视频画面的平移和缩放效果，可实现某一时间点视频屏幕上特定区域的放大、平行移动或缩小，以吸引学习者的注意力。
- 更改视频背景：除采用背景透明的讲课视频之外，根据设计需要也可以更改为图片背景，支持多种格式图片作为背景。
- 遮盖部分视频：在后期编辑时，利用蒙板视频功能（Mask Video），可在时间轴上分别遮盖所选定时间段的教师授课视频或屏幕录像视频，使之仅显示前景或后景视频。
- 裁剪视频：根据情况，可将视频中某一特定时间段的视频修剪并删除。
- 添加转场效果：在时间轴上，可在视频的开头和结尾处添加不同转场过渡效果。
- 分割视频片段：根据设计需要，在时间轴上可将录制的视频分割为不同片段，并在片段之间插入分隔符、文本或视频等。
- 添加音频文件：根据设计需要可录制或导入音频 wav 文件，作为整个视频的背景音效，或为时间轴中的视频配音。当视频被拆

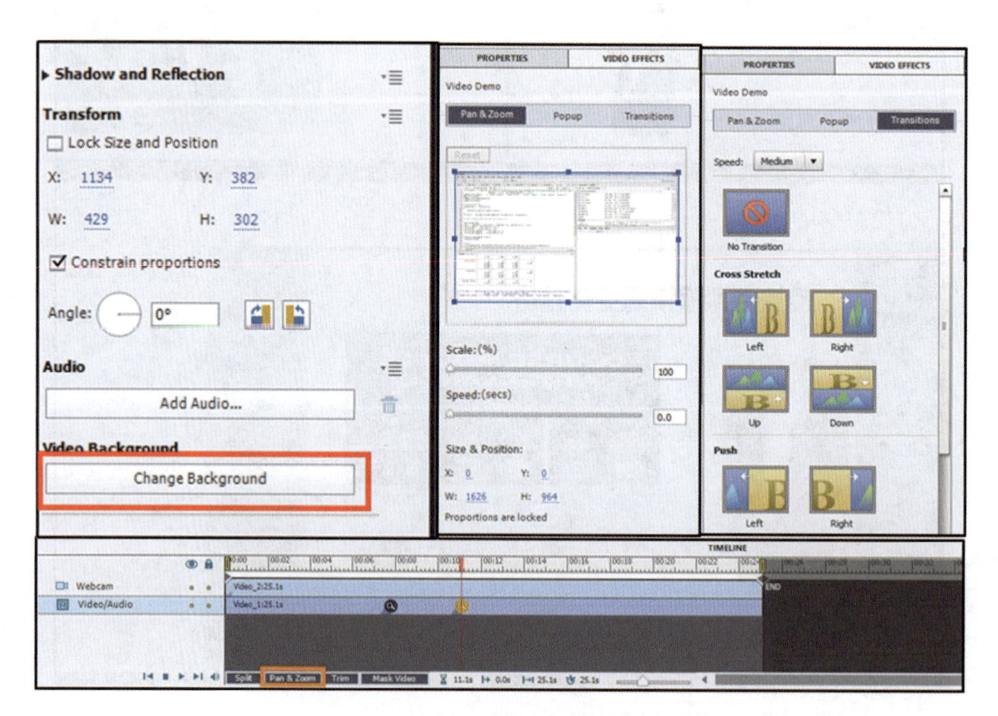

图 2-3-57　视频演示课件的后期编辑功能

分为多个视频片段时，可以为每个视频片段添加单独的音频片段。此外，还可添加或录制整个课件的语音旁白。

当视频演示编辑完成之后，可保存为 CPVC（Captivate Video Composition）格式文件，这与 Cp 常用文件格式 CPTX 有所不同（见表 2-3-1）。视频演示课件编辑完毕之后，可以发布为 MP4 视频。

表 2-3-1　CPTX 和 CPVC 格式差异比较

CPTX 格式	CPVC 格式
文件基于幻灯片格式，可在缩略栏中查看各张幻灯片	文件包含一个视频片段，可在时间轴中查看
可单击并编辑每一张幻灯片	可利用属性中“视频编辑”进行制作，在两点之间剪切、复制或修剪
可在幻灯片插入交互式和非交互式对象	仅能插入非交互式对象，如文本标题和突出显示框
可在幻灯片中插入测验	不能直接添加测验，但可将 CPVC 文件发布为 MP4 视频文件，然后再插入 CPTX 文件中
可预览整个课件、当前幻灯片或特定数目的幻灯片	可在窗口上预览整个课件或结构框架

（3）交互课件开发功能

交互式课件设计和开发，是 Cp 技术强大性的重要表现。目前具备 3 种交互课件的开发能力：响应式、交互视频和虚拟现实课件。

① 响应式课件

与传统 Flash 格式不同，“响应式课件”（Responsive Project）是一种能够同时运行于多种电子终端设备（计算机、平板电脑和智能手机等）的 HTML5 格式课件（见图 2-3-58）。这意味着它可能跨设备创建多种屏幕布局，实现电子课件的跨设备运行。响应式课件可自动创建具有五种分辨率的内容，

- 适用于计算机：分辨率 1024 像素 ×627 像素；
- 适用于平板电脑（横屏）：分辨率 896 像素 ×627 像素；
- 适用于平板电脑（竖屏）：分辨率 768 像素 ×627 像素；
- 适用于智能手机（横屏）：分辨率 667 像素 ×410 像素；
- 适用于智能手机（竖屏）：分辨率 360 像素 ×460 像素。

在响应式课件的设计中，不同设备之间视图的自适应过程，是利用“流体框”（Fluid Box）功能实现（见图 2-3-59）。流体框是一种课件的布局模板，可在幻灯片上提供对象的排列空间，以便在幻灯片适应不同的屏幕尺寸和设备时，对象可预测

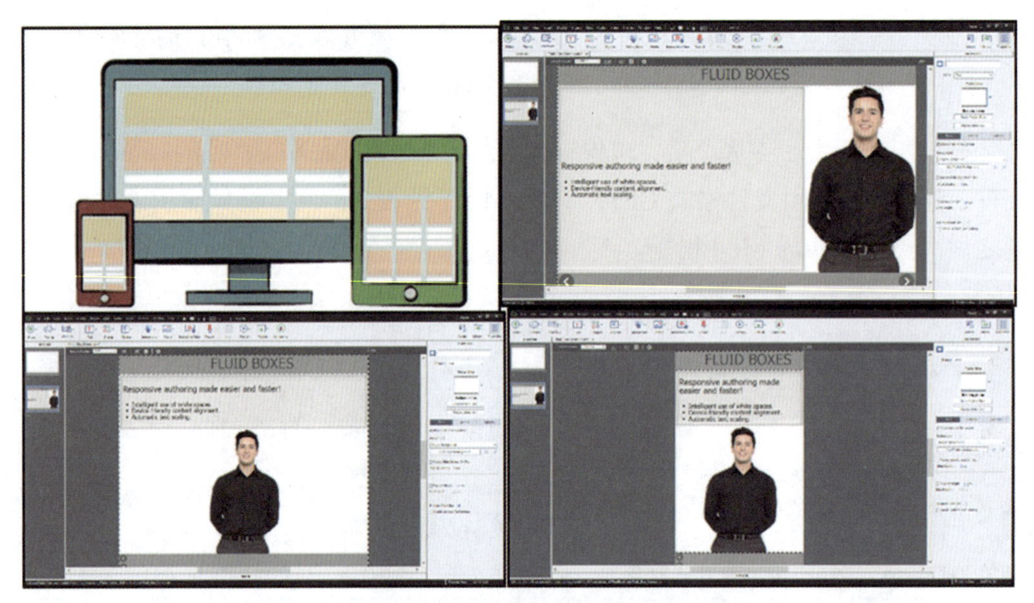

图 2-3-58　能够跨设备运行的响应式课件

图 2-3-59　响应式课件的流体框模板

并自动显示。设计者可向任何方向布置对象，流体框具有灵活性适应展示空间，它能自动扩展对象以填充可用空间，或缩小对象以防止溢出。因此，流体箱中的构成对象可以适应不同的屏幕尺寸。

简而言之，响应式课件的最大特点在于，可以根据学习者所用的设备类型自动调整课件的显示状态，无论在计算机、平板电脑，还是在智能手机上，课件内容都能以合适的形式显示出来，为学习者提供最佳的显示效果。

② 交互视频课件

作为一种可支持用户进行互动反馈的视频，“交互视频”（Interactive Video）采用一种将人机互动性与线性视频播放相互结合在一起的技术。传统视频被称为“线性视频”（Linear Video），采用一种仅能进行播放、快进、重播等简单操作的媒体格式。而交互视频则为观看者提供了额外的互动方式，如点击、拖拉、滚动、悬停、动作识别等操作，可实现与视频内容之间更加广泛的互动，类似对网页内容的互动形式。HTML5 是交互视频课件的常用技术格式（见图 2-3-60），通常可添加以下功能：

- 创建热区（Hotspots）
- 建立 360°视角（360 Views）
- 建立分支路径（Branches）
- 输入数据（Data Input）
- 创建测验试题（Quizzes）

图 2-3-60　带有测验功能的交互视频

自 2019 版开始，Cp 也紧跟技术潮流增加了交互视频课件设计功能。从教学角度看，交互视频课件适合各个年龄段的学习者，利用个性化评估能够有效提高学习者的参与度，目前已被广泛应用于学校教学、企业培训和市场销售等领域，尤其在微课和慕课设计之中。

交互视频课件的主要形式是“测验试题+分支路径”。它的基本应用场景是：以某个知识点视频为基础，教师可以设置视频播放过程的某个时间点自动暂停，然后随之自动弹出一个知识点检查幻灯片（单选或多选题）。学习者可利用鼠标点击回答问题，如果回答正确，视频继续播放；如果回答不正确，将自动跳转至视频中事先设置的时间点书签位置（Bookmark），让学习者重复观看相关内容，直到掌握所要求的内容之后，方可进入下一阶段学习。

在制作之前，设计者需要做以下准备工作：

- 一段包含若干知识点的教学视频，Cp 支持插入 MP4 格式视频，也可连接网址引用在线视频；
- 视频中所含知识点的测验题目，Cp 支持 7 种测验题型（选择题、判断题、填空题、简答题、配对题、热区题和排序题），用以创建所需要的测验题，生成叠加幻灯片（Overlay Slide）；
- 在视频的时间轴上为知识点创建导航书签，根据学习者的回答来实施相应的导航。

首先，如图 2-3-61 所示，创建一个空白课件（Blank Project）或响应课件（Reponsive Project），作为交互视频课件的基础模板。然后在工具栏上单击“交互视频”按钮，选择一个内容适当的教学视频（MP4 格式），或某个在线视频。然后再插入若干张带有测验题的幻灯片——知识测验幻灯片（Knowledge Check Slide），或带有教学内容的幻灯片（Conent Slide）。目前交互视频仅支持这两种类型幻灯片。

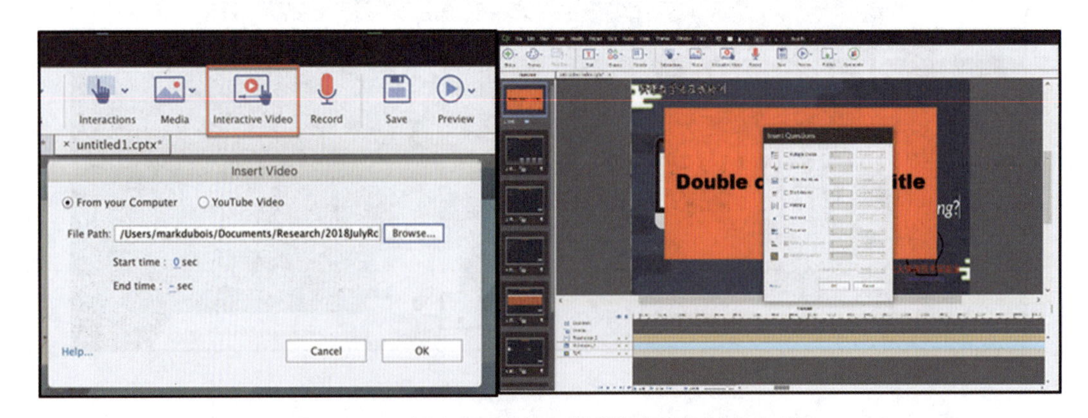

图 2-3-61　新建项目并添加教学视频和测验幻灯片

上述两种幻灯片也被称为“叠加幻灯片”，以半透明状态显示在视频的前景位置上，用于展示各种类型的测验题或相关知识点内容，供学习者用鼠标点击选

择或阅读。

如图 2-3-62 所示，下一步在时间轴窗口中，在教学视频的时间轴的特定时间点上，添加一个供学习者交互的标记位置，即“书签”。这专门用于在时间轴上标记测验幻灯片或内容幻灯片的出现位置，具有跳转至课件特定时间点的功能。

如图 2-3-63 所示，点击播放按钮开始播放教学视频，当播放至欲添加测验题或提示内容之处时，点击暂停按钮。此时 Cp 会自动在播放暂停位置生成一个书签（黄色矩形）和叠加幻灯片图标（黄色菱形）。点击这两个图标可分别添加书签名

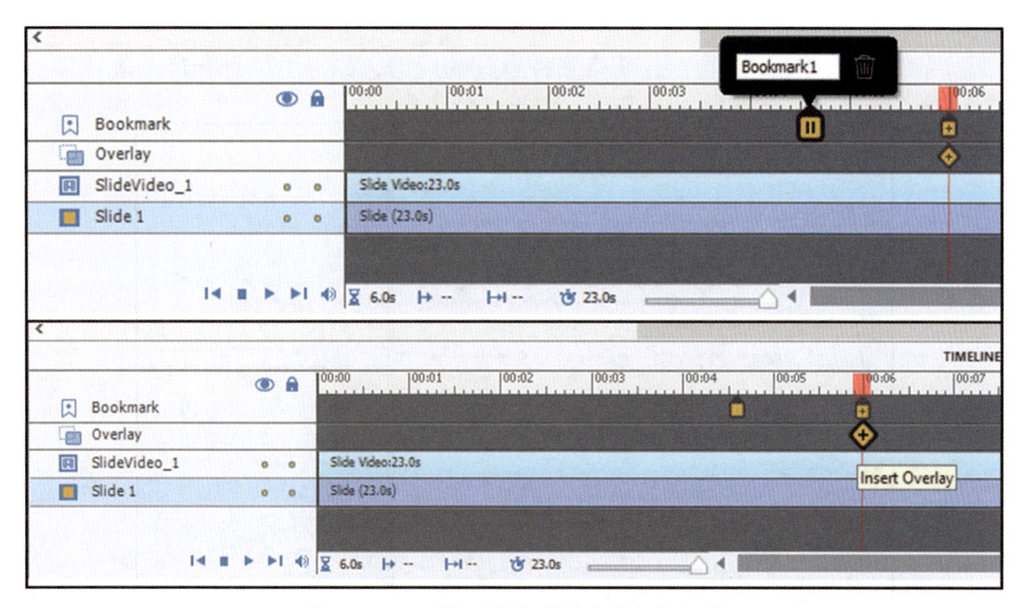

图 2-3-62　时间轴添加书签和叠加幻灯片

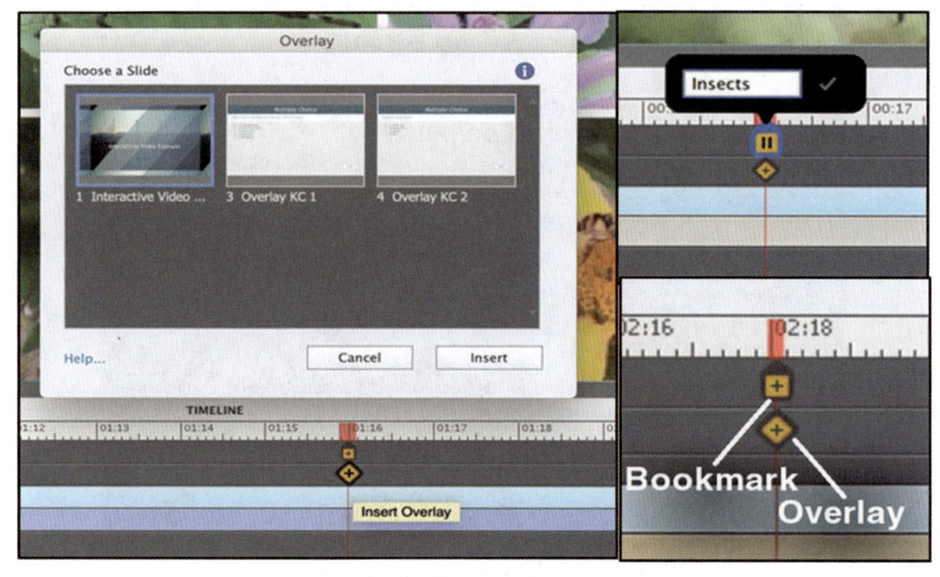

图 2-3-63　在时间轴上设置书签和叠加幻灯片

称和幻灯片名称。

在叠加幻灯片之中，设计者可添加一个跳转按钮。在按钮的“属性”检查器中（见图 2-3-64），打开“动作”面板，将之引导并跳转到视频中某一个书签或幻灯片，窗口将会自动显示视频中添加的所有书签或幻灯片名称列表。这样，当学习者完成测验题之后，点击提交按钮将自动跳转至视频的相应位置，进入下一阶段学习，或得到某一反馈信息。

设计完成之后，交互视频课件的发布格式要求为 HTML 5，可上传至任何支持 SCORM 等规范的学习管理系统播放（见图 2-3-65）。在观看视频过程中，学习者根据提示完成其中的交互测验，并获得多种形式的反馈，如提示信息和自动跳转等。

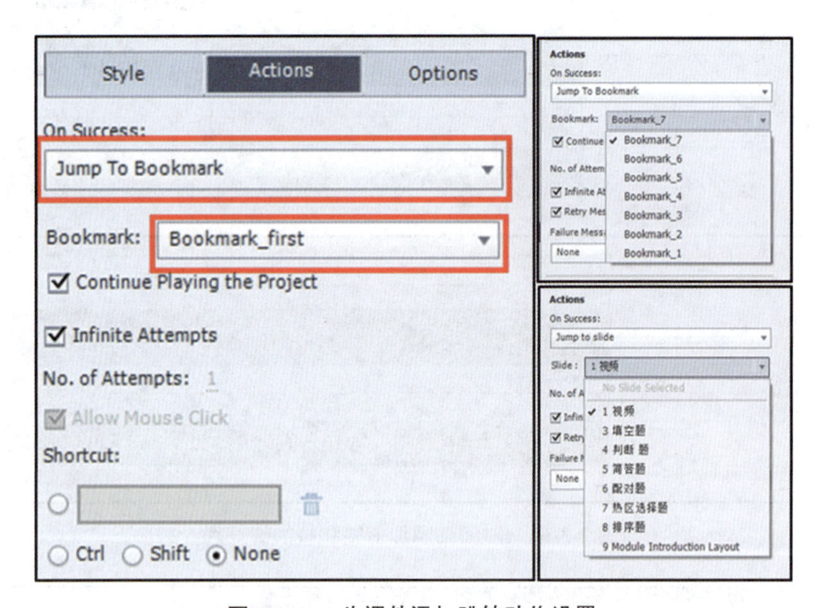

图 2-3-64　为课件添加跳转动作设置

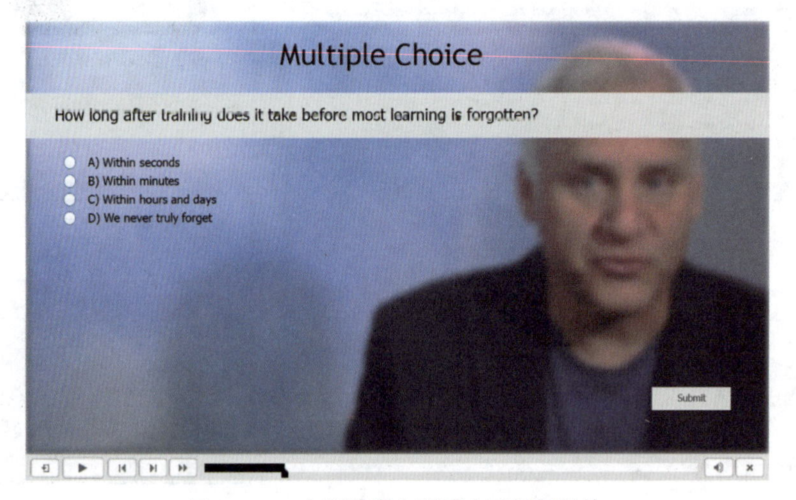

图 2-3-65　在浏览器中观看交互视频课件

③ 虚拟现实课件

“虚拟现实”（Virtual Reality，VR）是一种能够提供与现实世界相似的模拟体验感受的计算机技术，被广泛应用于娱乐性视频游戏、培训、教学、医学或军事训练等领域。目前，VR 技术通常分为“增强现实”（Augmented Reality，AR）和混合现实（Mixed Reality，MR）。标准的虚拟现实系统需要使用虚拟现实头盔或多投影环境生成逼真的图像、声音和其他感觉，模拟用户在虚拟环境中的各种感受。

类似交互视频中的 360°视角课件，Cp 提供了一种快速开发这种虚拟现实教学课件的解决方案。多种形式的模板套件可帮助教学设计人员或学科教师自主设计和开发初级的虚拟现实类教学课件。如图 2-3-66 所示，Cp 设计的虚拟现实课件需要相应硬件设备的支持，如头戴式 VR 眼镜，目前 Adobe 官方推荐的型号是 Google Day Dream 和 Samsung Gear VR。

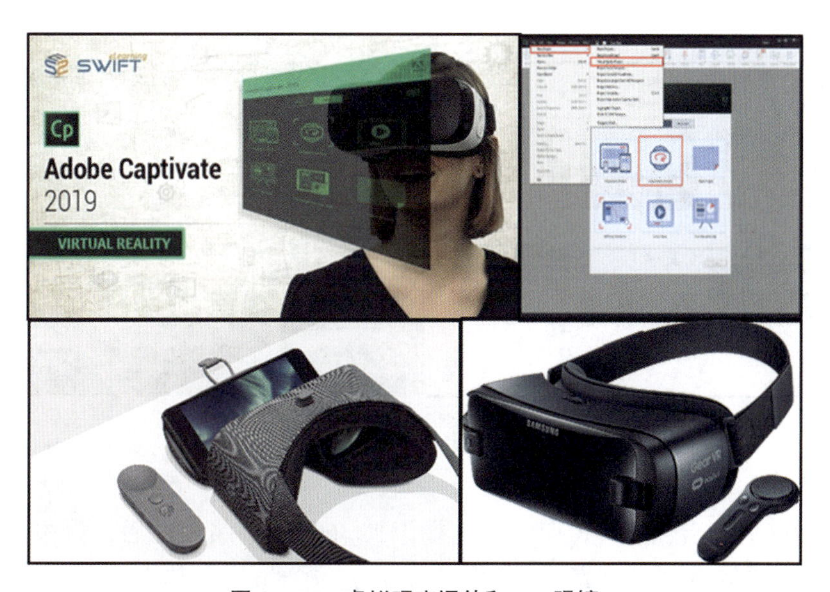

图 2-3-66　虚拟现实课件和 VR 眼镜

制作 VR 课件会涉及一种独特的素材——360° 照片（360 Degree Photo，见图 2-3-67），为虚拟现实课件提供视频模拟场景。这种照片也被称为“全景照片”（Panoramic Photo），是指符合人的双眼正常有效视角（水平 90°，垂直 70°）或包括双眼余光视角（水平 180°，垂直 90°）以上，乃至 360°完整场景范围拍摄的一种特殊照片。全景照片可嵌入网页之中，借助于一个浏览器插件在互联网上显示和观看。这样，观看者就能用鼠标拖动观看，这种互动功能是依靠插件实现。目前已有专用照相机和软件程序拍摄和制作 360°照片，也可以利用手机的专用程序拍摄和制作。

图 2-3-67　利用专用相机和专用程序拍摄 360 度照片

Cp 向设计者提供了一个通用性 360° 全景照片的免费模板库（见图 2-3-68），其中包括办公室、咖啡厅、家庭、工厂和驾驶室等的场景照片。设计者可根据需要直接调用模板照片作为 VR 课件的虚拟场景。

图 2-3-68　360° 全景照片模板库

在 Cp 首页点击创建 VR 课件，选择添加 360° 全景照片之后，再添加"热点"（Hotspots），作为 VR 交互背景（见图 2-3-69）。在 Cp 中，热点可以以图形、文本或测验题等形式呈现，学习者在选中时将会激活事先定义好的相应功能。一个热点可以触发某一种类型的交互学习活动，例如播放视频、音频或弹出文本。当设计者把某一种交互活动分配给特定热点之后，学习者通过 VR 眼镜中的聚焦凝视或鼠标点击，将会自动触发事件或进行交互活动。

如图 2-3-70 所示，在设计时，如果想将某个交互与热点相关联，可选择"热点"，然后从"单击时"下拉列表中选择某一个操作。这样，此热点会触发该操作。例如，要想让学习者在单击热点时看到文本内容。那么就可将文本添加到热点，然后在列表中选择选项"显示文本"（Display Text）。

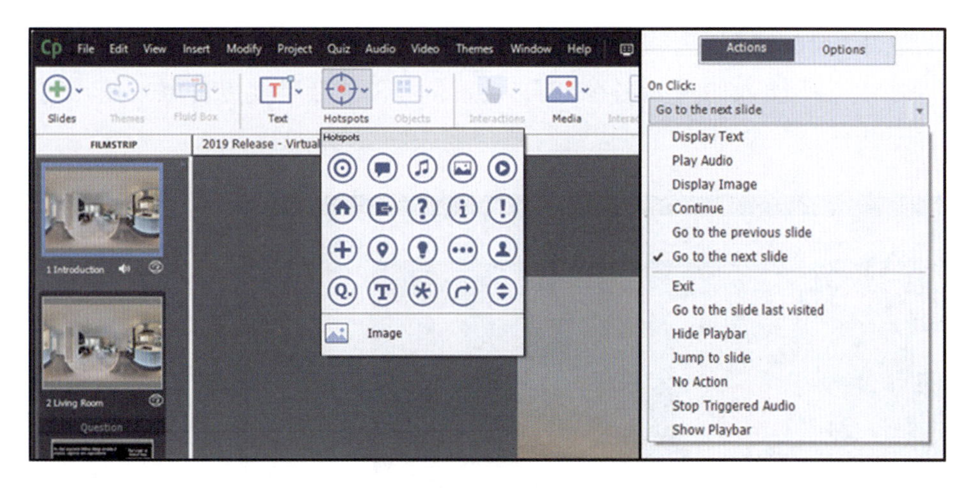

图 2-3-69　在全景照片中插入热点并定义特定交互活动

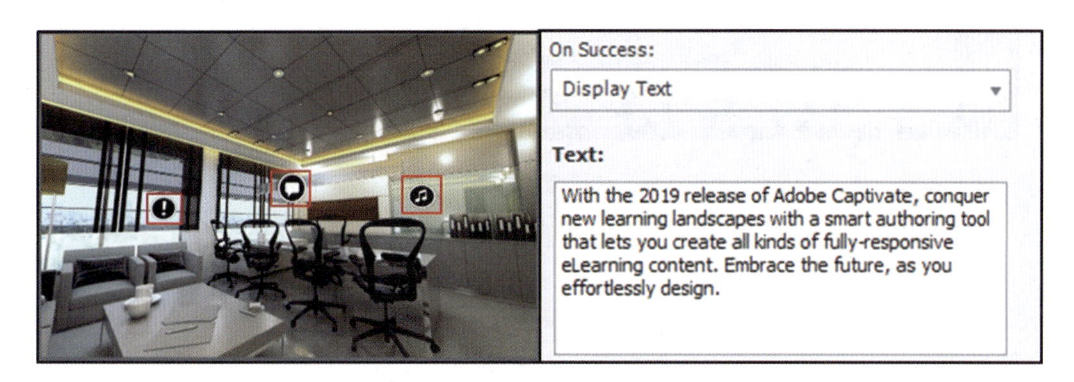

图 2-3-70　插入文本式交互热点

以下是三种常用的热点交互方式，

- 引导式：如果 VR 幻灯片设为“引导式”，则一旦超过所设定的时间期限，学习者将被自动从一个热点引导到另一个热点，引导顺序由时间轴中的插入顺序控制，即从下到上，首先访问底部。设计者可以在时间轴中对热点进行重新排序以更改引导顺序。
- 探索式：将 VR 幻灯片标记为“探索式”时，焦点将停留在场景中可见的任何一个内容上。
- 必须查看一次：当某个热点标记为“必须查看一次”时，则要求学习者必须至少触发一次该热点之后，才能将其导航到其他热点。

Cp 还可以设置触发热点后自动播放一段视频。如图 2-3-71 所示，操作方法是：在 360°全景照片上插入一个热点，然后在“属性”检查器中的“单击时”

下拉列表中选择“播放视频”选项。从计算机中选择一个视频（MP4）插入播放热点之中，所插入的视频名称会自动显示。这样，当学习者触发热点时，视频就会开始播放，学习者也可以进行暂停或关闭视频操作。

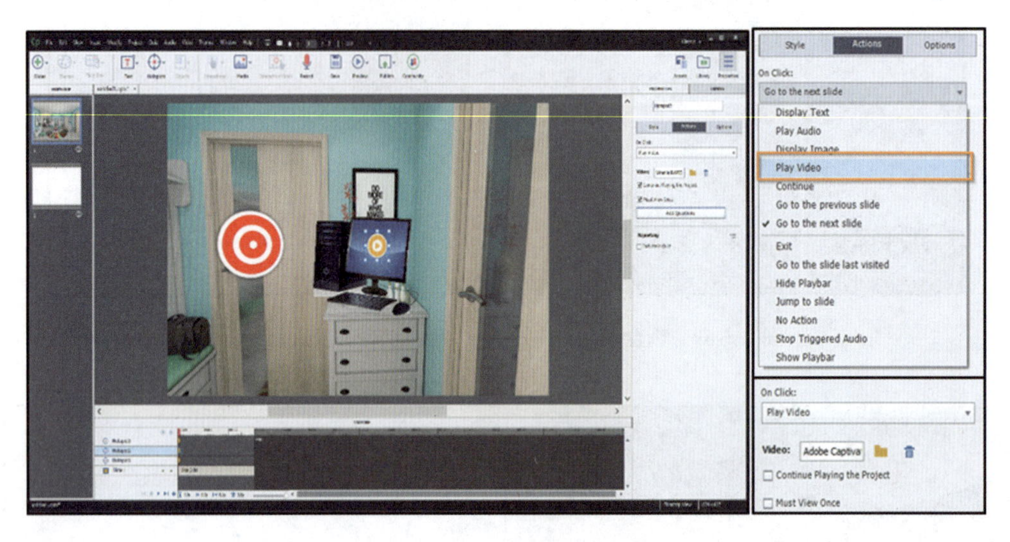

图 2-3-71　为热点设置播放视频片段

除了文本和视频，设计者还可以插入测验和知识检查幻灯片，以评估学习者并在课程结束时进行评分。这样，学习者触发一个热点后，会出现测验幻灯片，回答完问题后会获得相应的分数。如图 2-3-72 所示，设计者在图像上添加一个热点之后，选择热点，再在属性检查器中单击“添加测试题”，在“插入测试题”对话框中，选择题的类型。单击确定之后，将测试题添加到幻灯片中，并根据需要修改成功和失败提示信息的文本内容。

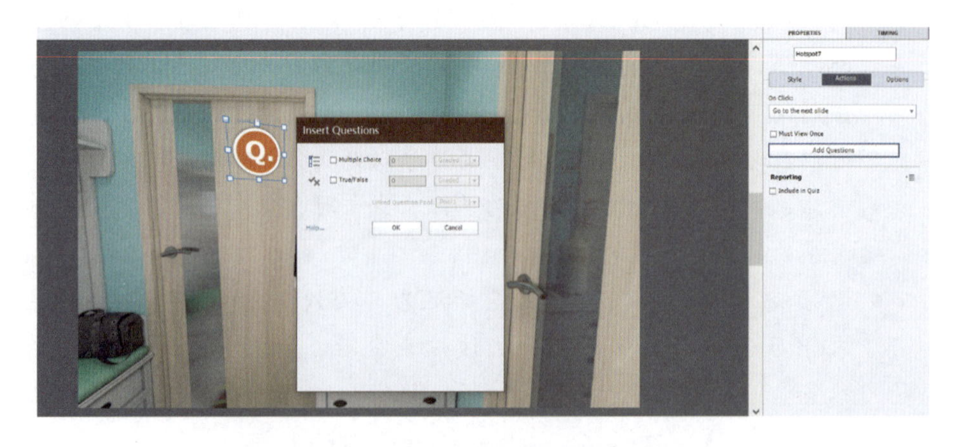

图 2-3-72　在幻灯片中添加测试题热点交互活动

在 VR 课件设计过程中，可利用“实时预览”功能生成二维码，然后利用移动设备或头戴式 VR 眼镜扫描进行实时预览。如图 2-3-73 所示，操作时，先打开一个 VR 课件，然后单击“预览”中的“设备中实时预览”，将会自动生成一个二维码链接。选中扫描后将显示一个 URL 链接，可与其他人（在同一局域网中）共享此 URL。单击链接后，VR 课件预览将出现在手机上，或者也可将手机放入一个插入式 VR 眼镜观看完整的 360° 沉浸式视频。

图 2-3-73　利用实时预览功能查看 VR 课件

最后，当预览 VR 课件并完成修改后，就可以正式发布为 HTML 5 格式的压缩包，将课件上传到 Web 服务器后通过 VR 设备来观看。需要注意的是，当正式发布 VR 课件后，学习者只能在 Web 服务器上查看该项目，仅单击文件夹中的 index.html 无法正常运行。

综上所述，在 Adobe E-learning Suite 之中，Video Express、Presenter 和 Captivate 具有一些相互重叠的功能：三者都可以创建多种形式电子教学课件，也可以上传到学习管理系统，能基于 PowerPoint 使用，也可以创建交互式测验。但是 Presenter 和 Video Express 属于入门级的课件创作工具。而 Captivate 是一个通用性创作工具，教育者无需编程就能够创建各种类型的课件，适用范围更广泛。正如有研究者所指出的：

尽管大多数人都喜欢使用 Video Express 创建视频课件，也可以添加在线测验。但总的来说，如果想要寻找一个功能强大并且易用的课件创作工具，Video Express 只是初级选择。对于具有更高要求的教师或教学设计者而言，更应该考虑使用 Captivate。①

① DOMINIC MICHAEL. What is the Difference between Adobe Captivate and Adobe Presenter Video Express? [EB/OL]. (201-04-23) [2021-07-14]. https://elearning.adobe.com/2018/04/difference-adobe-captivate-adobe-presenter-video-express/.

第三章　快课教学法与移动学习

实践证明，在过去半个世纪的教学改革过程中，E-learning 不仅未与传统教学法产生所预想的冲突，反而与之相互融合和渗透，产生了诸多新兴教学组织形式。其中最令人瞩目的，就是前面所提及的“混合学习”。对于广大一线学科教师来说，迫切需要一种能够将教学理论、技术和混合学习相互整合的操作性实践方案。快课教学法的适时出现，顺应了当前的教学实践需求。

3.1　快课教学法概述

本章将着重介绍一种以快速原型制作法、快速电子学习开发和课件创作工具为基础而逐步演变出的复合型信息化教学设计方案——快课教学法。这是一种专注于推动实现混合学习在高校课堂中普及应用的实践性教学改革方案，它创造性地将课程原型设计、课件开发工具与教学设计巧妙结合，融会贯通，为混合学习落实于课堂教学实践提供了一整套解决方案。

快课教学法是一种以“快速电子学习开发”和混合学习为指导思想，依据“快速原型制作法”创建在线课程网站，利用创作工具设计和开发电子课件，最终创建快速开发和实施“混合-灵活课程”的综合设计方案。

如图 3-1-1 所示，快课教学法既包含传统教学法层面的理论模型和要素，同时囊括 E-learning 相关的技术、设备和工具。换言之，这是一种强调将软、硬件技术、教学方法和教学组织形式等要素融为一体，以实现技术与课堂之间无缝连接的体现互联网时代特色的教学法。它突破了传统教学法的单一性和理论性，使之成为一种易学易用的可操作化教学设计方案。

从实践角度说，作为一种针对一线学科教师而设计的混合学习实施方案，快课教学法的目标，在于提供一种将传统课堂教学改造为“线上＋线下”相结合的混合-灵活课程的实践性路线图。也就是说，在这套方案之中，既包含教师的教

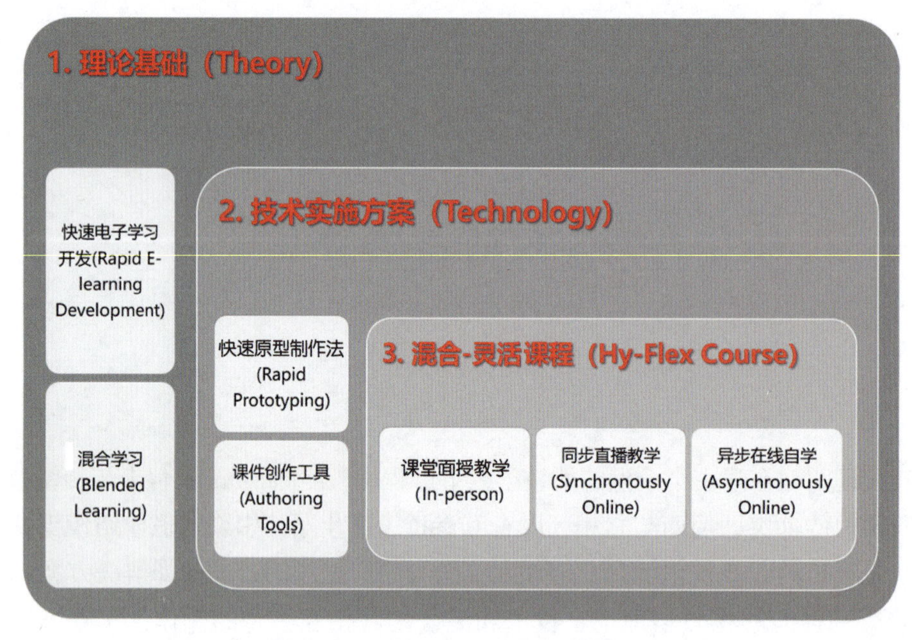

图 3-1-1　快课教学法的结构模型

学设计方案（备课教案），也包括学生的学习管理方法（过程管理）。此外还提供了一整套用来实现课堂面授、同步直播教学和异步在线自学三种授课模式的快速开发技术方案。

在实践中，设计流程图是教学设计模型从理论走向实践的重要环节。快课教学法在长期教学实践中已逐渐形成多种比较成熟的设计流程图，以下将重点介绍一种简单实用的“四段式”设计流程图。如图 3-1-2 所示，它是由四个环节组成，清晰展示出快速原型制作法和快速电子学习开发在其中所扮演的重要角色，推动快课教学法朝着可用性、易用性和实用性方向迈进了一大步。

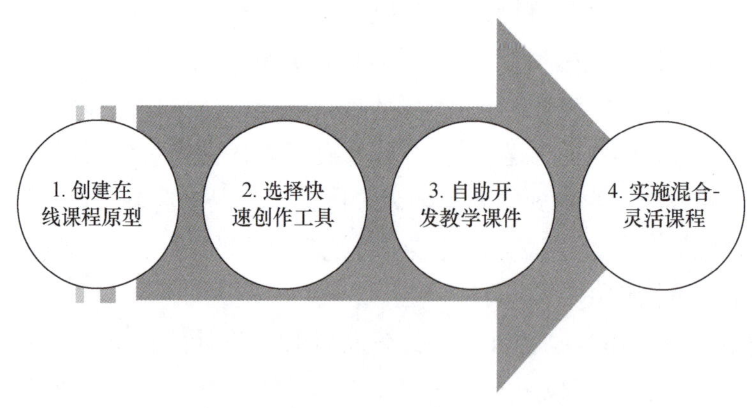

图 3-1-2　快课教学法“四段式”设计流程

3.1.1 快课教学法的特点

根据过去10多年在高校教学实践中的表现，快课教学法展示出以下特点：

第一，在校园信息化建设层面，快课教学法的技术方案具有较强的通用性和迁移性，适用于多数高校信息化教学环境。它继承当前E-learning技术方案的基本框架，以广泛应用的“学习管理系统”“网络视频会议系统”和“创作工具”为基本构架。这套方案自20世纪90年代以来，已发展成为国际普及性校园信息化体系，被国内高校广泛采纳。这为它的推广和应用提供了良好技术基础。

第二，在实践中快课教学法强调常规备课、上课方式与E-learning新教法相互融合，将教师惯用的PowerPoint演示与自助录课技术结合起来，较好地解决了技术门槛和可持续发展问题。利用“PowerPoint快速开发”相关的多种创作工具，将备课、说课和录课三者相结合，构建起一整套简捷易用的自助录课解决方案，这有利于提升一线学科教师的电子课件自主设计能力。

第三，快课教学法技术门槛低，简捷易用，所涉及的硬件设备技术要求低，操作简单。一般都采用通用性设备，如智能移动终端（手机、平板电脑）、计算机和高清摄像头等，这对于大多数学科教师来说，都是容易获得和操作的设备。另外，快课教学法所涉及的快速创作工具（制作程序），也都属于易学易用的类型，教师通常都能在短时间内掌握和使用。

第四，从学生角度看，各种移动电子设备，尤其是智能手机已成为当代大学生必不可少的常用工具，这为快课教学法所强调的混合-灵活课程，以及面授、同步和异步“三位一体”式教学提供了坚实基础。无论是基于手机的移动学习，还是“线上＋线下”结合的投屏讲课等方式，都容易被学生所接受和使用。可以说快课教学法从多个层面体现了移动学习理念，将多种移动设备整合到教学之中，从教师的备课、授课和课堂管理，到学生的课前预习、课上练习和课后复习，正在逐步实现“任何时间、任何地点教与学”的目标。

在实施方式上，与“集中突击”开发模式不同，快课教学法体现出快速原型制作法的迭代开发和逐步完善的理念。在初步完成在线课程的原型之后，采用边设计、边制作和边试用的策略，将课程原型应用于教学实践中，并不断测试和修订，可随时发现问题，解决问题，不断改进。快课教学法的设计者和开发主体都是由主讲教师来主持和负责，他们了解自己的教学需求，掌握学习者的需求变化。这种模式突破了传统E-learning课程开发模式，为一线学科教师提供了最大限度的教学自主性和灵活性。

3.1.2 快课教学法的实施方案

基于北京大学20余年信息化教学改革的实践，以下将介绍一种比较成熟的快课教学法实施方案，它由三个基本环节构成：快速建课、自助做课和弹性授课。如图3-1-3所示，这个实施方案分为三个层次，结构清晰，可操作性强。

- 操作流程：从课程原型创建到教学课件制作的一系列操作方法；
- 技术工具：根据不同需求，提供了多种类型的快速电子学习开发工具；
- 教学步骤：以课程网站为基础快速构建混合－灵活课程的具体步骤。

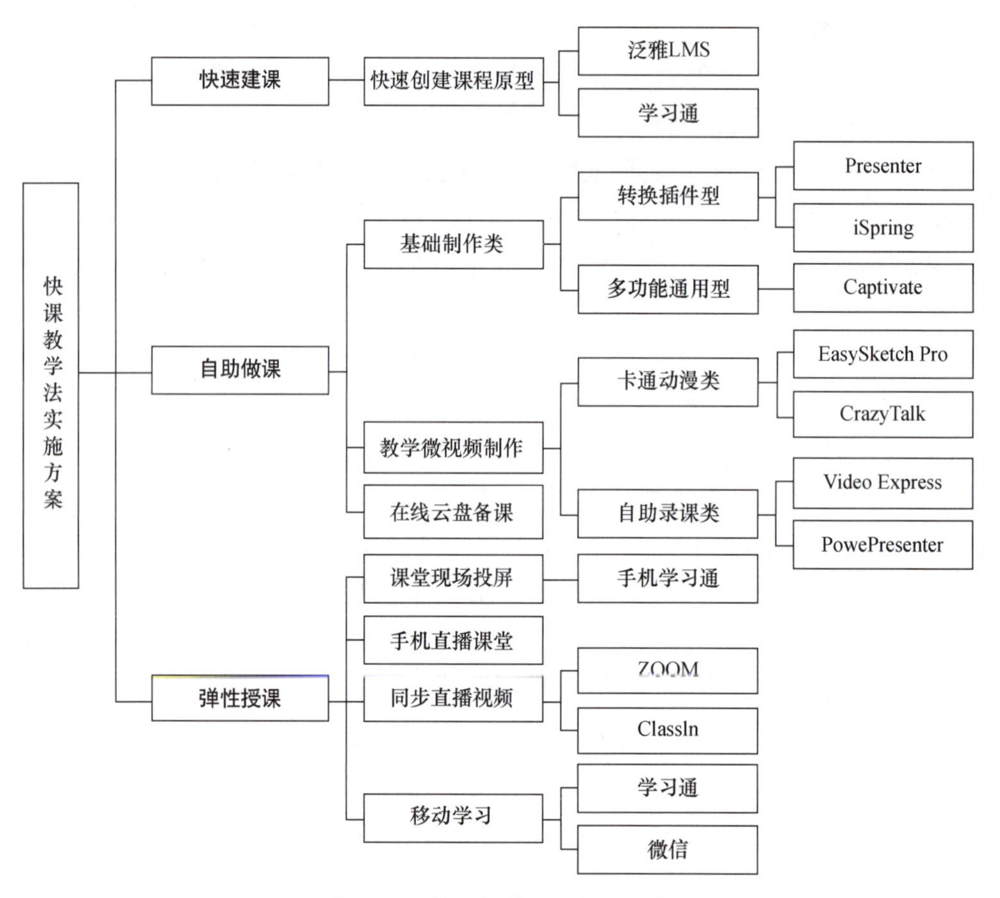

图 3-1-3 快课教学法实施流程图

1. 快速创建课程原型（快速建课）

快速建课的首要目标，是以尽量低的技术成本帮助教师快速创建在线课程的原

型，作为混合-灵活课程的基础。

技术上，创建在线课程网站通常需要依靠学习管理系统来实现。然而，即使如此，创建一门在线课程，对于大多数教师来说，仍然是一项相当困难的任务，需要花费大量时间和精力。这也是许多教师在运用信息化教学方法时畏难不前的重要原因之一。

伴随着 LMS 发展，与之相配的“移动应用程序”功能日益强大，为教师提供了一种快捷简便的解决方案。这种方法的显著特点表现在：一是广泛适用性，教师只需下载手机程序学习通①，注册账号后即可使用；二是快捷性，能在 10 分钟之内快速创建功能齐全的在线课程原型。如图 3-1-4 所示，“快速建课”的具体操作步骤如下：

- 用手机下载和安装一个移动版程序②；
- 注册账号后创建一个在线课程原型③；
- 根据提示设置课程运行的相关参数。

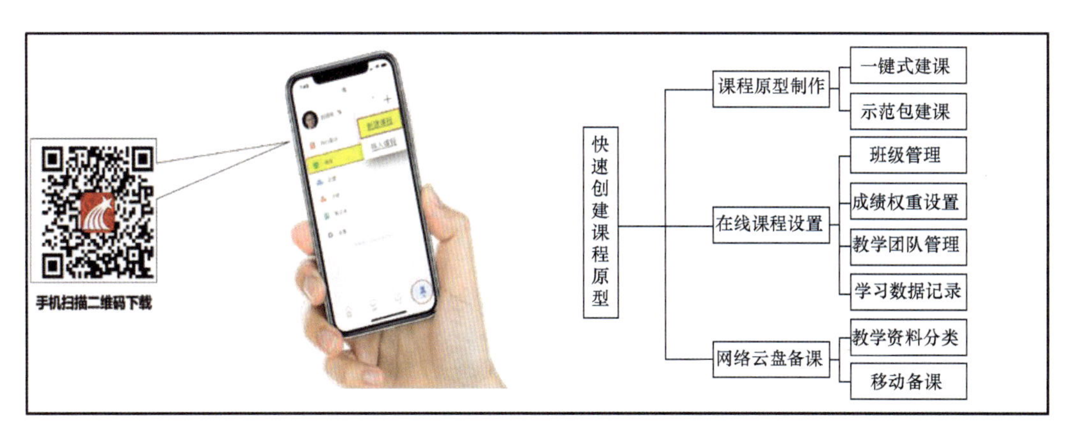

图 3-1-4　学习通快速建课的操作步骤

2. 自主制作电子课件（自助做课）

“自助做课”的核心目标，是实现教学内容的“格式转换”——利用各种快速创作工具将教学材料设计和开发为不同形式的电子课件。

与由教学设计人员主导电子课件制作的传统模式不同，自助做课强调由主讲教师自主动手设计和开发，以最大限度激发教师的参与积极性，体现个性化教学理

① 学习通是目前泛雅教学平台的手机程序，师生可免费下载和使用。

② 注册学习通账号分为两种情况：对于所在院校已正式使用泛雅教学平台的教师来说，输入工资号就能登录；对于其他教师来说，利用手机号码免费注册一个账号后同样也可以使用。

③ 有关利用学习通创建在线课程原型的详细操作步骤，参阅本章 3.3.2 节内容。

念，摆脱以往主讲教师的被动参与状态。从根本上，自主做课突破了教育技术领域长期以来所遵循的教学设计流程：学科教师提供教学资源，教学设计人员负责整体设计，技术开发者负责媒体拍摄和制作，主讲教师难以发挥出主动性和创造性精神。这种课件设计流程的重大改变，源自教学技术的不断完善和发展——硬件成本的下降和软件操作方法的可用性、易用性，实现学科教师与技术专家的合二为一。

如图 3-1-5 所示，除常用制作工具（如 PowerPoint 等）之外，资源的格式转换工作通常会涉及以下快速创作工具的选择与使用，

- **基础制作类**：包括转换插件型和多功能类通用型，前者用于将 PowerPoint 文档快速转换为多种形式教学课件，如 iSpring①；后者如 Captivate②用于多种类型课件的制作。

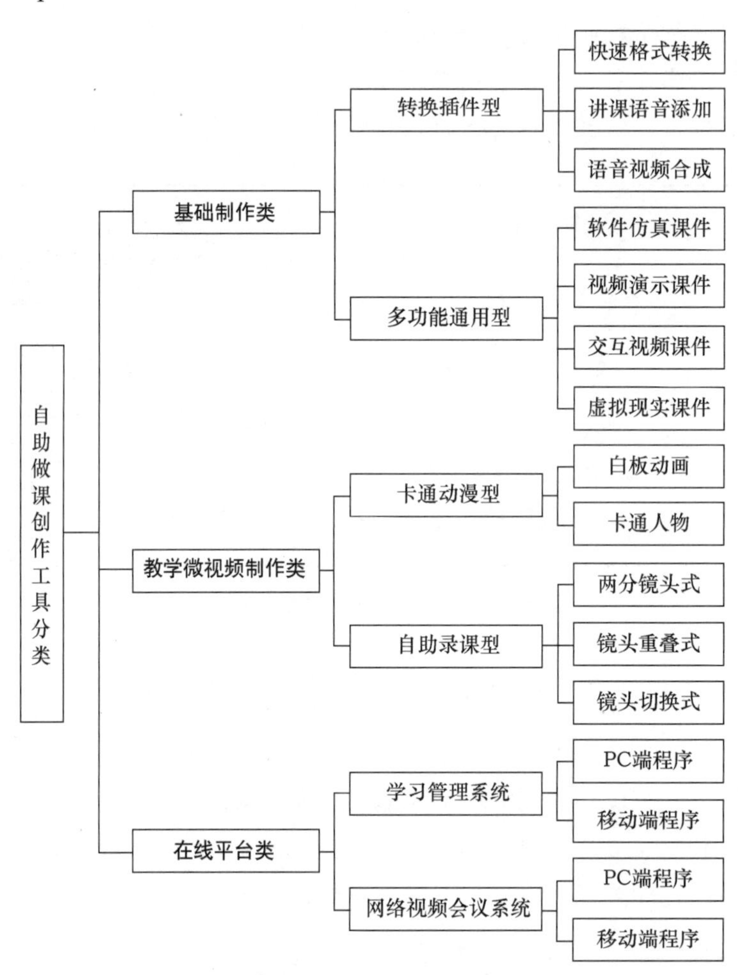

图 3-1-5 “自助做课”常用创作工具分类

① 有关 iSpring 操作方法，参阅本书第二章 2.3.4 节的第 3 部分。
② 有关 Captivate 操作方法，参阅本书第二章 2.3.4 节的第 4 部分。

- **教学微视频制作类**：包括“卡通动漫型”和“自助录课型”。前者用于将文本、图片和视频等教学材料快速转换为白板动画和卡通人物视频，如 EasySketch Pro①和 CrazyTalk②；后者用于教师自主拍摄微视频，如 Video Express③和 PowerPresenter④。
- **在线平台类**：主要包括学习管理系统和网络视频会议系统，前者主要用于创建在线课程，如 Blackboard、Canvas 和泛雅等；后者用于针对远程学习者的视频直播教学，如 ZOOM⑤。

快课教学法在自助做课过程中，强调课程设计与教学活动两者之间相互促进、逐步完善的迭代开发模式，尽量避免“短期突击式”和“一次成型式”网络课程集中制作的方法。迭代开发模式的特点在于，根据教学设想和具体需求，教师能够比较从容地、有计划有步骤地将课程的重点和难点内容转换为 E-learning 课件，随后投入教学实践之中，进行试用和效果检验，根据反馈再进一步修改和完善。

3. 实施线上和线下结合的混合学习（弹性授课）

作为一种面向“混合–灵活课程”⑥的解决方案，快课教学法的独特优势在于，能为广大一线教师提供一系列操作简便的线上与线下相结合的解决方案——“弹性授课”。

如图 3-1-6 所示，作为快课教学法的核心环节，弹性授课是指课堂面授、视频直播和在线自学三种模式相互融合而形成的一种复合型教学活动。它遵循以“学生为中心”原则，学生可根据各自需求和实际情况选择以下三种不同的学习方式，

- **课堂面授学习**：在课堂面授环境下，教师利用学习通投屏功能⑦实施幻灯片演示教学，并借助手机加强师生之间的现场互动。
- **视频直播课堂**：分为 PC 端直播和手机端直播两种。前者是利用网络视频会议系统实现远程学习者观看直播教学⑧；后者是在师生

① 有关 EasySketch Pro 操作方法，参阅本书第四章 4.4.1 节。
② 有关 CrazyTalk 操作方法，参阅本书第四章 4.4.2 节。
③ 有关 Video Express 操作方法，参阅本书第四章 4.2.1 节。
④ 有关 PowerPresenter 操作方法，参阅本书第四章 4.2.2 节。
⑤ 有关 ZOOM 操作方法，参阅本书第五章 5.4 节。
⑥ 有关混合–灵活课程相关内容，参阅本书第一章 1.3 节。
⑦ 有关学习通的投屏功能，参阅本章 3.3.2 节。
⑧ 有关视频会议系统的视频直播教学，参阅本书第五章 5.4 节。

分离环境下，利用学习通直播课堂功能实施幻灯片和语音同步直播教学。

- **课后在线自学**：为远程在线学习者提供课后在线自学方式，如视频点播、在线讨论、个别答疑和作业提交等。

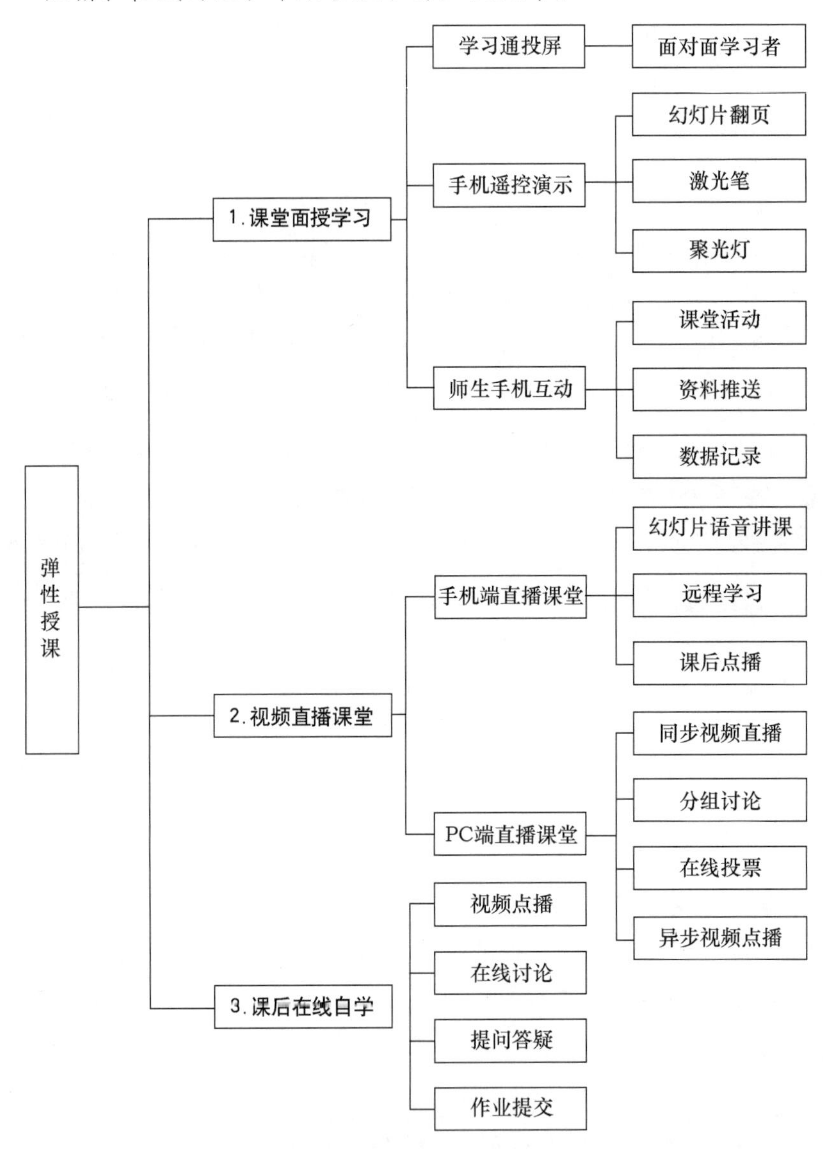

图 3-1-6　弹性授课的实施方案

混合-灵活课程强调移动学习的辅助作用，以连通课内和课外师生之间的相互关系。在上述三种授课模式下，师生随时都可以借助手机程序加强实时同步互动。在实践中，根据不同的教学需要和场景，主讲教师可将上述三种教学方式组合使用。

3.2 快课教学法技能实训课程

在当前 E-learning 持续而稳步进入课堂的大环境下，一个焦点是信息化教学法的成本效益和可持续发展问题。具体而言，就是视频课件的设计和开发所面临的困境。无论是精品课程、慕课，还是混合金课建设，都离不开视频课件的拍摄和制作，这方面所花费的巨额成本，正在成为制约信息化教学改革的重大障碍。目前高校的视频课件制作方式，主要有院校电教中心负责和商业机构外包两种。无论采用哪一种方式，由于经费投入和技术资源限制，通常仅能支持选择数量有限的课程，如名师主讲的课程。而对于绝大多数课程，则无缘获得资源投入和支持。

上述情况导致了一种令人尴尬的结果：看似热闹非凡的信息化教学改革大场景，长期以来实际上是极少数“明星教师”在巨额经费和技术投入下所造就的“表演式教学”。同时，其他数量众多的一线教师则只能作为旁观者，而他们的课程教学依然如故。究其原因，并非教师参与信息化教学改革的热情不高，积极性不足，而在于改革政策的偏差、技术资源的缺乏等多种原因。

若想改变这种信息化教学改革“表面虚火”的状况，核心点就是要激发绝大多数教师的参与积极性，使之真正加入教学改革浪潮之中。要想做到这一点，首先就需要让数量众多的普通教师都有机会、有能力、有动力去尝试和体验 E-learning 新教学法带来的真实变化。此时，快课教学法就能体现出在降低技术门槛方面的优势：软硬件要求低，操作简便，强调自助操作，适于大规模推广和普及性应用。它能让每一位具备技术能力的教师投身于信息化教学改革大潮之中，体验新教学法的独特魅力。无疑，只有当多数教师都参与其中，信息化教学改革才有可能获得真正意义上的成功。

3.2.1 快课创新教学研究成果

进入 21 世纪，受国际上“开放教育资源”运动的影响和推动，北京大学启动校园学习管理系统建设之后，研究者就开始关注和研究信息化教学实践和应用层面的问题。2007 年，校方正式启动 LMS 测试与选型工作，研究团队先后测试了国际上多个教学平台产品，如 Sakai、MOODLE、Blackboard 等。自 2008 年起，在自主开发 LMS 基础之上，北大先后启用了多项与信息化教学相关的教学平台，如 Blackboard（2007 年）、Adobe Connect（2010 年）、超星泛雅（2018 年）和 Canvas（2019 年）等。在网络教学平台建设的同时，教师的信息化教学技能培训也随之提上日程。2013 年，北大教育学院的研究者在国内率先启动系统整理、测试和应用“快速电子学习开发”相关研究课题。

依托教育部“快课创新教学”项目的支持，研究者将重点聚焦于“快课”在混合学习中的应用问题，先后整理和测试了国内外上百种创作工具及相关设备，进一步条理化、系统化和实用化，出版了相关教材、研究报告和论文。同时，项目组在技术方面也有多项突破性成果，先后获得国家知识产权局（CNIPA）的 4 项发明专利（见图 3-2-1）。

图 3-2-1 “快课创新教学”项目研究成果

在上述研究成果之中，最引人注目和影响最为广泛的，就是针对高校教师而设计的教学能力实训系列课程。

3.2.2 快课教学法系列实训课程

以校内成功应用的实践经验为基础，2013 年，项目组正式推出快课教学法及配套教师技能培训课程（见图 3-2-2），尝试将上述教学研究成果推广至其他院校，在更大范围内推动快课教学法的应用。

自启动至今，利用独特的“三段式”培训流程（见图 3-2-3），快课教学法技能培训项目先后被列入北京大学、清华大学、人民大学、北京师范大学和北京外国语大学等国内知名高校的继续教育师资培训课程目录，在 130 余个教师进修班中举办讲座和演示，并进入全国 220 余所高等院校和数十所中小学举办实训班，在教师信息化教学培训领域产生了广泛影响。

在系列讲座基础之上，响应高校的信息化教学实际需求，项目组后续又推出了形式多样的实训类课程（见表 3-2-1 和表 3-2-2），以适应不同技术背景的教师需要。

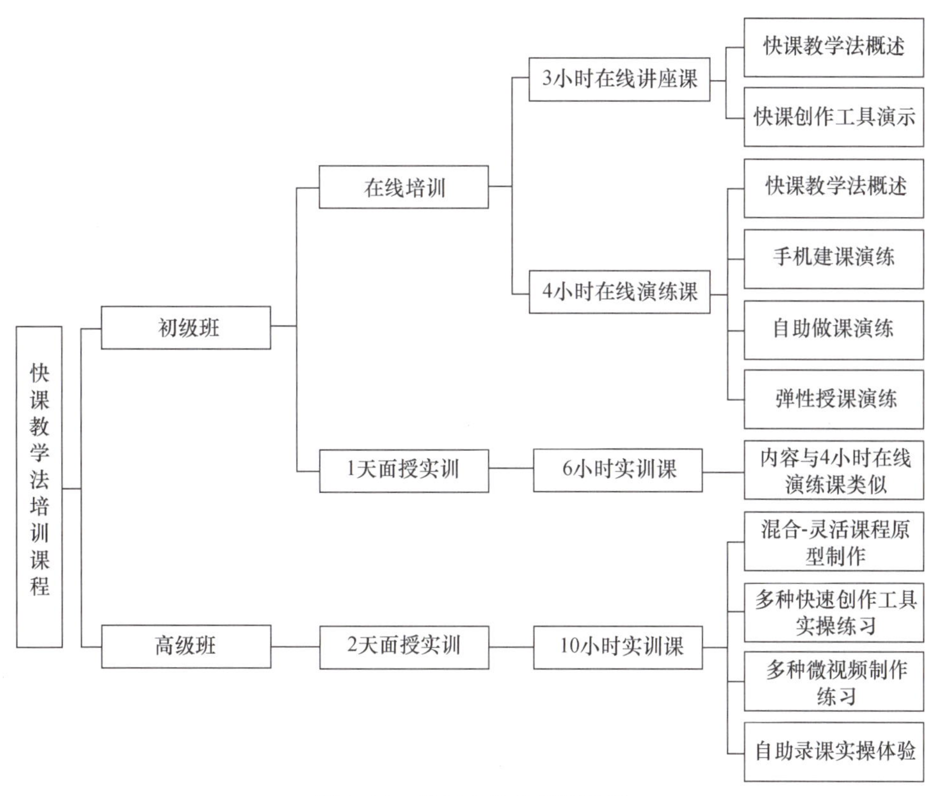

图 3-2-2　快课教学法培训课程

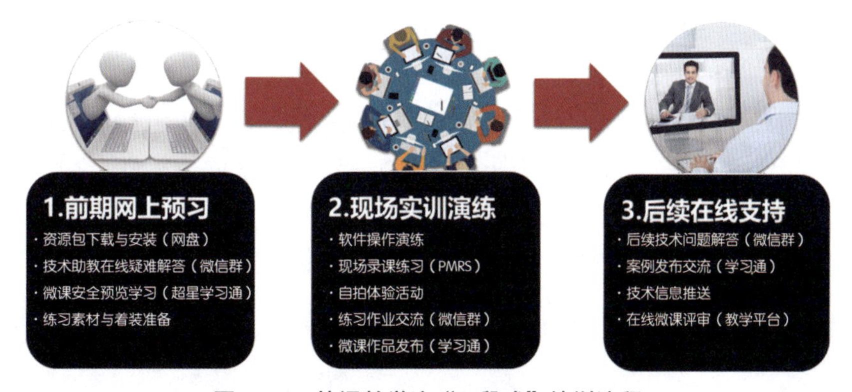

图 3-2-3　快课教学法“三段式”培训流程

表 3-2-1　快课教学法实训班课程表（1 天初级班）

时间安排		项目	内容	演练	设备
上午 2 小时	1.	快课教学法概述			
	2.	快速建课	制作在线课程原型	移动程序	手机 / 平板
			白板动画微课	EasySketch	计算机
下午 2 小时	3.	自助做课	两分镜头式微课	Video Express	计算机 / 高清摄像头
	4.	弹性授课	混合课程设计	投屏和直播课堂	计算机 / 手机 / 平板

表 3-2-2　快课教学法实训班课程表（2 天高级班）

<table>
<tr><th colspan="2">时间安排</th><th>项目</th><th>内容</th><th>演练</th><th>设备</th></tr>
<tr><td rowspan="5">第 1 天
5 小时</td><td>1.</td><td colspan="4">快课教学法概述</td></tr>
<tr><td rowspan="4">2.</td><td rowspan="4">快速建课</td><td>制作在线课程原型</td><td>移动程序</td><td>手机 / 平板</td></tr>
<tr><td>快速课件制作</td><td>Presenter/iSpring</td><td rowspan="3">计算机</td></tr>
<tr><td rowspan="2">教学微视频制作</td><td>白板动画 EasySketch</td></tr>
<tr><td>动画人物 CrazyTalk</td></tr>
<tr><td rowspan="5">第 2 天
5 小时</td><td rowspan="3">3.</td><td rowspan="3">自助做课</td><td>自助视频拍摄基础</td><td>视频画面构图与布光</td><td>LED 灯具</td></tr>
<tr><td>镜头重叠式微视频</td><td rowspan="2">Video Express，Captivate</td><td rowspan="2">计算机 / 摄像头 / 绿幕</td></tr>
<tr><td>镜头切换式微视频</td></tr>
<tr><td>4.</td><td>微课合成</td><td>视频场景与字幕合成</td><td>多种工具</td><td>计算机</td></tr>
<tr><td>5.</td><td>弹性授课</td><td>混合–灵活课程</td><td>投屏直播课堂</td><td>手机</td></tr>
</table>

在数年间，快课教学法实训课程获得了广泛认可。截至 2021 年春季学期，先后有 20 余所双一流[①]采用快课教学法。还有 200 余所各级各类普通高校和职业技术院校举办快课教学法实训班，累计参训教师超过 5 万人次，有力地推动了高校信息化教学改革工作。

3.3　移动学习和快课教学法实践

在实践中，快课教学法一个突出特点，就是强调移动学习（Mobile Learning）的重要性，倡导基于移动设备的 E-learning 教学模式。这反映了进入移动互联网时代之后，终身学习（Life-long Learning）和非正式学习（Informal Learning）教育思潮的蓬勃发展与广泛应用。体现在快课教学法实践中，无论在原型制作还是课堂面授方面，移动技术都扮演着重要角色。

3.3.1　移动学习综述

尽管对于移动学习的适用性和可行性等问题，目前，国内外教育界仍然存在着许多争议，但就现状来看，针对移动学习的研究正在逐步深入和加强。研究资料显示，对于移动学习概念的理解和认识主要划分为两种类型：一是基于技术设备及其

① 截至 2021 年春季学期，参加快课教学法培训的双一流高校共计 23 所，包括北京大学、北京航空航天大学、上海交通大学、复旦大学、南京大学、华南理工大学、吉林大学、大连理工大学和兰州大学。

特点的理解，二是基于个人和社交的价值。

在移动学习历史中，最初的定义主要是基于技术设备自身相关的认识，如强调即时性、便利性、访问性和移动性；进而则注重探索与移动新技术特征相关的能力，如位置感知、运动检测和增强现实等。[①]

2005 年，英国诺丁汉大学（University of Nottingham）学习科学研究所的马克·沙坡勒斯（Mark Sharples）率先将移动学习定义为"在多种情境下，人们利用交互电子设备进行对话和交流的过程"[②]；随后，欧马利（O'Malley）等则强调，移动学习是指"当学习者不在固定位置时发生的各种类型的学习，或当学习者利用移动技术所发生的交流活动"。[③]从这个角度来看，移动学习更多的被认为是一种强调个性化的、超越教室范围的非正式学习方式。

研究文献表明，在过去 10 年期间，移动学习逐渐被 E-learning 领域所关注，研究者开始认真考虑移动互联网和各种移动电子设备对于学校教育的潜在价值。2013 年，联合国教科文组织专门发布了《移动学习指南的研究报告》（以下简称《报告》），将"移动学习"定义为：

> 涉及单独的移动技术，或与其他信息通信技术结合之后所产生的随时随地进行的学习活动。移动学习可以以多种方式发生：使用移动设备访问教育资源，在教室内外互相联系或创建内容。移动学习还支持广泛的教育活动，例如，有效管理学校和改进学校与家庭之间的沟通。[④]

《报告》还指出，移动技术及设备处于不断发展之中，例如，手机、平板电脑、电子阅读器、便携式音频播放器和手持游戏控制台等，未来更多的移动设备将不断涌现。因此，联合国教科文组织采取了更为广泛的定义：数字格式，易于携带，由个人而非机构拥有，能访问互联网，并具有多媒体信息传播功能的电子装置，即可视为移动学习设备。

在计算机时代，E-learning 一直受到硬件设备的限制，价格昂贵、笨重易损坏、处于集中管理控制的环境中。而移动学习则使学生能够不间断和某种程度上不受限制地获取教育资源，这使得它的发展空间更加广阔和多样化。因此，不断变化

---

① PEDRO LFMG，BARBOSA CMMD，SANTOS CMD. A Critical Review of Mobile Learning Integration in Formal Educational Contexts［J/OL］. Int Educ Technol High Edu，（2018-15-10）［2021-07-29］. https://doi.org/10.1186/s41239-018-0091-4.

② SHARPLES M，TAYLOR J，VAVOULA G. A Theory of Learning for the Mobile Age［C］. The sage handbook of Elearning research，London：Sage，2007：221-247.

③ O'MALLEY C ET. AL. Guidelines for Learning/Teaching/Tutoring in a Mobile Environment［EB/OL］.（2005-07-23）［2021-07-16］. https://hal.archives-ouvertes.fr/hal-00696244.

④ WEST，M，VOSLOO S E. UNESCO Policy Guidelines for Mobile Learning. Paris［EB/OL］.（2013-6-23）［2021-07-16］. https://unesdoc.unesco.org/ark：/48223/pf0000219641.

的可用性移动设备的发展，正在推动研究者和决策者重新审视信息通信技术在教育中的潜力。

1. 移动学习的研究主题

一项研究报告[①]分析了2011年至2015年期间，45个国家的高等教育机构所发表的移动学习相关论文的研究主题、方法和技术，并将结果与2001年至2010年间相关研究进行了比较。结果表明：高等教育中的移动学习是一个不断发展的领域，研究主题、方法和对象日益增多，最常见的研究主题是关于移动学习应用程序和系统，智能手机是移动学习研究中使用最广泛的设备，不过越来越多的研究是在通用设备上进行，而不是专注于某类特定设备。2011年至2015年各国研究者所关注的移动设备统计数据显示，大多数研究集中于通用性移动设备或跨设备的学习环境。这表明移动技术的变化较快，移动学习逐渐能在越来越多的新型设备上进行。同时也可能表明“自带设备”类正在日益增长。[②]

报告还探讨了各国研究者在移动学习研究主题方面的偏好。研究发现，最常见的研究是评估移动学习程序的有效性（24%），其次是设计用于移动学习的系统（23%）。三个最常见的研究主题（移动应用程序和系统、社会文化背景以及工具和技术），共占高等教育中移动学习相关研究的近一半（48%）。报告建议，今后应加强创新方法（例如在线情境感知、增强现实和游戏化）相关主题的研究和实践。此外，针对学习者流动性和跨不同环境的研究，以及云计算和学习分析之类的新技术使用，也是需要关注的领域。

整体来看，目前国际上较少关注正式教育环境中使用移动学习策略的情况。正如研究者所言：“在移动学习的研究背景中，非正式学习情境占主导地位，其次是正式情境以及两者的结合。”[③]

就目前高校现实情况来看，对于移动设备在课堂中的应用确实存在较大争议。大多数教师对移动学习的态度是模糊和不明朗的，部分教师甚至明确反对学生在课堂上使用手机等移动设备，认为这会影响课堂秩序和教学效果。例如，在一项调查报

---

① KRULL G，DUART J M. Research Trends in Mobile Learning in Higher Education：A Systematic Review of Articles（2011-2015）[J/OL]. The International Review of Research in Open and Distributed Learning，2017，18（7）：27-41 [2021-07-20]. https://doi.org/10.19173/irrodl.v18i7.2893.

② COCHRANE T，ANTONCZAK L，KEEGAN H，NARAYAN V. Riding the Wave of BYOD：Developing a Framework for Creative Pedagogies [J/OL]. Research in Learning Technology，2014（22）：1-15，[2021-07-29]. https://doi.org/10.3402/rlt.v22.24637.

③ CHEE K N，YAHAYA N，IBRAHIM N H，NOOR HASSAN M. Review of Mobile Learning Trends 2010-2015：A Meta-analysis [J]. Educational Technology & Society，2017，20（2）：113-126.

告[①]中，大多数学生报告说教师都不希望他们在教室里把智能手机（58%）或平板电脑（65%）作为学习工具。超过一半（63.0%）的教师表示担心移动设备会干扰学生的注意力。因此有 52% 的教师不鼓励或禁止在教室中使用智能手机。

然而，2020 年全球性新型冠状病毒肺炎疫情使得高等教育领域的 E-learning 应用形势发生了重大变化。一项研究表明，"新冠病毒大流行使得教学方式改革加速了 10 年，促使大学和教职员工不得不调整课程和教学法，以更好地吸引学生。"[②]调查数据显示，在新型冠状病毒肺炎疫情期间，接受调查的 70% 教师开始担心，在网络教学环境下自己是否能够向远程学习者提供富有吸引力的在线教学。因为许多教师在经历网络视频授课之后很快意识到，以往自己所熟知的那些在课堂教学中行之有效的方法，在视频直播教学中似乎无用武之地，很难吸引在线学习者的兴趣。确实如此，在线环境意味着使用新工具和新教学场景，它改变了整个学习过程，意味着教师必须相应调整教学策略。在这种背景下，移动学习正在逐步受到教师的普遍重视，他们期待利用这种方式加强与远程学生的互动和联系。正如有研究者所强调指出的：

> 在新型冠状病毒肺炎疫情流行时期，移动学习的广泛应用为实践和研究带来了各种机遇和挑战。移动学习被视为一种实用解决方案。从这个意义上说，直到疫情暴发之后，移动学习才被真正视为高等教育机构正式学习的一个组成部分。[③]

2. 移动学习中的手机应用程序

"移动程序"（Mobile Application）在移动学习中扮演着重要角色。"在谈论移动设备与教学创新的联系时，不能忽视移动程序在实现和获得特定学习过程中的重要性。因为这些应用程序简单、直观、操作简便，可能成为特定学习过程的推动者"。[④]一项关于移动学习应用程序的综述性研究表明："总体而言，教学过程中使用移动应用程序的益处是明显的。应用程序的类型很多，但那些专注于改善教室

---

① D CHRISTOPHER BROOKS，JEFFREY POMERANTZ. ECAR Study of Undergraduate Students and Information Technology［EB/OL］.（2017-10-18）［2021-07-16］. https://library.educause.edu/resources/2017/10/ecar-study-of-undergraduate-students-and-information-technology-2017.

② EMILY WASIK AND MARIANNE BRAY，Bridging the Digital Divide to Engage Students in Higher Education［R］. London，UK：The Economist Intelligence Unit，2020：12-14.

③ MOSTAFA AL-EMRAN. Mobile Learning During the Era of COVID-19［EB/OL］.（2020-03-15）［2021-07-16］. 2020. https://www.redalyc.org/jatsRepo/1942/194264514001/index.html.

④ LÓPEZ-HERNÁNDEZ FA，SILVA-PéREZ MM. Factors of Mobile Learning Acceptance in Higher Education［J］. Estudiossobre Educ. 2016（30）：175-195.

内外部沟通的应用程序得到最为广泛的应用。”①

例如，一项大学生在高校教室中使用“交互式移动消息应用程序”（IMMAP）的研究②表明，利用该移动程序所提供的互动交流活动，学生给出了更多的积极反馈，这使得学生的参与感有了较大程度的增强。另一项以改善高校师生间交流并尝试探索交互式学习的研究③显示，在利用学习管理系统的背景下，进一步向学生提供移动程序支持之后，对增强大学生的持续学习能力有明显的积极影响。

由于技术环境、教育法规和使用习惯等差异，世界各国教育机构在使用移动学习应用程序方面，与基于计算机的电子学习政策差异较大。在部分国家的中小学校内，有禁止学生使用移动电话的相关规定，例如，自 2018 年 9 月起，法国教育部明令禁止 3 ～ 15 岁的学生在校期间使用手机；美国、英国、澳大利亚和希腊等国也曾颁布法令，在部分州或地区范围内禁止中小学生在学校内使用移动电话。2021 年起，中国教育部也规定中小学生不得携带移动电话进入学校课堂之中。

尽管如此，在各国的大学生群体中，教育类移动程序仍然得到广泛使用。例如，Google Classroom、EdX、Khan Academy 等，都是高校校园中备受欢迎的学习工具。如图 3-3-1 所示，统计数据表明，这些移动程序在 2020 年 1 月—2021 年 1

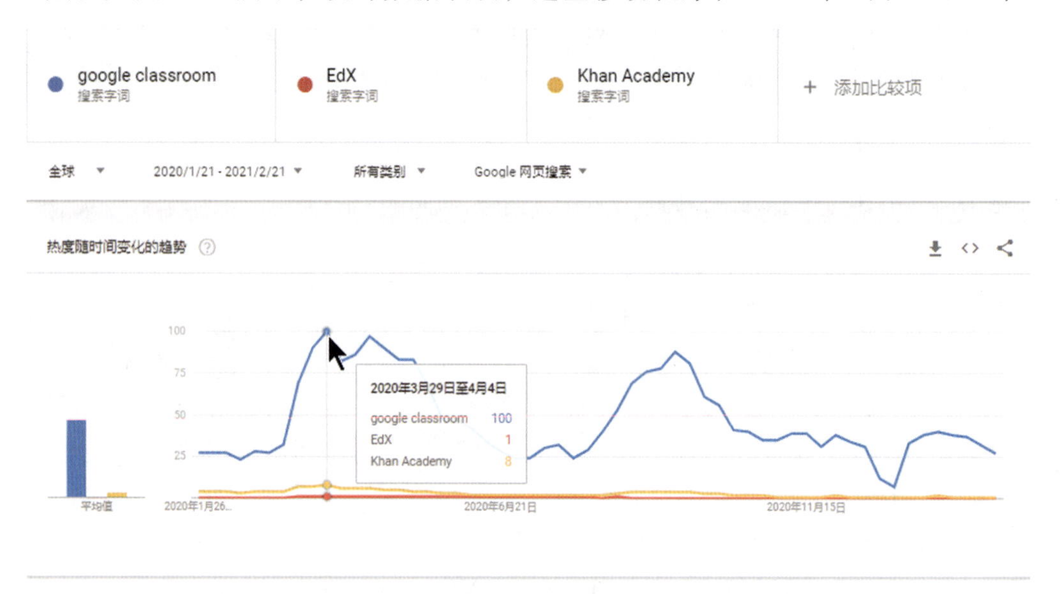

图 3-3-1　新型冠状病毒肺炎疫情期间美国教育移动程序的网络搜索数据比较

① GARCíA-MARTíNEZ I，FERNáNDEZ-BATANERO JM，COBOS SANCHIZ D，LUQUE DE LA ROSA A. Using Mobile Devices for Improving Learning Outcomes and Teachers’ Professionalization. Sustainability. 2019，11（24）：6917. https://doi.org/10.3390/su11246917.

② GAN CL，BALAKRISHNAN V. Enhancing Classroom Interaction Via IMMAP：An Interactive Mobile Messaging app［J］. Telemat. Inform. 2017（34）：230-243.

③ ALTOMONTE S，LOGAN B，FEISST M. RUTHERFORD P，WILSON R. Interactive and Situated Learning in Education for Sustainability［J］. Int. J. Sustain. High. Educ. 2016（17）：417-443.

月新型冠状病毒肺炎疫情期间受到了关注；我国的移动学习程序，如学习通、雨课堂、课堂派等，同样也在新型冠状病毒肺炎疫情期间扮演了重要的在线教学支持角色（见图 3-3-2）。

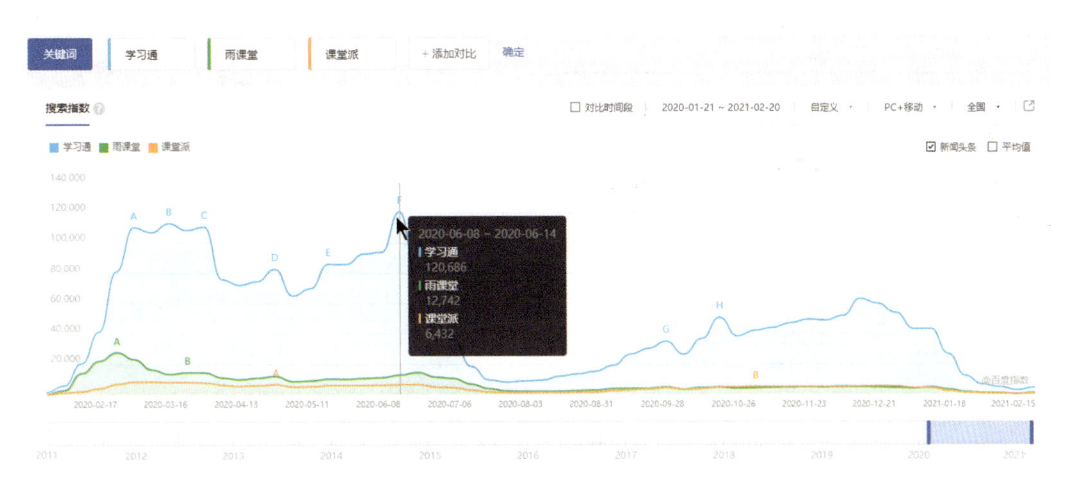

图 3-3-2 新型冠状病毒肺炎疫情期间国内教育移动程序的网络检索数据比较

3.3.2 快课教学法的移动学习案例

过去 10 年里，伴随着移动互联网和智能便携设备的快速发展，学习管理系统在技术和应用模式上也呈现出相应变化，开始普遍支持用户各种便携设备的快速登录和访问。一项调查数据①显示，在目前全球 580 余个品牌的学习管理系统中，超过 90% 都已提供移动学习功能，为移动学习的实施提供了便利条件。

1. 北京大学移动学习简介

北京大学的三个学习管理系统（Blackboard Suit、Instructure Canvas 和泛雅）目前都提供了 PC 端登录和移动端登录方式。其中，泛雅教学平台是唯一的国内产品，在技术架构和教学功能方面具有与 Blackboard 和 Canvas 迥然不同的设计思路和应用模式。

三个教学平台支持移动学习的技术和方法差异性显著。测试发现，Blackboard 和 Canvas 移动程序的核心功能，主要是为师生提供利用便携设备快速访问的在线课程内容，在具体功能上与 PC 端浏览器类似，或者受移动电子设备的操作系统限制，功能通常更简单，主要提供内容浏览、在线论坛提问回复、作业查看、

① CHRISTOPHER PAPPAS. Learning Management Systems with Mobile Application [EB/OL]. (2020-11-09) [2021-07-16]. https://elearningindustry.com/directory/software-categories/learning-management-systems/deployment/mobile.

相关个人和班级管理等功能。比较而言，泛雅平台附带的移动程序“学习通”的设计思路不同，它更强调将移动程序作为一种连接、整合面授教学与在线教学的中介性工具，在技术上通过多种途径实现师生之间“线上＋线下”融合，为混合学习提供一种独特的实施方案。

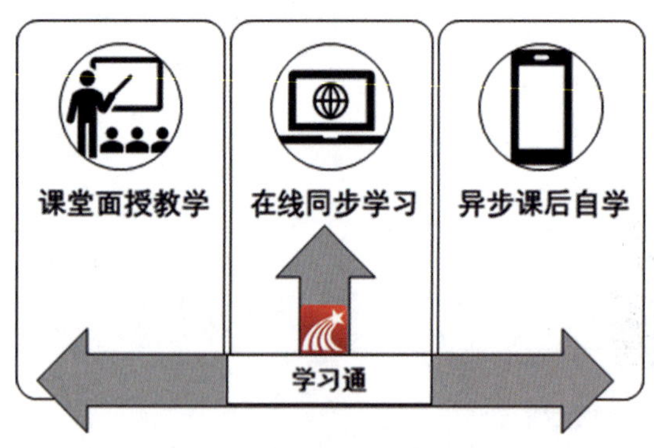

图 3-3-3　基于学习通构建的混合–灵活课程模型

从教学设计角度来看，如图 3-3-3 所示，利用移动程序解决混合学习设计方案的核心价值在于：有利于教师以最低的技术成本和最短的时间支出，快速实现混合课程建设。

这种设计思路为学习通的广泛应用奠定了基础。一项调查数据①显示，学习通的活跃用户数量已超过 2000 万余名，在移动教育类程序中排名第三，这证明了它在移动学习功能设计上的独特优势。

2. 基于学习通的混合–灵活课程方案

作为泛雅平台的移动应用程序，如图 3-3-4 所示，学习通提供的教学功能包括，

- **课程原型制作**：教师可利用手机快速创建在线课程的原型，并借助云盘备课快速创建混合学习环境；
- **课堂投屏讲课**：利用学习通的投屏功能，教师可借助便携设备在常规教室中，快速实现向远程学习者实时直播教学内容；
- **在线同步互动**：在视频直播教学过程中，师生可经由手机进行形式多样的课堂和在线同步互动，以提升远程学习者的社交临场感。

（1）课程原型制作

这是学习通具备的一项令人印象深刻的快速开发功能。只需拥有一部联网的智能手机，教师利用手机号码快速注册一个免费账号，随即启动 E-learning 课程网站的建设工作。

首先，登录学习通之后，在首页点击右下角“我”按钮（见图 3-3-5）。再点击窗口右上角的“＋”按钮，填写课程名，并从手机里选择一张图片作为课程首页的横幅图片。最后点击“完成”后，学习通随即自动创建一门空白的课程网站原型。

① 蓝鲸教育智库. 1 月教育平台 APP 榜［EB/OL］.（2020-11-09）［2021-07-16］. https://finance.sina.com.cn/tech/2021-03-14/doc-ikkntiam1385128.shtml.

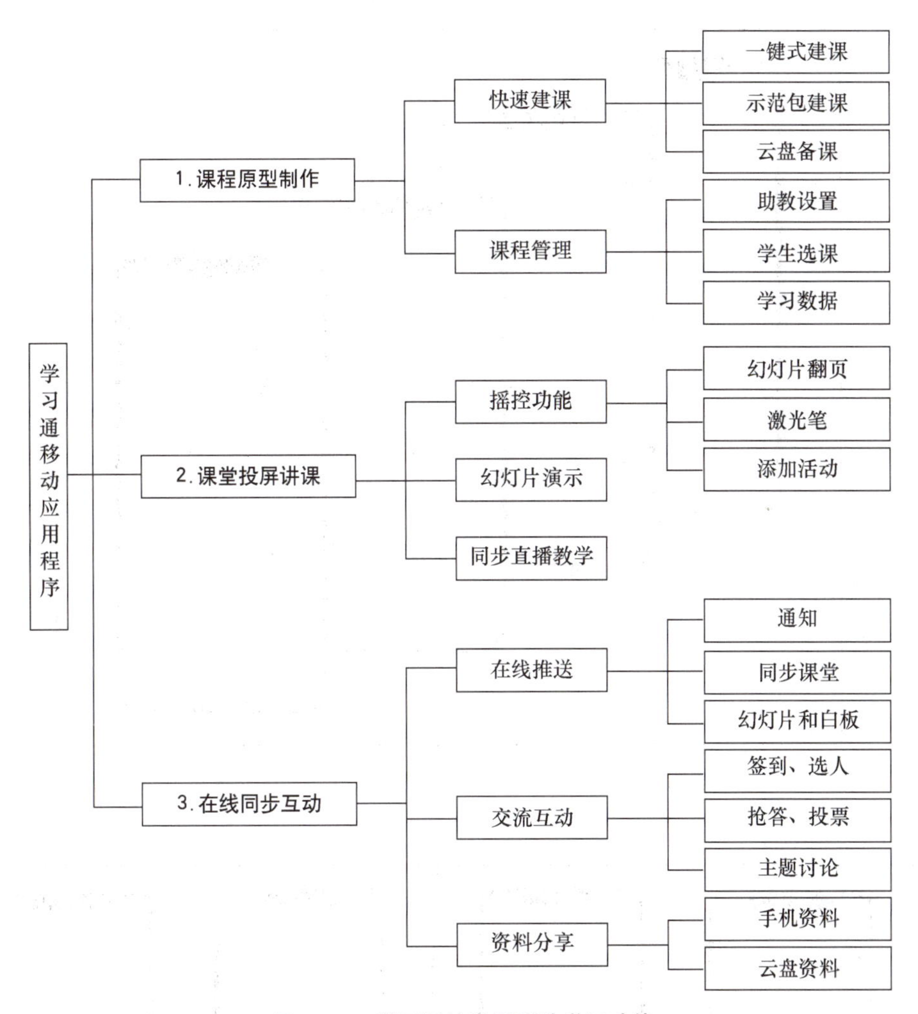

图 3-3-4　学习通的常用移动学习功能

在这门课程网站原型中，包括以下内容，

课程管理：包括班级管理和成绩权重设置（见图 3-3-6）、教学团队管理等。例如，主讲教师可修改班级名称、生成班级二维码、班级设置（选课、退课和微信通知）和添加学生名单；也可添加助教，并根据教学要求设置学习活动的积分比例（如作业、互动、签到、测验、资料学习等）。

课程主页是网站原型的核心部分，如图 3-3-7 所示，由以下功能模块构成，

- 课件：存放教师的 PowerPoint 演示文档，用于投屏授课；
- 教案：保存教学方案和活动设计；
- 章节：存放学生在线自学的各类课件，如讲义、视频和阅读文献等教学材料；
- 通知：向全班学生发送教学相关的即时消息；

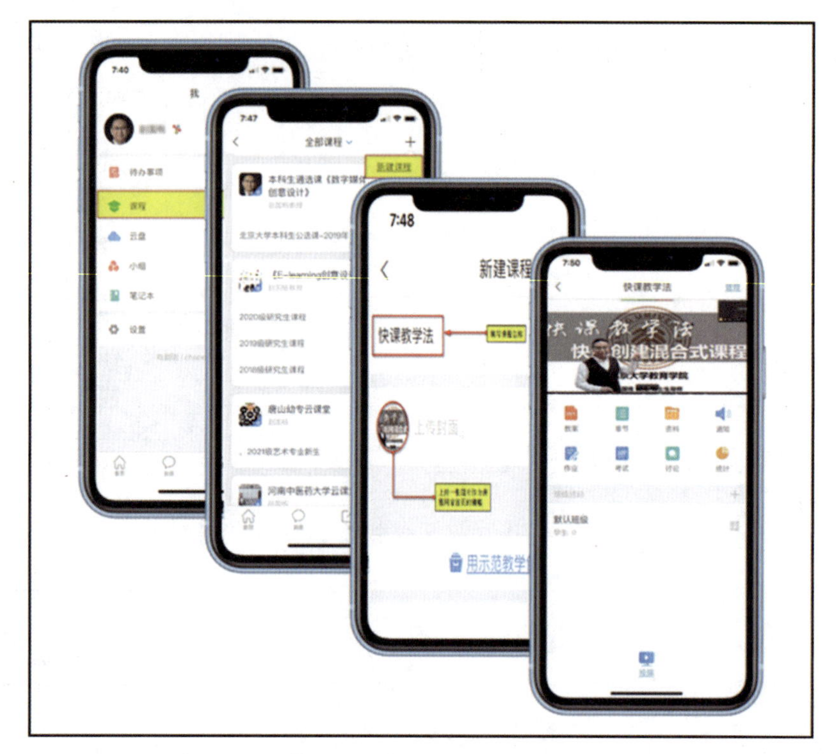

图 3-3-5　学习通创建在线课程原型的 4 个步骤

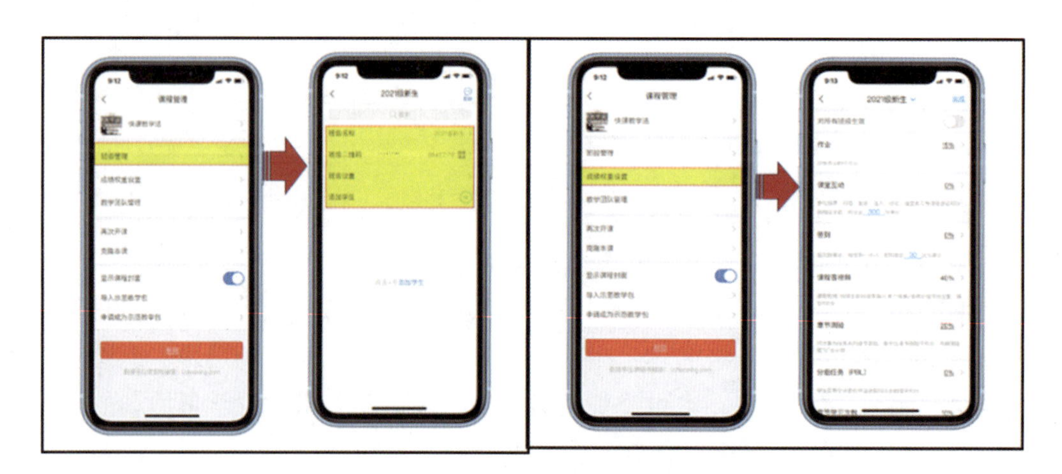

图 3-3-6　学习通的班级管理和成绩权重设置

- 作业：发布、提交和批阅课程作业，包括单选、多选、填空、判断和简答题等题型；
- 考试：在线考试功能，包括单选、多选、填空、判断和简答题 5 种带有计分功能的试题；
- 讨论：全班学生在线提问和回答的论坛；

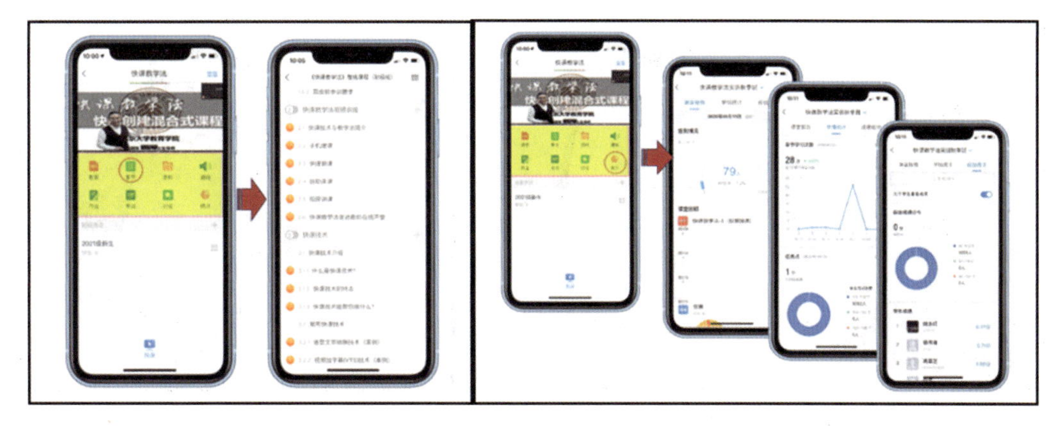

图 3-3-7　学习通创建的课程原型

- 统计：记录课堂报告、学习行为和成绩统计相关数据。

“备课云盘”是学习通提供的一项重要功能。如图 3-3-8 所示，它能帮助教师实现在线备课：将各种电子教学资料上传至云盘存储，然后利用学习通设计在线课程的各项内容，在一定程度上突破了传统备课方式的限制，便于利用碎片化时间。

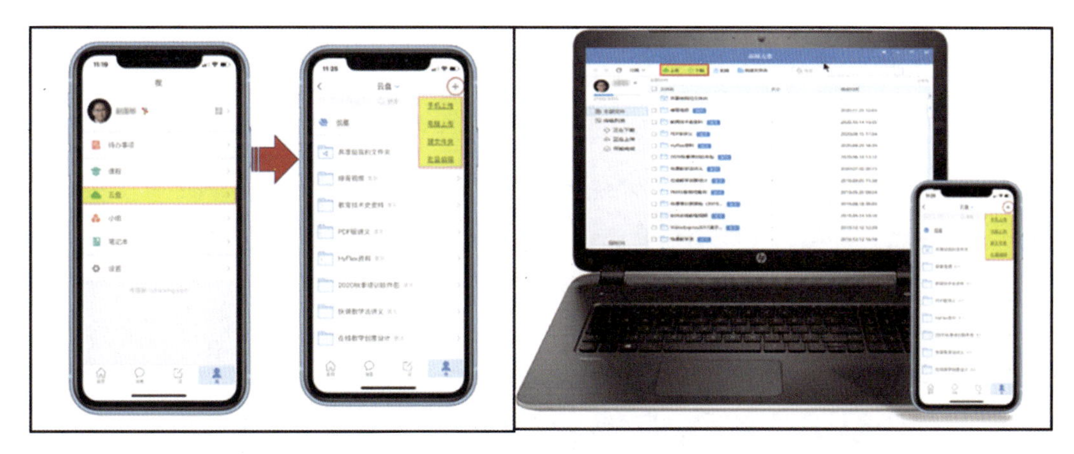

图 3-3-8　学习通的备课云盘

准备就绪之后，就可以对原型实施进一步的设计，如添加教案、在“章节”内添加教学单元内容及各类课件，如课后作业、测验、考试和讨论问题等相关内容，使课程原型的内容和结构逐步丰富起来。在此过程中，主讲教师可利用各种课件创作工具（卡通动画、自助录课等）自助开发电子课件并上传至课程原型。当完成一个教学单元的备课工作之后，就能利用学习通的学生选课注册功能导入名单，进入预备教学阶段（见图 3-3-9）。

按照翻转课堂的教学思路，教师可以利用学习通向全班学生提前推送各种预习材料，为课堂教学做好课前预习。学生在学习通上收到通知后，点击链接就能登

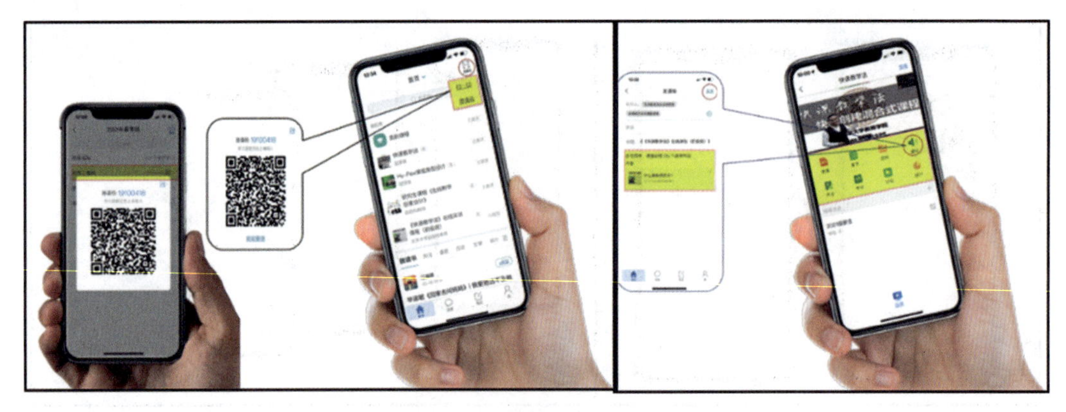

图 3-3-9　学习通二维码选课和发送通知功能

录，在线浏览或点播电子课件。

（2）课堂投屏讲课

除在线学习之外，学习通还提供一种课堂实时交互功能——“投屏讲课”。这是一种典型的移动学习功能，在教室课堂环境中，借助学习通连接教室内计算机和投影机，教师利用手机实现师生之间多种形式的交流和互动。换言之，仅借助于师生的手机，投屏讲课就能在不增加任何硬件设备的基础上，提升教师在面授中与学生之间的互动交流能力。手机的投屏讲课主要应用于以下两种情况，

- **课堂现场投屏：**用于常规教学模式，授课对象为教室中的面授学生，目标在于提高课堂上师生之间的交流与互动频率，同时可记录课堂教学中学生的相关数据；
- **视频会议投屏：**用于混合教学，授课对象分为教室面授学生和远程在线学生。目标是在同时实施课堂面授和直播教学过程中，利用手机实现三方实时互动交流，加强线上和线下学生的参与感和社交临场感。

第一种课堂现场投屏模式，操作简便，技术要求低，可广泛用于已安装多媒体讲台的普通教室之中。投屏的操作方法如下所示（见图 3-3-10）。

第一步，打开学习通登录课程网站，在首页点击下端“投屏”按钮。第二步，打开讲台上计算机的网络浏览器，根据提示信息输入网址和投屏码，浏览器将自动显示课程主页，并提示“投屏已开启，课堂活动和学习通资源将自动投上大屏幕”。第三步，进入课程网站的“课件”，选择并打开本节课的 PowerPoint 演示文档，学习通将自动启动演示文档并同步投射在投影幕布上。此时手机转变为教师的“控制器”，具有以下功能，

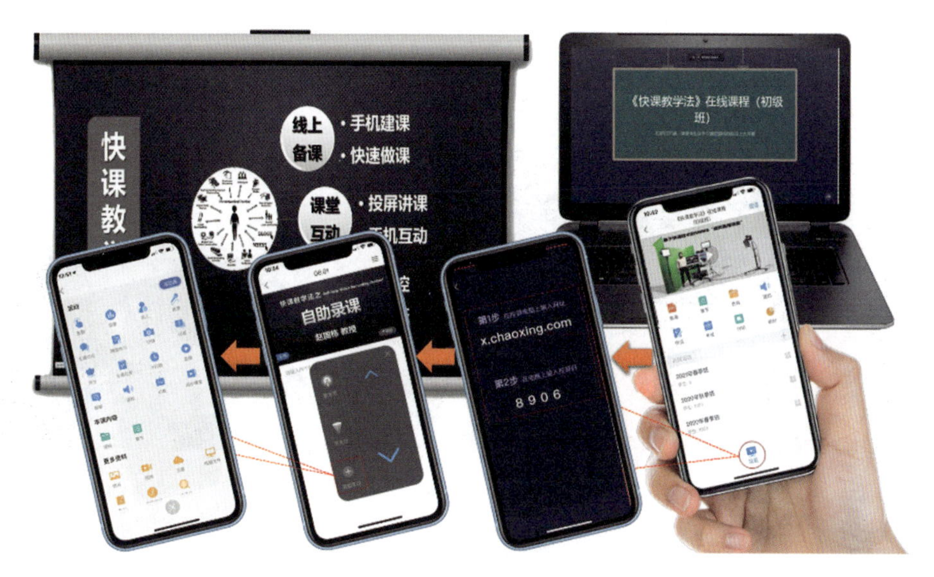

图 3-3-10　学习通的投屏讲课功能

- **幻灯片播放遥控器**：具有上下翻页和“激光笔”“聚光灯”功能；
- **课堂活动发布**：教师可根据需要随时发布各种教学活动，如签到、投票、选人、抢答、主题讨论、任务分组、问卷和随堂练习等；
- **教学资料推送**：在幻灯片演示过程中，作为补充教学资料，教师可根据需要随时利用学习通向投影幕布上推送各类资料，课程网站资料、手机资料、云盘资料、电脑资料或其他在线资料；
- **课堂成绩记录**：根据学生的课堂活动参与情况，可随时给学生打分并自动记录下来。

与此同时，学生的手机也转变为“应答器”，用于回应教师所发出的各种活动。每当教师发布课堂活动时，学生手机上的学习通将自动收到提示信息并要求做出回应，如回答问题、参与讨论等。在师生借助学习通进行课堂互动的同时，信息将自动投射在教室的投影幕布上，如签名列表、投票数据、选人名单、讨论内容和各种推送资料，使每一名学生都对课堂活动的过程和结果一目了然。

第二种视频会议投屏适用于线上线下相结合的混合-灵活课程（见图 3-3-11）。它是在上述课堂教学基础之上，利用视频会议的直播功能，将投屏授课同步扩展到远程在线学习者的一种移动学习方式。这种方案的独特之处在于，借助学习通可有效打破面授学生与远程在线学生之间的时空隔离感，使两个群体利用手机无障碍实时和同步参与各种互动活动。这在一定程度上降低了远程学习者的疏离感和孤独感，有助于提升社交临场感。

视频会议投屏功能特别适用于高校混合-灵活课程，在新型冠状病毒肺炎疫情

图 3-3-11　学习通的视频会议投屏功能

期间得到了广泛应用。在任何一间配有多媒体讲台的教室内，只需利用网络摄像头、投影机和手机这类简单易用的设备，教师就可以在课堂讲课的同时，利用视频会议将教学活动直播给远程学习者，再借助学习通来实现教师与现场学生、在线学生三方的实时同步互动。进一步，借助视频会议的录像功能，教师还能为无法参加在线直播的学生提供课后视频点播功能。

（3）在线同步互动

除投屏讲课之外，学习通还具有一项独特功能——在线直播教学。与课堂教学场景不同，它是借助学习通“同步课堂”实现的，主要应用于师生分离状态下的在线语音和幻灯片相结合的直播教学。

同步课堂是直接利用手机来给远程的学生实时推送幻灯片和语音讲解，学生只需要打开学习通就能上课。如图 3-3-12 所示，同步课堂的操作方法如下：

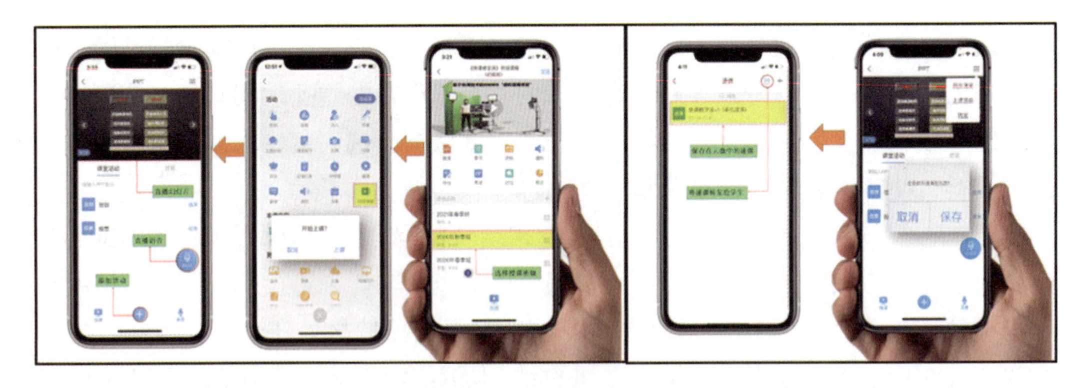

图 3-3-12　学习通的直播课堂和速课保存功能

第一步，打开学习通登录课程网站，选择一个班级点击进入。然后点击页面下端“+”号按钮，在弹出页面中选择“同步课堂”，再选择一个讲课用的 PowerPoint

演示文档。确认后，学习通就会自动向全班学生的手机上同步发送一条提示信息，打开学习通后，屏幕上就会显示幻灯片直播画面，也能同步听到教师的讲课声音。

第二步，在直播过程中，学生若有问题，可在讨论区提出，教师可以随时回复。与前面的投屏讲课类似，教师同样可以向远程学习者提供各种课堂活动，如签到、投票、选人等，也可以向学生推送和分享教学资料，如手机上的图片、视频，云盘中的微课以及各种在线资料。相应地，远程学习者在手机上收到活动提示信息之后，也可实时参与和回复。

第三步，同步课堂结束后，教师也可将授课过程保存到云盘供学习者课后复习。这种保存下来的直播教学课件被称为“速课”。

综上所述，利用快课教学法的移动学习功能，学习通为教师提供了一种方便快捷的工具，将在线课程原型制作转变为利用手机就可完成的工作，提供了富有创意的 E-learning 解决方案。

第四章　快课教学法与微视频制作

自从视听教学进入课堂之后，经过电影、广播电视和录像，再到互联网时代，影音类课件始终都被认为是一种能真实记录、全面还原和适于远程教学的最佳媒体，在教学设计中扮演着核心角色。正如有研究者所指出的：

在教学中，视听材料是课件制作的重要资源。自从胶片幻灯片在第二次世界大战期间作为士兵训练工具首次成功应用之后，教育者已认识到，视听课件能够吸引学习者注意力，增强他们的学习能力。此后与之相关的开发工具和技术都得到了长足发展，不断增强教室中视音频材料的可用性和价值。20 世纪 50 年代和 60 年代的教学电视和录像重播，经常被用作补充课堂教学的重要工具。①

在电化教育时代，受制于当时模拟摄录编技术的硬件价格和复杂剪辑方法，无论是电视还是电影类影音课件，都属于制作成本高昂、使用范围有限的特殊课件类型。视频类教学课件的适用群体和范围受到相当大限制，主要局限于开放大学和远程教育等特定领域。只有进入 21 世纪之后，“网络视频”技术的兴起，才真正给高等教育机构带来了一种革命性的应用模式。网络视频平台和网络摄像头等微型便携摄录设备的广泛应用，为 E-learning 课件制作带来了一种新形式——“微视频”。

4.1　微视频研究综述

微视频产生以来，在不同领域和行业得到了广泛应用。企业将之视为快速应对市场需求的利器，引发“微广告”和“微营销”的盛行；影视业将之视为打破传统

① CRUSE E. Using Educational Video in the Classroom：Theory，Research and Practice Multimodal Learning Styles Dual-channel Learning Motivation and Affective Learning［EB/OL］.（2007-04-21）［2021-07-24］. https://www.safarimontage.com/pdfs/training/usingeducationalvideointheclassroom.pdf.

电影制作桎梏的钥匙，“微电影”遍地开花；学校将之视为适应学生个性化学习需求的手段，“微课”和“微学习”应运而生；在学术研究领域，微视频同样成为快速展示科研过程、方法和成果的工具。即使在政府管理领域，也将之视为向公众快速传达治国理政精神与理念的有力宣传手段，注重利用微视频来推广政策法令，以获取公众的认可和支持。

在教育技术领域，“微视频”是一个具有特定技术内涵的术语，也被称为“微学习视频”（Micro-learning Video）或“微课视频”（Micro-Lesson Video）。它是伴随着互联网，尤其是移动互联网和社交媒介而发展起来的一种新型 E-learning 课件类型。在本书中，微视频被定义为一种播放时间在数分钟之内、主要通过移动设备传递核心知识点的小型化在线播放式多媒体课件。在设计方法上，微视频主要借助网络摄像头和智能手机等轻便工具，利用快速创作工具将授课影像、幻灯片演示和操作活动整合而成。

4.1.1　微视频的设计结构和方法

理论上，微视频的“微”，不仅仅表现在播放时间的长短上，更多是表现在独特的视频表达形式和结构设计上。如图 4-1-1 所示，有研究者[①]曾提出：与传统视频课件相比，微视频的特殊之处在于其“嵌套式”结构框架。也就是说，一个微视频的内在结构由多个“微时刻”（Micro Moment）排列而成。技术上，通常将播放时长为 6 ～ 60 秒作为一个微时刻，它主要是利用富有表现力的图片、动画构成，用来表达一个聚焦的知识点、想法或概念。多个微刻的结构化相互叠加构成一个微视频。

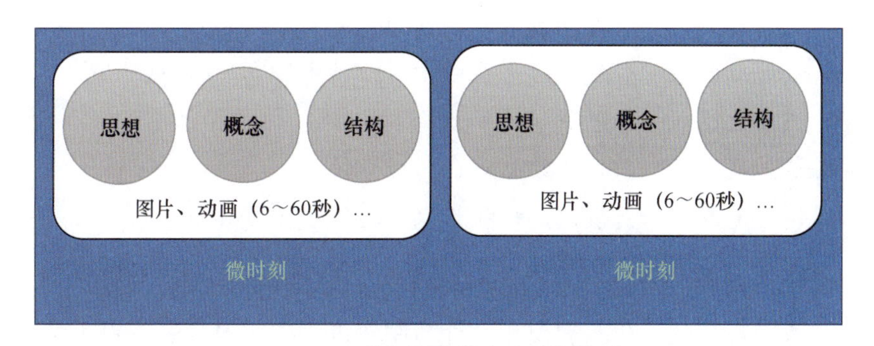

图 4-1-1　微视频的嵌套式结构模型

① JOSH CAVALIER. Introduction to Microvideo［EB/OL］.（2018-06-13）［2021-07-19］. https://www.techsmith.com/blog/introduction-to-microvideo/.

以上述思路来理解和认识微视频，有助于摆脱传统线性叙事视频的连续画面结构的限制，突出强调微视频的非线性“点—画—面”来表现内容主题。在增强视觉表达力的同时，降低微视频设计与编辑成本，有利于微视频的开发、推广与扩散。依据传播对象之不同，可划分为两种类型的微视频：

- 教学微视频（Instructional Micro Videos）
- 营销微视频（Marketing Micro Videos）

虽然在技术结构上类似，但这两类微视频在设计目标和表现手法上存在着诸多差异。教学微视频的设计，通常会在强调适当激发学习者情感因素的同时，更加强调降低受众观看时的认知负荷，以提升其对知识内容的识记效果。而营销微视频则会采取相反的设计策略，它在大量采用各种吸引视听感官的内容的同时，会突出强调信息传递的清晰性（如品牌）和促使受众付诸行动（如消费行为）。

不同类型的微视频在结构上也会表现出相关性。如图 4-1-2 所示，微视频的设计理念在于，强调“情感激发性”和“内容可理解性”两者之间的相互平衡问题。

图 4-1-2　微视频的常用设计结构

教学微视频的结构通常包括如下内容：

- 情感吸引——激发学习者的注意力；
- 引导准备——引发学习者头脑中关于特定信息的预备；
- 内容呈现——传递教学性知识；
- 认知反思——回顾所学知识；
- 情感激励——获得情感性体验或进入下一学习环节。

范德比尔特大学（Vanderbilt University）的一项研究①表明，为使微视频成为学习体验的有效构成部分，在教学视频设计与制作过程中，设计者应着重考虑以下三个要素（见图 4-1-3），

① BRAME CJ. Effective Educational Videos：Principles and Guidelines for Maximizing Student Learning from Video Content［J/OL］. CBE Life Sciences Education, 2016, 15（4）：61-73［2021-07-31］. DOI：10.1187/cbe.16-03-0125.

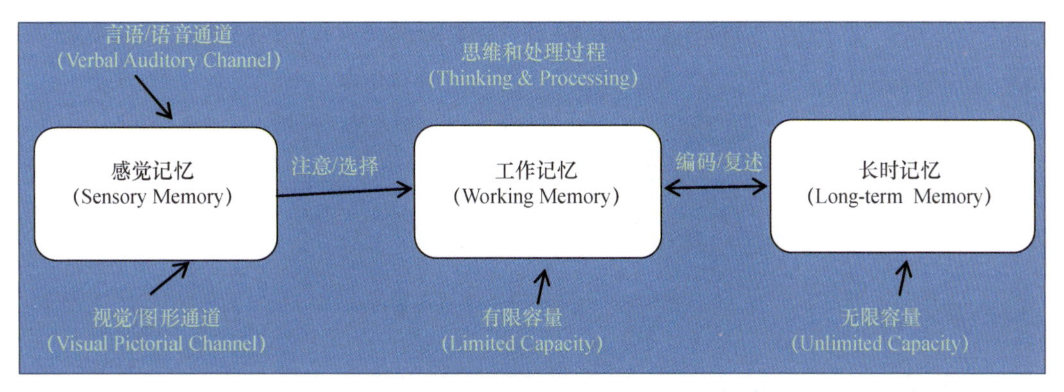

图 4-1-3　微视频设计的多媒体认知负荷理论模型

- **认知负荷和多媒体学习理论：**创建包括微视频在内的教学材料时，主要考虑因素之一是认知负荷。由于学生的工作记忆容量有限，必须选择学习过程中来自感官记忆的信息类型及通道，这对创建教学视频具有重要意义，具体内容见表 4-1-1。

表 4-1-1　微视频设计中降低认知负荷的方法

设计方法	应用案例
信息提示： 强调重点内容	屏幕显示关键词来强调重要信息；改变颜色或对比度来强调信息的组织或关系；视频画面的解释性文本内容（如字幕和说明）
内容分段： 分类整理信息	微视频时长保持在 6～9 分钟；为视频提供导航栏或互动测验
材料清理： 消除多余信息	取消不必要的背景音乐；取消复杂的背景
形式匹配： 利用听觉和视觉通道传递补充信息	手写板书视频和动画演示视频等形式，有助于发挥和加强视听效果

- **影响参与度的非认知因素：**制作教学微视频的核心原则应包含有助于促进学生参与的情感元素，包括控制视频时长、使用对话风格、讲课语气热情并适度提高语速，选择恰当的视频表现形式，如课堂实录、幻灯片讲授、卡通动画、手写板书等，具体内容见表 4-1-2。
- **促进主动学习的功能：**为帮助学生从视频中获得最大收获，需要提供一些帮助性工具以促进理解。例如，在视频中提供指导性说明，将测验整合到视频之中，在作业中增加说明性导语等。

表 4-1-2　微视频设计中增强学生参与度的方法

设计原则	具体措施
控制视频的时长	根据学科的不同，将视频时长控制在 10 分钟之内
个性化表达	在视频中采用对话风格，对学生的学习有很大影响，它可以鼓励学生与授课者发展一种社交伙伴感，进而在学习上表现出更大参与度和付出更大努力
态度、语气和语速	在拍摄视频时态度热情，并适度提高语速。学生参与度取决于叙述者的语速
选择恰当的视频表现形式	根据需要，采用课堂实录、幻灯片讲授、卡通动画、手写板书等

4.1.2　微视频的播放时长

与电化教学时代那种长达 40 ～ 50 分钟的课堂录像不同，微视频的播放时长要明显短于传统一节课的时长。然而，微视频的播放时间究竟应该控制在多长时间范围之内，才能被称为真正的教学微视频，不同研究者对此看法各异。早在 20 世纪 80 年代使用幻灯片演示教学时代，就曾有心理学研究者提出过一个“演示 10 分钟定律”①，即在面授教学情境下，大约在教师使用幻灯片讲课 10 分钟之后，学生的听课注意力就开始下降（见图 4-1-4）。因此，教师在讲课时，应该每 10 分钟改变教学节奏或调整表达方式，以重新激活学习者的注意力。

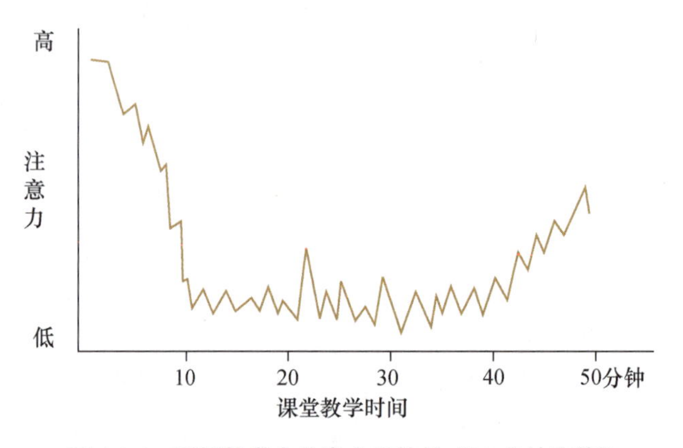

图 4-1-4　面授教学中注意力保持的“10 分钟定律”

进入网络视频时代之后，研究者开始关注在线状态下学习者注意力变化问题。2013 年，在对 EdX 网站上数学和科学类在线课程视频进行大规模统计和分析之

① MEDINA J. Brain Rules：12 Principles for Surviving and Thriving at Work，Home，and School [EB/OL] .（2018-01-25）[2021-07-20] . https://s3.wp.wsu.edu/uploads/sites/2088/2014/01/BrainRules-JohnMedina-MediaKit.pdf.

后，罗切斯特大学（University of Rochester）的一项研究①发现，相对于课堂上较长的教学视频，在线学习者对微视频更加感兴趣。进一步对学习者观看的数据分析发现，在线微视频的最佳时长是6分钟。这项研究还发现，在线互动时间随着视频时长的延长而相应减少。如图4-1-5所示，“平均而言，学生在观看时长为12分钟的视频时，实际只花费了大约3分钟，这意味着他们仅真正观看了不到四分之一的内容。”

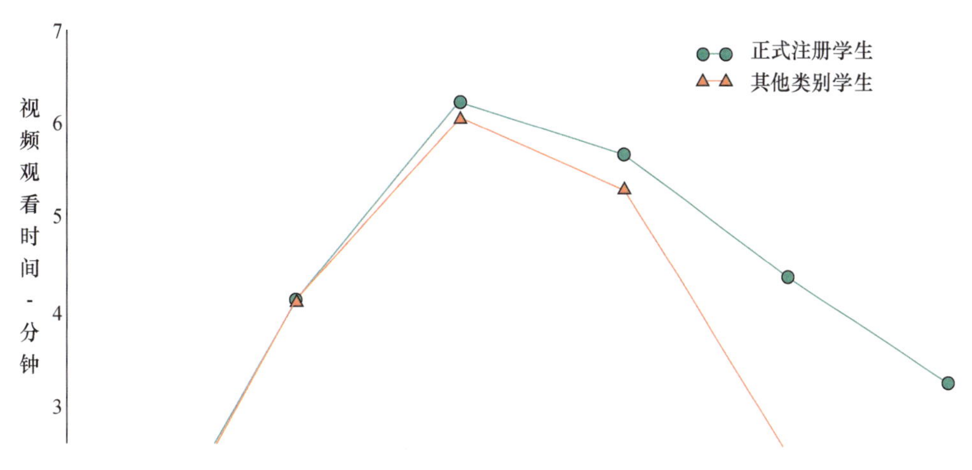

图4-1-5　在线微视频观看“6分钟定律”

2014年，另一项研究②表明，在物理、化学和生物三门课程中，以不同时长（5～20分钟）的微讲座（Mini-Lectures）视频让学生自学的情况下，研究者得出的结论是：“大多数学生认为这些视频有助于他们学习课程内容，并且发现，最好将这些视频的时长保持在15分钟以内。”

2015年，斯坦福大学的一项研究结果③发现，那些大规模在线课程（MOOC）学习者的动机和行为，不一定与就读常规大学课程的学生一致。为进一步探讨在校大学生在线学习参与度和最佳视频时长问题，通过对标准长度的讲座（50分钟或更长时间）和短视频片段（5～30分钟）的数据分析，结果显示“6分钟定律”虽然揭示了学生与在线视频互动的重要性，但并不能完全反映出这些学生互动的全部

① GUO P. Optimal Video Length for Student Engagement［EB/OL］.（2013-08-21）［2021-07-20］https://blog.edx.org/optimal-video-length-student-engagement.

② RICHARD BERG，ANN BRAND，JENNIFER GRANT，JOHN S. KIRK，TODD ZIMMERMAN. Leveraging Recorded Mini-Lectures to Increase Student Learning［J］. The Teaching Professor. Online Classroom，2014，14（2）：5.

③ LAGERSTROM L，JOHANES P，PONSUKCHAROEN U. The Myth of the Six-Minute Rule：Student Engagement with Online Videos［C］. Seattle，Washington：Paper at ASEE Annual Conference & Exposition, 2015.

真相。实际上，对在校学生观看在线视频时表现出的各种学习行为分析之后，研究者发现，很难直接得出一个有关微视频适当长度的简单结论。总的来说，根据单次观看视频的数据，学习者观看次数最多的视频时长范围大致在 12 ～ 20 分钟之间。

2015 年一所美国研究机构发表的报告①显示，在对数百名教师和教学设计人员实施问卷调查时，当被问及最佳视频的时长时，有 71% 的受访者表示，最佳的教学视频时长不应超过 10 分钟。同时也有很多人认为 10 ～ 30 分钟是理想的。统计发现，教师和教学设计师的看法有一定差异：79% 的教学设计师认为视频应在 10 分钟以内。而超过四分之一的教师认为 10 ～ 30 分钟的视频是最佳选择（28%）。研究者的分析是，那些选择 10 ～ 30 分钟视频的人，可能是受到时长为 18 分钟的 TED 演讲②的影响。

2016 年，一项关于视频学习的综述研究③显示（见图 4-1-6 左图），综合各项研究结果发现，学生在观看在线视频时，能够集中注意力的时长范围集中于 3 ～ 40 分钟之间。其中，3 分钟之内、3 ～ 6 分钟、6 ～ 9 分钟比例最高，都超过了 90%；

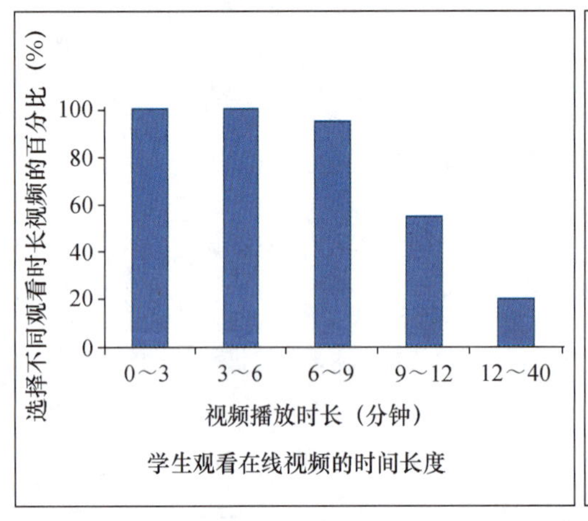

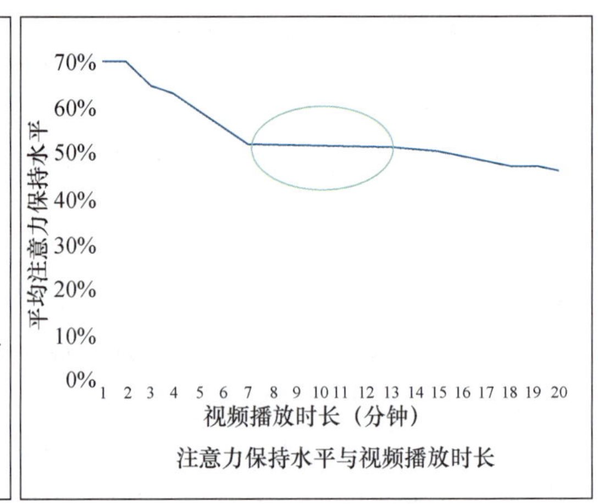

图 4-1-6　观看在线视频时注意力状态的变化

① KALTURA. The State of Video in Education 2015［EB/OL］.（2015-1-24）［2021-07-21］. https://site.kaltura.com/rs/984-SDM-859/images/The_State_of_Video_in_Education_2015_a_Kaltura_Report.pdf.

② TED Conferences 是一家美国媒体组织，以“值得传播的想法”为口号在线发布演讲并免费向全球传播。它从 1990 年开始每年举行一次。TED 的早期演讲领域重点是技术、娱乐和设计，此后又扩展到涉及许多科学、文化、政治、人道主义和学术主题的演讲。TED 演讲的时长（18 分钟）被认为是成功的关键原因之一。

③ BRAME C J. Effective Educational Videos：Principles and Guidelines for Maximizing Student Learning from Video Content［J/OL］. CBE Life Sciences Education. 2016，15（4）［2021-07-29］. DOI：10.1187/cbe.16-03-0125.

50% 的视频时长为 9 ～ 12 分钟，20% 的视频时长为 12 ～ 40 分钟。同时，Wistia[①]的一项研究[②]表明（见图 4-1-6 右图），观看视频过程中，在经历了播放初期 2 ～ 6 分钟区间的注意力大幅下降阶段之后，受众注意力的衰减在第 6 分钟之后开始趋于平稳，6 ～ 12 分钟期间几乎没有下降。但自第 12 分钟起，注意力水平又重新开始下降，至 20 分钟时已呈现明显下降趋势。

综上所述，从目前研究结论来看，在设计和制作教学微视频时，视频的最佳播放时长可以考虑控制在 6 ～ 12 分钟之间。在实践中，根据不同学科的特点，微视频摄制的最长时间不要超过 20 分钟，是当前一种比较明智和合理的选择。

4.1.3 微视频类型与摄制

1. 微视频的类型

除时长之外，微视频的类型，同样也是教师在应用混合-灵活课程时需要考虑的一个重要因素，不同类型的教学视频在技术制作的复杂程度上差异很大。如图 4-1-7 所示，有研究表明，对于教师而言，技术复杂性（Teachnology Complexity）和教师可见性（Teacher Visibility）是两个影响视频类型选择的重要因素。

某些类型的教学视频应用方式比较简单，例如，把在线视频直接复制粘贴到课程网站上或与学生进行网络视频交流。但另外一些类型的教学视频则会比较复杂，例如，由技术人员录制的现场讲座或由讲课者自己录制的教学视频。此外，教师的影像是否显示在教学视频画面上，也是影响视频应用类型的一个重要因素。[③]

有研究者对教学视频进行了详细分类。依据制作风格和学习方式差异，将教学视频划分为 18 种类型[④]（见图 4-1-8）：头像授课视频（Talking Head）、配音幻灯片播放视频（Presentation Slides with Voice-Over）、画中画视频（Picture-in-Picture）、文本叠加式视频（Text-Overlay）、可汗平板录屏（Khan-Style Tablet Capture）、

① Wistia 是一个互联网视频托管平台，具有视频分析功能，能够根据视频点播数据自动生成参与度图表，包括负载、访问者、播放率、播放次数、观看时间和平均参与度百分比的数据。

② EZRA FISHMAN. How Long Should Your Next Video Be ？［EB/OL］.（2016-07-05）［2021-07-21］. https://wistia.com/learn/marketing/optimal-video-length.

③ ZAC WOOLFITT. The Effective Use of Video in Higher Education［J/OL］. Lectoraat Teaching, Learning and Technology，2015（4）：124-125［2021-07-29］. Inholland University of Applied Sciences. https://www.inholland.nl/media/10230/the-effective-use-of-video-in-higher-education-woolfitt-october-2015.pdf.

④ HANSCH A，NEWMAN C，HILLERS L，SHILDHAUER T，MCCONACHIE K，SCHMIDT P. Video and Online Learning：Critical Reflections and Findings from the Field［EB/OL］.（2015-04-23）［2021-07-21］. http：//papers.ssrn.com/sol3/papers.cfm?abstract_id=2577882.

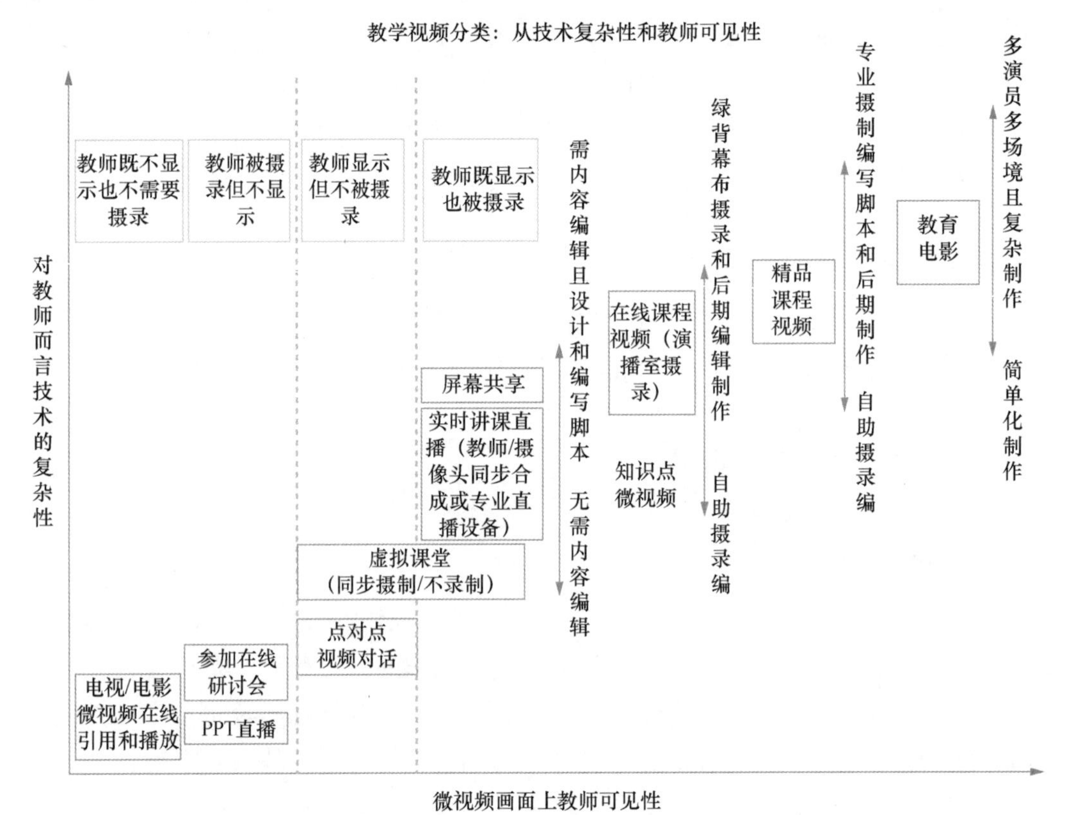

图 4-1-7 基于技术复杂性与教师可见性的微视频分类

Udacity 平板录屏（Udacity Style Tablet Capture）、实物纸 / 白板式视频（Actual Paper/Whiteboard）、屏幕录制（Screencast）、动画视频（Animation）、课堂讲座视频（Classroom Lecture）、研讨会视频（Recorded Seminar）、对话式访谈视频（Interview）、讨论交流视频（Conversation）、实时直播视频（Live Video）、摄像头自录视频（Webcam Capture）、演示视频（Demonstration）、现场视频（On Location）和绿背抠像视频（Green Screen）。每一种微视频的摄制方法、技术特点、录制成本和适用范围都有所不同，需要教师根据各自的学科特点或教学需求选择应用。

2. 微视频的摄制方案

有研究[①]发现，教学微视频制作目前呈现出多样化发展的趋势：一方面是按照专业电影或电视风格制作，另一方面，也开始采用简易演播工具的“自助”方案制

① HANSCH A，NEWMAN C，HILLERS L，SHILDHAUER T，MCCONACHIE K，SCHMIDT P. Video and Online Learning：Critical Reflections and Findings from the Field［EB/OL］.（2015-6-23）［2021-07-24］. http://papers.ssrn.com/sol3/papers.cfm?abstract_id=2577882.

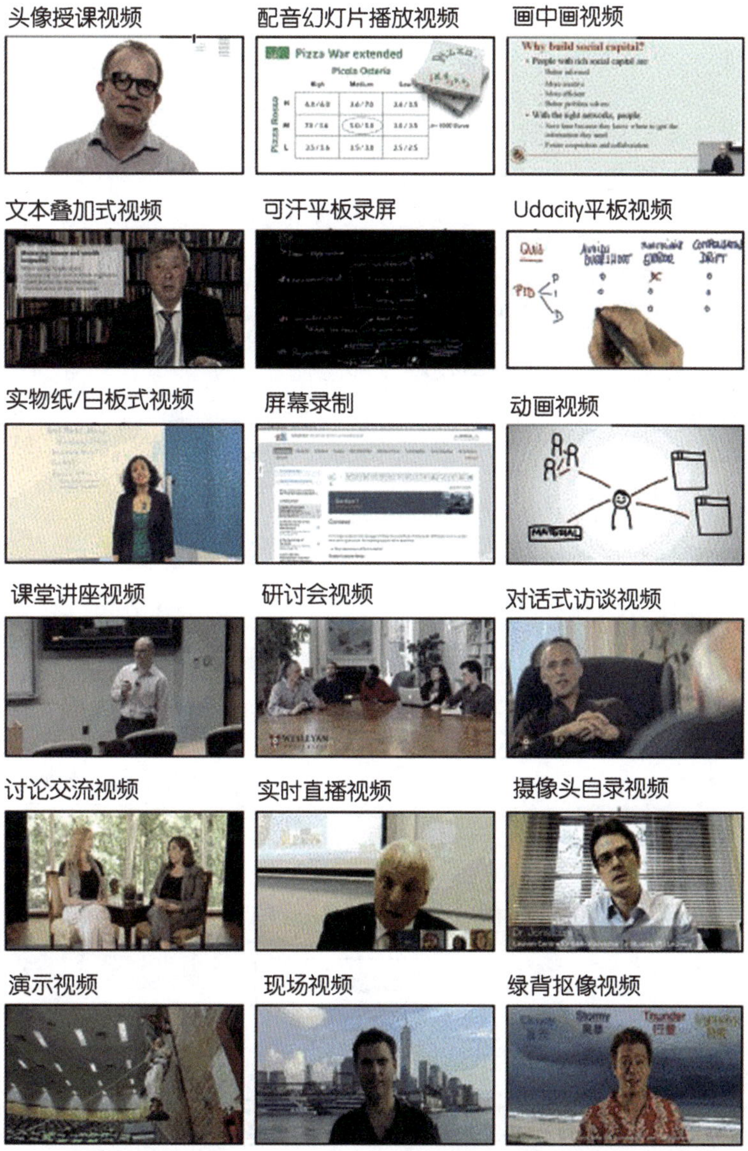

头像授课视频　配音幻灯片播放视频　画中画视频

文本叠加式视频　可汗平板录屏　Udacity平板视频

实物纸/白板式视频　屏幕录制　动画视频

课堂讲座视频　研讨会视频　对话式访谈视频

讨论交流视频　实时直播视频　摄像头自录视频

演示视频　现场视频　绿背抠像视频

图 4-1-8　基于制作风格的微视频分类

作。众所周知，视频制作向来是一项人力和技术密集型工作，需要录制设备、专业工作人员，以及专用演播室和工作室，这导致传统的依据影视编导风格摄制的教学视频制作成本极其昂贵。据估计，Udacity 每一门课程的教学视频预算为 20 万美元。为降低成本，有些教育机构开始尝试简化视频制作方案。如斯坦福大学和宾夕法尼亚大学已建立小型自助录课室，用于教师自己制作课程视频的某些部分，以便简化视频的后期制作流程。

依据制作风格、技术难度和开发成本等，再考虑当前教学视频应用的实际情况，如图4-1-9所示，教学微视频通常采用以下三种常见摄制方案，可摄制14种常见微视频课件。

电视演播型视频摄制方案：技术难度高，前期设备投入最大。通常需要专业技术人员设计、拍摄和编辑教学视频，要求在专业演播室内制作，配备专用设备、布景和照明灯光等。此类具有广播电视风格的教学视频，每小时制作成本约1万～2万元；

课堂录像型视频摄制方案：技术难度中等，前期设备投入较高。通常利用教室内安装的自动化录播设备（如智能教室）拍摄，可自动采集教师在讲台前的讲课视频。但后期仍然需要人工编辑和制作投入。考虑到前期智能教室的投入和后期人工编辑制作费用，此类自动采集类教学视频的制作成本每小时大致在5000～10000元；

自助录制型视频摄制方案：技术难度最低，前期设备投入较低。通常利用简易自助设备在教室或办公室快速搭建临时摄制场所，在教学设计人员指导之下，由学科教师自主录制和制作各种形式的教学微视频。此类视频每小时的制作成本在500～1000元。

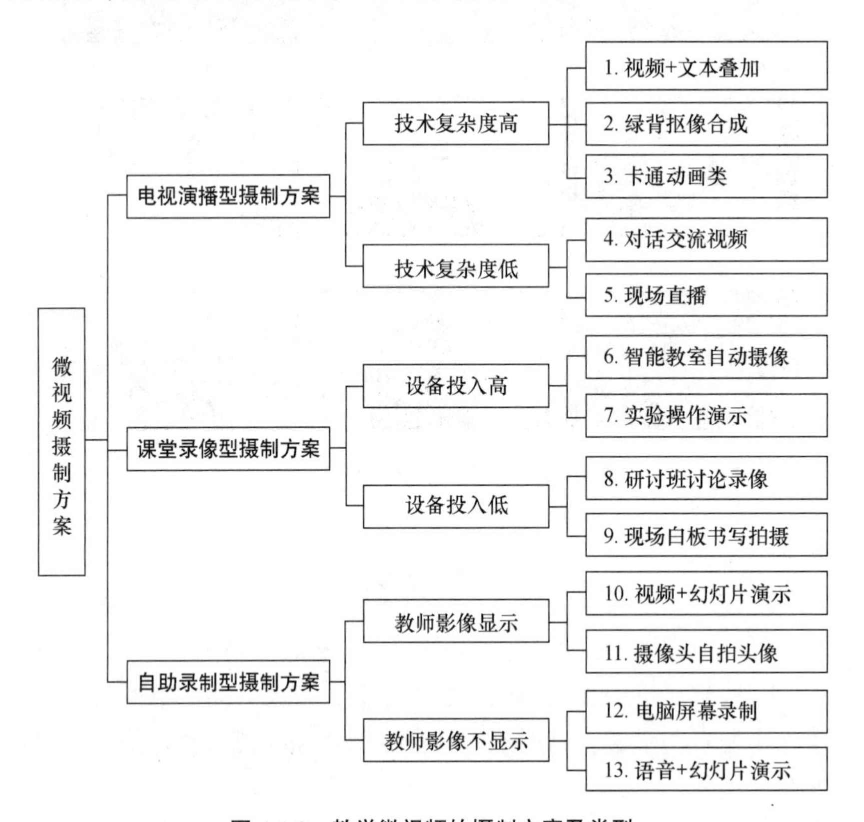

图4-1-9　教学微视频的摄制方案及类型

4.2 微视频的自助摄制技术

随着高校教学视频的广泛应用，作为快速电子学习开发的核心技术之一，针对微视频的自助录课方案也处于不断发展之中，国际教育技术领域先后涌现了多种解决方案。以下介绍两种入门级自助录课工具：Video Express 和 PowerPresenter，两者均可用于制作技术难度较低和教师影像可见的教学视频，具有以下共同特点：

- 应用通用型设备（如计算机和网络摄像头等）完成简易摄制方案；
- 易学易用，学科教师经短期培训后可自主使用；
- 具备教师影像、幻灯片录屏和自拍头像等多镜头自动合成功能；
- 集视频的拍摄、编辑与发布功能于一体，总成本较低。

4.2.1 自助式微视频摄制工具 Video Express

在 Adobe Presenter 中，“微视频摄制”是快速电子学习开发中独一无二的“自助录课”功能，这是由一个独立插件 Video Express（Vx）承担的。借助它，普通学科教师也能完成微视频拍摄、编辑和发布的“摄录编一体化”完整流程，能有效降低微视频课件的开发时间和制作成本。

1. 功能概述

如图 4-2-1 所示，Vx 自助录课的 4 个操作步骤包括，

- 自建场地：在办公室利用通用设备建设一间简易型录课室；
- 自助拍摄：教师利用计算机、高清摄像头和幕布等简易工具拍摄多种类型微视频；
- 自助编辑：利用模板库对微视频进行后期制作，例如选择视频类型，添加片头标题，剪辑和添加字幕等；
- 自助发布：将编辑完成的视频发布为不同格式，MP4 或 HTML 5 压缩包，也可发布到学习管理系统。

2. 自建场地和自助拍摄

如图 4-2-2 所示，与传统演播室录制模式不同，Vx 为教师动手拍摄微视频提供了一整套简便易行的快速开发方案，能在短时间内将办公室或书房改造成为简易录课室。达到这个目标所需要的设备主要包括：一台安装了 Vx 的计算机、一个高清摄像

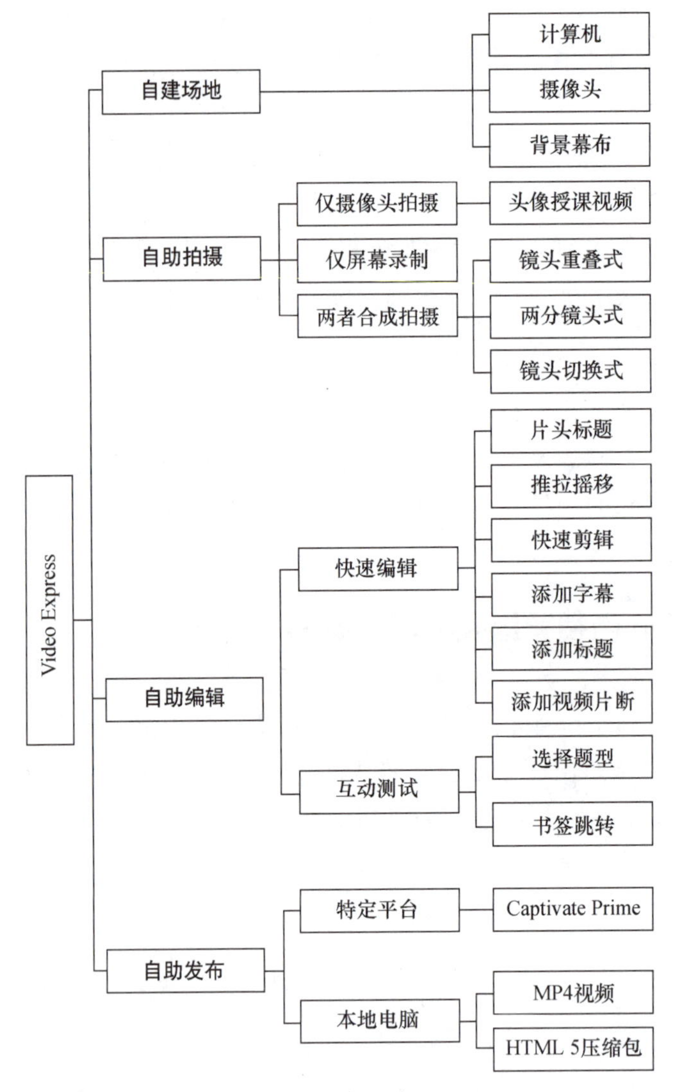

图 4-2-1　Vx 微视频自助录课步骤

图 4-2-2　简易自助录课室示意图

头、一个录音话筒和一面纯色背景墙或绿色幕布。

测试证明，具备基础信息技术能力的教师，在常用的办公环境和设备条件下，能快速搭建出各种类型的简易录课室，并快速自助摄制微视频。Vx 启动之后，显示如图 4-2-3 所示界面，教师可根据需要选择三种录课模式，

- **摄像头拍摄视频（WebCam）**：只拍摄教师的讲课视频，可生成头像授课视频；
- **录制计算机屏幕（Screen）**：只录制电脑桌面屏幕视频，如 PowerPoint 演示或某个程序操作演示；
- **拍摄视频和屏幕（Both）**：在拍摄教师讲课视频的同时，同步录制电脑桌面屏幕，可自动生成镜头重叠式、两分镜头式和镜头切换式微课。

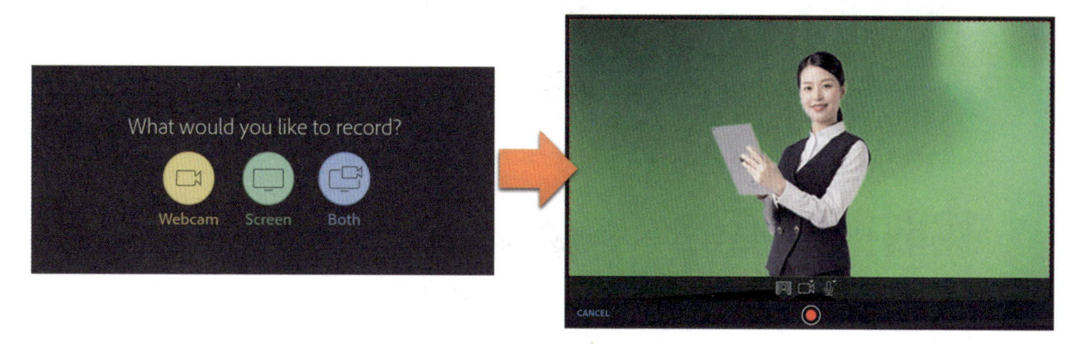

图 4-2-3　Vx 启动界面的三种微视频摄制方式

在实际应用时，最常用的拍摄类型是“拍摄视频和屏幕”（Both）。利用这个功能，即使没有技术人员的帮助，教师亦可拍摄和制作出具有专业水准的高清微视频课件。操作方法如下：

点击 Both 按钮启动计算机自带的摄像头，如图 4-2-4 所示。利用实时视频抠像技术（Keying），在拍摄一张快照的基础之上，将照片从绿色幕布背景之中抠离出来，实现视频背景的透明化。

图 4-2-4　自助拍摄的抠像视频操作步骤

随后，根据需求选择不同类型的拍摄模板，主要包括（见图 4-2-5），

- 镜头重叠式：也被称为“画中画”式视频，授课教师的透明背景视频为前景，幻灯片播放视频为后景，前景和后景相互重叠并自动同步播放；
- 两分镜头式：教师授课视频与幻灯片播放视频相互分离，分别居于屏幕左右两侧，两者自动同步播放。

图 4-2-5　两种类型的微视频布局

3. 自助编辑

Vx 还提供了视频编辑功能。如图 4-2-6 所示，主要包括“个性化标识”（Branding）、“增强效果”（Enhance Webcam Video）、“镜头推拉”（Pane & Zoom）、

图 4-2-6　微视频的后期编辑界面

“视频剪辑”（Trim）、“标记重点”（Annotation）、“书签”（Bookmarks）、“在线测验”（Quiz）、“字幕编辑”（Closed Caption）、“新录视频”（Additional Video）和“插入视频”（External Video）等功能。利用这些功能，可以设计出外观和样式具有专业水准的微视频。

如果再借助其他摄制设备，教师能制作出更多的个性化微视频，如目前流行的全身慕课视频（见图 4-2-7）。

图 4-2-7 利用辅助设备摄制全身微视频

在发布时，Vx 能生成两种格式的视频课件：MP4 视频和 HTML 5 压缩包。前者可发送至任何视频平台播放，后者用于发布带有交互测验功能的视频课件，需要发布到支持 SCORM 的学习管理系统，如 Adobe Captivate Prime、Blackboard 和 Canvas 等。这种交互式微视频课件的独特之处在于，当学习者在观看视频时可直接答题并获得相应反馈信息（见图 4-2-8）。这与本书第二章 Captivate 中所介绍的“交互视频”（Interactive Video）属于同一种类型。

Vx 独具一格的微视频创作功能，展示出与众不同的教学设计理念，构建了一个新颖的基于教师个人的自助录课模式。在教学实践中，这为教师应用 E-learning 开辟出一个普及化的道路。

图 4-2-8　带有在线测验功能的微视频

4.2.2　蒙绿自动抠像工具 PowerPresenter

伴随着高校教室信息化设备不断更新换代，一个常见硬件升级，就是从传统投影机升级为各种规格的大屏幕显示屏或电视。这种大尺寸的显示屏通常带有操作系统和多种附属功能，如屏幕板书、图形绘制、屏幕录制和联网等。从教学技术角度来说，这种大屏幕电视能将计算机与黑板整合为一体，进一步提升了教师在课堂教学过程中的操作方便性。

以此为基础，这种教室硬件设备的变化，也带来了一种新型微视频摄制技术——大屏幕蒙绿抠像技术（PowerPresenter System），简称“蒙绿自动抠像”。与前面 Vx 绿背抠像不同的是，这项技术的显著特点之一，是实现了视频抠像过程的简便化、自动化和合成化，进一步提高了拍摄和制作虚拟场景微视频的效率。如图 4-2-9 所示，蒙绿自动抠像技术的独特之处主要表现在，

- 简便化：在拍摄微视频时将绿背幕布与显示屏合而为一。这不仅减少录课时所用的设备组件，同时也提高了视频的成像效果和质量。
- 自动化：在室内常规照明布光环境下，利用实时自动抠像技术拍摄微视频，可实现教师讲课抠像视频的快速自动生成，无须人工介入，提高了视频课件制作的效率。
- 合成化：在播放 PowerPoint 幻灯片的同时，教师可利用手写触摸功能在屏幕上板书或绘图。这样，教师讲课的透明背景视频、

图 4-2-9　蒙绿自动抠像微视频摄制

演示幻灯片和屏幕板书笔迹三者自动合成为“镜头重叠式微视频”。

PowerPresenter 提供了一种软硬件结合的快速摄制方案，不仅为教师提供了灵活多样的微视频录制方法，还在处理视频细节上提供了更加精细的功能。例如，在录制镜头重叠式微课时，由于教师站在显示屏右下方，可能会阻挡幻灯片的部分内容，此时教师只需按手中遥控器上的“隐藏 / 显示”切换按钮就能解决。此外，视频录制与在线直播相结合，也是这个技术方案的特点之一。在新型冠状病毒肺炎疫情导致师生分离的情况下，配合网络视频会议，教师可以在办公室或教室内将教学视频直播给远程学习者观看。

4.3　动画微视频研究概述

作为一种特殊视频形式，“动画”（Animation）是一种通过对连续呈现的图片、模型或卡通形象进行多次绘制、拍摄之后，序列化播放而形成的特殊影音视觉表达形式。当人类眼睛在 $\frac{1}{10}$ 秒内接收到多个图像快速连续出现时，大脑会将它们融合为一段运动图像。例如，当每秒连续呈现12帧图像时，就可以使眼睛感觉到不连贯运动。当达到每秒24帧的帧速率时，就会产生比较平滑的影像。

作为电影的前身，动画在发展初期是一种与魔灯投影机和幻灯片密切相关的视觉表达方式，“作为早于电影的艺术表现形式，动画是一种能使无生命的物体在视觉上活动起来的艺术。”[①]早在19世纪时，就出现了多种通过机械装置实现多张连续图片的不断运动而形成的动画，例如，在魔术灯笼表演中，经常通过移动图像幻灯片而呈现动态图像，这是最早的教学动画形式。另外，由于“漫画”（Cartoon）和早期动画在表现风格上的相似性，促使两者结合为一体，促进了动漫的产生与发展。“当电影媒体发展起来时，在20世纪初期，动态卡通形象开始替代纸质的印刷卡通画册。”[②]

20世纪初期，传统的动画制作技术通常都是在透明赛璐珞胶片上手工绘制图画，或绘制图片之后再拍照而生成。在那个时代，为创建动画序列动作，动画师必须手工绘制每一帧动作变化图片，工作量和难度都相当大，很难在课堂上大规模应用。进入21世纪之后，动画制作技术发生重大变化，开始进入计算机数字化时代，大多数动画都采用计算机生成的图像（CGI）制作，这为动画在教学领域的普及铺平了道路。作为传统动画的替代者，目前“计算机动画”（Computer Animation）的类型主要包括2D动画、3D动画、动态图形（Motion Graphics）和定格动画（Stop Motion）等形式。

伴随着计算机动画技术的发展，动画视频制作门槛也随之降低，推动了其在教学领域的应用，出现了一种专用于教学领域的动画形式——“教育动画”（Educational Animation）。作为微视频的特殊表达形式，教育动画是一种与教学场景相关的，为促进学习过程而制作的专用动画形式，目的在于促进教学和提高绩效。关于动画视频对于教学的作用，有研究者曾指出，

> 因为动画可以清楚描述动态变化过程，所以适合呈现有关过程性的教学内容。动画可以反映位置的移动和形式上的变化，这对于学习此类主题至关重要。与静态图片相反，动画可以直接显示变化而不必使用辅助线，画面更简洁、生动和更容易理解。[③]

根据表现形式，教育动画的类型主要包括：

---

① DAVE KEHR. Animation. Encyclopædia Britannica［EB/OL］.（2004-08-24）［2021-07-24］. https://www.britannica.com/art/animation.

② BECKER STEPHEN D，GOLDBERG RUBE. Comic Art in America：A Social History of the Funnies，the Political Cartoons，Magazine Humor，Sporting Cartoons，and Animated Cartoons［M］. Simon & Schuster，1959.

③ LOWE RK. Animation and Learning：Selective Processing of Information in Dynamic Graphics［J］. Learning and Instruction. 2003（13）：247-262.

- 白板动画（Whiteboard Animation）；
- 卡通人物动画（Character Cartoon Animation）；
- 图表动画（Infographic Animation）。

其中，白板动画也称“手绘涂鸦”（Animated Doodling），是一种以白板为背景，利用模拟手写动作来表达知识点讲授内容的动画类视频课件。它由于模仿教师在白色书写板上以简略笔画快速书写或绘画动作而得名，这种视频通常由配音、语音旁白或叙述场景构成，能为学习者营造出一种富有视觉吸引力的学习环境，如图4-3-1所示。白板动画最初于2009年出现在视频网站上，主要用于故事讲述和教学演示。近年来，白板动画视频被广泛用于在线学习中讲授概念、演示流程以及展示学术成果等。[①]

图 4-3-1　白板动画微视频

4.3.1　白板动画在教学中的应用

作为最早探索白板动画应用效果的研究项目之一，2016年哈佛大学一项研究结果[②]显示（见图4-3-2），与文本和音频格式相比，白板动画在一定程度上提高了学生的内容识记水平，有助于增强学习效果。

目前白板动画的制作方法主要有两类：

第一种是实拍类白板动画，传统上是利用高拍仪（摄像头）直接拍摄设计者在纸面上的书写或绘画过程（见图4-3-3），保存为视频之后，再利用视频编辑工具添加标

① THON JONATHAN N，KITTERMAN ALICE C，ITALIANO JR，JOSEPH E. Animating Platelet Production Adds Physiological Context［J/OL］. Trends in Molecular Medicine，2013，19（10）：583-585［2021-07-29］. doi：10.1016/j.molmed.

② SELEN TüRKAY. The Effects of Whiteboard Animations on Retention and Subjective Experiences When Learning Advanced Physics Topics［J/OL］. Comput. Educ. 2016（98）：102-114［2021-07-29］. DOI：https://doi.org/10.1016/j.compedu.2016.03.004.

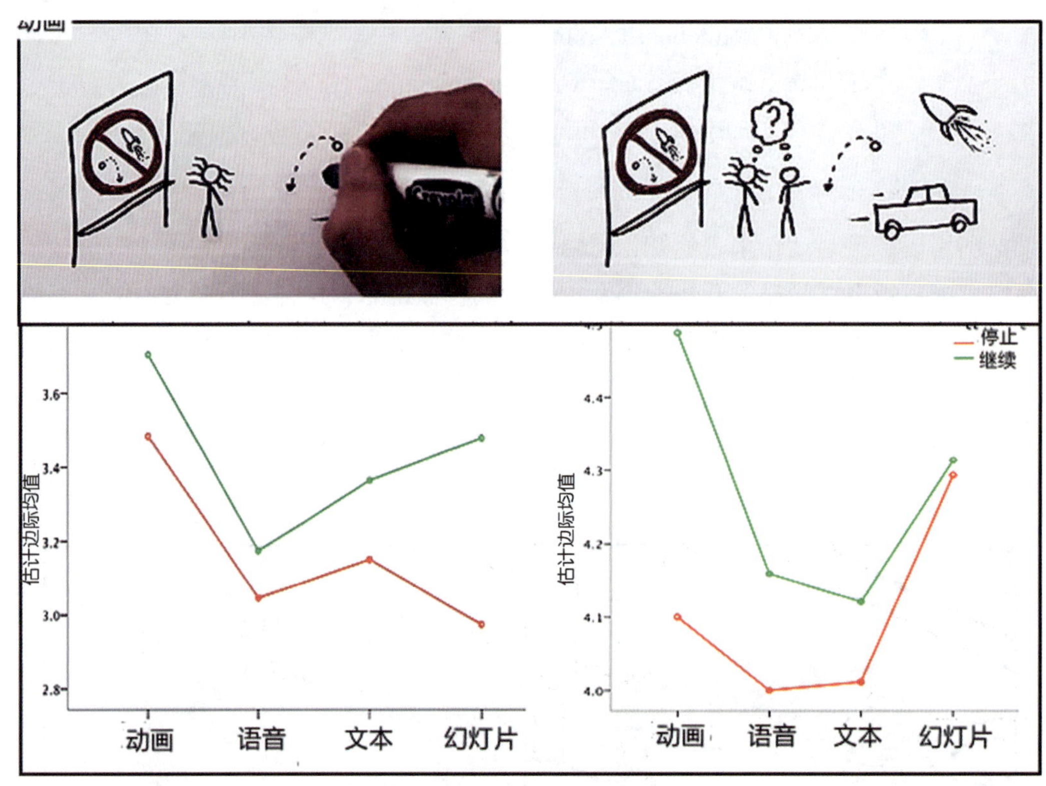

图 4-3-2　白板动画对学习效果的影响

题、配音和字幕，最终生成动画视频。这种制作方法对设计者的书写或绘画技能有较高要求，使用难度较大。

第二种制作方法，是利用专用白板动画类程序来设计和开发，通常利用程序所提供的各种模板制作，技术难度低，易学易用，比较适用于教学设计人员或教师。目前白板动画类软件较多，常用 的有 VideoScribe、Doodly、EasySketch Pro、Explaindio 等，都适用于快速设计和开发动画类教学课件。但由于技术原因，部分软件不支持中文字体的自动手绘生成，仅局限于外语学科使用，适用范围较小。

图 4-3-3　实拍类白板动画的制作方法

4.3.2 动漫角色对学习过程的影响

斯坦福大学的拜伦·里夫斯（Byron Reeves）[①]认为，基于动漫形象所构建的教学环境，不仅可促进师生之间的交互，同样也有助于推动学生与媒体之间的互动，这证明了E-learning环境下社交过程中不同类型人物角色的重要作用。在技术上，虽然可以利用其他方法（例如音频、视频，甚至是对话文本）创建各种智能化社交场景，但动漫人物模拟效果最好且易于复制。电子课件中的动漫形象生动，对学习者富有吸引力。研究者认为，在线动漫形象对于E-learning的作用表现在多个方面：情感化的互动角色能够将社交性情感带入在线学习过程之中；模拟社交沟通并利用交互性角色来改善环境，有利于学生对信息加以记忆；角色互动会导致真实感的相应提高，进而加强学习效果。

在另一项研究中，詹妮弗·德弗里斯（Jennifer De Vries）将动漫角色在E-learning中扮演的形象划分为三类：专家指导者（Expert Instructor）、同伴指导者（Peer Instructor）、合作学习者（Cooperative Co-Learner）。他强调：

对于讲授软技能（Soft Skills）来说，动画人物有助于创建一个沉浸式学习环境，引起学习者的相应社交反应。实验发现，卡通形象必须设计得适合任务且避免分散学习者的注意力。在设计这些动漫角色时，必须确保音频和视频内容能够巧妙组合起来，创造出既能吸引学习者又能增强学习体验的环境。[②]

研究人员[③]发现，以卡通人物面目出现的合作学习者，使得学生的表现水平大大提高。如图4-3-4所示，使用动漫合作学习者的学生在填空问题上的成绩，要比“无情感合作学习者”（No Emotion Co-learner）的学生高出7分。这些研究都证明，在微视频课件设计中采用动漫形象，有利于提供一种激励学习者的社交环境，精心设计的卡通角色能起到支持和协作学习的作用，改善学生的认知和识记效果。

---

① REEVES BYRON. The Benefits of Interactive Online Characters［EB/OL］.（2004-08-25）［2021-07-24］. The Center for the Study of Language and Information. Stanford University. http：//www.wslash.net/files/stanford_study.pdf.

② DE VRIES JENNIFER. Character-Based Simulations. What Works：The Use of Character-Based Simulations in E-learning［EB/OL］.（2004-03-26）［2021-07-24］. Bersin & Associates. https：//static1.squarespace.com/static/51813754e4b0ae1ace7b0da4/t/519e7467e4b0f33a07482213/1369338983000/Character ＋ Simulations1_9.pdf.

③ MALDONADO H，NASS C. Emotive Characters Can Make Learning More Productive and Enjoyable：It Takes Two to Learn to Tango［J/OL］. Educational Technology，2007，47（1）：33-38［2021-07-24］. http：//www.jstor.org/stable/44429375.

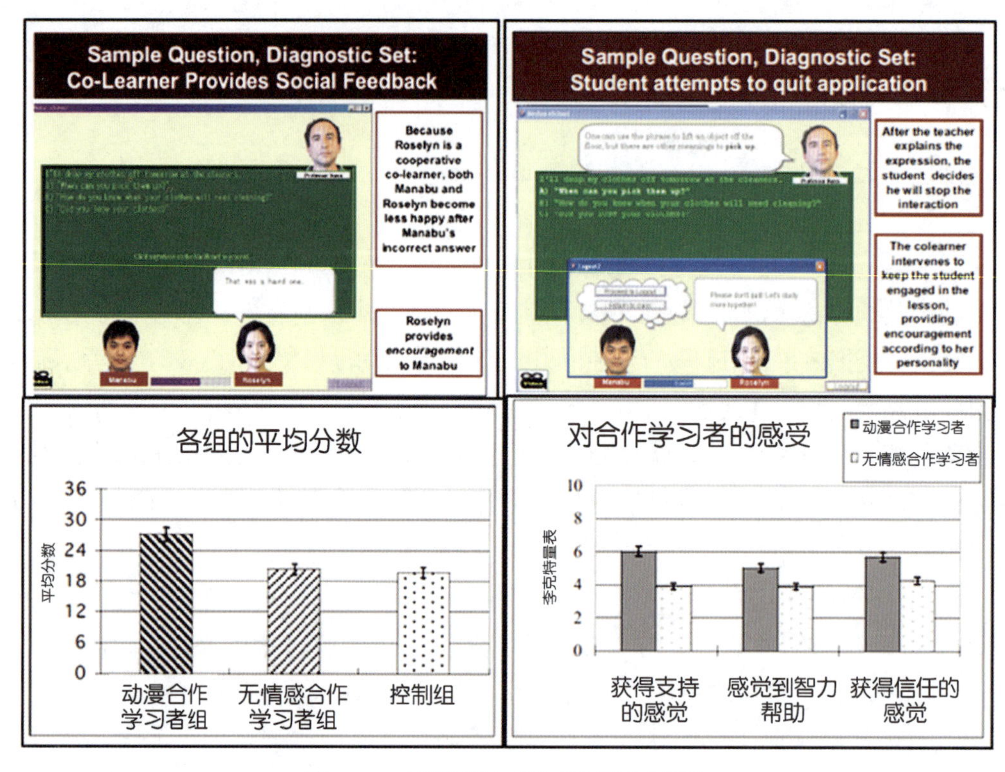

图 4-3-4　动漫形象对学习效果影响研究

4.4　动画微视频的快速创作工具

在支持中文字体的白板动画创作软件之中，Easy Sketch Pro（缩写为 ESP）是一个适用于教学人员的入门级手绘动画功能开发工具，如图 4-4-1 所示。它具备创建草图、素描视频、涂鸦和演示文稿的多种功能，可将文本、图片、视频、音乐和

图 4-4-1　入门级手绘动画制作工具 ESP

背景图像合并生成 MP4 视频。此外，它也具备旁白配音功能，可满足手绘动画的常用设计要求。

4.4.1 白板动画快速设计工具 ESP

如图 4-4-2 所示，ESP 的界面和操作模仿了 PowerPoint，使得教师更容易接受和使用。因此 ESP 获得了“手绘版 PowerPoint”的美誉，是指这个课件创作工具能让教师像使用 PowerPoint 一样运用自如。

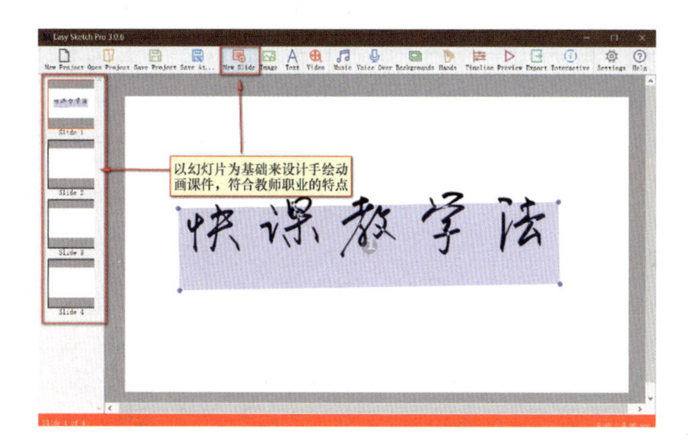

图 4-4-2　ESP 界面和操作类似 PowerPoint

与其他手绘动画类软件相比，ESP 的最大优势，是无需担心中文字体的兼容性问题。当它被安装在电脑上之后，ESP 就会自动调用计算机操作系统的字体库，包括中英文常用的印刷版字体。需要提示的是，对于那些希望在动画中使用手写中文字体（如毛笔字和钢笔字等）的教师来说，需要事先在操作系统字库中添加相应的字体文件，如图 4-4-3 所示。操作方法很简单——直接将字体文件复制粘贴至系统的字体文件夹中。

与幻灯片的设计思路类似，ESP 可将文本、图片和视频插入幻灯片之中，利用模板快速生成手绘模拟动画。具体功能如图 4-4-4 所示。

1. 教学设计特色

无论是中文印刷版字体还是手写版字体，包括花样繁多的中文钢笔和毛笔类字库，ESP 都能兼容并快速生成模拟动画。需要提醒的是，ESP 所提供的是“手绘”而非“手写”。换言之，对于任何文字内容，无论中文还是英文，都是以绘画方式来模拟书写动作，而非真正意义的“书写”——就是说，ESP 无法按照书写文字的正确笔画和笔顺来“写字”，而只能以“照葫芦画瓢”方式画出来（如图 4-4-5 所示）。

ESP 对于图片的兼容性也表现极佳。常见的白板动画程序要求必须使用 SVG 格

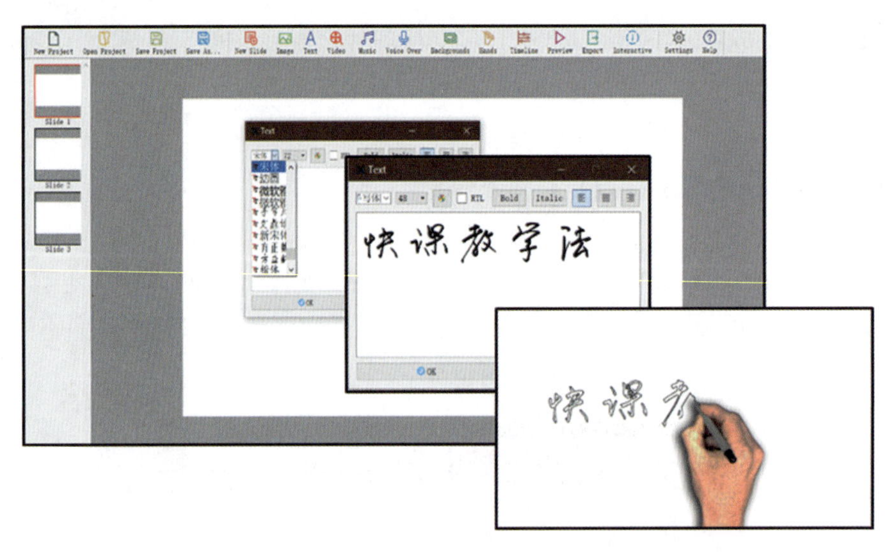

图 4-4-3　ESP 支持中文直接输入与手绘输出

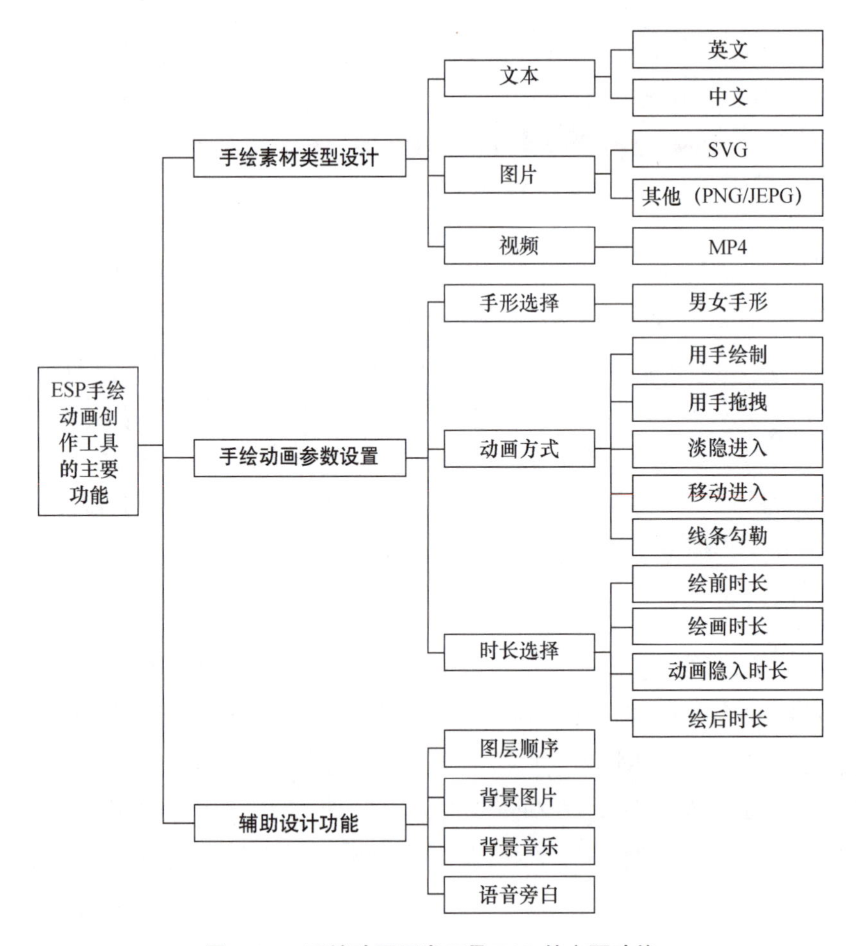

图 4-4-4　手绘动画开发工具 ESP 的主要功能

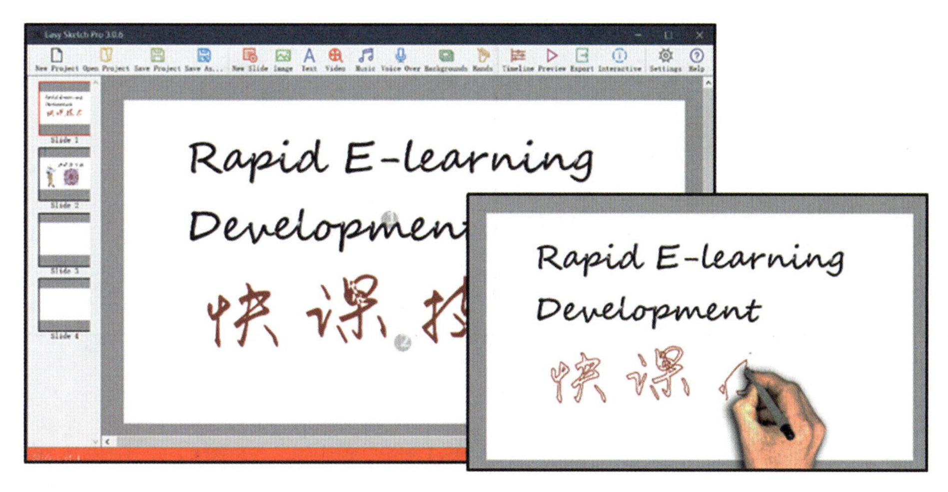

图 4-4-5 ESP 不支持中英文的书写笔顺

式图片才能生成模拟动画，通常不支持 JPEG 或 PNG 格式。而 ESP 则能同时支持 SVG、JPEG 和 PNG 等常见图片格式并快速生成模拟动画，这就为用户提供了极大便利。用户也可利用互联网上海量的 JPEG 图片资源（如图 4-4-6 所示）。需要指出的是，尽管 ESP 支持多种图片生成动画，但从所生成的模拟动画效果来看，SVG 图片的动画效果最佳，动画的线条感和流畅效果突出。

图 4-4-6 ESP 可兼容多种格式图片生成手绘动画

为方便设计，ESP 还提供了一个 SVG 图库，其中包括 190 个图片类型共计 3800 余张常用 SVG 图片，内容涵盖各个领域，如历史、动物、社会、城市和日常生活等。用户也可在图库中添加自己的类别，以便随时调用（如图 4-4-7 所示）。

图 4-4-7　ESP 提供 SVG 格式的图片库

ESP 还提供了与 PowerPoint 类似的编辑功能，例如，在幻灯片上插入的每一张图片上都会自动生成一个数字序号，作为模拟动画顺序的标志。同时该序号也是幻灯片上各张图片的图层顺序标志。例如，序号 2 的图片会处于幻灯片的上一图层，遮盖住序号 1 图片。如图 4-4-8 所示，设计者可根据需要用鼠标选中某一张图片，点击鼠标右键在弹出菜单中用“提升序号”（Order Up）或“降低序号”（Order Down）命令，调整不同图片的顺序和所生成动画的时间顺序。

图 4-4-8　调整图片序号可改变动画生成顺序

2. 手绘动画快速设计

ESP 提供了快捷方便的模拟动画生成参数设置功能，设计者可自主定制每一个文本和图片的动画类型、时长、方向或线条粗细等详细参数。如图 4-4-9 所示，ESP 提供 5 种模拟动画生成方式：

- 用手绘制（Draw by hand）;

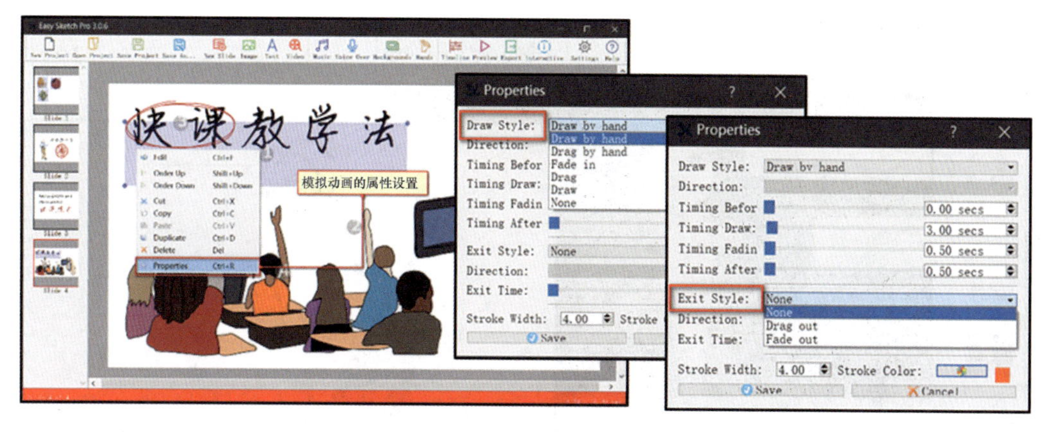

图 4-4-9　模拟动画的详细参数设置

- 用手拖拽（Drag by hand）；
- 淡隐进入（Fade in）；
- 移动进入（Drag）；
- 线条勾勒（Draw）。

对于每一种模拟动画，ESP 都提供了精确的时间定制功能。例如，以秒数来设置每一个动画的各项时长参数，包括：

- 绘前时长（Time before）；
- 绘画时长（Time draw）；
- 动画隐入时长（Time fading）；
- 动后时长（Time after）。

同时提供对每一种模拟动画结束的参数设置，例如：

- 结束方式（Exit style）；
- 结束时长（Exit time）；
- 线条粗细（Stroke width）；
- 线条颜色（Stroke color）。

另外，ESP 能将视频片段也以模拟手绘动画的形式绘制出来，不过仅限于视频的第一帧画面（见图 4-4-10）。这个功能可形象地产生一种主讲教师的视频是被“绘制”出来的逼真效果，令观者印象深刻。

3. 辅助设计功能

对于设计完成的手绘动画课件，ESP 还提供了一些常用辅助功能，例如，

图 4-4-10　将视频第一帧画面模拟为动画形式

背景音乐（Music）：为动画视频添加背景音乐。注意该功能是指为整个微视频而非某一张幻灯片添加背景音乐。

语音旁白（Voice Over）：为整个动画视频添加语音旁白。在录制之前应检查电脑话筒能否正常工作，并在“预览场景”（Preview Scene）选项前打钩，这样在录音过程中将自动同步播放动画。这类似于电影后期配音，要求主讲者一边看动画视频，一边为每一个画面配音。配音结束后点击“添加”（Add）按钮完成（如图 4-4-11 所示）。

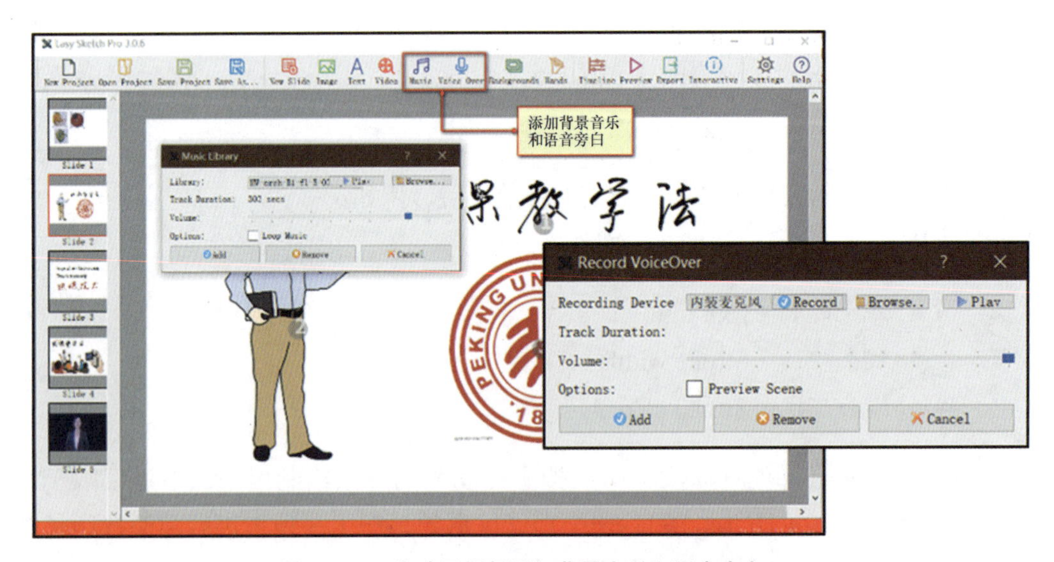

图 4-4-11　为动画视频添加背景音乐和语音旁白

ESP 也提供不同类型的幻灯片背景和手形模板，可设计出更加个性化的课件。需要注意的是，背景模板功能是指为整个动画课件设置统一的背景，而非为某

一张幻灯片设置背景。换言之，背景一旦应用，整个课件的全部幻灯片都将变为相同的背景图片。此外，也可利用手形图片来为动画添加不同样式的手形模板（如图 4-4-12 所示）。

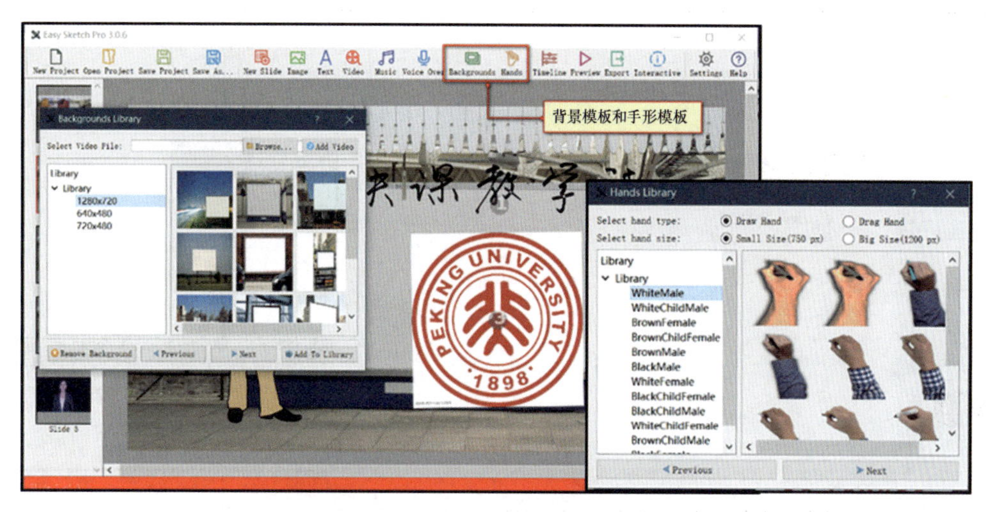

图 4-4-12　幻灯片背景模板和手形模板

在设计过程中，设计者可随时利用“预览”按钮来查看动画的输出效果，并据此调整动画的各项设置参数。如图 4-4-13 所示，可调整各个幻灯片的播放顺序，预览某一张幻灯片的动画效果；也可利用“时间轴”（Timeline）查看和调整幻灯片每一个元素的播放参数和预览效果。

图 4-4-13　调整幻灯片播出顺序和查看时间轴

当设计完成并预览修改之后，可点击“导出”（Export）按钮，ESP 自动将幻灯片合并之后生成一个 MP4 视频。整个生成过程能需要数分钟，其间会将幻灯片完整地播放一遍，结束后自动显示提示信息（如图 4-4-14 所示）。

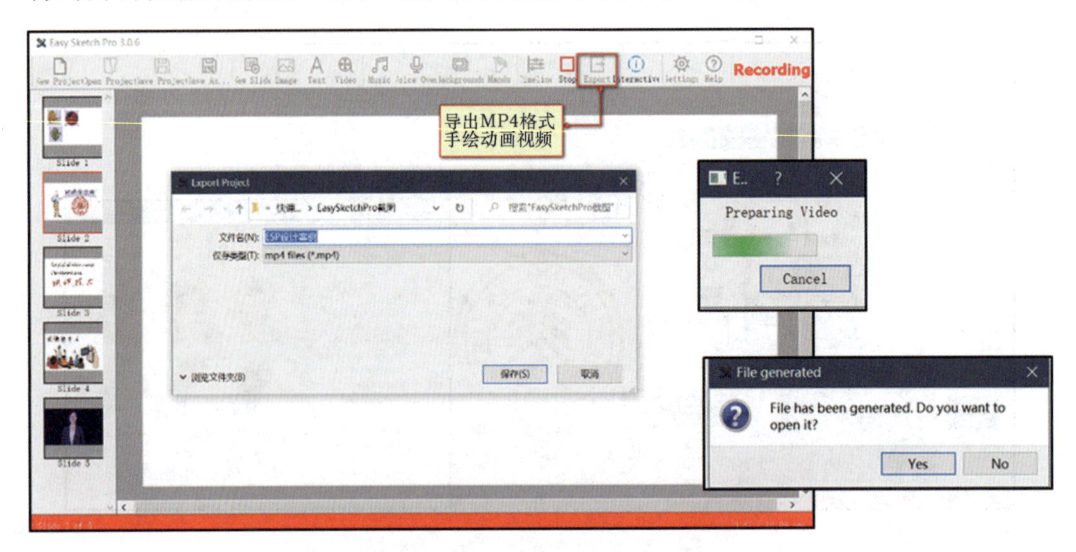

图 4-4-14　手绘动画视频的导出

从教学设计角度，ESP 适用于快速设计微视频，以叙事方式绘声绘色地表达教学内容，可获得较佳的视觉传达效果。由于 ESP 操作方法类似 PowerPoint，对于各学科教师可谓轻车熟路，运用自如。尤其在使用翻转课堂时，将知识点的微视频通过网络预先发送给学生，用于课前预习、课上练习和课后复习，可有效激发学生的兴趣。在这一点上，ESP 与前面 Captivate 直接导入 PowerPoint 文档创建电子课件的思路如出一辙，都属于快速电子学习开发的常见策略。之外，ESP 也适用于快速设计课程片花、片头和片尾等个性化微视频，视觉效果令人耳目一新。

4.4.2　动漫人物微视频的快速制作工具 CrazyTalk

自 21 世纪初期开始，在卡通画册、电子游戏和动画电影所主导的动漫文化影响下，E-learning 领域同样也兴起了以卡通人物（Cartoon Characters）形象为代表的新潮流，其设计理念在中小学教育中表现得尤其显著。例如，为吸引学习者的注意力，无论印刷教材编写还是幻灯片制作，都经常带有动漫化的特色。近年来，计算机动画技术的快速发展，又进一步为动画人物进入视频课件提供了更方便的技术手段。

在过去课件设计中，教学人物主要采用卡通或拟人化动物形象。近年来，伴随着学习者期待值的提升和E-learnin技术的进步，“基于动画角色的学习”形式得到越来越广泛的应用，“情感化动画角色”设计正在成为电子课件设计的一个重要趋势。①

图 4-4-15 快速动漫人物创作工具 CT

1. 功能概述

以卡通图片或真人照片为基础，CrazyTalk（缩写为CT）是一款能帮助教学人员快速塑造2D和3D动画人物（以头像和半身像为主）的专用程序，易学易用，属于入门级动画人物创作工具。

CrazyTalk的最大特点，是能将一张卡通角色图片（头部、半身或全身）或真人头像照片，快速转换塑造成带有丰富面部表情、能说会道和自动根据语音生成唇形动作的2D和3D动画角色。使用CT时，设计者使用符合教学需求的卡通角色图片，如家喻户晓的唐老鸭、米老鼠之类动物形象，也可以是著名历史人物画像，或者任何一张照相机拍摄的人像照片，再借助“文本转语音”（TTS）或真人配音，将之快速转换制作成栩栩如生的卡通动漫人物视频。这种技术能以极低的技术成本，快速制作出符合教学需求的动漫人物视频，插入讲课视频作为导入或总结，产生令人眼前一亮的视觉效果。技术上，CT整体功能如图4-4-16所示。

① AUDREY DALTON, BRIAN FRIEDLANDER. Animated Characters in E-learning: The Benefits and Social Roles [EB/OL]. (2010-06-08) [2021-07-21]. https://learningsolutionsmag.com/articles/486/animated-characters-in-e-learning-the-benefits-and-social-roles.

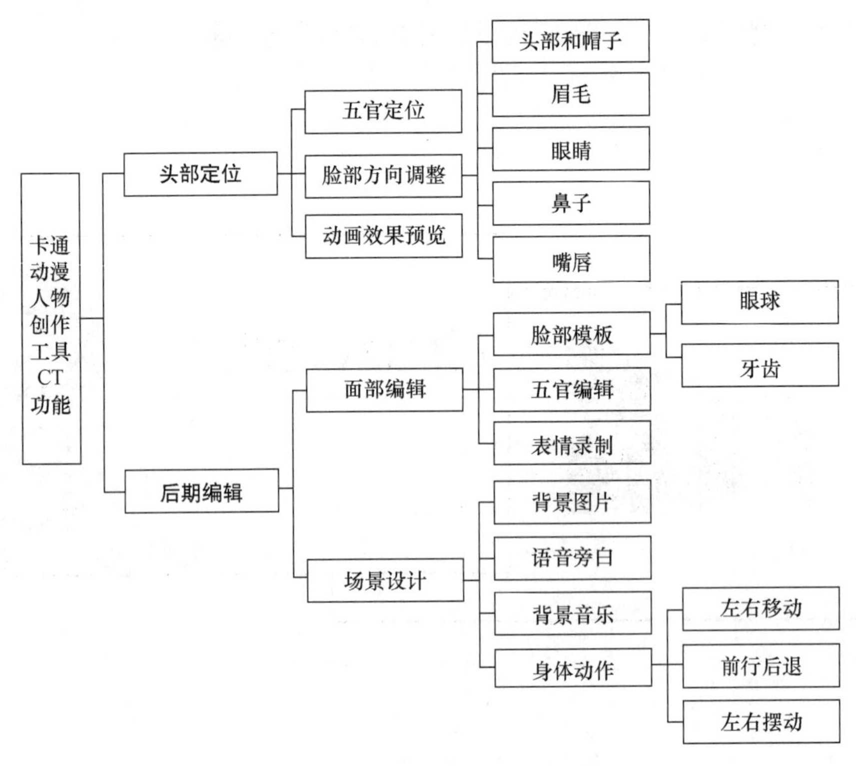

图 4-4-16　CT 2D 动漫人物制作功能

2. 卡通图片选择与导入

CT 设计动漫人物的第一步，是准备一张合适的图片作为形象框架。

适用于 CT 的卡通形象图片应符合以下基本要求：

- 基于人物、动物或物品类的卡通形象皆可使用；
- 头部、半身和全身卡通形象皆可使用，通常优先选择半身图片；
- 为便于后期编辑，建议优先选择面部表情比较平和、不要过于夸张的卡通图片；
- 为避免表情失真，建议不要选择戴眼镜或张嘴露齿的图片，应优先选择闭嘴的卡通形象；
- 图片格式上，优先选择背景透明的 PNG 格式，这样可省去背景抠像环节；
- 为保证卡通形象的清晰度，建议所选图片的分辨率越高越佳，至少应达到 1024×768 分辨率。

确定卡通角色的图片之后，点击“创建角色”按钮导入图片开始设计，见图 4-4-17。

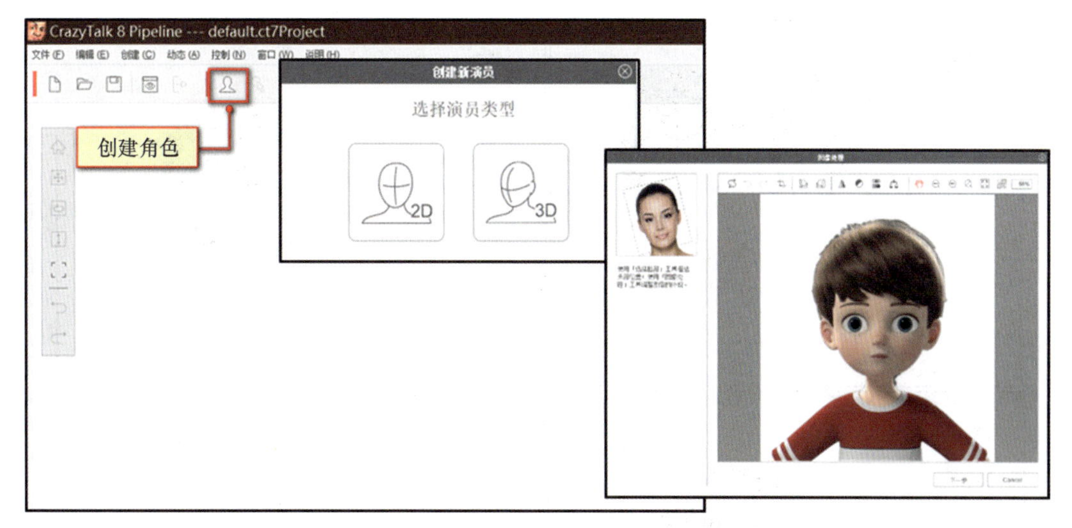

图 4-4-17　选择创建 2D 角色并导入卡通图片

3. 头部定位与编辑

点击“下一步”启动卡通人物“头部定位”，即利用定位锚点和轮廓线确定动漫角色的五官位置，以便根据这些定位锚点套用相应的动态模板。如图 4-4-18 所示，头部定位包括四个基本步骤，分别是，

- 初步定位：共有 4 个锚点，分别置于人物脸部两眼的左右眼角（见图 4-4-18 序号为 1 和 2），左右嘴角（见图 4-4-18 序号为 3 和 4）；
- 轮廓定位：共有 23 个锚点，进一步调整头部轮廓、眉毛、双眼、鼻子和嘴唇的定位及轮廓线；
- 精确定位：共有 56 个锚点及其轮廓线，精确校对头发 / 帽子、眉毛、眼球、鼻子和嘴唇的定位及轮廓；
- 测试校对：完成定位之后，查看脸部表情动画测试效果并校对。

完成“头部定位”之后，进入“脸部方向调整”环节，即根据人物面部的朝向进行微调，并参照人物属性（真人、漫画等）或脸形（长鼻子，长嘴、方头等）选择角色的套型模板。如图 4-4-19 所示，点击“预览”按钮，摆动鼠标则可查看动漫人物摇头和侧脸的动态效果，根据需要做相应调整。

点击“确定”之后，第一阶段“头部定位”工作告一段落。至此，一张卡通图片已脱胎换骨转变成一个动漫人物。点击窗口下方播放栏中的“播放”按钮，就会发现：原先静止的图片已成为一个眼睛可眨动、嘴唇可张合、头部能晃动的卡通动画形象。这只是 CT 根据上述设计而自动生成的缺省状态动作，还需要进行个性化设置。

随后进入“后期编辑”阶段，它包括两部分：面部编辑和场景设计。

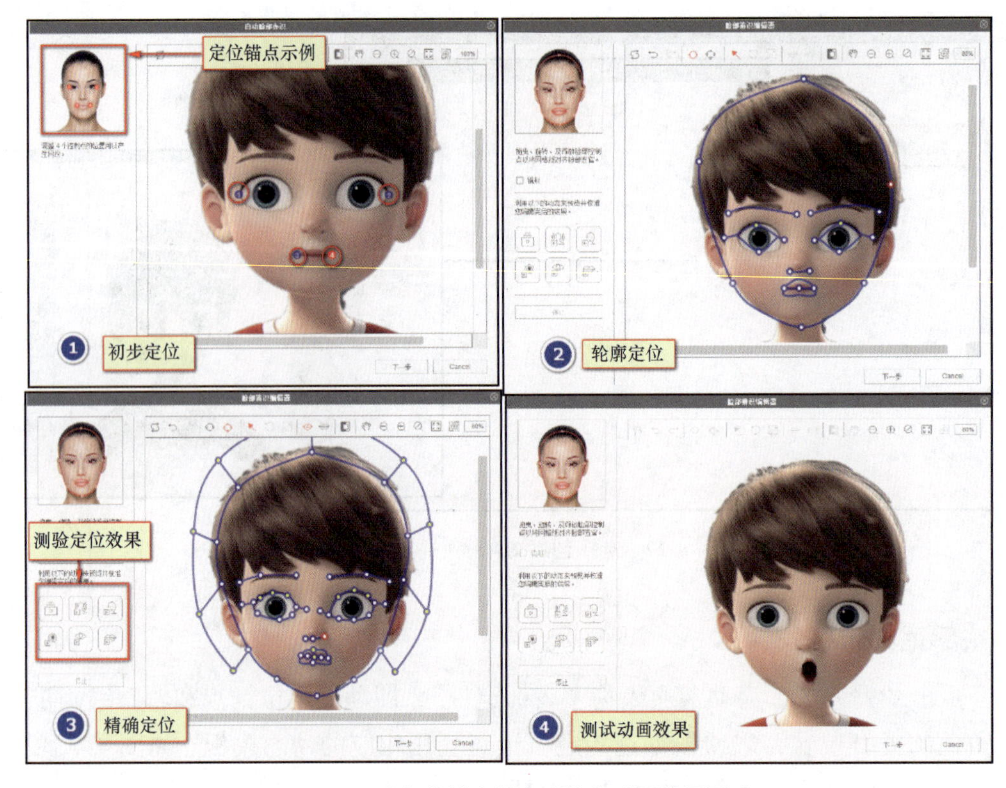

图 4-4-18　头部的锚点轮廓定位和动画效果测试

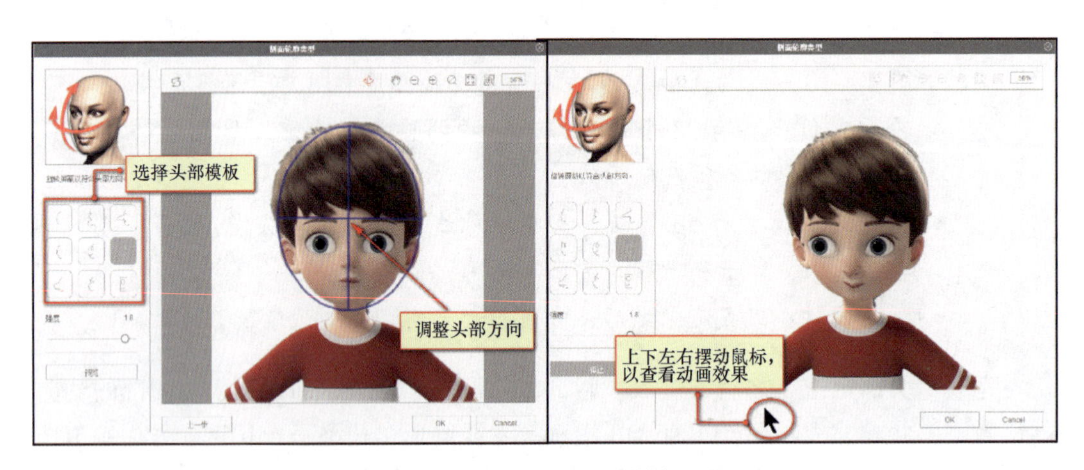

图 4-4-19　脸部方向和脸型模板设置

“面部编辑”是指对动漫角色的脸部五官及表情动作进行个性化设计和定制，以进一步提升动漫人物的动态表现力。它包含以下三个环节：

第一，利用模板为脸部添加“眼球”和“牙齿”（见图 4-4-20）。这两项功能可以在动漫人物的眼部添加精灵剔透的大眼睛动画效果，并在嘴唇中添加洁白光亮的牙齿。这样在说话时，人物就会产生双眼流盼、启唇露齿的逼真效果。如果需要，

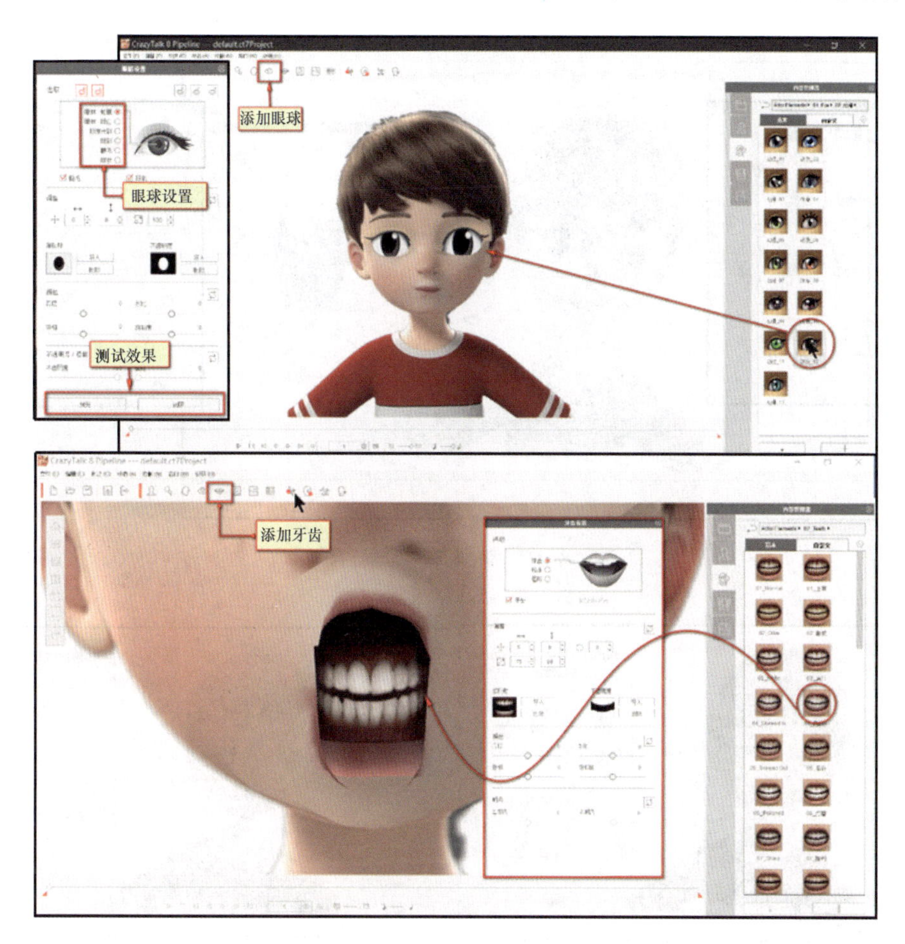

图 4-4-20　为动画角色添加眼睛和牙齿模板

设计者还可进一步对眼睛、牙齿的相关特征进行详细设置，如虹膜、眼白、光影、眼影、睫毛和眼妆，以及牙齿的颜色、喉咙和唇形等。

第二，“五官编辑”，即利用“脸部关键帧编辑”对动漫人物的面部肌肉、脸部表情和眼、鼻、唇、眉等细节进行微调和修改，进一步增强人物的性格特征。如图 4-4-21 所示，在“肌肉”选项卡中，可用鼠标点击选择某一或多块面部肌肉，然后按住鼠标左键后滑动，动漫人物即可实时显示出相应面部位置变化。如图 4-4-22 所示，在“脸部表情”选项卡中，可选择 8 种表情风格：快乐、生气、悲伤、害怕、惊讶、生病和使眼色等，每一类下还分为若干具体样式。当选中某一种表情风格之后，动漫人物可实时显示出相应效果。在“调整”选项卡中，还可进一步调整动漫人物的眼、鼻、唇、眉的外观和形状。

第三，“表情录制”，即利用脸部动态模板，为动漫人物录制和添加各种风格的个性表情，以加强人物的独特性（见图 4-4-23）。这个功能是为那些对动漫人物表情有更加个性化需求的教学设计者所准备，能生成千变万化的独特表情和眼神，使

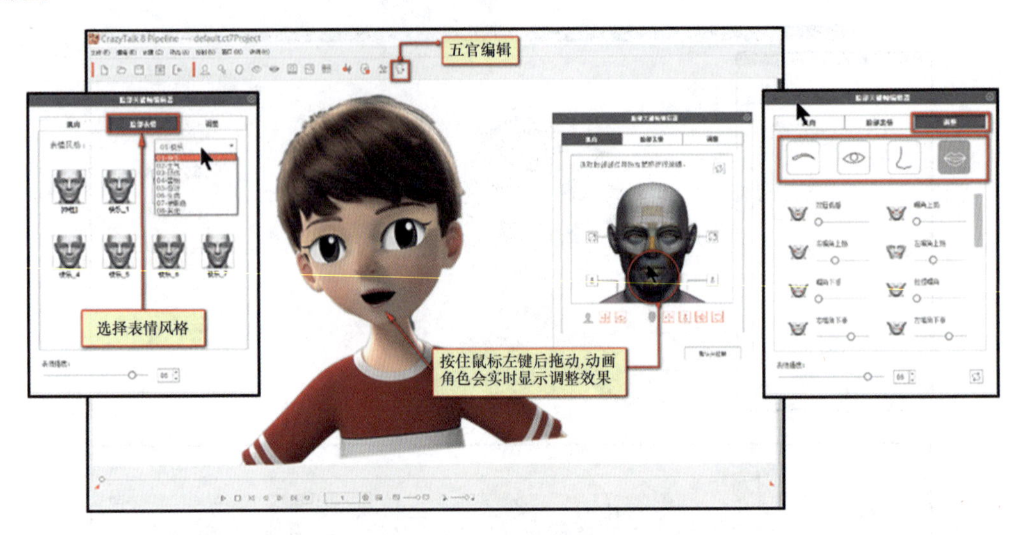

图 4-4-21　动画人物的五官编辑

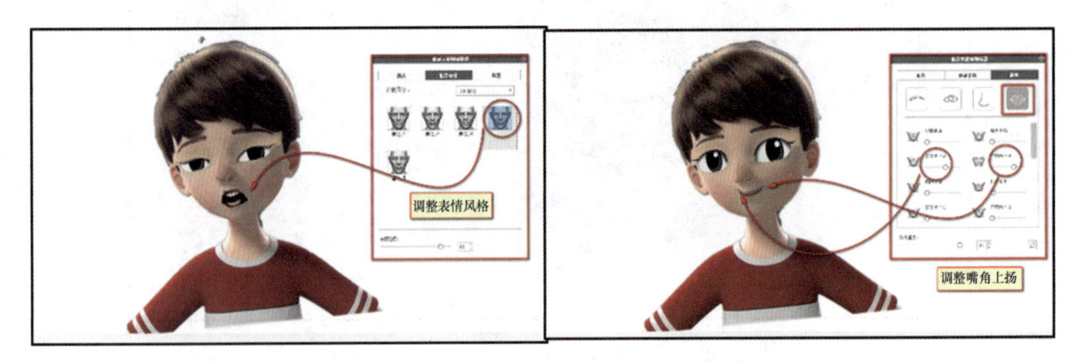

图 4-4-22　调整动画人物的表情和嘴唇

图 4-4-23　录制动漫人物的个性化表情

动漫人物的表情更加生动传神。

表情录制完成之后，点击时间轴上的“停止”按钮，再点击“播放”按钮，可预览刚录完的表情和眼神动作。若未达到预期要求，可重新录制，新录制的表情动作将自动覆盖原来的内容。

至此，2D 动漫人物设计的“面部编辑”工作完成，随后进入“场景设计”阶段，即根据教学需求为动漫人物进一步添加背景图片、语音旁白、背景音乐和身体动作。

4. 场景设计

设置背景图片，是指为动漫人物提供一种学习情景，使学生产生身临其境之感。常用的背景图片，如校园景点、教室、实验室或与教学主题相关的情景图片等，如图 4-4-24 所示。背景图片建议使用至少 1920×1080 分辨率的高清图片。

图 4-4-24　设置背景图片

语音旁白为动漫人物配音，并传递教学信息。CT 配音的方法有四种，其中常用的有“录制声音”“TTS”和“语音文件”，如图 4-4-25 所示。

- 录制声音：就是真人配音。设计者可利用电脑的话筒为动画角色配音，准备一份文字稿，根据角色的表情逐字逐句念稿配制，类似于电影的后期配音。
- TTS：即利用“文字转语音”技术配音，这要求电脑安装一个语音模

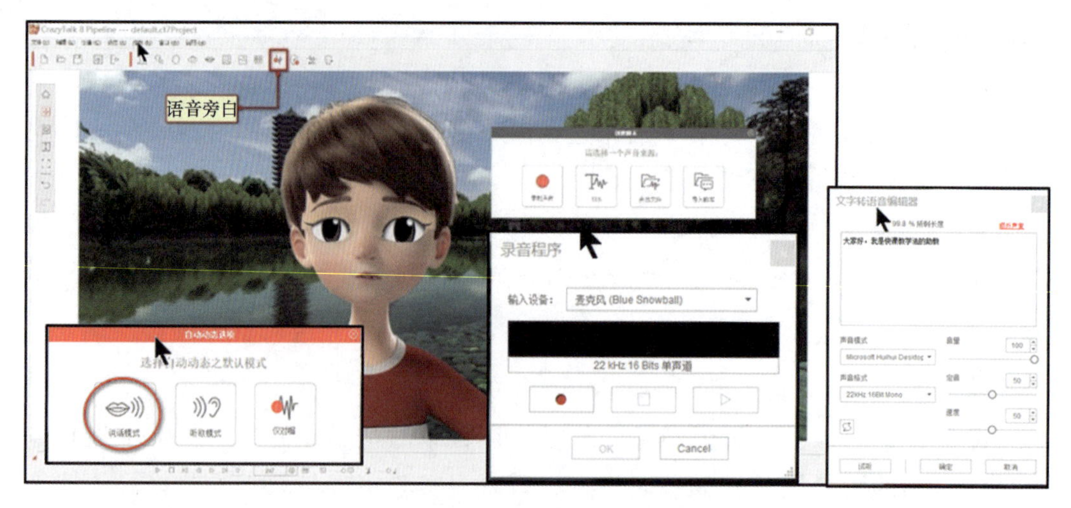

图 4-4-25　添加语音旁白

板或 Windows 的语音工具。在文字栏中输入文字后，点击试听即可听到语音效果，也能调整音量、语速等参数。

- 语音文件：即直接插入事先录制好的 WAV 或 MP3 格式语音文件，作为动画人物的配音。

无论采用上述哪一种配音方式，当语音文件插入之后，CT 会自动弹出一个选项窗口，包括以下三种选项，

- 说话模式：这是最常用选项。当语音插入之后，CT 自动为人物生成相应的表情、眼神和唇形，即直接调用事先录制的个性化表情动作。
- 听取模式：表示插入的声音为画外音，显出洗耳恭听的样子。
- 仅对嘴：仅自动生成口形动作，不生成表情和眼神。

场景设计的另外两项工作，分别是“背景音乐”和“身体动作”设计。这需要打开 CT 的时间轴功能以后（见图 4-4-26），方可继续操作。

在时间轴中，“变声工具”是针对动漫人物的语音旁白而设计。它可利用音调、共鸣腔调整，或启用“机器人”和“回音”功能，使角色的声音与众不同，呈现出与动画人物相协调的独特声音效果。

“背景音乐”，是指为整个动画场景添加音乐效果，要求是 WAV 或 MP3 格式文件，应注意降低音乐的音量，以防干扰动漫人物的语音旁白。

身体动作是“场景编辑”的最后一个环节（见图 4-4-27）。它是为动漫人物添加位置移动效果，通常是左右移动、前后移动和身体旋转三种动作。这项功能是利用 CT 的“位置编辑”和“时间轴”实现的。

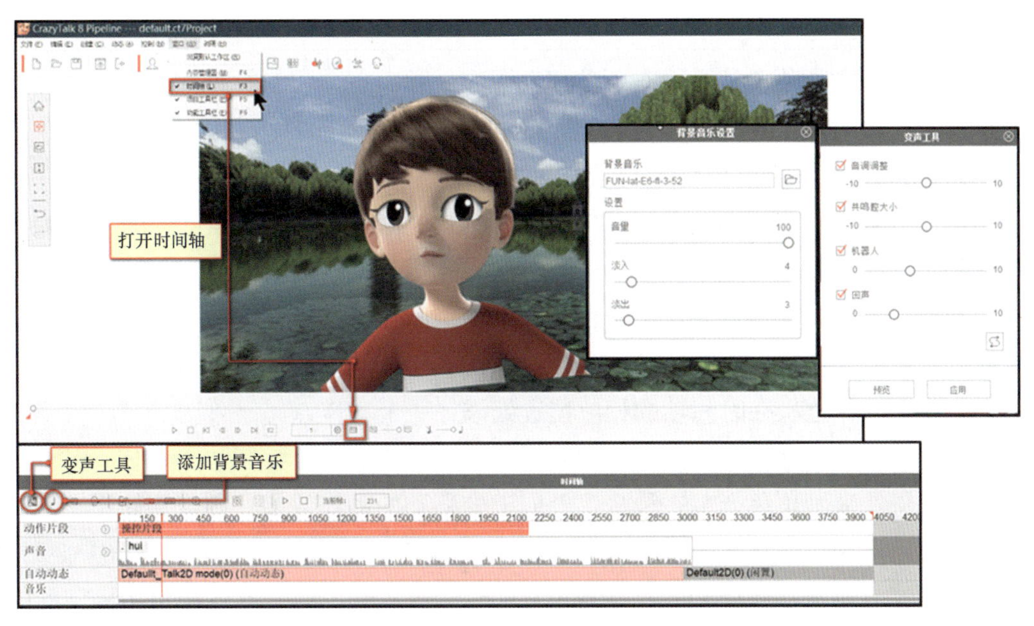

图 4-4-26　时间轴中的变声工具和添加背景音乐

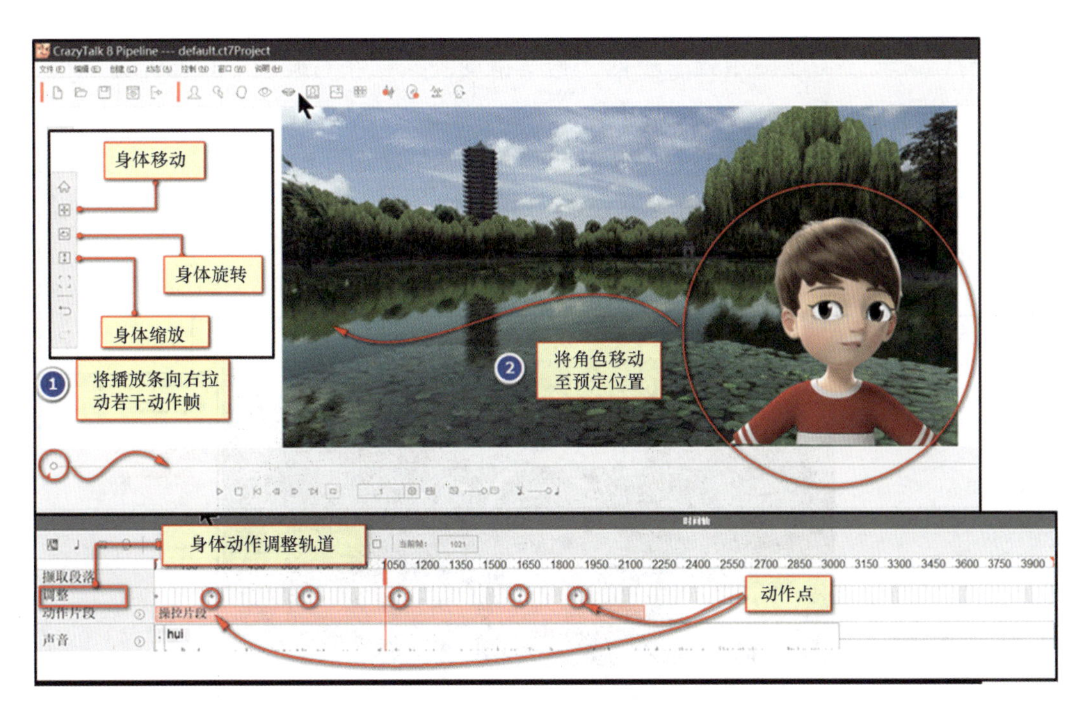

图 4-4-27　为动画人物添加各种身体动作

为动漫角色添加动作的操作方法如下：

利用“身体移动”和“身体缩放”按钮，调整动漫人物在整个背景中的位置和大小，建议将人物的起始位置放在画面的左下角或右下角，以便为后续提供较大的移动空间和范围。

如果想让动画角色从画面右下角移动至左下角，首先用鼠标把播放条向右侧方向拉动若干动作帧（通常200～400帧），然后再用鼠标选中左上角“身体移动”按钮，将角色从右下角拖至预定位置（如画面的左下角）。这个操作表示：将在时间轴的“身体动作调整轨道”上动画帧位置处，生成了一个动作点（图下方的小圆圈处）。

同样，如果想让角色从左下角移动至画面中间位置，操作方法类似：先用鼠标把播放条从刚才位置处向右拉动若干帧，然后再将角色从画面左下角移至中间。相应地，这个操作也将在时间轴的相应位置处添加一个动作点。

若还想继续将角色在画面中移动，操作方法依此类推。

如果想让动画角色产生一种从远处向近处移动的动作效果，则需要使用“身体缩放”按钮。操作方法：先将播放条向右侧拉动若干帧，然后再用鼠标选中“身体缩放”按钮，当鼠标置于角色位置时，CT将自动呈现一个上下双箭头图标，此时按住鼠标左键前后拖动，人物会相应放大或缩小：在视觉上会产生一种动画角色向前或向后移动的效果。

“身体旋转”功能使用频率较低，它是指动漫人物左右旋转。在操作方法上，与上述两种移动一致。

当上述位移设计完成之后，会在时间轴的“调整轨道”中显示出若干个位移的“动作点”。如图4-4-28所示，这些动作点是可编辑的，用鼠标选中后点击右键，在弹出的菜单中选择“删除”即可。

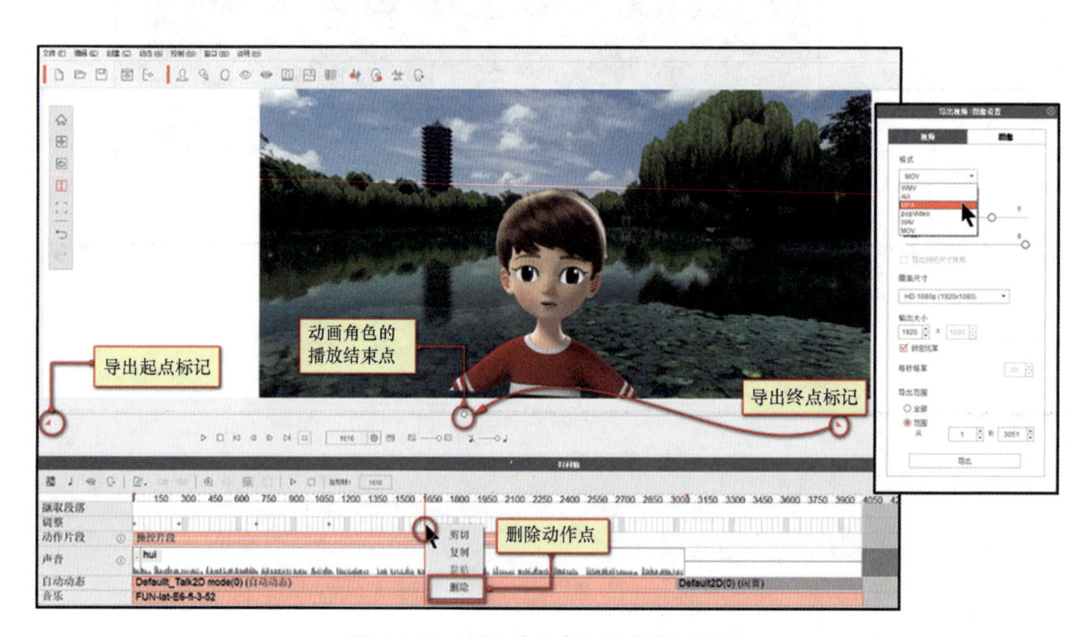

图 4-4-28　删除动作点和导出动画视频

完成动作设计之后，点击播放栏上“停止”按钮，让播放条返回左侧起始端，再点击“播放”按钮，动漫人物就会呈现出所设计的前后左右移动的效果。最后，点击“导出视频”按钮，选择“格式”（通常是 MP4）、“画面尺寸”以及“导出范围”（根据起点和终点标记确定），完成整个动漫人物的设计工作。

4.5 微视频字幕的快速制作

与面授教学相比，E-learning 常被视为一种有助于满足各类学习者的个性化需要，并具备高度灵活性和广泛适应性的学习方式。但在实践中要想达到这种目标，需要涉及诸多设计标准和技术保障。其中很重要的一点就是“无障碍访问性”（Accessibility）设计要求。

4.5.1 无障碍访问性研究综述

在课件设计过程中，无论专业教学设计人员，还是学科教师，经常都对电子课件的“无障碍访问性”缺乏足够重视或了解。相关研究表明，“尽管 E-learning 为各类有学习障碍的学生提供了一些帮助，但同时也带来了一些特殊问题。尽管在学习过程中学生可以获得比以往更多的信息，但并非总是能达到无障碍的目标。”①

教师和教育机构普遍缺乏对残障学生如何使用在线资源的关注意识，这导致在线教学资源在不断增加，却并非惠及所有学生。教师或课程建设者常常对如何为有学习障碍的学生提供在线资料所知不多。设计不佳的课程网站，可能需要有障碍学生花费大量时间和精力才能浏览和学习。因此，我们应充分重视那些为残障学生提供更多学习机会的技术。②

这意味着，教师和教学设计师必须重视身心有障碍的学生需求，否则所制作的电子课件就可能会损害这类学生的受教育权利。正如有研究者所指出的，“随着技术的发展和移动学习的增加，设计适合所有类型学生的教学资源是一个持续的挑战。创建无障碍访问的 E-learning 课程，需要在设计和开发阶段投入更多的时间、精力和资源，并需要经常进行监控，这对教师和教学设计师将无障碍访问功能纳入课程

① SCHMETZKE A. Web Accessibility at University Libraries and Library Schools［J］. Library Hi Tech，2001，19（1）：35-49.

② ROWLAND C. Accessibility of the Internet in Postsecondary Education：Meeting the Challenge［EB/OL］.（2000-03-27）［2021-07-21］. http：//www.webaim.org/whitepaper.htm.

提出了更大的挑战。”①

在技术实施层面，作为全球 HTML、CSS、XML 和技术规范的制定者，“万维网联盟”（W3C）为此专门制定和发布了“网络内容无障碍访问指南”（WCAG）②，并且随着技术的发展而不断更新和完善。WCAG 1.0 于 1999 年 5 月首次发布，随后于 2008 年 12 月更新为 WCAG 2.0，2018 年 6 月更新为 WCAG 2.1。③它的基本指导原则是，Web 内容应具有可感知性（Perceivable）、可操作性（Operable）、可理解性（Understandable）和强大性（Robust）。这一套标准提出了使残障群体无障碍访问 Web 内容的一系列详细技术准则。WCAG 包括三个级别：A、AA 和 AAA（见图 4-5-1）。A 级代表针对基于 Web 内容的最低无障碍访问标准；而 AA 级和 AAA 级则包括更严格的准则，进一步提高了无障碍访问性的相关技术要求。

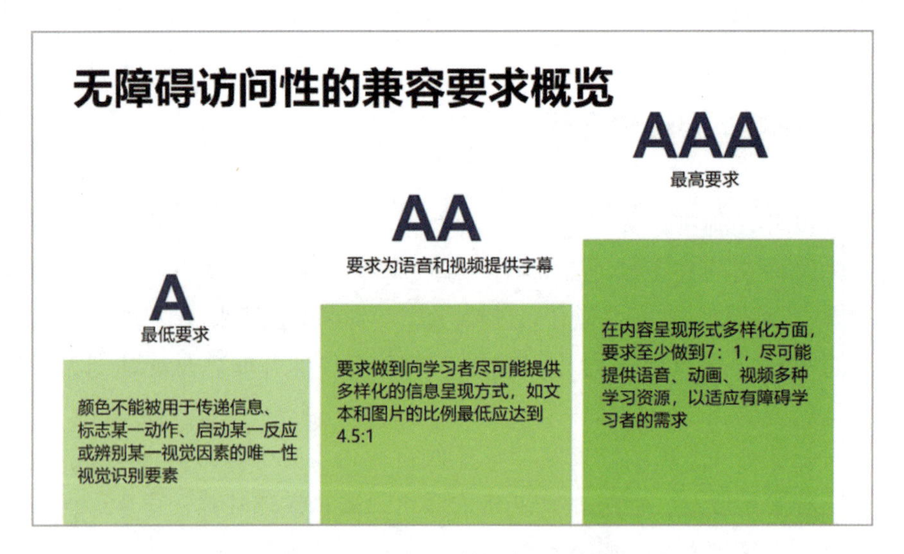

图 4-5-1 WCAG 的三个级别标准

在国内，无障碍访问同样也已成为信息化建设的重要技术规范。2019 年 8 月，中国国家标准化管理委员会颁布一项国家标准④，并于 2020 年 3 月作为推荐标准开始正式

① KELLY, C. Why Accessibility Matters in Online Learning [EB/OL]. (2018-01-30) [2021-07-21]. http: //www.elearninglearning.com/edition/weekly-microlearning-learning-technologies-2018-01-27?open-article-id=7784708&article-title=why-accessibility-matters-in-online-learning&blog-domain=coursearc.com&blog-title=coursearc.

② SHAWN LAWTON HENRY. Web Content Accessibility Guidelines (WCAG) [EB/OL]. (2005-06-15) [2021-07-21]. Https://www.w3.org/WAI/standards-guidelines/wcag/.

③ WCAG 2.1 中文翻译版本请浏览 https://www.w3.org/Translations/WCAG21-zh/.

④ 中国国家标准化管理委员会. 信息技术互联网内容无障碍可访问性技术要求与测试方法：GB/T 37668-2019 [S/OL]. [2020-08-10]. http: //openstd.samr.gov.cn/bzgk/gb/newGbInfohcno=35ECC696805C1A67C93B74FB6D0D8EFB.

实施，为中国信息无障碍环境建设提供了技术和政策支撑。其中在 4.2.3 条款中规定：

在针对多媒体处理时，应测试音频、视频等多媒体信息是否具有替代方案，如文本、替代手语和字幕（预设字幕和实时字幕）。

近年来，伴随着人工智能技术的快速发展，WCAG 开始与之相互结合，促进了无障碍访问性课件设计的效率和效果。以视频字幕无障碍访问性设计为例，早在 2006 年利用云端语音文字转换技术（Cloud Speech-to-Text），视频网站就开始为视频自动添加各个语种自动实时字幕（包括简体中文）；2019 年，又推出基于移动设备 Android 系统的“实时字幕”（Live Caption）功能①。这些新技术都推动了自动视频字幕的广泛应用，进一步提高了视频的无障碍访问性。在 E-learning 领域，将语音自动识别技术应用于教学微视频课件的字幕制作，同样有助于提高教学课件的开发效率和无障碍访问性水平。

4.5.2　微视频字幕自动生成技术

在中文人工智能语音识别领域，目前国内已出现多个达到成熟水平的技术产品。以下将介绍一个免费在线生成字幕文件的工具——“网易见外”（见图 4-5-2）。作为一个能自动生成中英文字幕的网络平台，“网易见外”操作方法简便，可快

图 4-5-2　网易见外的主要功能

① MICHELLE TADMOR-RAMANOVICH，NADAV BAR. On-Device Captioning with Live Caption［EB/OL］.（2019-10-29）［2021-07-21］. https://ai.googleblog.com/2019/10/on-device-captioning-with-live-caption.html.

速生成和下载 SRT 格式字幕文件。个人用户只需注册一个网易电子信箱就可以每天免费使用 2 小时，适于教师自己动手制作微视频的字幕文件。

如图 4-5-2 所示，“网易见外”目前支持 8 种功能，最常用的是“视频 / 语音翻译”和“视频 / 语音转写”。利用语音识别功能，将用户上传的音频和视频文件（2G 之内）快速翻译或转写为特定格式的字幕文件（SRT 格式）。

在操作上，“网易见外”的微视频课件字幕制作流程如下，

- 上传视频课件：利用“视频翻译 / 转写”功能上传中文或英文视频文件；
- 自动生成字幕：选择字幕语种并自动生成中文和英文字幕；
- 在线校对文本：利用在线编辑器修改字幕文本内容；
- 下载字幕文件：下载中英文 SRT 格式字幕文件；
- 视频添加字幕：利用格式工厂等工具为视频添加字幕。

1. 视频自动翻译

“网易见外”的“视频翻译”是一个实用工具，它能自动生成中英文字幕文件，提高视频课件的无障碍访问能力。如图 4-5-3 所示，这项功能的操作方法如下：

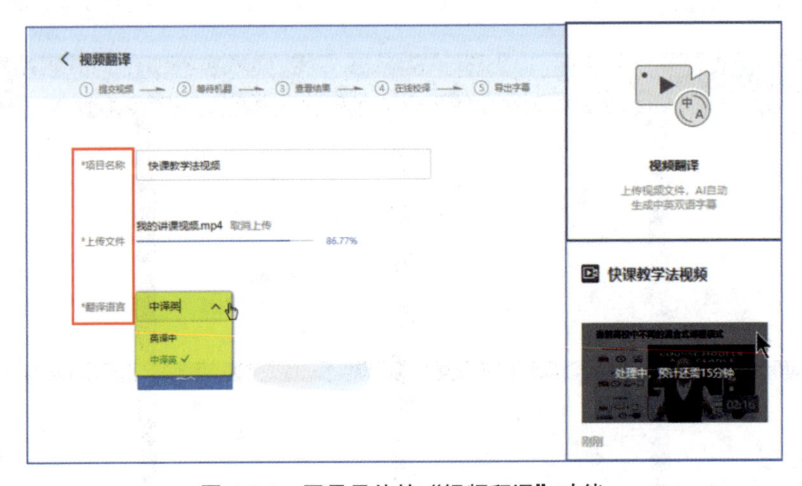

图 4-5-3　网易见外的“视频翻译”功能

视频上传后，系统将自动进入视频字幕的转写和生成状态，并提示所需要的时间信息。正常网络条件下，一个播放时长为 10 分钟的视频课件生成中英文字幕，所需要的时间约为 15 ～ 20 分钟。

2. 字幕校对与下载

虽然有研究表明，目前的人工智能语音识别技术的准确率已达到 90% 以上，

但仍然无法识别同音字、谐音字或方言等。同样，中英文自动翻译也无法保证没有错误。因此，当完成语音转文本的识别工作之后，还需要对自动生成的中英文字幕内容进行校对和修订。如图 4-5-4 所示，“网易见外”提供了一个简单易用的文本编辑器，可以快速查找和修订字幕文本，如“语气词过滤”“词汇替换”和“设置字数阈值”等。

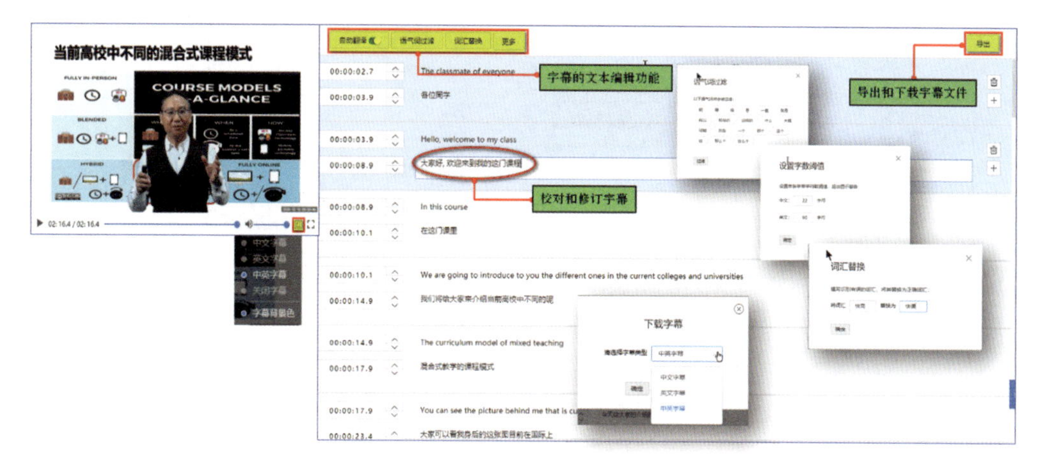

图 4-5-4 校订字幕的文本内容

在修改时，用鼠标在编辑窗口中点击字幕文本所在位置，左侧视频的播放条会自动跳转至相应播放位置，以便对应查看内容。这时可反复播放视频，对应字幕文本逐字进行校对。根据需要，也可在视频播放窗口中选择字幕的显示方式：中文、英文或中英文同步显示。

在校对和修订过程中，系统将自动保存修改内容。校订完成后点击窗口右上角的“导出”按钮，选择导出相应的字幕文件（SRT 格式）。

3. 字幕导入与合成

目前，“网易见外”并不提供字幕文件和视频的合成功能。教学设计者可利用一个免费软件——格式工厂，将下载的 SRT 文件插入视频课件之中。如图 4-5-5 所示，操作步骤如下：

- 打开格式工厂并点击“视频”中 MP4 图标；
- 在窗口点击“添加文件”，导入视频课件；
- 打开“输出配置”，在“视频设置”窗口将视频编码改为“AVC H264”；
- 在“附加字幕”栏点击“添加字幕”，导入 SRT 文件；
- 可根据教学需要，定义字幕的字号、字体颜色和背景等。

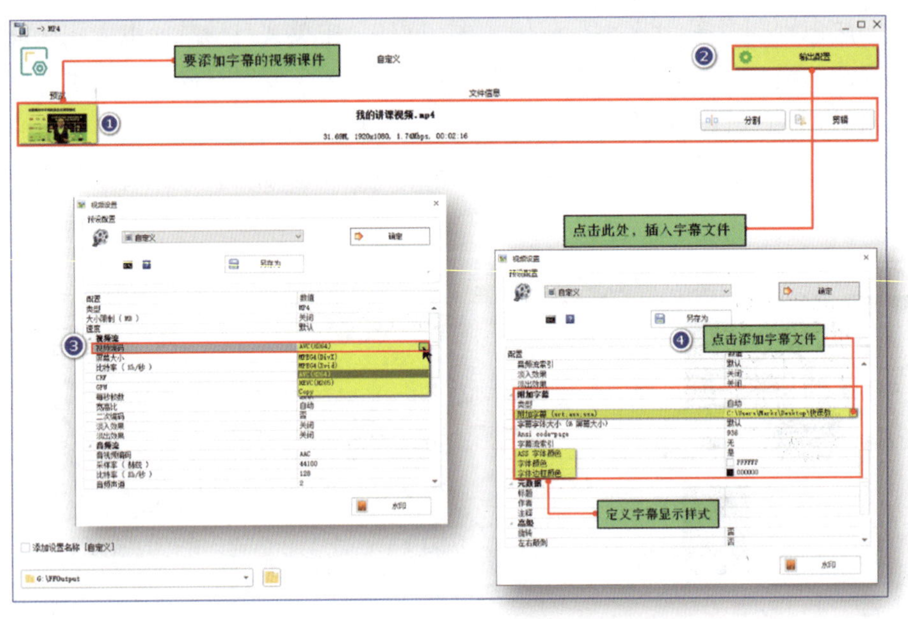

图 4-5-5　格式工厂将字幕加入视频的操作方法

设置参数完成之后，如图 4-5-6 所示，点击“开始”按钮，格式工厂将启动字幕与视频的合成操作。完成之后点击“播放”，可以看到字幕已显示在视频课件之中，与讲课语音同步显示。

图 4-5-6　字幕与视频合成完毕

综上所述，人工智能的语音自动识别技术，降低了视频字幕编辑的技术成本和时间成本，更重要的是，它为微视频课件的无障碍访问设计带来了前所未有的便利条件。除“网易见外”之外，国内还有“绘影字幕”“讯飞听见”和“灵云语音”等平台提供字幕自动生成服务，教学设计者可根据需求选择使用。

第五章　快课教学法与网络视频直播

自 20 世纪 50 年代电视进入教育领域之后，教学视频的远距离传播成为教学设计师所青睐的一种教学模式，引发了世界范围内的远程教育浪潮。然而，电视教学法始终未能在全日制高等教育机构占据主流地位，仅局限于成人教育和继续教育领域。造成这种状况的原因是多方面的：昂贵的前期技术设施投入，复杂的拍摄机器与信号发送设备，以及与教室面授上课迥然不同的演播室摄制方法，令大多数教师难以适应。这使得电视教学法长期以来无缘一线学科教师群体，仅用于极少数精英教师。另外，电视教学那种由于单向传递视频所导致的被动学习模式，也背离了课堂教学所信奉的师生互动原则。因此，在全日制高等教育领域，昂贵而难以普及的技术、稀少的适用群体、倍感压抑的视频拍摄方式和单向传播模式，使得电视教学一直被认为是一种难以推广的教学模式。

这种状况直到进入 21 世纪之后才有所改观，数字视频拍摄和互联网影像传播技术的突破性发展，为教学视频传播带来了史无前例的发展机遇：网络视频会议系统解决了电视教学时代看似无法逾越的技术障碍：计算机和高清摄像头替代了昂贵而复杂的演播室和摄像机，电子白板将教师的板书和幻灯片共享给任何能联网的学习者，实时双向的同步视频和语音传递技术，轻而易举地拉近了远程师生之间的互动交流。“在高等教育机构中，视频通信技术所带来的这种允许学生在虚拟环境中进行更真实的互动教学模式，极大地推动了网络视频工具在 E-learning 领域的广泛应用，被认为是一种能有效促进师生在线互动的常用工具之一。”[①]

在 21 世纪的前 10 年里，网络视频会议系统开始成为全日制教育机构在某些特殊场景（特殊气象、自然灾害和疾病疫情等）下，实施“同步视频”（Synchronous

---

① FISCHER A J，COLLIER-MEEK M A，BLOOMFIELD B，ERCHUL W P，GRESHAM F M. A Comparison of Problem Identification Interviews Conducted Face-to-face and Via Videoconferencing Using the Consultation Analysis Record［J/OL］. Journal of School Psychology，2017（63）：63-76［2021-07-30］. https://doi.org/10.1016/j.jsp.2017.03.009.

Video）以实现教学互动与交流的重要方式。尤其是2020年全球新型冠状病毒肺炎疫情背景下，基于互联网视频直播的E-learning方案，更是在世界各国教育机构得到了广泛应用，成为一种多数教师和学生都能负担得起，并且比较容易适应的远程视频教学形式。有研究者明确指出了这种发展趋势：

在高等教育领域，随着教学视频转变为数字网络形式并逐步融入数字校园建设，推动教育者充分利用网络视频以加强和实施教学的策略，将成为教育信息化改革的重要方向。作为新一代数字原住民，大学生们强烈期待在学习过程中使用在线视频，以便与同伴、教师和家庭随时交流和沟通。作为一种回应，高等教育机构已经开始发生相应变化：所提供的视频类教学资源在不断增加，慕课就是一个典型例证。各种视频技术正在成为E-learning所采用的重要形式：网络视频会议，视频演讲录制和自主定制的视频。①

5.1 网络视频直播教学综述

5.1.1 网络视频直播教学的独特性

网络视频会议应用于E-learning，最常见的是以“计算机＋网络摄像头”模式进行同步视频直播：教师坐在办公室或家中电脑桌前，借助显示器上方的网络摄像头，将讲课视频推送给远程学习者。与以往演播室电视直播不同，在教室、办公室或其他场所利用网络视频实施在线教学时，许多教师经常会表现出随意和非正式的态度。究其原因可能是，教师们认为这种教学是一种非主流的权宜之举，是一种非正式教学形式，远不如课堂面授教学那么重要和正式。

实际上这种态度和做法值得商榷。如同教室内面授教学自有其独特方法和技巧一样，网络视频直播同样需要教师了解和掌握一些重要操作技能，例如，设备摆放位置、现场照明布光和画面背景设置等。这些因素将直接影响教学视频的传播质量，进而影响远程学习者的情绪和效果。

可以想象，如果由于摄像头摆放位置不当，或照明不足而导致讲课教师的直播视频面目模糊不清、声音晦涩难辨或画面背景凌乱，无疑会进一步加剧那些孤独地坐在计算机屏幕前的远程学习者内心的沮丧、失落和无助情绪。相反，当屏幕上显示的教师授课视频画面清晰、声音清亮，身后背景呈现出学生所熟知的校园情

① JAMES JOKL，KENNETH T，MCCRERY，ANDREW M，PAGE TODD W PLUMMER. The Changing Landscape of Video in Higher Education IT［EB/OL］.（2018-03-09）［2021-07-21］. https://library.educause.edu/resources/2018/3/the-changing-landscape-of-video-in-higher-education-it.

景或教室环境时，当视频画面中的教师形象光彩照人，似乎在千里之外，透过镜头注视着坐在屏幕前的学生，犹如在教室课桌前俯身对视交流一般，如此情景自然会激发学习者的参与兴趣，减缓孤独学习的不适感。

在过去10余年间，伴随着互联网的快速发展，源于在线视频的网络摄像技术已经逐步发展成熟，并演变成为一门被称为“网络摄像术”（WebCam Cinematography）的专门技能，为教学视频的直播和录制提供了越来越专业的技术支持。在谈到网络直播视频时，有研究者曾指出：

网络摄像术现在已被视为是一种严肃的新兴视频制作技术，它在多数情况下都与经典电影摄影直接相关。换言之，网络摄像术已被概念化为一种新兴视频媒体制作系统……这些网络摄像头的存在正塑造拍摄对象的行为，进而影响到观看流媒体的受众。网络视频拍摄正在通过创建一种电影般的生存方式，改变每一个人的生活方式和空间布局。①

这种趋势同样也体现在网络直播教学领域。如同电化教育时代摄像机的重要性一样，在互联网时代，探索使用网络视频直播的技巧和方法，对于提升E-learning教学效果同样具有重要意义。

5.1.2 网络视频直播教学的体态语

在传统课堂教学中，除使用口头语言表达之外，教师传递教学信息的方式还包括“非语言交流”（Nonverbal Communication），例如通过眼神、表情、手势、姿势和空间距离移动等方式与学习者进行互动交流。在特定情景下，非语言交流所产生的含义有可能要多于口头语言表达。有研究②表明，在人际互动中，有65%的信息是通过非语言交流来传递的；也有研究③表明，在人与人特定的情感和态度交流过程中，存在着一种所谓“7-38-55”定律（见图5-1-1），即只有7%是直接用口头语言表达出来，更多的是通过语音和语调（38%）以及体态语（55%）呈现出来。尤其是在口头语言和非语言信息之间发生冲突时，或者注重情感交流的情况下，人与人之间可能更多依赖非语言信号。④

① ALBUQUERQUE P. The Webcam as an Emerging Cinematic Medium［J/OL］. Amsterdam：Amsterdam University Press，2018，9：37-45［2021-07-29］. doi：10.2307/j.ctv2bct8w. p29.

② GUERRERO L K，KORY FLOYD. Nonverbal Communication in Close Relationships［J］. Mahwah，NJ：Lawrence Erlbaum，2006：2.

③ BIRDWHISTELL R L. Introduction to Kinesics：An Annotation System for Analysis of Body Motion and Gesture［M］. Louisville，Kentucky：University of Louisville，1952：75.

④ HARGIE O. Skilled Interpersonal Interaction［M］//Research Theory and Practice，5th ed. London：Routledge，2011：47.

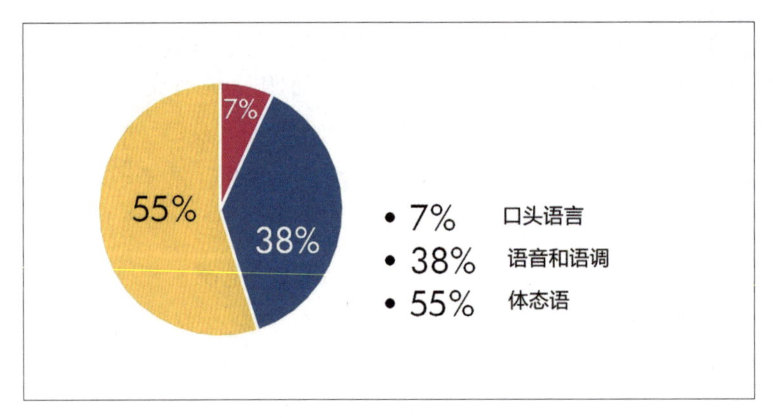

图 5-1-1 人际交流构成要素的“7-38-55”定律

关于非语言交流方式的相关研究，推动了“体态动力学”（Kinesics）的产生与发展。这是一个聚焦于体态语或肢体语言（Body Language）表达方式及其特点的新兴研究领域，主要探讨人体动作行为与传递信息之间的关系，例如，面部表情、手势，以及与身体任何部位或身体运动有关的非语言行为与传递信息之间的关系。人们交流时常见的手势（Guesture）通常被分类为四类，

- 标志性动作（Emblems）：手势替代某个单词，如挥手示意表示“再见”，将食指放在嘴唇上代表“沉默”；
- 示意性动作（Illustrators）：伴随讲话并描绘所讲内容的手势，例如将手分开以描绘一条大鱼的手势；
- 适应性动作（Adaptors）：涉及自我触摸的手势，用于帮助人们应对情绪反应，例如震惊地遮住眼睛或惊讶地把手放在嘴上；
- 调节性动作（Regulators）：伴随讲话并帮助协调转变的手势，如举手示意未完成讲话的手势。

受上述研究启发，在教学领域也出现了关于教师教学行为“非语言直观行为”（Nonverbal Immediacy Behavoir）[①]的研究。作为一个专用术语，它被用于描述在课堂上教师向学生传达用于表示积极情绪的各种动作和行为方式，包括身体距离、接近、接触、表现出轻松的姿势和动作、手势、微笑、语音语调变化，以及在互动过程中的鼓励性眼神等。

已有大量研究表明非语言直观行为在教学过程的重要性，它能够有效拉近沟通

① MEHRABIAN，ALBERT. Silent Messages：Implicit Communication of Emotions and Attitudes［M］. Belmont，CA：Wadsworth，1981.

者之间真实或感知的身体和心理距离。[①]有研究发现，特定的非言语行为会提高或降低直觉感知水平，并且会影响学生的学习、对教师的评价以及师生关系。[②]在课堂教学环境下，教师的有效非语言直观行为如下，

- 缩短空间距离：演讲和讨论过程中经常在教室中四处走动；
- 避免物理隔离：避免长时间站在讲台或电脑桌后面，注意保持与学生之间的视线开放性接触；
- 情感交流：通过面部表情、手势和语调表现出对学生的期待；
- 营造积极开放的氛围：经常微笑；
- 表达对学生的关注：经常与学生进行眼神交流；
- 缩短感知心理距离：直接以名字称呼学生。

许多研究表明，教师的手势确实有助于学生的学习活动。[③]在教学过程中教师的手势以两种主要方式传达信息：指向（例如指向对象、位置或指向黑板上的数字）和与伴随语音内容相关的标志性手势；另外，在网络直播教学条件下，一项研究发现[④]，在网络虚拟环境中，教师的非语言直观行为同样也会影响学生的学习意愿和效果。在E-learning 课程中，与内容相关的音频、视频和图像及在线反馈方式是分析教学效果常用的考虑因素。结果发现，在包含更多非语言直观行为的在线课程中，学生的参与度显著提高，尤其是当教师以热情语气回复学习者并经常参与在线论坛时。

因此，教师肢体语言的相关研究[⑤]建议，教师在授课过程中应有意识地展示出积极的非语言直观行为，以吸引和保持学习者的注意力。例如，教师需要关注学生在听课过程中所表现出来的动作姿态，了解他们的心理状态并经常采取相应对策。无论教师采用坐姿还是站姿进行授课时，积极的肢体语言有助于与学生进行互动。

---

① COMADENA M E，STEPHEN K HUNT，CHERI J SIMONDS. The Effects of Teacher Clarity，Nonverbal Immediacy，and Caring on Student Motivation［J］. Affective and Cognitive Learning，Communication Research，2007（3）：241.

② RICHMOND V P，DEREK R LANE，JAMES C MCCROSKEY. Teacher Immediacy and the Teacher-Student Relationship［M］//Boston，MA：Pearson，2006：168.

③ KOUMOUTSAKIS T，CHURCH RB，ALIBALI MW. ET AL. Gesture in Instruction：Evidence from Live and Video Lessons［J/OL］. J Nonverbal Behavir，2016（40）：301-315［2021-07-20］. https://doi.org/10.1007/s10919-016-0234-z.

④ MARCIA D DIXSON，MACKENZIE R GREENWELL，CHRISTIE ROGERS-STACY，TYSON WEISTER SARA LAUER. Nonverbal Immediacy Behaviors and Online Student Engagement：Bringing Past Instructional Research into the Present Virtual Classroom［J/OL］. Communication Education，2017（66）：1，37-53［2021-07-30］，DOI：10.1080/03634523.2016.1209222.

⑤ TOBY PHILLIPS. Body Language Beyond Words-How to Read Unspoken Signals［EB/OL］.（2018-02-14）［2021-07-30］. https://www.mindtools.com/pages/article/Body_Language.htm.

如图 5-1-2 所示，授课中教师应以一种能表达积极状态的姿态授课，如双臂向两侧或前方展开，将手摊开在前方向学习者展示一种开放的态度。同时手掌稍微面向听众，以表明愿意交流和分享想法。也有研究者①提出，当站立授课并向学习者做出手势时，应注意动作幅度保持在从胸部到腰部这样适当范围内。在此范围内所做的各种手势，在控制速度和力度的情况下能获得最佳展示效果，吸引学习者的注意力。若超出此范围，有可能使学习者分散注意力并带有夸张的意味，效果适得其反。

图 5-1-2　教师授课的肢体语言

总之，“虽然技术已极大地改变了沟通方式，但人际交流的许多关键要素仍然扮演着重要角色。非语言交流如肢体语言、眼神交流、姿势和面部表情等，仍占据着所传达信息的重要内核，即使在利用网络视频进行交流时亦是如此。”②这就提醒教育者，在网络视频直播教学之中，也不要忽视这些独特的非语言直观行为所传递的信号。

5.2　网络视频直播教学的摄像头使用技巧

随着社交媒体的普及，网络摄像头逐步成为 E-learning 必备硬件之一。多数网络摄像头都看似简单易用，但若想充分发挥它在视频直播教学中的潜力，仍需掌握

① VANESSA VAN EDWARDS. 20 Hand Gestures You Should Be Using and Their Meaning［EB/OL］.（2015-04-15）［2021-07-30］. Science of People. https://www.scienceofpeople.com/hand-gestures/.

② BENJAMIN HOLT，MARION TELLIER，NICOLAS GUICHON. The Use of Teaching Gestures in an Online Multimodal Environment：The Case of Incomprehension Sequences. Gesture and Speech in Interaction［M］. 4th Edition. Nantes，France：Gaëlle FERRÉ；Mark TUTTON，2015.

一些重要操作技巧，如摄像头摆放位置、镜头角度、画面构图和照明布光等。

5.2.1 镜头角度与画面构图

在准备用网络视频实施直播教学之前，首先需要正确设置网络摄像头的位置和角度，这是决定上课时远程学生在屏幕上所看到的教师直播视频画面恰当与否的关键一步。毫无疑问，没有任何教师希望自己的视频画面显示在远端学生眼中时，比平时在教室讲台上的形象差。然而做到这一点并非轻而易举，需要教师掌握一些方法和技巧。

要确保网络摄像头的镜头与自己的眼睛处于平视状态，而不是坐在办公桌计算机前时所常见的仰视角度。如图 5-2-1 所示，网络摄像头的镜头与教师眼睛两点之间所画出的水平线上下 18°范围（上仰角 3°至下俯角 15°），是确保网络摄像头准确无误地拍摄教师形象的最佳角度。在此范围之内，镜头所摄制的影像能确保远端学生屏幕上的显示，符合学生心目中所记忆的教师形象。如果超出了镜头水平线的最佳角度而处于“欠佳角度”范围时，镜头所传播的教师视频画面则可能出现负面变化，甚至变形。而一旦到“危险角度”，那么通过摄像头直播出去的教师视频，在学生眼中就会与平时所看到的形象大相径庭。这主要是由于镜头图像传感器自身的技术特性所决定的，了解这一点对于正确使用这种设备至关重要。

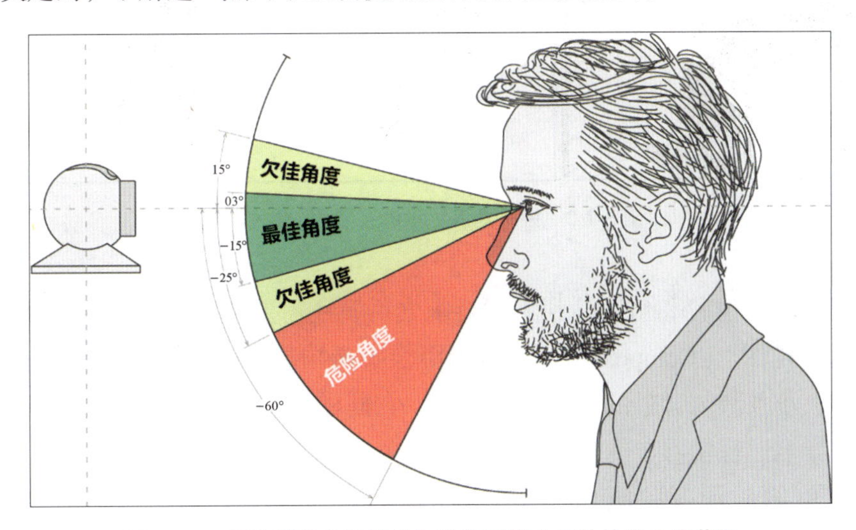

图 5-2-1　网络摄像头的镜头与教师眼睛之间的恰当角度范围

具体而言，当摄像头的位置相对教师处于仰视角度，即图中标注的“危险角度”时可能会导致面部形象扭曲和变形，甚至丑化。如图 5-2-2 所示，以这种角度拍摄直播视频时，会突出显示主讲者的双下巴和鼻孔，当显示在远程学生的屏幕上时，会使学生产生一种教师居高临下和难以接近的心理感受。这一点不利于发挥在线教学中所强调的社交临场感。

如果想在直播视频时达到上述镜头角度的要求，操作方法并不复杂。如图5-2-2所示，最快捷易行的解决方案，就是在笔记本电脑底部铺垫数本足够厚度的书即可达到目标。如果拥有一张可升降高度的书桌，则是另一种更专业的解决方案（见图5-2-2右下方）。

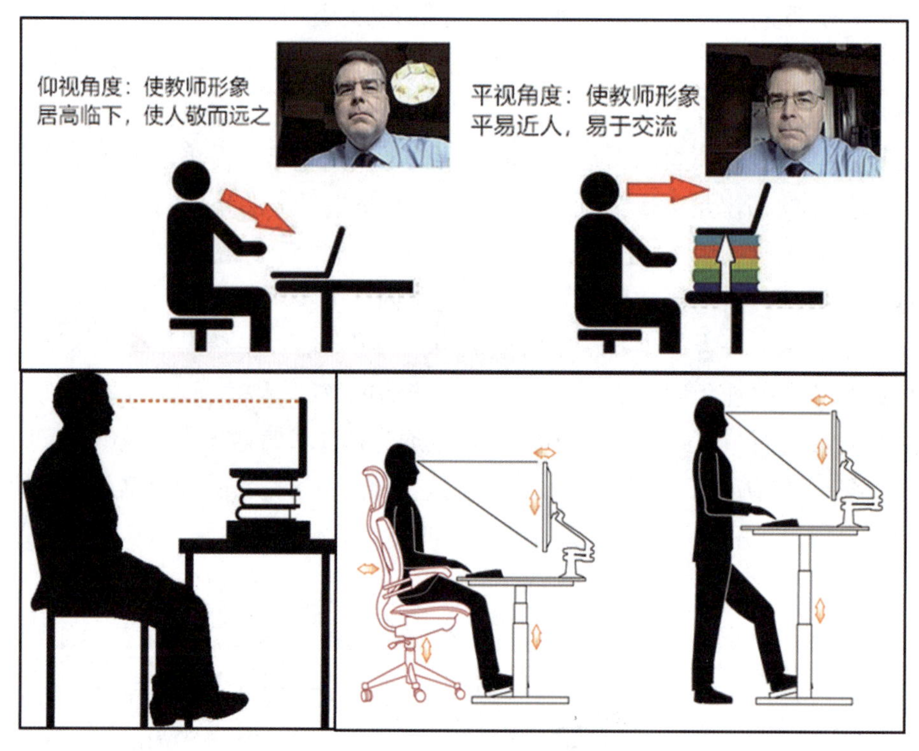

图 5-2-2　镜头角度对教师视频画面的影响

确定摄像头位置和角度达到上述要求之后，还需要调整直播视频的画面构图。所谓“画面构图”（Composition），是指摄像头所拍摄的人像画面在计算机屏幕中的位置、大小及其与背景的相对比例关系。它同样也关系到传播视频画面的质量和效果，并影响远程学习者的观看感受。

最简单的一种视频画面构图方法就是“三分法”（Rule of Thirds）。如图5-2-3所示，将整个画面用两条竖线和两条横线分割，如同中文“井”字。然后把人像置于中间分界线区域，以强调突出主体形象，同时保留一定空间以达到最佳视觉观感。

在应用“三分法”构图时，要注意避免在头顶上方留出过大冗余空白。某些网络摄像头的应用程序有可能会自动裁剪图像的侧面，因此要在两侧保持适当的空间。

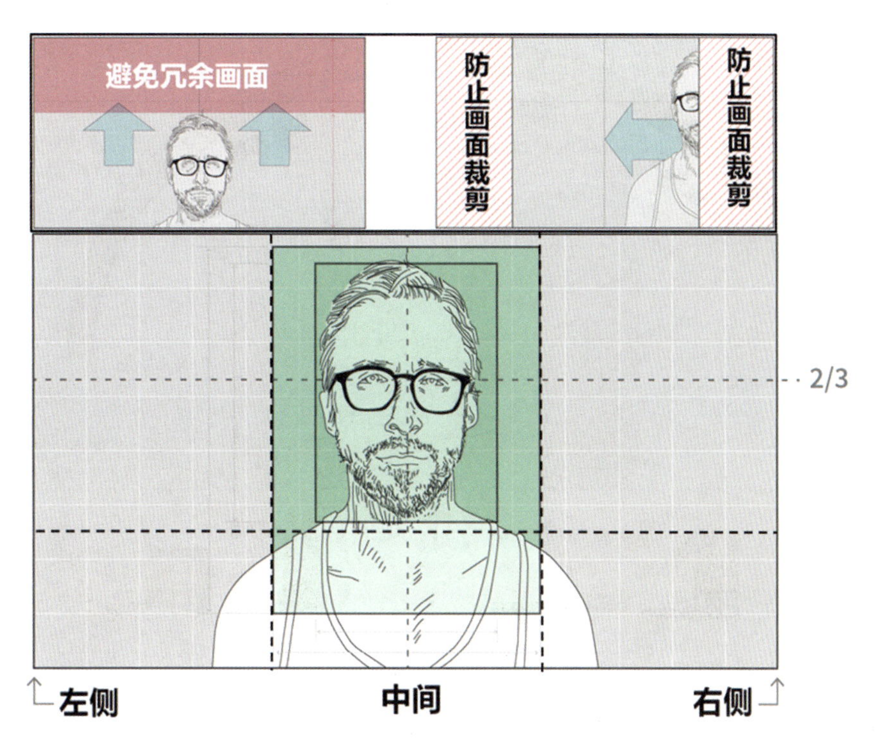

图 5-2-3　直播视频画面的三分法构图

5.2.2　照明与布光设置

照明布光的重要性，对于任何拍摄设备都是毋庸置疑的，网络摄像头也不例外。无论在自然光线还是人工照明环境下，适当的光线射入角度、强度和数量都会对网络视频直播教学的视觉效果产生重要影响。

首先，如图 5-2-4 所示，在缺乏人工光源照明情况下，对于在一间普通办公室或书房环境中直播授课的教师来说，最简单实用的布光方案，就是确保从窗户射入的自然光线，应照射在自己面部的正前方至右侧约 60°范围之内。一旦超出这个范围，当光线射入角度大于 90°之后，将愈来愈显著地对摄像头的视频画面质量产生负面影响。尤其是当光线位于教师身后处于逆光角度时，图像会变得难以辨认。

办公室环境下视频直播照明的相关研究①表明，在办公室中使用自然采光是一种优先选择的方案。但即使在白天使用网络摄像头，为获得最佳效果，也应使用人工照明进行某种程度的光源弥补。因此，需要通过在办公室中放置几盏灯进行人工补充照明。

① LAUREL HITCHCOCK. The Power of Lighting in a Virtual Classroom：Tips on Improving Webcam Lighting for Online Educators［EB/OL］.（2020-03-16）［2021-07-23］. https://laureliversonhitchcock.org/2020/03/16/the-power-of-lighting-in-a-virtual-classroom-tips-on-improving-webcam-lighting-for-online-educators/.

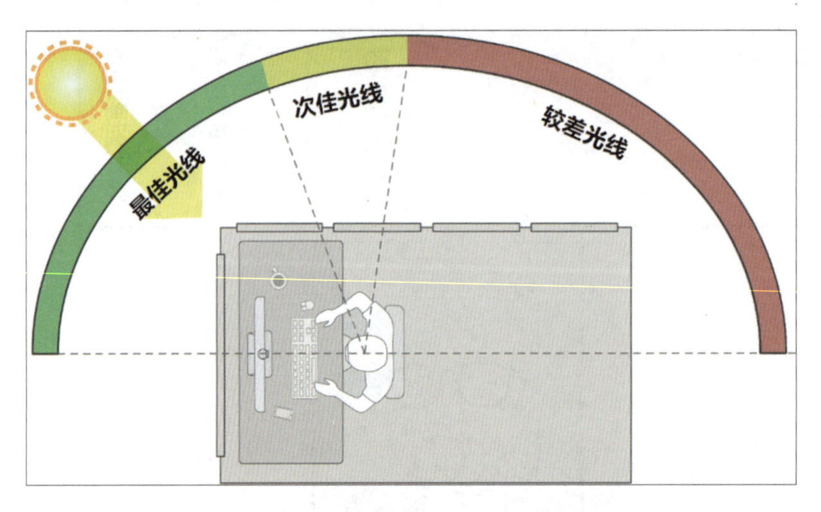

图 5-2-4 网络摄像头的自然照明布光方案

在人工光源照明环境下，通常采取以下三种常用布光方案（见图 5-2-5），

- 一点式布光：环境中只有一个主光灯；
- 两点式布光：环境中包括主光灯和补光灯；
- 三点式布光：环境中包括主光灯、补光灯和背光灯。

如果教师只有一个主光灯，那么这盏灯应置于教师面部右前方略高于眼睛之处，以便为整个脸部提供均匀的光亮照明，保证面部表情尽量清晰可辨。但从实际效果来看，在仅有一盏主光灯的照明环境下，教师的视频画面整体亮度偏低，脸

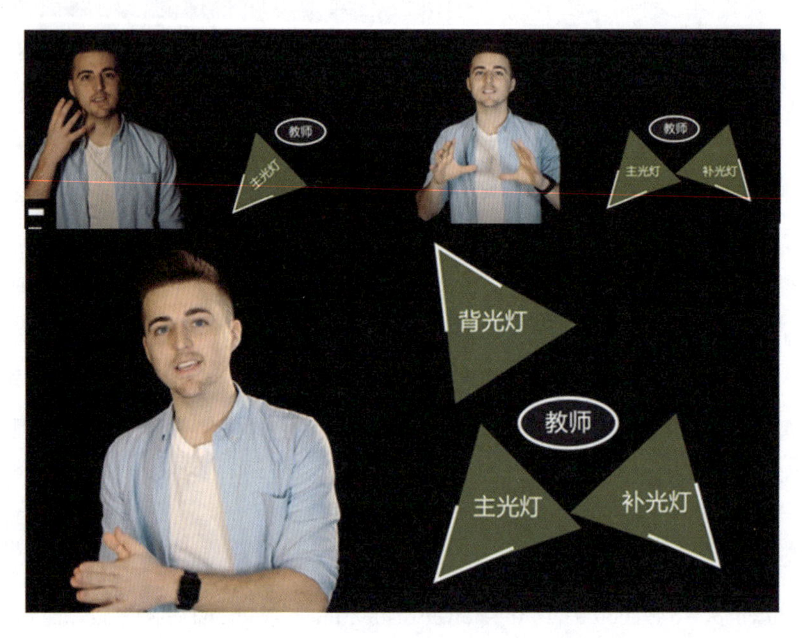

图 5-2-5 三种布光方式及视频摄制效果

部的阴影部位明显，并非理想状态的视频直播画面。从目前视频直播教学的实践来看，一点式布光和采用坐姿讲课，是教师在家中或办公室实施网络视频直播教学的常用方案（见图 5-2-6）。在这种光源有限的环境下，需要特别注意麦克风、网络摄像头和主灯光三者之间的摆放位置与角度，精心设计和调整设备的位置和角度，以便在有限条件下获得尽可能好的视频画面效果。

图 5-2-6　一点式布光的直播教学设置方案

两点式布光，即一盏主光灯和一盏补光灯为直播教学提供采光环境的效果，要明显优于单一光源。如图 5-2-7 所示，在这种条件下，主光灯作为最亮的光源，用于照亮教师面部。而补光灯的亮度通常为主光灯的一半左右，为脸部照明提供细微的阴影和亮度，从而使外观更加悦目和专业。为获得更好的效果，应将灯光放置在略高于眼睛的位置。总之，在脸部的两侧各放置一个灯，会为整个视频画面带来平衡的光线布局，使面部更有立体感。

“三点式布光”是基于两点式布光进一步在主讲教师的侧后方添加第三盏灯，即背光灯。这种布局的最大优势，就是照明亮度仅为补光灯一半的背光灯，能使教师脸部产生一种轻微的光晕效果，从而进一步使之与背景区分开来，产生更强

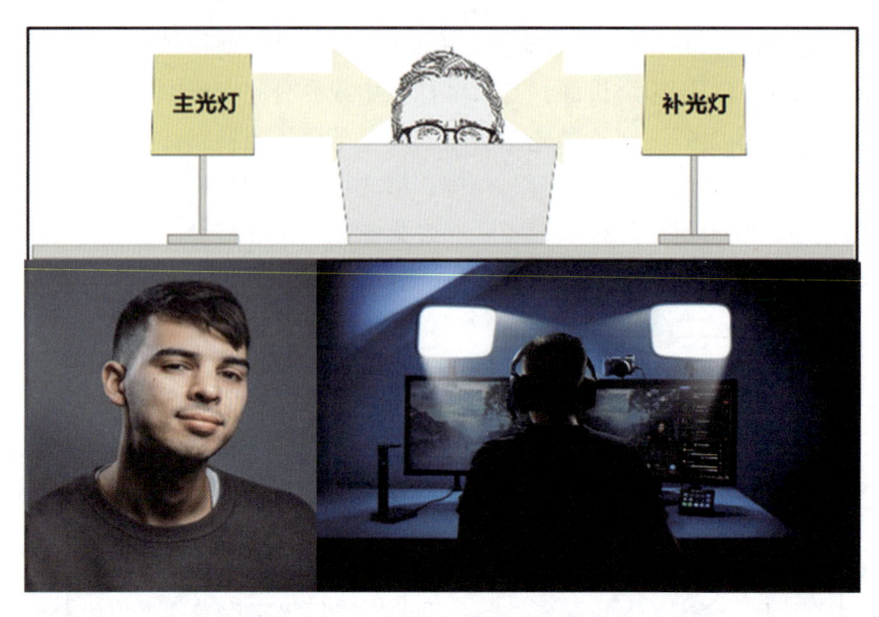

图 5-2-7　两点式布光的视频画面效果

的层次感和呈现更专业的外观。在可能的情况下，建议将背光灯放置在教师侧后方镜头画面之外的位置（见图 5-2-8）。需要强调的是，背光灯并不是直接照射教师，而应照向教师后面的背景，使之达到一定亮度。

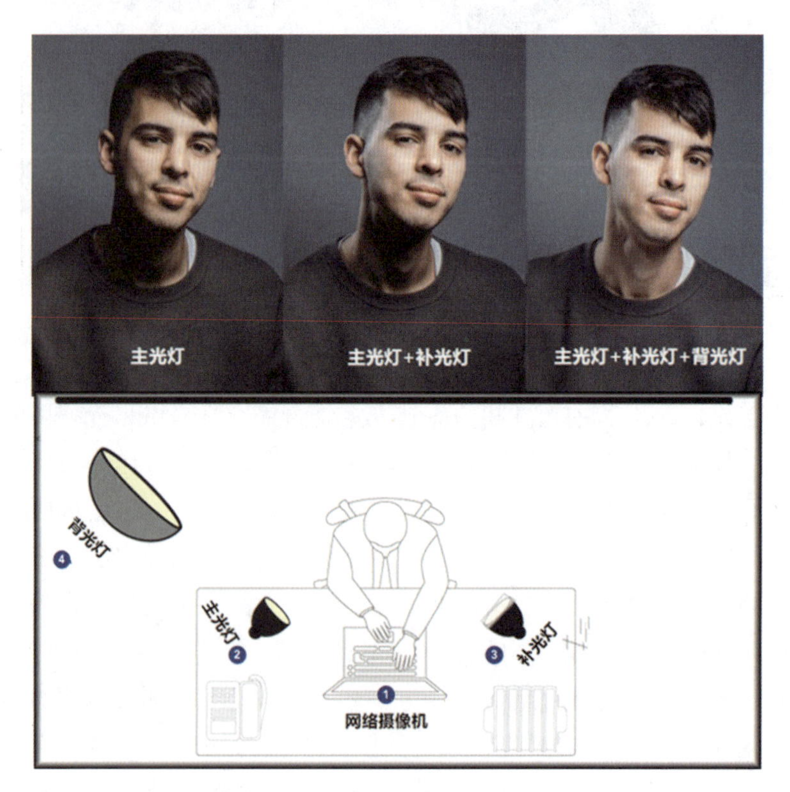

图 5-2-8　三点式布光的视频摄制效果

综上所述，比较三种不同光源布光方案可以看出，三点式布光的视频画面效果最佳。布光方案应根据情况不同而灵活应用，因地制宜，不必拘泥于常规。

三点布光方案并不是固定的标准公式，它不是一成不变的，关键是要了解它的基本规律和特点，创造性地运用，以创建更好的视觉画面效果。尤其是当希望创建一种带有情感色彩的场景时，灯光布置的位置和方式应该随机应变，灵活调整灯光、主体的相对位置和角度，以传达特定情感。①

5.2.3　网络视频直播教学的背景布置

在网络视频直播教学过程中，不难想象，如果教师身后的背景杂乱无章，或放置可能引发好奇的物品，必然会分散听课者的注意力，影响教学效果。因此，教师同样也需要对身后的背景进行预先准备和设计，以便为远程学习者提供最佳的虚拟学习体验。

如图 5-2-9 所示，背景设置中最常见的问题，就是当教师的背景中有光亮的窗户或其他发光物品时，会直接影响摄像镜头的取景效果，使视频画面偏黑而导致教师面目模糊不清。另外，过暗的背景，如深色墙壁，也可能使网络摄像头的拍摄效

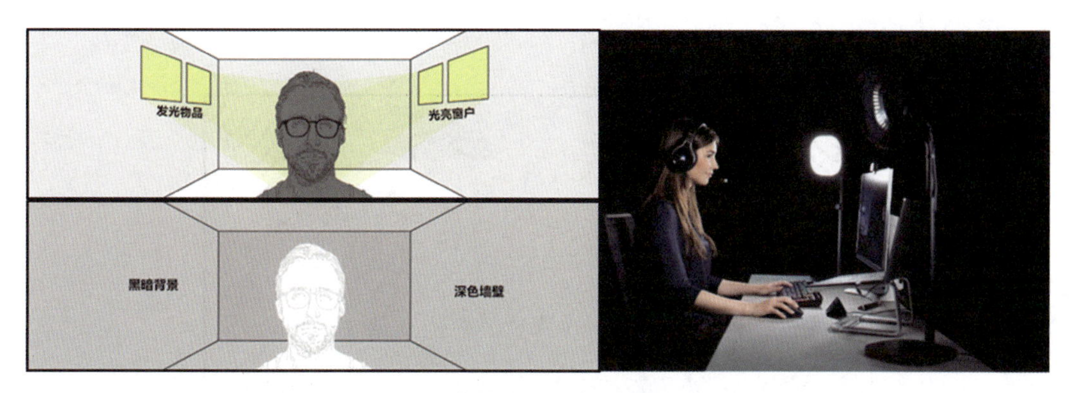

图 5-2-9　背景亮度影响视频画面效果

果变差，导致教师脸部变白和产生虚像。

直播时教师身后显现的凌乱壁橱和书架，在沙发上堆积的杂乱衣物等景象，会使学习者将注意力从教师转移至其背后，因此，建议尽量保持背景简洁。如图 5-2-10 所示，教师可以利用高清图片为直播视频画面提供各种独特的背景效果。这有

① JOSEPHINE BABIRYE. What Is Three Point Lighting and Why Do We Use It ？［EB/OL］.（2017-05-20）［2021-07-23］. https://wolfcrow.com/what-is-three-point-lighting-and-why-do-we-use-it/.

助于远程学习者在上课时产生社交临场感，同时也可避免出现背景的杂乱画面。

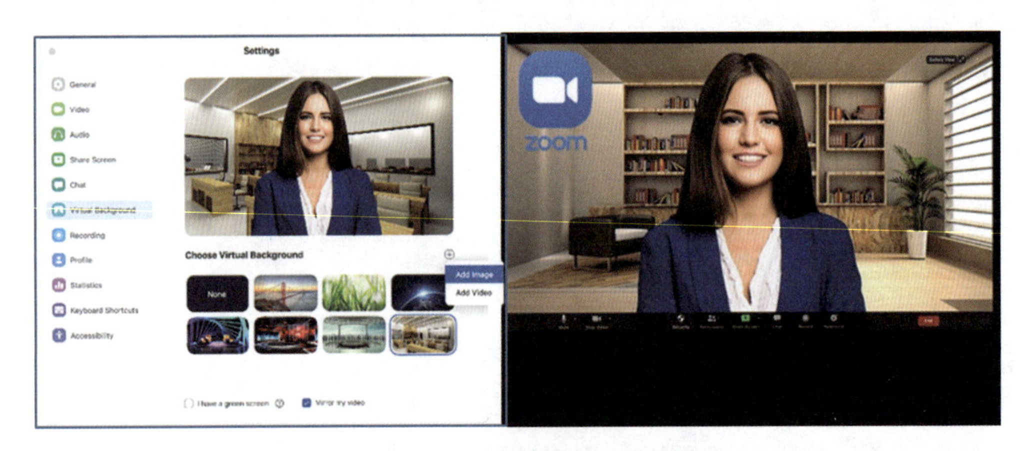

图 5-2-10　网络视频直播的虚拟背景功能

5.2.4　网络视频直播教学的语音设置

相对于视频画面，在直播视频教学中，教师的授课声音质量会对教学效果产生更重要的影响。因此，在保证照明布光的前提之下，如图 5-2-11 所示，选择一个安静的直播环境，或一个外接高质量话筒，都会提升直播语音的质量。

图 5-2-11　环境也会影响视频直播教学效果

解决语音问题的常用方案，就是使用耳塞式麦克风。在讲课时保持麦克风尽量靠近脸部，外接的麦克风可有效地消除背景噪音，减少回声，使远程学习者听起来更清晰。

5.3　网络视频直播教学实践案例

在2020年新型冠状病毒肺炎疫情流行期间，许多教师都体验了数星期甚至长达一个学期的网络直播教学经历，多数学校都是临时仓促上阵应对。“许多教育机构本来都有计划在教学中使用新技术，但是新型冠状病毒肺炎疫情的大范围暴发，意味着原本打算在数年内逐步实施的E-learning改革计划，必须在几天之内立刻着手启动。”[①]在此背景之下，对于绝大多数教师和学生来说，这种被迫使用网络视频会议或任何一种在线工具上课的方式，显然不是一种愉快体验。无论教师还是学生，由于普遍都缺乏在教室中的那种熟悉环境，网络视频直播教学容易使教师和学生心理上产生陌生感和孤独感，这对教学效果产生了诸多不利影响。实际上在互联网时代，这种新教学方式将与传统的课堂面授教学一样，极有可能成为未来教育领域“新常态教学”（New Normal Teaching）的重要组成部分。

与其他行业一样，新型冠状病毒肺炎疫情同样对教育部门产生了重大影响，并为E-learning提供了动力。它开始改变教育系统，在教学方法上迫使全球教育机构重新建构课堂学习并过渡到在线模式，以帮助学习者在不同情景下获得不间断的教育。更重要的是，长期以来那种有关在线学习可行性和效率的问题，经历此次疫情之后已得到验证和解决。[②]

所以，对于教师群体而言，无论愿意与否，新型冠状病毒肺炎疫情所引发的这种新常态教学必然会进一步强化教学过程的网络化发展趋势。在可预见的未来相当长的时间内，各种形式的电子课件、微视频、在线课程和网络视频直播教学，将成为绝大多数教师日常工作之中必不可少的组成部分。

对于那些愿意顺应这种趋势的教师，目前已有许多简单而有效的方案来应对教学改革需求。最简单易行的方案之一，就是在办公室、教室或书房里快

① DANIEL S J. Education and the Covid-19 Pandemic［EB/OL］.（2020-03-21）［2021-07-23］. https://doi.org/10.1007/s11125-020-09464-3.

② ABHIMANYU SAXENA. The Changing Role of the Educator in the New Normal［EB/OL］.（2020-09-16）［2021-07-23］. https://www.highereducationdigest.com/the-changing-role-of-the-educator-in-the-new-normal/.

速搭建一个简易直播室，以解决在线教学中的困难和问题。以下将提供两种经过实践证明切实可行的自助式网络视频直播教学方案：前者提供了一种基于坐姿的简易网络视频直播教学方案，后者则是坐姿和站姿互换的更加专业的实施方案。

5.3.1 书房简易网络视频直播方案

2020—2021年新型冠状病毒肺炎疫情大暴发期间，在校园封闭、师生居家上课的情景下，国内外许多富有创意的教师并未消极等待，而是各显神通把自己的书房改造成为“居家直播室”。他们因地制宜地利用家中的各种既有物品和设备，巧妙解决视频直播教学中的诸多困难，圆满地完成了长达数月的师生分离状态下的教学任务。这些紧急情况下的应急解决方案，为E-learning发展积累了宝贵的经验和素材，以下介绍两种在书房或办公室中快速搭建简易视频直播室的技术方案。

加拿大瑞尔森大学（Ryerson Universtiy）新闻学院的加里·高尔德博士（Dr. Gary Gould）是一位富有创新精神的教师。在新型冠状病毒肺炎疫情期间他将自己的书房改造成一间直播室，居家完成了封校期间的教学工作。他在博客中向大家分享了这段令人难忘的教学经历。他这样写道：

> 实际上，如果你是一名有心人，即使不是技术高手，也缺乏专业技术设备，但你只要愿意，利用功能简单的网络摄像头、笔记本电脑，再加上一盏台灯和旧布块等居家之物，你也可以把书房改造成一间效果相当不错的直播室。①

为完成在线教学工作，利用书桌、台灯、支架和白色反光布，加里·高尔德博士在书房中搭建了一个简易视频直播室（见图5-3-1）。按照他自己的说法，尽管最初直播的效果很难说达到最佳，但学生的反馈相当不错。

在长达数月的在线教学期间，为提高教学效果，加里·高尔德不断尝试新方法，再接再厉地改造出更加有效的居家简易直播方案。例如，为改善照明布光效果，在计算机的左侧，他又添加了一盏台灯；为提升播音效果，他在麦克风旁边又增加了几个用于吸音的布质抱枕。这样在封校的后半学期，他将直播视频的图像和音质又提升了一个档次，给了远程的学生一个惊喜。

---

① GARY GOULD. How to Look and Sound Fabulous on a Webcam［EB/OL］.（2020-04-21）［2021-07-30］. https://www.ryerson.ca/journalism/news-events/2020/04/how-to-look-and-sound-fabulous-on-a-webcam/.

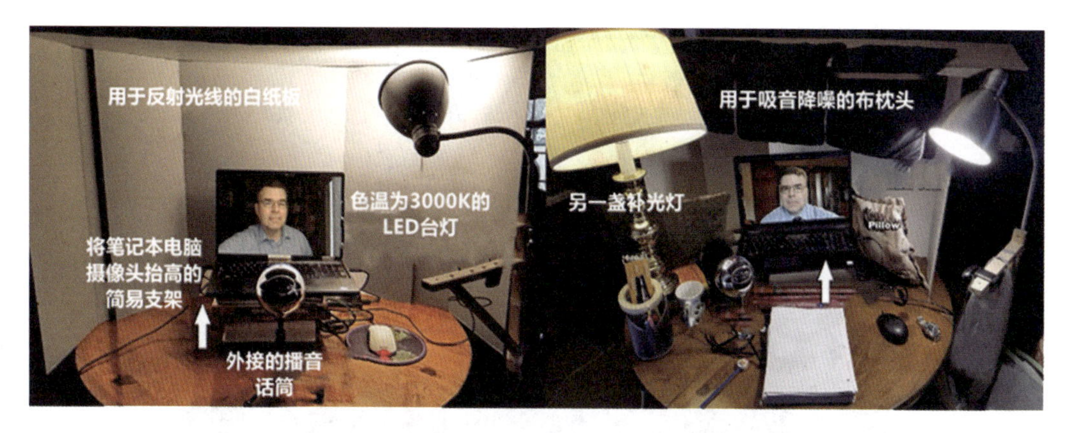

图 5-3-1 加里·高尔德博士的简易视频直播室

阿加塔·德拉（Agata Dera）是美国哥伦比亚大学社会工作学院（CSSW）的一名教学技术助理，她的大学也在 2020 年新型冠状病毒肺炎疫情扩散期间封校后采取在线上课方式。幸运的是，由于住在校园内，阿加塔·德拉可以在办公室里为学院的教师提供在线技术支持，为他们居家实施在线教学提供各种方案。她自己动手把办公室改造成一间简易直播室。在总结网络视频直播教学经验时，她特别强调摄像头的照明布光问题，认为这是影响在线教学的一个关键因素。她指出：

这里介绍的并非基于专业工作室的照明布光方案，而是我在工作过程中所积累的实用经验，主要目标是改善在线教育者的直播视频形象。实际上，对于任何教师来说，良好的照明是成功实现摄像的核心要素。这就是我们正在进行的工作，以最有效的方式设计启发性和创新性的在线课程。①

阿加塔·德拉的工作表明，尽管大多数标准办公室的照明条件并不足以提供高质量的网络视频，但通过简单改造，如在适当位置添加几个光源，就可以显著改善摄像头的视频画面，这对于与屏幕另一端的远程学习者建立良好的联系，具有重要价值。为了说明布光可能给视频画面带来的显著差异，她展示了不同照明条件下的屏幕截图（见图 5-3-2）。

图 5-3-2 中序号①画面，很明显教师的照明光线太亮太刺眼，导致面部出现明显反光亮点区域。解决此问题的常用方法是使用柔光箱，或者在灯具上覆盖一层

① DERA A. The Power of Lighting in a Virtual Classroom：Tips on Improving Webcam Lighting for Online Educators［EB/OL］.（2020-03-16）［2021-07-31］. https://laureliversonhitchcock.org/2020/03/16/the-power-of-lighting-in-a-virtual-classroom-tips-on-improving-webcam-lighting-for-online-educators/.

图 5-3-2　办公室不同照明条件下的网络直播视频效果

薄布。序号②画面是增加柔光遮罩后的效果，尽管教师脸部的光线柔和了许多，但是由于教师身着深色衣服并且背景过暗，导致视频画面缺乏层次感。此时的解决方案，是在背景中添加一些光源，使前景和背景之间达到平衡状态。序号③画面和序号④画面，展示出比较理想的视频画面效果。这说明摄像头成像的关键要素是正确放置光源，错误的光源位置可能导致画面的前景产生阴影。

在一间普通办公室中，若想达到上述视频画面效果并非难事。如图 5-3-3 所示，在办公室的不同位置设置几个光源，就可以获得所需的照明亮度。例如在摄像头后面放置了一个灯，添加光源使背景变亮。这样会使摄像头自动聚焦在前景上，使教师成为图像的焦点。

考察上述两位教师的视频直播教学经验，我们会发现，在书房或办公室组织和实施一场成功的视频直播教学，并非想象的那么困难和复杂。许多教师可能会在初次接触网络摄像布光时感觉束手无策，实际上经过几番耐心尝试之后，就能掌握网络视频直播教学的基本技巧，获得较好效果。

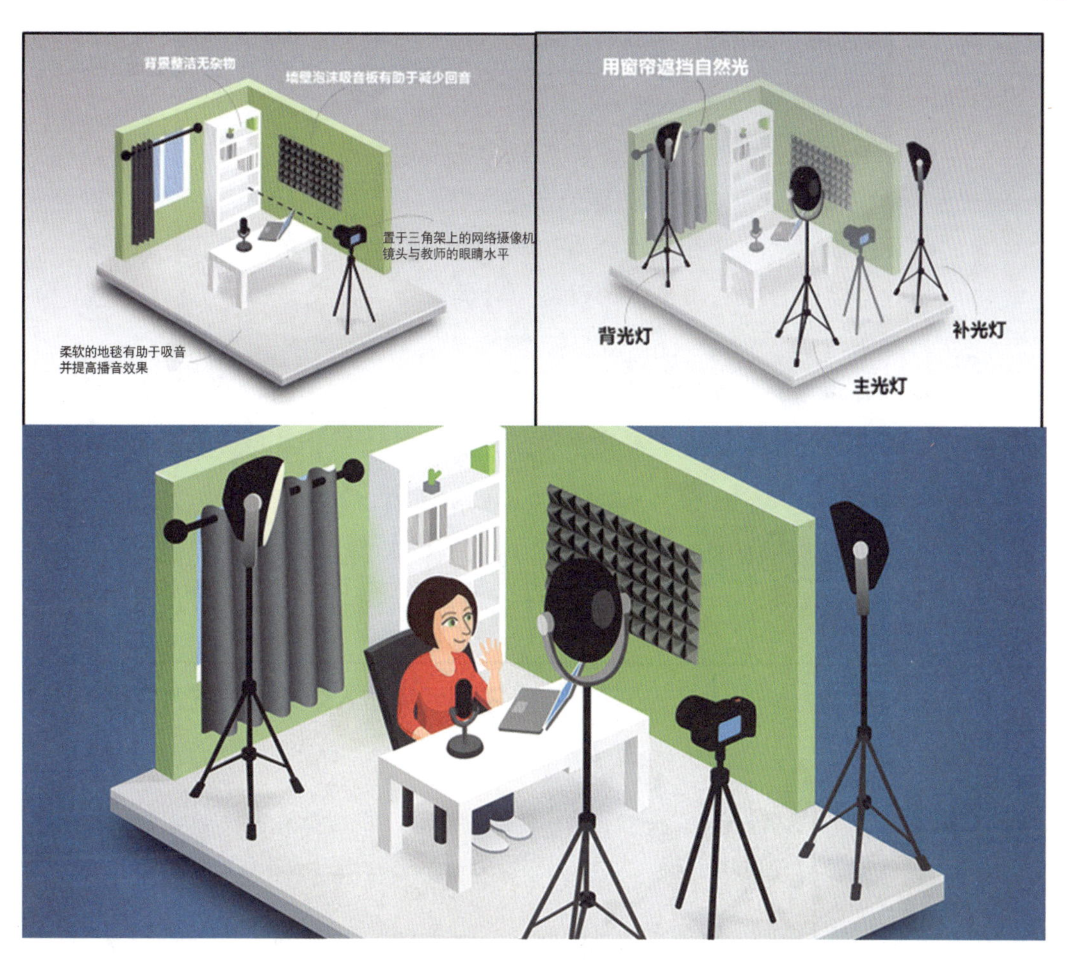

图 5-3-3 办公室简易演播室的设计方案

5.3.2 教室简易网络视频直播方案

以办公式坐姿直播视频授课的一个明显缺点，是教师无法像在教室讲台上那样挥洒自如地运用非语言交流方式——手势和体态语。由于网络摄像头位置固定在办公桌前的计算机上，距离很近导致所摄画面有限，限制了教师的动作幅度和范围，稍不注意就可能超出镜头的拍摄范围。在这种教学环境下，教师的非语言表达无疑受到了限制。因此，在设计网络视频直播教学时，有必要进一步考虑：现场的设备安排是否有利于教师授课时表达教学体态语，以拓展与远程学习者之间的虚拟交流渠道，强化师生空间分离状态下的“非语言直观行为”。

以下是另一种在教室搭建简易网络视频直播设备的实践案例，提供集备课、课

堂授课和在线直播“三合一”混合-灵活课程①的整体方案。它具有以下三项功能，

- 办公备课：提供一张能根据教师身高来调整桌面高度的可升降办公桌，在备课时可实现坐姿和站姿交替；
- 课堂授课：这张升降办公桌还具备滑轮移动的功能，可推到教室用作活动讲台，利用桌上的设备（计算机和实物投影机等）辅助课堂教学；
- 直播教学：添加直播辅助设备（如网络摄像头和辅助灯具等）之后，又具备网络视频直播教学功能，将授课内容直播或录制下来。

如图 5-3-4 所示，在办公备课状态下，利用可升降书桌，教师可轻松地“一键”完成坐姿和站姿的切换，减轻久坐而腰部肌肉和脊椎造成的伤害，实现健康办公。

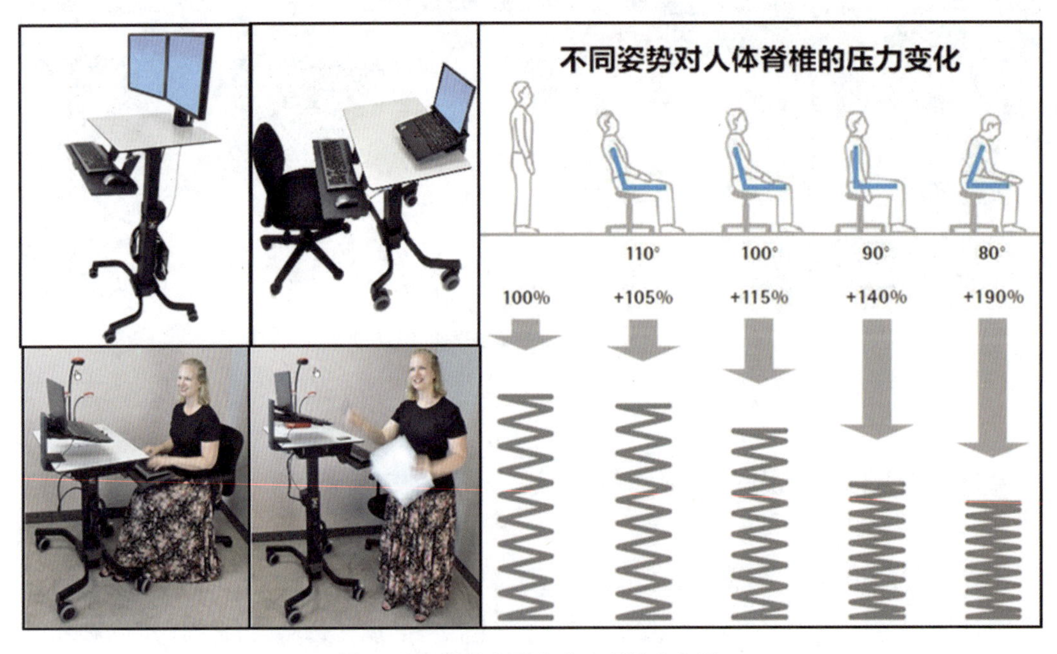

图 5-3-4　调整桌面高度实现健康备课

第一种应用场景：在一间安静和自然光线充足的教室内，将升降书桌推移至面向窗户位置之后，主讲教师以站立姿势在网络摄像头前启动视频直播教学。这种方法的优势在于，当教师以平时课堂授课的站姿来进行直播视频时，可将自己

① 有关混合-灵活课程相关内容请参阅本书第一章 1.3 节。

与镜头之间的距离适当拉开，使直播视频影像能展示半身画面。这样，不仅在讲课过程中感觉轻松自如，也能在充裕空间内表达常用的各种“非语言交流”体态语，改善教学效果。如图 5-3-5 所示，利用双显示器优势，教师在授课过程中可随时观察到远程学生的举动，调整教学节奏，穿插提问、小组讨论等，防止产生在线学习的视觉疲劳。

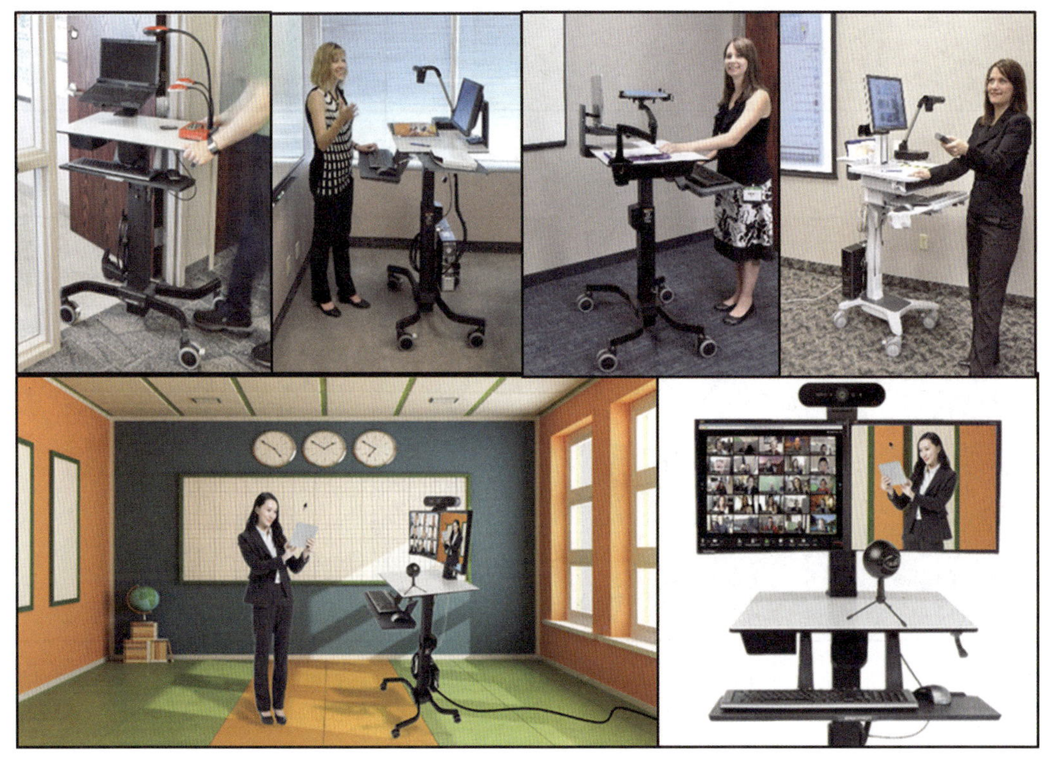

图 5-3-5　移动讲台和网络视频直播平台

第二种应用场景：如图 5-3-6 所示，添加一盏背光灯和绿幕布，可大大改善网络视频直播教学的效果。虚拟背景能为远程学习者提供更加生动的视频画面，使学习者在家中独自学习也能获得一种社交临场感。这时需要注意的是，教师与摄像镜头之间的距离至少要保持 100 厘米以上，这样才能拍摄出清晰的半身视频画面。

第三种应用场景（见图 5-3-7）则兼顾了不同教学需求，利用较低的技术成本实现以往在专业演播室才能获得的效果。利用一种带有遥控装置的可变焦摄像头，教师可随时根据需要调整视频画面。摄像头被固定于距离教师 150 厘米左右的移动支架上，并配有一块显示屏，用于同步显示电脑播放的幻灯片或实物投影图像。

在这种场景下，教师能利用三块显示屏来进行网络直播视频教学：第一块用于

图 5-3-6　为网络直播视频添加虚拟背景

图 5-3-7　配有可变焦网络摄像头的教学场景

显示幻灯片内容，第二块用于显示自己的视频画面，第三块用于显示远程学生的画廊式头像视频，实现对整个教学流程的全方位监控，有利于网络视频直播教学的顺利实施。

5.4　网络视频直播教学的设计与实施

2020—2021 年全球新型冠状病毒肺炎疫情期间，最引人注目的网络视频直播工具恐怕非 ZOOM 莫属。ZOOM 的最大优势，就是无论硬件设备还是软件配置都比较简单，可以快速与各种学习管理系统结合使用。一位教师曾这样评价：

我一直在寻找适用于教学的技术，今年的赢家看来就是 ZOOM。与同事交谈时，他们经常提到准备从其他平台转移到 ZOOM。它使用起来简单，能

提供较高的视频和音频质量，而且拥有出色的移动体验。我选择 ZOOM 的原因是，与其他产品相比，ZOOM 的摄像头和麦克风做得更好，视频画面非常清晰。①

5.4.1　社交临场感与虚拟场景综述

在网络视频会议系统之中，ZOOM 首次在功能上将“社交临场感”（Social Presence）理论应用于视频直播教学的场景模拟，为教学设计者和学科教师提供了一种实用的快速开发创作工具。

1. 社交临场感与在线教学

20 世纪 70 年代之后，伴随着“计算机媒介传播”（Computer Mediated Communication，CMC）的出现，社交临场感相关研究开始受到重视。“社交临场感”最初的含义是，在以某种技术媒体为中介的对话过程中，互动者所感受到的沟通交流方式及其对人际关系的影响，即人们对交流过程中关于参与者存在状态的心理感知程度。本质上，它是主体在处于技术媒介所构成虚拟环境中所感受到的一种主观性心理体验。②在初期研究中，社交临场感主要是针对语音电话和视频电话而言，随后 CMC 的出现，为社交临场感研究模型提供了一系列新的变量和特征。

媒体丰富度理论③认为，某些媒体在实现特定的传播目标方面，可能会在效果上优于其他媒体。由于媒体传播视觉和言语提示（如身体距离、凝视、姿势、面部表情和语调等）能力不同，因此在传达他人实际存在的心理感知能力方面，各种媒体也有所不同。部分媒介（如视频会议或电话）比其他媒介（如电子邮件和聊天）具有更强的社交临场感，而社交临场感更强的媒体对于关系交流（即建立和维持人际关系）则更为有效。因此，社交临场感也被认为是一种表达满意度的有力指标，即媒体传达的社交临场感越强，参与者在交流时所感知的满意度就越高。在教育领域内，相关研究证实了社交临场感对于在线教育的重要性。有研究表明（见图 5-4-1），作为教育体验的重要构成要素，学生对社交临场感的感知，

---

① JOSHUA KIM. Zoom Is Hot in Higher Ed，Have You Switched ？［EB/OL］.（2017-10-22）［2021-07-30］. https://www.insidehighered.com/blogs/technology-and-learning/zoom-hot-higher-ed.

② SHORT JOHN，WILLIAMS EDERYN，CHRISTIE，BRUCE. The Social Psychology of Telecommunications［M］. London：John Wiley & Sons，1976.

③ Daft R L，Lengel R H. Organizational Information Requirements，Media Richness and Structural Design［J/OL］. Manage. Sci. 1986（32）：554-571［2021-07-24］. doi：10.1287/mnsc.32.5.554.

与学习满意度之间存在正相关。[①]

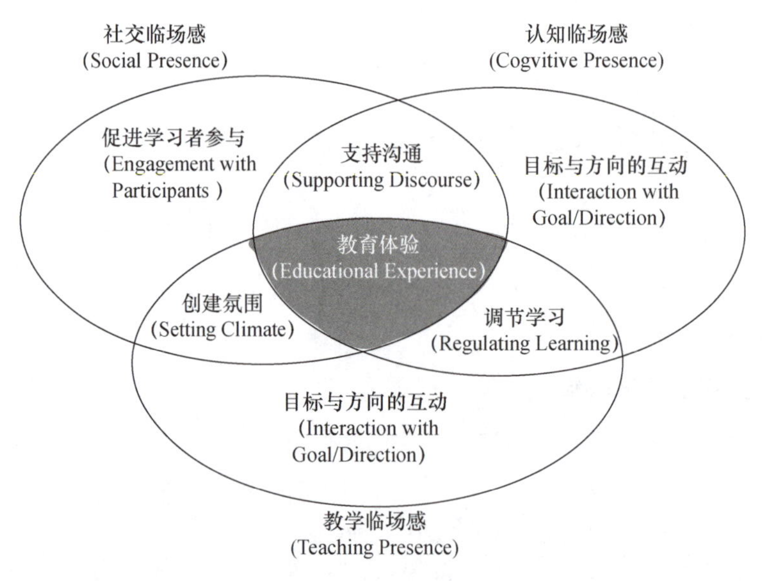

图 5-4-1　社交临场感是教育体验的构成要素

进入 E-learning 领域，社交临场感又被重新定义为一种学习者以社交和情感方式为基础，将自己发展成虚拟在线社区内“真实”成员的能力。[②]研究表明，在 E-learning 教学过程中，社交临场感对于提高教学效果至关重要。研究者[③]发现，E-learning 场景中的社交临场感表现为三个维度：社交情境、在线交流和互动。社交情境有助于感知社交临场感的可预测程度，它涉及任务导向、隐私、主题、社交关系和社交过程。例如，当对话仅仅是基于任务而没有社区归属感时，对社交临场感的感知就会很低，由负面情绪情感引起的沟通障碍也会很高。相应的，积极的社交氛围使学生能够轻松地相互交流，消极的社交氛围会增加用户的失望感，进而降低对材料的认知和熟悉度。当缺乏社交临场感时，学习互动就会

---

① RICHARDSON JENNIFER C，SWAN KAREN. Examining Social Presence in Online Courses in Relation to Students Perceived Learning and Satisfaction［J/OL］. Online Learning，2019（7）：243-273［2021-07-24］. doi：10.24059/olj.v7i1.1864.

② JAHNG M，LITTAU J. Interacting Is Believing：Interactivity，Social Cue，and Perceptions of Journalistic Credibility on Twitter［J/OL］. Journalism & Mass Communication Quarterly，2016（93）：38-58［2021-07-24］. doi：10.1177/1077699015606680. S2CID 147467235.

③ TU CHIH-HSIUNG. On-line Learning Migration：From Social Learning Theory to Social Presence Theory in a CMC Environment［J/OL］. Network and Computer Applications，2000，23：27-37［2021-07-24］. doi：10.1006/jnca.1999.0099.

受到影响，进而对学习成绩产生负面影响。此外，有研究[①]还揭示了共享学习空间与参与者满意度之间的关系，鼓励建立共享学习空间，以提供更好的 E-learning 环境。

2. 虚拟场景模拟功能

具体运用于教学实践，从创建 E-learning 场景角度看，ZOOM 是一种能提供较强社交临场感的视频直播教学工具，因为它为师生提供了一系列独特的虚拟场景设置功能。

虚拟教学背景：利用人工智能视频抠像技术，即使在没有绿背幕布的情况下，主讲教师仍能将视频会议室快速转变为以高清图片、视频或幻灯片为背景的虚拟教室，为学习者提供多种视觉场景（如校园、教室、会议室或实验室等的场景，见图 5-4-2），营造出一种类似课堂面授的学习氛围，有利于提升在线教学过程中参与者的归属感。

图 5-4-2　教学视频的虚拟教学背景设置功能

视频场景滤镜：能为教师的授课视频添加不同色彩和色调风格（如黑白复古、胶片等效果）、边框和蒙板、点缀物件（如花朵等）或智能插件（如为主讲教师添加卡通形象的帽子、眼镜等，见图 5-4-3）。这些功能为以往单调乏味的网络视频交流营造了生动活泼的氛围，有利于提升在线学习者的兴趣。

① JOHNSON R D，HORNIK S，SALAS E. An Empirical Examination Of Factors Contributing to the Creation of Successful E-learning Environments［J］. International Journal of Human-Computer Studies，2017，66（5）：356-369.

图 5-4-3　教学视频滤镜和美妆特效功能

美妆特效：类似美颜功能，能为主讲教师添加眉毛、胡子和唇色等虚拟化妆效果。这些都是利用人工智能算法添加，可自动跟随主讲者的面部移动，效果逼真。此类功能进一步改变了常规视频会议系统中教师的生硬形象。

5.4.2　ZOOM 网络视频直播教学功能

从混合-灵活课程的教学设计角度看，ZOOM 主要为教学提供四项核心功能（见图 5-4-4）：虚拟场景模拟、网络视频直播教学、在线互动交流和在线教学辅助功能。

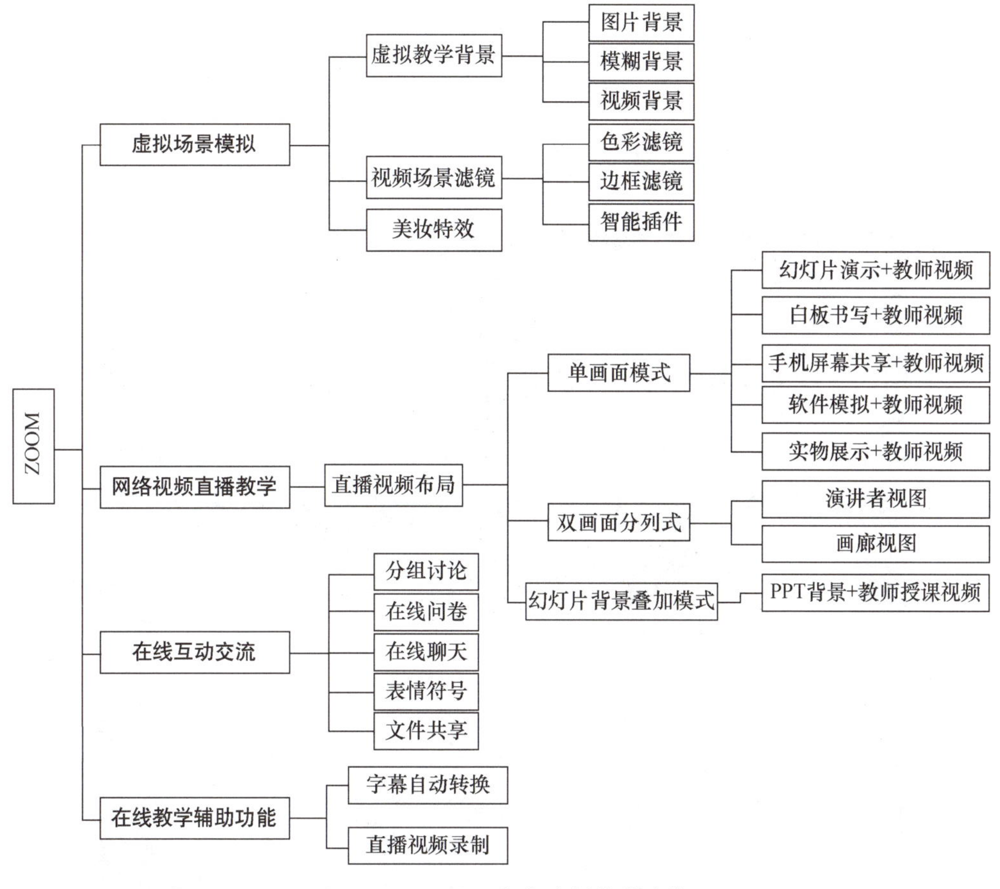

图 5-4-4　ZOOM 视频直播教学功能

5.4.3　网络视频直播教学设计

在利用 ZOOM 进行视频直播教学时，主讲教师能根据教学需要利用“屏幕共享”功能，向在线学习者实时推送各种形式的教学内容，并进行在线互动和交流，增强参与者的社交临场感。

1. 直播视频布局

为改变网络视频会议呆板的外观，ZOOM 提供了一系列富有创意的视频布局模式，其中常用的包括演讲者视图和画廊视图。演讲者视图为默认视频布局模式，可用于教学视频直播时师生进行在线状态的“面对面”讨论和交流，能够模拟课堂情景下的问题讨论或提问答疑。如图 5-4-5 所示，在师生自由讨论状态下，该布局中的大窗口会自动切换显示当前正在发言的参会者，其他人的视频则相应处于小图状态。此外，在讨论过程中，教师亦可根据需要指定某一名学生发言，操作方法是鼠标选中该学生的视频画面后点击右键，将他设为“固定焦点视频”。这名学生的视频画面将切换到演讲者视图，该视频画面会被放大显示，直到被取消为止。使用画廊视图布局（见图 5-4-6）时，屏幕上最多可以同时看到 49 名参会者，并且可以通过点击左右方向箭头来浏览其余参会者。

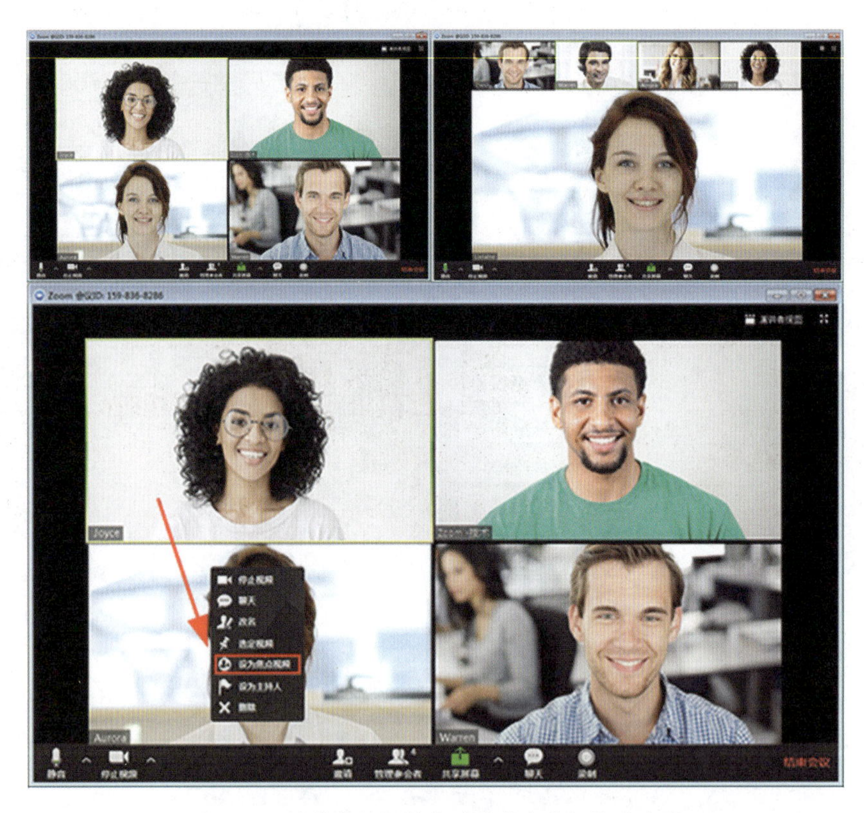

图 5-4-5　演讲者视图能自动将发言者切换为大图

ZOOM 还能支持双屏显示模式，即主讲教师在电脑上外接第二个显示器（见图 5-4-7），可同步呈现自己的授课视频和学生视频画面，方便教师随时观察各个在线学生摄像头视频画面，并根据情况给予反馈或回应。

2. 双画面分列式视频布局

当直播授课视频时，利用“屏幕共享”功能所构成的双画面分列式视频布局（教师授课画面和内容演示画面）是最常用的方式。它包括以下 5 种视频直播模式。

幻灯片演示：利用“共享屏幕”可直播主讲教师的计算机屏幕，同步显示授课教师视频和 PowerPoint 幻灯片。这种模式适用于常规教室中的幻灯片演示教学模式，远程在线学习者将看到教师的讲课视频与同步播放的幻灯片，包括幻灯片中的

图 5-4-6　画廊视图提供在线学习者全景

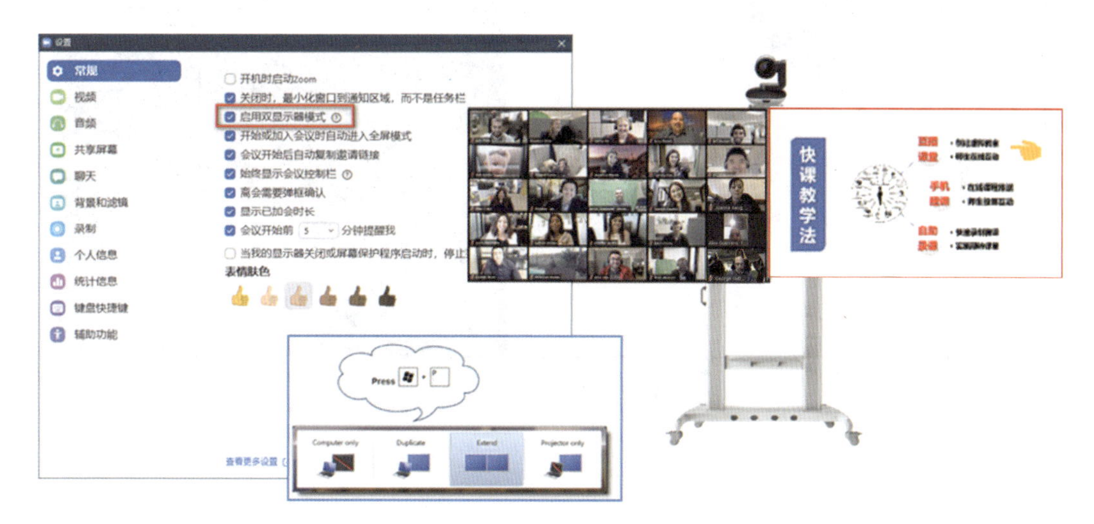

图 5-4-7　利用双屏显示模式营造社交临场感

语音、视频和动画等内容（见图 5-4-8）。

白板书写：利用“共享屏幕”中的“白板”功能，能实现教师视频与电子白板书写同步显示（见图 5-4-9），适用于模拟教室中的黑板板书，在线学习者可在屏幕上看到教师与同步显示的电子白板书写内容。这种模式要求教师事先配备一个数字

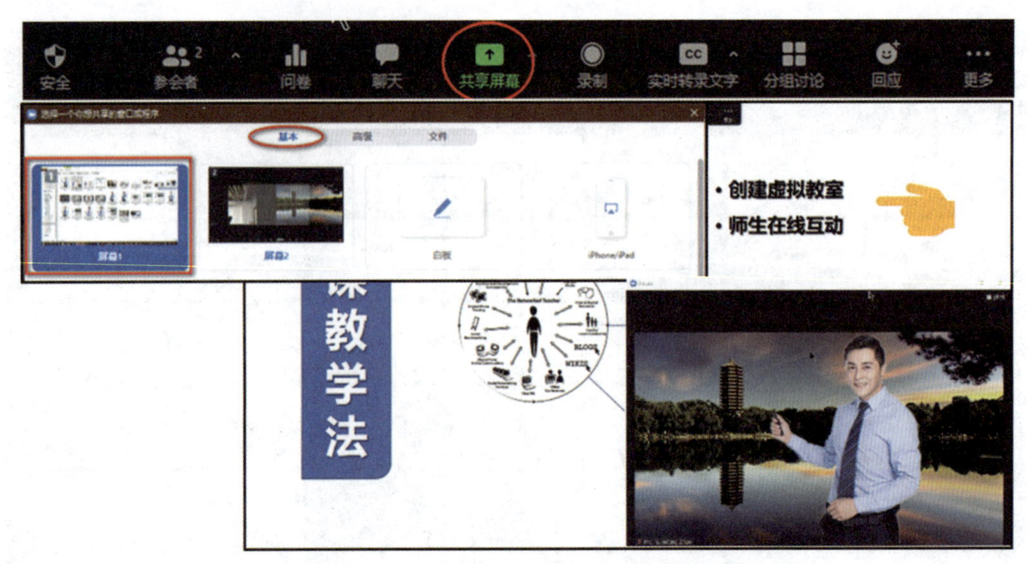

图 5-4-8　直播视频的幻灯片演示模式

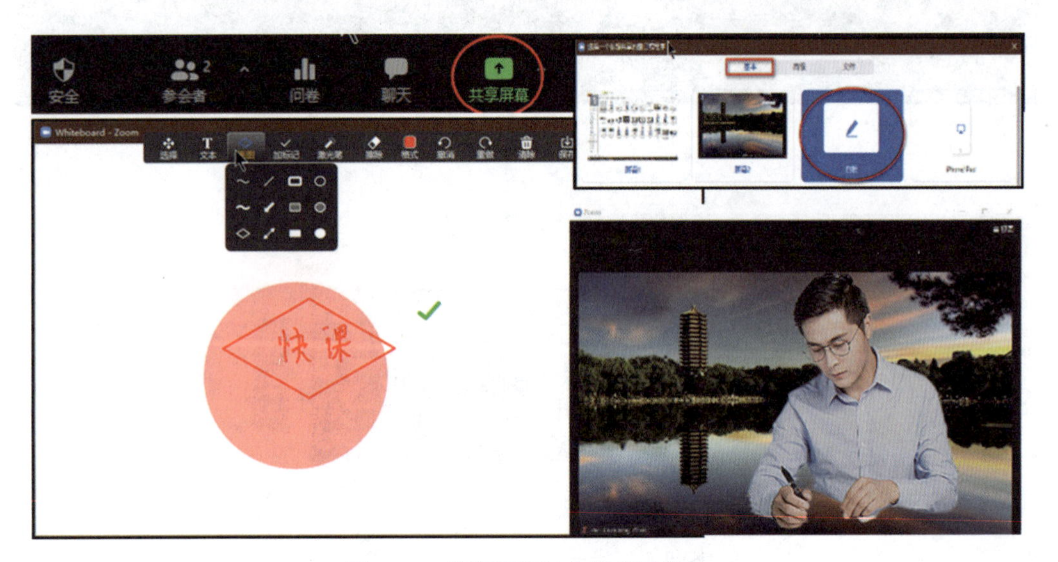

图 5-4-9　直播视频的白板书写模式

手写板。

手机屏幕共享：利用“共享屏幕”的 iPhone/iPad 共享功能，能同步推送教师视频和移动设备屏幕演示（见图 5-4-10）。这种模式适用于向学习者展示 iOS 系统手机或平板电脑的屏幕内容。在线学习者将看到教师讲课视频和同步显示的移动设备屏幕内容。

软件模拟：利用“共享屏幕”中的“屏幕”功能，可同时向学习者推送教师视频和屏幕程序演示，适用于向学习者演示软件的操作方法（见图 5-4-11）。在线学习者可在屏幕看到教师视频和同步显示的程序操作步骤。

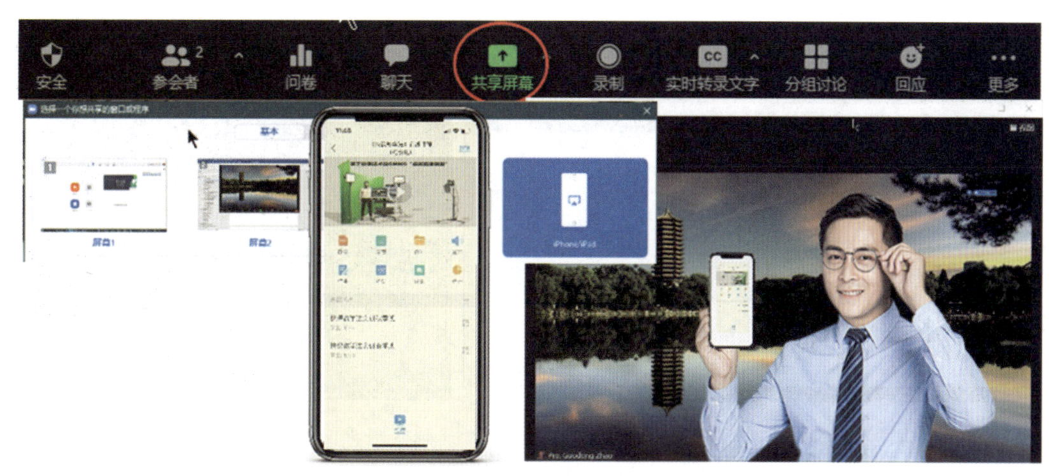

图 5-4-10　直播视频的手机屏幕共享模式

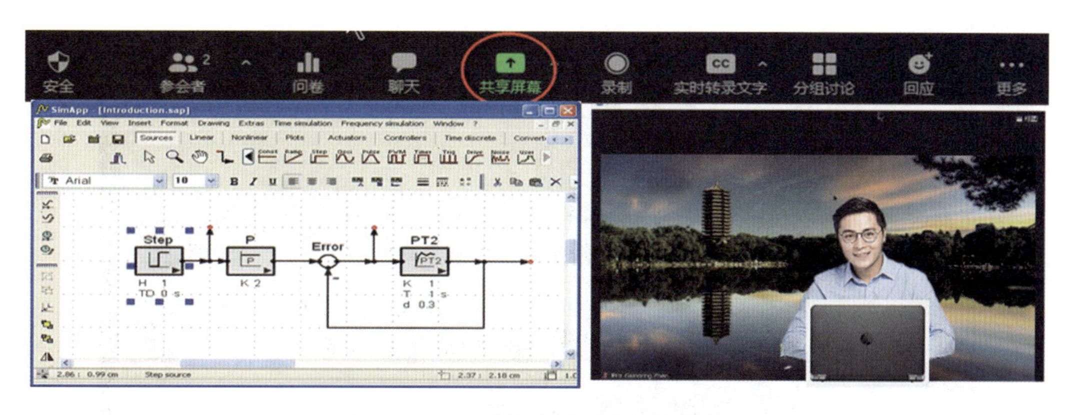

图 5-4-11　直播视频的软件模拟模式

实物展示：ZOOM 具备同时展示计算机所连接的两个摄像头视频的功能，它通过“共享屏幕”高级菜单中的“共享第二摄像头”（如实物投影机）而实现。如图 5-4-12 所示，利用这个功能，主讲教师可向在线学习者同步推送第一摄像头中的授课视频和第二摄像头中的实物展示视频（如实物模型和设备等）。

上述 5 种视频直播模式，为教师提供了多样化的视频直播授课方案，同时也为在线学习者营造了较强的社交临场感。

3. 幻灯片背景叠加模式

在视频直播授课类型中，ZOOM 提供了另一种独特的布局模式：以演示幻灯片为背景，它是利用“共享屏幕”高级选项中的“将 PowerPoint 作为虚拟背景”选项而实现。与上述双画面分列式布局不同，这种模式可在视频直播时形

图 5-4-12　直播视频的实物展示模式

成一种类似主讲教师立于教室投影屏前讲课的视觉效果（见图 5-4-13），具有较强的社交临场感。

图 5-4-13　视频直播的幻灯片背景叠加模式

这种视频直播模式在应用中需要注意以下两点：

首先，需要先将 PowerPoint 演示文档上传至 ZOOM 平台，幻灯片将自动作为背景进入全屏播放状态。然后如图 5-4-14 所示，用鼠标点击图中下方“…”按钮，在弹出菜单中选择“调整视频大小”，用鼠标拖拽以调整教师视频在整个幻灯片背景中的位置和尺寸。通常将教师视频置于幻灯片左下角或右下角，尺寸调整为整个幻灯片大小的 $\frac{1}{6}$ 。

图 5-4-14　调整教师视频在幻灯片中的位置和尺寸

其次，在播放幻灯片时可用鼠标点击左右方向箭头翻页，或利用翻页笔以遥控方式换页。在网络直播教学过程中，教师可参照面授教学状态下的做法，在讲课时有意识做出向背后幻灯片指点类的动作，可使远程学习者在观看时产生更加逼真的临场感。

5.4.4　师生在线交流和互动

在线交流和互动，同样也是影响学习者社交临场感的重要因素。ZOOM 也为主讲教师组织视频直播教学提供了多样化的师生交流和互动功能，包括分组讨论、在线问卷、在线聊天和表情符号等。

1. 分组讨论

小组教学是在课堂面授教学中常用的一种教学方法，将全班学生划分为不同小组并分配不同的学习任务，然后集中汇报各个小组的学习成果。如图 5-4-15 所示，ZOOM 也提供了类似的分组讨论功能，供教师在视频直播教学中使用。

点击“分组讨论”按钮，它提供了三种分组方式：自动分配、手动分配和允许参会者选择讨论组（见图 5-4-16）。通常在班级人数较多的情况下，自动分配是最快捷的方式，它会根据教师确定的讨论组数量，自动随机将全班学生名单分配至不同小组中。

在 ZOOM 中，一个分组讨论在功能上类似一个视频会议的分会场（如图 5-4-17 所示）。与主会场的功能类似，可以设置不同的虚拟背景。每一组的成员可利用

图 5-4-15　教师可快速实施分组讨论

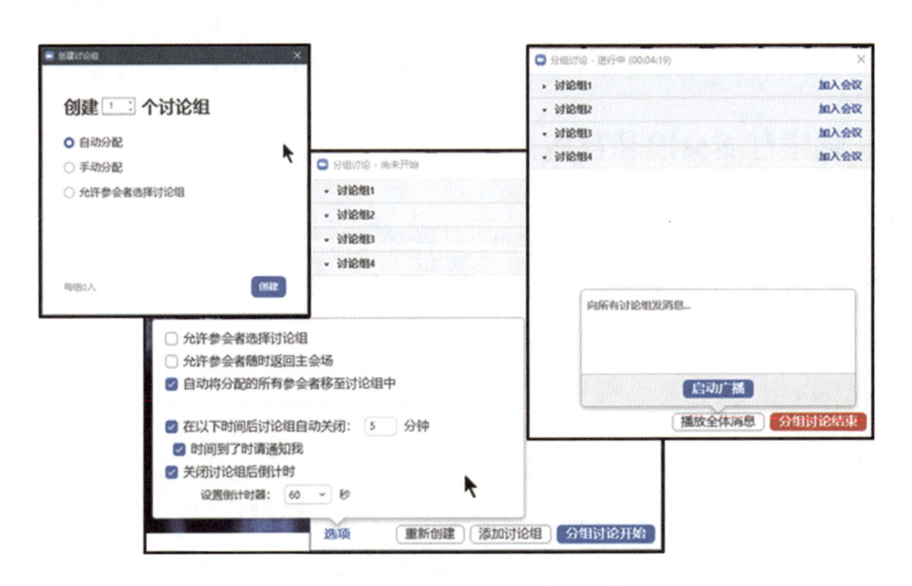

图 5-4-16　分组讨论的创建和设置

语音或视频进行交流，也可互相分享幻灯片、文字聊天和表情符回应。在组员人数较多的情况下，还可在讨论组之内进一步再分组。在讨论过程中，小组长也可以将整个讨论过程录制下来，作为与其他小组的分享材料。

在分组讨论过程中，主讲教师能根据需要随时进入各小组查看讨论情况，向全

图 5-4-17　分组讨论各个分会场情景

部讨论组同步发送文字信息，提示讨论过程中的注意事宜（见图 5-4-18）。或者向各组宣告讨论时间结束，要求全体学生返回主会场。在事先设置了讨论时间限制的情况下，各小组会在结束时间前 60 秒获得信息提醒。

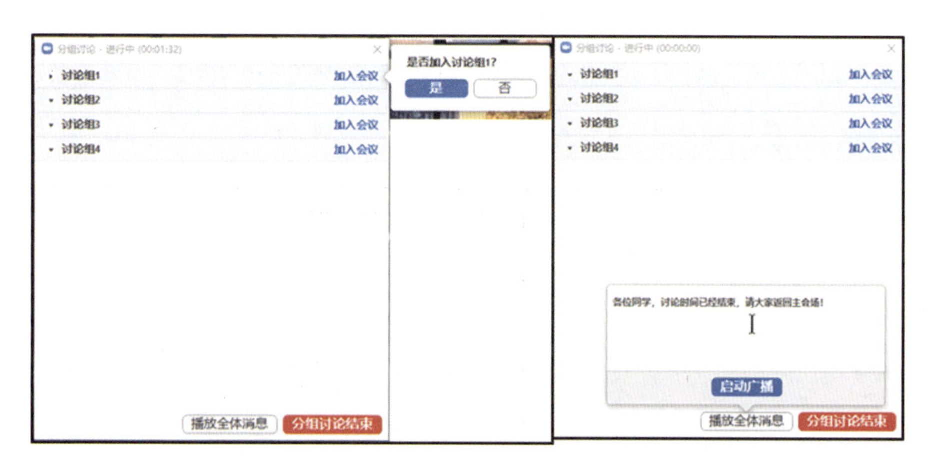

图 5-4-18　教师向各小组发送文字通知

2. 在线投票

“在线投票”是 ZOOM 提供的另一项互动功能，用于实施快速小测验或教学效果评估。如图 5-4-19 所示，点击“问卷”按钮可启动事先制作好的测验或问卷，让远程学习者快速作答，实时生成的统计数据将自动显示在全体学习者的屏幕上。这项功能有助于主讲教师随时了解全体学习者的知识掌握情况，也可作为课间休息时的一项教学活动。

图 5-4-19　教师向学生发起在线投票

要想使用在线投票功能，教师需要事先登录 ZOOM 并编辑问卷题目（见图 5-4-20）。在设计时，它支持单选和多选两种题型，学生可以匿名或实名答题。

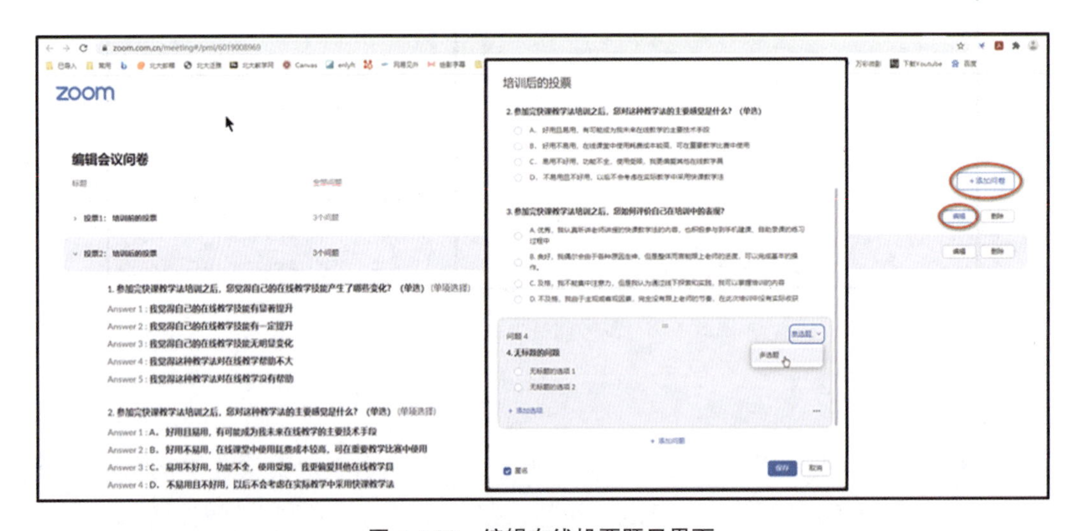

图 5-4-20　编辑在线投票题目界面

3. 在线聊天和表情符号

作为基本功能，ZOOM 也提供了在线聊天、文件传递和共享以及常用表情符号回应等功能。如图 5-4-21 所示，在视频直播教学过程中，当学生有疑问或表达情绪感受时，可随时利用“举手”向教师告知。同时，也可以利用聊天室向教师提出问题，或者与同学私聊。教师也可以向学生提问，或共享资料。

图 5-4-21　在线聊天、表情符号回应和文件共享功能

5.4.5　在线教学辅助功能

1. 字幕自动转换

基于人工智能语音识别的“实时转录文字”功能，ZOOM 能为主讲教师实现实时同步的语音转字幕，并在转录文字栏中显示出来。目前，此项功能仅支持英文授课语音的实时转录（见图 5-4-22），尚不能支持中文。但是对于新型冠状病毒肺炎疫情期间通过 ZOOM 听课的中国留学生来说，此项功能将外国教师的授课语音转变为英文字幕同步显示，有助于提升听课效果。

图 5-4-22　为授课语音设置实时转录文字功能

2. 直播视频录制

在混合-灵活课程模式中，为无法参加同步直播学习的学生提供课后录像视频回放，也是混合学习的一项重要功能。ZOOM 为此提供了视频直播教学的录制功能，见图 5-4-23。

图 5-4-23　直播视频的录制功能

ZOOM 提供了“本地录制”和“云录制”两种方式。前者是指直播视频录制之后，会自动将视频下载并保存到本地计算机；后者则是直接保存在 ZOOM 服务器端，供学习者在线点播。

综上所述，作为快课教学法的一个重要构成要素，网络视频直播教学在帮助教师设计和开发混合–灵活课程中扮演着重要角色。一方面，随着网络视频会议可用性和易用性不断增强，学科教师可以随时自主组织视频直播教学，为在职学习者提供了灵活上课方式。另一方面，将同步直播视频与异步在线自学等方式相互结合，进一步推动课堂面授、在线视频直播和异步课后自学等多种学习方式的灵活组合，为高校 E-learning 改革提供了更加多样化的解决方案。

21世纪特殊教育创新教材·康复与训练系列

特殊儿童应用行为分析（第二版） 李 芳 李 丹
特殊儿童的游戏治疗 周念丽
特殊儿童的美术治疗 孙 霞
特殊儿童的音乐治疗 胡世红
特殊儿童的心理治疗（第三版） 杨广学
特殊教育的辅具与康复 蒋建荣
特殊儿童的感觉统合训练（第二版） 王和平
孤独症儿童课程与教学设计 王 梅

21世纪特殊教育创新教材·融合教育系列

融合教育本土化实践与发展 邓 猛等
融合教育理论反思与本土化探索 邓 猛
融合教育实践指南 邓 猛
融合教育理论指南 邓 猛
融合教育导论（第二版） 雷江华
学前融合教育（第二版） 雷江华 刘慧丽

21世纪特殊教育创新教材（第二辑）

特殊儿童心理与教育（第二版） 杨广学 张巧明 王 芳
教育康复学导论 杜晓新 黄昭明
特殊儿童病理学 王和平 杨长江
特殊学校教师教育技能 昝 飞 马红英

自闭谱系障碍儿童早期干预丛书

如何发展自闭谱系障碍儿童的沟通能力 朱晓晨 苏雪云
如何理解自闭谱系障碍和早期干预 苏雪云
如何发展自闭谱系障碍儿童的社会交往能力 吕 梦 杨广学
如何发展自闭谱系障碍儿童的自我照料能力 倪萍萍 周 波
如何在游戏中干预自闭谱系障碍儿童 朱 瑞 周念丽
如何发展自闭谱系障碍儿童的感知和运动能力 韩文娟 徐 芳 王和平
如何发展自闭谱系障碍儿童的认知能力 潘前前 杨福义
自闭症谱系障碍儿童的发展与教育 周念丽
如何通过音乐干预自闭谱系障碍儿童 张正琴
如何通过画画干预自闭谱系障碍儿童 张正琴
如何运用ACC促进自闭谱系障碍儿童的发展 苏雪云
孤独症儿童的关键性技能训练法 李 丹
自闭症儿童家长辅导手册 雷江华
孤独症儿童课程与教学设计 王 梅
融合教育理论反思与本土化探索 邓 猛
自闭症谱系障碍儿童家庭支持系统 孙玉梅
自闭症谱系障碍儿童团体社交游戏干预 李 芳
孤独症儿童的教育与发展 王 梅 梁松梅

特殊学校教育·康复·职业训练丛书 （黄建行 雷江华 主编）

信息技术在特殊教育中的应用
智障学生职业教育模式
特殊教育学校学生康复与训练
特殊教育学校校本课程开发
特殊教育学校特奥运动项目建设

21世纪学前教育专业规划教材

学前教育概论 李生兰
学前教育管理学（第二版） 王 雯
幼儿园课程新论 李生兰
幼儿园歌曲钢琴伴奏教程 果旭伟
幼儿园舞蹈教学活动设计与指导（第二版） 董 丽
实用乐理与视唱（第二版） 代 苗
学前儿童美术教育 冯婉贞
学前儿童科学教育 洪秀敏
学前儿童游戏 范明丽
学前教育研究方法 郑福明
学前教育史 郭法奇
学前教育政策与法规 魏 真
学前心理学 涂艳国 蔡 艳
学前教育理论与实践教程 王 维 王维娅 孙 岩
学前儿童数学教育与活动设计 赵振国
学前融合教育（第二版） 雷江华 刘慧丽
幼儿园教育质量评价导论 吴 钢
幼儿学习与教育心理学 张 莉
学前教育管理 虞永平

大学之道丛书精装版

美国高等教育通史 ［美］亚瑟·科恩
知识社会中的大学 ［英］杰勒德·德兰迪
大学之用（第五版） ［美］克拉克·克尔
营利性大学的崛起 ［美］理查德·鲁克
学术部落与学术领地：知识探索与学科文化 ［英］托尼·比彻 保罗·特罗勒尔
美国现代大学的崛起 ［美］劳伦斯·维赛
教育的终结——大学何以放弃了对人生意义的追求 ［美］安东尼·T.克龙曼
世界一流大学的管理之道——大学管理研究导论 程 星
后现代大学来临? ［英］安东尼·史密斯 弗兰克·韦伯斯特

大学之道丛书

市场化的底限 ［美］大卫·科伯
大学的理念 ［英］亨利·纽曼
哈佛：谁说了算 ［美］理查德·布瑞德利

麻省理工学院如何追求卓越　[美]查尔斯·维斯特
大学与市场的悖论　[美]罗杰·盖格
高等教育公司：营利性大学的崛起　[美]理查德·鲁克
公司文化中的大学：大学如何应对市场化压力　[美]埃里克·古尔德
美国高等教育质量认证与评估　[美]美国中部州高等教育委员会
现代大学及其图新　[美]谢尔顿·罗斯布莱特
美国文理学院的兴衰——凯尼恩学院纪实　[美]P.F.克鲁格
教育的终结：大学何以放弃了对人生意义的追求　[美]安东尼·T.克龙曼
大学的逻辑（第三版）　张维迎
我的科大十年（续集）　孔宪铎
高等教育理念　[英]罗纳德·巴尼特
美国现代大学的崛起　[美]劳伦斯·维赛
美国大学时代的学术自由　[美]沃特·梅兹格
美国高等教育通史　[美]亚瑟·科恩
美国高等教育史　[美]约翰·塞林
哈佛通识教育红皮书　哈佛委员会
高等教育何以为"高"——牛津导师制教学反思　[英]大卫·帕尔菲曼
印度理工学院的精英们　[印度]桑迪潘·德布
知识社会中的大学　[英]杰勒德·德兰迪
高等教育的未来：浮言、现实与市场风险　[美]弗兰克·纽曼等
后现代大学来临？　[英]安东尼·史密斯等
美国大学之魂　[美]乔治·M.马斯登
大学理念重审：与纽曼对话　[美]雅罗斯拉夫·帕利坎
学术部落及其领地——当代学术界生态揭秘（第二版）　[英]托尼·比彻 保罗·特罗勒尔
德国古典大学观及其对中国大学的影响（第二版）　陈洪捷
转变中的大学：传统、议题与前景　郭为藩
学术资本主义：政治、政策和创业型大学　[美]希拉·斯劳特 拉里·莱斯利
21世纪的大学　[美]詹姆斯·杜德斯达
美国公立大学的未来　[美]詹姆斯·杜德斯达 弗瑞斯·沃马克
东西象牙塔　孔宪铎
理性捍卫大学　眭依凡

学术规范与研究方法系列

如何为学术刊物撰稿（第三版）　[英]罗薇娜·莫瑞
如何查找文献（第二版）　[英]萨莉·拉姆齐
给研究生的学术建议（第二版）　[英]玛丽安·彼得等
社会科学研究的基本规则（第四版）　[英]朱迪斯·贝尔
做好社会研究的10个关键　[英]马丁·丹斯考姆
如何写好科研项目申请书　[美]安德鲁·弗里德兰德等
教育研究方法（第六版）　[美]梅瑞迪斯·高尔等
高等教育研究：进展与方法　[英]马尔科姆·泰特
如何成为学术论文写作高手　[美]华乐丝
参加国际学术会议必须要做的那些事　[美]华乐丝
如何成为优秀的研究生　[美]布卢姆
结构方程模型及其应用　易丹辉 李静萍
学位论文写作与学术规范（第二版）　李 武 毛远逸 肖东发
生命科学论文写作指南　[加]白青云
法律实证研究方法（第二版）　白建军
传播学定性研究方法（第二版）　李 琨

21世纪高校教师职业发展读本

如何成为卓越的大学教师　[美]肯·贝恩
给大学新教员的建议　[美]罗伯特·博伊斯
如何提高学生学习质量　[英]迈克尔·普洛瑟等
学术界的生存智慧　[美]约翰·达利等
给研究生导师的建议（第2版）　[英]萨拉·德拉蒙特等

21世纪教师教育系列教材·物理教育系列

中学物理教学设计　王 霞
中学物理微格教学教程（第三版）　张军朋 詹伟琴 王 恬
中学物理科学探究学习评价与案例　张军朋 许桂清
物理教学论　邢红军
中学物理教学法　邢红军
中学物理教学评价与案例分析　王建中 孟红娟
中学物理课程与教学论　张军朋 许桂清
物理学习心理学　张军朋
中学物理课程与教学设计　王 霞

21世纪教育科学系列教材·学科学习心理学系列

数学学习心理学（第三版）　孔凡哲
语文学习心理学　董蓓菲

21世纪教师教育系列教材

教育心理学（第二版）　李晓东
教育学基础　庞守兴
教育学　余文森 王 晞
教育研究方法　刘淑杰
教育心理学　王晓明
心理学导论　杨凤云
教育心理学概论　连 榕 罗丽芳
课程与教学论　李 允
教师专业发展导论　于胜刚
学校教育概论　李清雁
现代教育评价教程（第二版）　吴 钢
教师礼仪实务　刘 霄

家庭教育新论　闫旭蕾　杨　萍
中学班级管理　张宝书
教育职业道德　刘亭亭
教师心理健康　张怀春
现代教育技术　冯玲玉
青少年发展与教育心理学　张　清
课程与教学论　李　允
课堂与教学艺术（第二版）　孙菊如　陈春荣
教育学原理　靳淑梅　许红花
教育心理学　徐　凯

21世纪教师教育系列教材 · 初等教育系列

小学教育学　田友谊
小学教育学基础　张永明　曾　碧
小学班级管理　张永明　宋彩琴
初等教育课程与教学论　罗祖兵
小学教育研究方法　王红艳
新理念小学数学教学论　刘京莉
新理念小学音乐教学论（第二版）　吴跃跃

教师资格认定及师范类毕业生上岗考试辅导教材

教育学　余文森　王　晞
教育心理学概论　连　榕　罗丽芳

21世纪教师教育系列教材 · 学科教育心理学系列

语文教育心理学　董蓓菲
生物教育心理学　胡继飞

21世纪教师教育系列教材 · 学科教学论系列

新理念化学教学论（第二版）　王后雄
新理念科学教学论（第二版）　崔　鸿　张海珠
新理念生物教学论（第二版）　崔　鸿　郑晓慧
新理念地理教学论（第三版）　李家清
新理念历史教学论（第二版）　杜　芳
新理念思想政治（品德）教学论（第三版）　胡田庚
新理念信息技术教学论（第二版）　吴军其
新理念数学教学论　冯　虹
新理念小学音乐教学论（第二版）　吴跃跃

21世纪教师教育系列教材 · 语文教育系列

语文文本解读实用教程　荣维东
语文课程教师专业技能训练　张学凯　刘丽丽
语文课程与教学发展简史　武玉鹏　王从华　黄修志
语文课程学与教的心理学基础　韩雪屏　王朝霞
语文课程名师名课案例分析　武玉鹏　郭治锋等
语用性质的语文课程与教学论　王元华
语文课堂教学技能训练教程（第二版）　周小蓬
中外母语教学策略　周小蓬
中学各类作文评价指引　周小蓬
中学语文名篇新讲　杨　朴　杨　旸
语文教师职业技能训练教程　韩世姣

21世纪教师教育系列教材 · 学科教学技能训练系列

新理念生物教学技能训练（第二版）　崔　鸿
新理念思想政治（品德）教学技能训练（第三版）　胡田庚　赵海山
新理念地理教学技能训练（第二版）　李家清
新理念化学教学技能训练（第二版）　王后雄
新理念数学教学技能训练　王光明

王后雄教师教育系列教材

教育考试的理论与方法　王后雄
化学教育测量与评价　王后雄
中学化学实验教学研究　王后雄
新理念化学教学诊断学　王后雄

西方心理学名著译丛

儿童的人格形成及其培养　[奥地利]阿德勒
活出生命的意义　[奥地利]阿德勒
生活的科学　[奥地利]阿德勒
理解人生　[奥地利]阿德勒
荣格心理学七讲　[美]卡尔文 · 霍尔
系统心理学：绪论　[美]爱德华 · 铁钦纳
社会心理学导论　[美]威廉 · 麦独孤
思维与语言　[俄]列夫 · 维果茨基
人类的学习　[美]爱德华 · 桑代克
基础与应用心理学　[德]雨果 · 闵斯特伯格
记忆　[德]赫尔曼 · 艾宾浩斯
实验心理学（上下册）　[美]伍德沃斯　施洛斯贝格
格式塔心理学原理　[美]库尔特 · 考夫卡

21世纪教师教育系列教材 · 专业养成系列（赵国栋 主编）

微课与慕课设计初级教程
微课与慕课设计高级教程
微课、翻转课堂和慕课设计实操教程
网络调查研究方法概论（第二版）
PPT云课堂教学法
快课教学法

其他

三笔字楷书书法教程（第二版）　刘慧龙
植物科学绘画——从入门到精通　孙英宝
艺术批评原理与写作（第二版）　王洪义
学习科学导论　尚俊杰